# 理论与心智

*Theory and Mind*

刘 东／著

ZHEJIANG UNIVERSITY PRESS
浙江大学出版社

**图书在版编目（CIP）数据**

理论与心智 / 刘东著. —杭州：浙江大学出版社，
2015.6

ISBN 978-7-308-14161-1

Ⅰ.①理… Ⅱ.①刘… Ⅲ.①社会科学－研究 Ⅳ.
①C0

中国版本图书馆 CIP 数据核字（2014）第 291007 号

**理论与心智**

刘 东 著

---

| | | |
|---|---|---|
| **策划编辑** | 陈丽霞 | |
| **责任编辑** | 卢 川 | |
| **封面设计** | 周 灵 | |
| **出版发行** | 浙江大学出版社 | |
| | （杭州市天目山路 148 号 邮政编码 310007） | |
| | （网址：http://www.zjupress.com） | |
| **排 版** | 浙江时代出版有限公司 | |
| **印 刷** | 杭州日报报业集团盛元印务有限公司 | |
| **开 本** | 710mm×1000mm 1/16 | |
| **印 张** | 22.75 | |
| **字 数** | 327 千 | |
| **版印次** | 2015 年 6 月第 1 版 2015 年 6 月第 1 次印刷 | |
| **书 号** | ISBN 978-7-308-14161-1 | |
| **定 价** | 52.00 元 | |

---

# 目　录

# 题 记

更相信理论，还是更倚靠心智？这是一个问题，一个严重的当代问题。

当代生活的最大机遇与挑战，都在于一下子竟冒出了那么多的理论。——这既可能预示着空前的上升，也可能标志着空前的沉沦，也就是说，人们有可能只是从宗教的信徒，半信半疑地蜕化成了理论的信徒；而他们的被那几条干巴巴理论所掏空的、貌似多元的生活世界，反有可能比古代文明更为浮薄、浅陋、卑俗和蒙昧。

不过，在理论与心智之间的这种张力，并不意味着就此要拒斥理论，因为最缺乏理论检省能力的人，反而最容易无意间陷入思想牢笼；在这个意义上，不稍松懈地去反思理论，充满激情地去创新理论，进而良性循环地保持心智的发育，正是保持灵魂开放的主要途径和对抗偶然宿命的主要手段。

# 辑一
## 方法/论争

# 理论与心智

## 一

● 更相信理论还是更相信心智，向来就构成了选择的难题，无论对哲人还是对凡人，无论对知识精英还是对普罗大众。在这个智慧创化虽远不敷用，理论生产却久已过剩的年代，——而且是各种历时产出的舶来理论共时性地压向本土心智的年代——，此种选择更是日渐严峻和频繁。只要我们的意识还在活动，只要我们还指望以这种活动的效验来影响介身其中的世界，我们就必须时刻准备从头冒险，——要么因为不信理论而心智不全，要么因为迷信理论而心智不全。

● 心智的外延更为复杂、闪烁与宏富，可以借来指称凝结于具体时空中的全部意识构成，而且这种意识由于接通了心灵的肌体，还涵容了身体发肤内焕发不尽的潜质，从而也展现出了言说不尽的动态过程。正因此，心智便构成了每个生命个体的基本人格特征，从而也构成了当年各大圣哲做出根本性抉择的心理前提，人类文明的分布与进化由此才呈现出后世的多样化。也正因此，仅凭佛教对人性的古老开掘便足以想见，任何借流行哲学术语来定义心智的学术努力，——很可能也包括我正写着的这篇短文——，都有可能是在不自觉地以西方文明之偏，来概括人类总体对于自身潜能的多角度开发与体认。

● 心智这种初始与包容的特点,必然决定了其内涵的多元与滑移,并且因其内在要素中差异与齐一的并存,自然要孕化和催生出理论思维,否则便只能自甘于混沌与混乱之中。换句话说,理论虽说一经产生便为心智带来了无穷的纠葛与缠绕,其初始动机反而在于心智的自我整理与廓清。——心智若不乞助于澄明自身建构的理论模型,便不能在分化中得到预期的发育;而理论若没有相应的解释功能,也就无法转过来澄明心智,哪怕后来发现纷纭的物象中并无此类预设的齐一性。

● 理论一经产生就必然向心智内化,并作为开放与成长的杠杆而参与建构其基本的统觉背景,此一双向回馈的递进步骤,浓缩了个体乃至族群之精神发育的一般程式;——由此而顺着不同理论类型开出的不同方向,也就逐渐淀积出了不同类型的心智。围棋国手基于基本共识(定势)的手谈表明:在理论模型内化为直觉图式的学习过程中,获得相近心智发展的个体可以具有相似的理性直观,否则就无从展开他们如此心有灵犀的对话。其实,任何一组文明人的心智结构,也都类似于段位相近的一组棋手,他们凭借此类获得性内化而建构起来的类乎本能的反应,大大增益了智慧的含义与容量;而这些文明的成果纵能为局外人理解,也要经由艰苦的跨文化研究。

● 这种历史性的精神生成,在下述意义上迥然不同于黑格尔主义:理论既非心智发育的初始动机,亦非心智发育的终极指归,相反,它的主旨倒在于拓展心智的内涵与外延。在漆黑如夜的实在之幕中,理论这束激光确有强烈的穿透力,辉煌却又耀眼地导引着心智。但也恰因为它的光线太过凝聚集中了,所以在凸显某类关联的同时,又要忽略掉其余的大多数关联;由此便导致了,但凡太过拘执某类特定理论的人,往往会像电影《钢琴家》中那位心智不全的主角一样——尽管对音乐的内部关联烂熟于心,却在多数场合缺乏基本的现实感。

● 还有一点不能苟同黑格尔的,——那就是永远不要去梦想发展到极致的作为精神最高成就的绝对理论。就算世界上果真存在此类万应宝书，这一轮最红最红的红太阳，其无比强烈、无比耀眼的射线，也会光明到了刺痛和烧焦的程度，使我们永远不能睁开眼睛，反陷于长久的黑暗迷蒙。同理也可以认定：自信掌握了这种理论的人，其心智发育势必最为畸形——在极强的光线下万物皆白，任何轮廓的光影都显不出来，岂能给心灵以必要的激发？

● 另一方面，尽管理论属于派生的和第二义的，但只要文明史开启了自身的进程，便不再存有未曾渗入理论的单纯心智了，——哪怕是在最早的初民那里，否则地底下就不会留给考古学以任何可供挖掘的精神深度，失去推力的文明也不会在时间维度中显出有意义的演进了。在这个意义上，其实人类天生就是理论的信奉者；就连极度厌恶理论的无名情绪，也会被有关意识的极端理论所俘获，这种理论以全称否定的逻辑陈述，独断地夸大了理论对心智的拘押。

● 还是在这个意义上，并不像俗常认定的那样，仿佛唯有埋头书卷的人才会拘执理论；其实那帮最跟读与写无缘的懒人，由于缺乏起码的理论检省力，反而更易于陷入思想的牢笼。对于这样的心灵，理论意味着全部的宿命，——偶然间最先遭遇了哪套理论，它就会在心灵深处先入为主，构成其全部文化选择的动机，规定着所有的可能与不可能。所以，我们的心灵从来不是白板，只不过有些尚且渴望重写，有些则顽固地拒绝改动罢了。在这个意义上，对于理论这种心智要素的持久兴趣和不懈反思，恰是保持精神灵动开放的主要途径，也是对抗偶然性宿命的主要手段。

## 二

● 然而，果欲对抗偶然挑战宿命又谈何容易！对于坚持要反思和汲取理论的心灵来说，恐怕最具挑战性的危殆时刻，就得数当下这个理论的"多神时代"了。摆在意识面前的吊诡陷阱在于：心智虽从未获得整一，总还不断乞求着整一,并且正是为了上升为整一,而化生出了齐一的理论;可理论一经形成,便往往要受首尾相接的自身体系要求制约,而难以容纳异己的智力要素,包括同样具有排他性的"另类"理论,并由此而先天地排斥着心智的整一。

● 理论的自闭性表现在:尽管各个体系往往在相互证伪,它们的内部结构却相对完满自足。特定的问题意识诱导了特定的理论,特定的理论又转而强化了特定的问题意识,此两者一旦互为因果和封闭循环,便会使得对于外界的反应沦为机械的定向——不愿看到的讯号就理直气壮地被视而不见,不能代入方程的参数就理所当然地被忽略不计。准此,各种相争不下的理论,也就很可能把整个人类贬损和隔离成并无共通性的各个亚种,正如我们总也听不见蝙蝠耳鼓中的声波,蝙蝠总也看不见我们视野中的光波那样。

● 理论的自闭性还表现在:尽管各个体系往往在相互证伪,实则彼此间根本就无力证伪。不管辩论得多么煞有介事多么白热化,真正被用来交手的,不过是那些保护性的或辅助性的外围假说;而理论只要成其为理论,其基本内核就享有天然的豁免权,充其量也只能萎缩于一时,而且总有可能梅开二度。缘此,理论这种思维形式,就有可能被糟蹋成大孩子的智力玩具,——尤其在这个讲求实效的商业社会,那一波又一波游戏色彩与商业色彩并重的、既书生气十足又老于世故的理论词浪,根本就是在糟蹋着理论的名声;易言之,它们是在以理论的名义滑稽地宣称——亲爱的先生们,其实理论是靠不住的,甚至是根本不存在的!

● 那么,这些既不甘太过愚蠢又不愿太过精明的人呢?——我们既已清楚地意识到,过于放纵心智的直觉,会陷自己于先验的幻象,而过于执迷理论的推导,又会陷自己于教条的业障,我们又当如何应对此种尴尬?具体而言:当某种理论越来越像有待破除的所执时,我们凭什么认定尽信书还不如无书?当互不相让的理论在心头闹得不可开交时,我们靠什么对外部环境做出大体一贯的反应？当某种后起的理论听起来令人心痒甚至心服时，我们如何去摆脱原有框架的意识形态束缚？当企盼重建一个更具解释效应的理论模式时，我们从哪里汲取激发心力的创新冲动？……

● 答案或许正在理论与心智之间——在于两者的持久张力之中。心智这个淀积了整个文明进程的总体意识和心灵自我，由于蕴涵着各个时期的不同理论，蕴涵着族群记忆中的累积经验，蕴涵着内心世界的多种祈求，蕴涵着稍纵即逝的创造灵感，其相对而言的丰富性和复杂性，就使它在时刻准备经受理论的锻造之余，又总要跟这类理论——特别是其推向极端的某些结论——保持警惕的距离。缘此，那些遵循某类思维定式的滔滔雄辩，往往并不能自动带来心悦诚服，相反倒时常引起执拗的推敲、反驳和拒斥。唯其这样，每逢理论本身绕进思想的死结时，心智才可能从更周全的侧路，帮助解构故步自封的有限模型，从而崭露出精神发展的无限契机。

● 也正因为这样，越是在理论进口发生严重入超的时刻，越是在各种理论使人们神摇魂迷的当口，就越要大声疾呼正常而敏捷的心智，指望它对此给予有效的制衡。20 世纪最为丰饶的文化产品，恐怕就要数各式各样的新奇理论了，这固然大大开敞了增益心智的契机，却也大大带来了败坏心智的风险。

● 确实，在理论和宗教之间并无绝对的界限：若就其发展潜力而言，当某一理论彻底覆盖了整个族群的心智时，此种理论就演成了他们的宗教，而当这种宗教又派生出此一族群的历史时，此种理论则又化育了他们的文明。也正是缘于此故，当代生活的最大机遇和挑战，就都在于一下子冒出了那么多理论。

# 三

● 人生的基本焦虑之一，原本就在于理论的焦虑，而当代生活的主要焦虑，更要凸显为理论的焦虑。正因为这样，不光那些曾经慷慨自许为普罗米修斯的人，当年冒死盗来的神圣天火，总会属于某种"先进的"理论，就连这些又要自叹不如西西弗斯的人，如今拼命紧跟的世界潮流，也总会表现为某种"时新的"理论，——只可惜他们刚刚真理在握功德完满，其自信就总被更加时髦的理论所碾碎，弄得空空荡荡没着没落。

● 天演论本身就是一种理论，——一种至今都使人惊魂未定的社会理论。正是这种理论迫使人们在自家后院里放火烧荒，以便尽快腾出空地来，移植那些纷至沓来的外缘理论。于是在社会达尔文主义的重压下，古人当年的精心文化创造，好像连对他们自己都失去了意义，更别提再把它护持为对于后人的遗惠了。尽管人们并非完全不晓得，天演论作为一种理论体系未必靠得住，至少不会比古代中国的思想体系更靠得住，却仍不愿为身后的传统保留一席之地，既然其理论遗产不能立竿见影地应对生存竞争。——他们连想都不做此想：如果一种文化取向中原不致导致如此偏狭的困窘，则其价值内核又何必派生出应对此类弱肉强食的方略？

● 由此才导致了列文森意欲在现代中国指称的那类矛盾。只不过，与其把它描述为情感与理性的矛盾，或者历史与价值的矛盾，毋宁把它划归为心智与理论的矛盾，因为站在本土或者历史的这一方，并非只秉有情感的要素，还更秉有其他的意识要素，包括中国文明特有的理性与价值，也即某种特定的理论。正是因此，根本用不着亨廷顿迟至晚近才来惊呼，其实近代的西化浪潮波及哪里，哪里就会出现文明价值与文明价值的激烈冲突，也即理论与理论的冲突，——只不过那些打算以自家理论决定性地驳倒别家理论的人，总要自诩为主动来开化野蛮的文明一方罢了。

● 这种冲突又正愈演愈烈。如果理论与心智的张力亘古如是,则它在当代意识中更加振荡失衡,因为在当今的本土心智中,猛然嵌入了大量并非应自身要求创化出来的外缘理论,简直憋得我们每脱口想讲一个中文句子,都得先结结巴巴地踌躇一番,生怕又冒犯了哪一条外语的语法。当然,这种失语状态也还有一种倒错的表现形式——甭管什么理论懂不懂的都敢玩一通,反正玩完了就可以转手换新的。然而,心灵的破损程度毕竟不会因此而稍有缓解,心智发育的迟滞也不会稍有改进。由此可知:作为国际文化资本之最新倾销产品的时新理论,恰恰最有可能被当作文化殖民的最新利器,来验证和加强一种巧妙伪装的西方中心论,从而干扰着其他文明与社群对于自身困境的把握。

● 理论确有可能把人越弄越呆,只可惜呆子本人总是缺乏自我意识,还以为只要一朝理论在手,就准会比别人高明和聪明。他们并不认为外来的语式一定要跟原生的语言共同体进行调适,甚至发生微妙的位移,倒觉得只要现实的言说不合外语语法,就准是犯下了不可饶恕的基本语病。在这种思想的暴力与暴虐下,心智的其他要素统统哑口无言,包括种族经验中最为惨烈的记忆。所以,如果福柯曾把培根的名言发挥成了"话语即权力"的命题,那么在我们的现实语境中,这种话语就主要表现为理论话语,而且相当一段时间以来正是福柯本人的理论话语。——由于晚出的理论总是在鼓励对于前此知识的重新洗牌,所以只要一披上思想的时装,也甭管那战袍穿得是否合体,新一代的武林盟主马上应运而生;而此后不管谁人想要来抢这把交椅,也只能另亮出一套理论来攻擂,绝想不到比试一下心智的高妙。

## 四

● 应当念念不忘的是——我们此生上谁的当,也没有上理论的当多。但同样应当念兹在兹的是——我们此生渴求什么,也不会像渴求理论这样迫切。这种陡然的转念,实在是缘于人生的某种无奈,因为我们此外更无可资倚仗的支点,来担保心智与人格的发育与成熟。有鉴于此,最为有害的倾向便是:一旦发现理论的不可迷信,就转而去执信正态分布的常识,——其实那常识中从来都浸透着理论,而且是寻常觉察和反思不到的、故而更不可靠的理论。理论纵有再多的缺失与贻误,也构不成毁弃理论本身的理由,因为理论所反映的构造冲动,蕴涵和表达了生命的至上祈求,舍此我们便不再是自我超越的生灵。

● 心智如此急切地渴望理论,恰因为它时刻都在警惕着理论。共和国的历程告诫着我们:哪怕再美妙再周全的思想模型,一旦内化为心灵的定势,也就随即框定了认知的盲点,构成了难以自拔的意谛牢结。正因此,倾听那些新颖独创的理论,也就意味着对旧有自我的超越尝试,而重提那些已不构成问题的问题,也就预兆着革命性的精神突变。不妨反过来想一想:如果西方世界不"舶去"中医理论,那么即使他们永远把人体解剖下去,也未必能发现经络这个最基本的生理事实。由此我们也可以恍然大悟:在我们从别处拿来"主义"的同时,也就同时拿来了新的"问题",从而开敞了既"陌生化"又本属自己的世界。

● 进一步说,心智如此急切地渴望理论,绝不意味着它作为理论思维的载体,就可以片刻稍忘理论模型的有限性。毋宁说,恰是因为警惕到任何理论系统都有其不完备性,它反而更加孜孜以求尽可能多的理论,——因为跨越此种边界的动力也往往来自其他理论。一旦锁定了这个目标,则无论那理论的界限是从弗洛伊德还是从马克思的意义上给定的,也就是说,无论是先天禀赋还是后天境遇使我们更倾向于亲和某一理论,我们总不致再去闭守它和放纵它,以免把学术研究简化成僵硬的表态。——就算不能接受别人的理论立场,我们也应当跨越自己的篱笆,试着从别人的立场重新思考,以使心智的空间更为宽大广被。

● 只有如此方生方成的心智,在借助理论来加深自己的同时,才有可能尽量少沾它天生的偏执。既然从本性上说,任何言之成理的理论,作为自闭性的思想系统,都势必在"有所失"的前提下才能"有所得",都势必在"有所蔽"的前提下才能"有所悟",那就须进一步认清,在这个各种理论互不相让互难兼容的激辩年代,此种思维方式就既有可能造就各执一词的偏执狂,又有可能提升出兼听则明的心智,——如果这种心智愿意利用各种理论进行多重扫描,以便广角地环顾事物的全貌。

● 而且即便如此,还要让心智保持严苛的自责。只要一旦心生满足,就赶紧念念歌德的名言——"理论总是灰色的,而生活之树长青"!思想体系既是灰色的,就总是要死的,总是有其大限的,它不可能一蹴而就地解决所有的困惑疑难,不可能探囊取物般地掏出通盘的答案。因而,正像跟魔鬼签约的浮士德一样,我们只要在某一特定理论中囿闭停留,就马上会跟新创的理论格格不入,从而整个的意识结构也就要失去弹性,——这样的生命个体就老得足以死了!

● 此一过程性决定了永恒的受难,——我们注定要在又长又窄的平衡木上左顾右盼。尽管围棋高手的手谈同样昭示了我们,在意识结构的两极之间,绝对存在着某种"执两用中"的高超艺术,——否则,如果心智拒斥理论的拓展,对于任何现有的定势都不理会,那就会蔽于间间的小智,一辈子只配在街角跟人下棋,而如果心智被理论彻底覆盖,满眼看到的唯有总结出来的定势,那就会泥于僵硬的教条,一辈子只配呆坐着听人讲棋,——但无论如何,不管对于个体还是对于群体,这种小心翼翼的平衡总会被不断打破,我们总要不断地摔得鼻青脸肿,才能赎回片刻的安稳姿态。

● 最后还要挑明:不管理论家本人怎样声称,从来没有哪种理论真是"价值中立"的,因为理论的目的之一本来就在于创造价值。由此可见,在理论体系的多神之争背后,还是延续了各类生活态度与生命智慧的纷争,——它们从来就没有被完全通约过,尽管我们也从未放弃过对普世价值的向往。由此就尖锐地凸显了下述问题:如何有效地改造现存知识生产体系,逐渐激发出压抑已久的理论冲动,使我们的心智加入国际学术界的话语竞争场之中,恰乃我们这个文化共同体的最大命门!——假如还照现在这般步步被动下去,我们就永远不会拥有自己的理论,以及附着其上的生命价值,我们也无法获得和表达对人生的独特理解,以及按此理解创化的属于自己的生活世界。

2001 年 2 月改定于北大草庐

# 警惕人为的"洋泾浜学风"

## 写在正文之前 *

　　黄乐嫣教授从墨尔本莫纳什大学来信,提议重用英文发表这篇《警惕人为的"洋泾浜学风"》。我觉得这个建议来得正好,可以使该文就此脱离原先的发表语境,不再受累于当年人为炒热的激辩氛围,特别是那种谁被排在前面谁就无从分辩的叙事结构。

　　但正如黄乐嫣女士指出的,这篇文章已经有点"老"了,还应再为它写点儿补注。我想就从它的"老"谈起罢——文章并不是越久越香的老酒,那么,大家为什么还惦记着它呢?

　　恐怕是它的"文献价值"吧:在刚刚过去的 20 世纪 90 年代的知识生产中,正是它率先挑明了我们深陷其中的困境。这种困境最初表现为本土学者和出洋学生之间的争执,所以不妨简明地概括成"内外之争",尽管最新的发展态势是,它又演变成了国内学界更加白热化的内部争论,并且伴随着各种当代问题的暴露,不断地吸纳新的参与者,迫使他们一再调整和简化自己的立场,甚至分别成了某种话语的思想俘虏。谁对这种最新发展有兴趣,可以参看我晚近发表的《学界的冷战思维》一文(《天涯》杂志1999 年第 3 期)。

---

　　* 此一节是作者新近为这篇文章的英文版所写的简短说明。

　　为什么这种争论会像资本一样，不断扩大规模获得增值？当然是因为，那争论背后隐藏着两种绵绵不绝的话语，它们都具有自我更生、自我推演的能力。于是，我当年捅破那层窗户纸，乍看是在跟泥洋不化的同胞手足辩论，实则是跟整整一个外在的知识生产体系搏斗。而且，当时真正扔下手套的并不是我，而是那班从外面打上门来的兄弟。这主要还不是指他们要来破除迷信的霸道语气，还更指他们对国人基本直觉的肆意强暴。凭什么呢？还不是靠着可以贩来更加时髦的理论框架吗？由此便可挟别人"先行一步"的余威，指责故国的学术思想"早已过时"。

　　但这只是问题的一面。说起来外人也许难以置信，若按某些学者的想法，"内外"之间简直就构不成对手，因为在这里盛行着另一种霸道：既然外人缺乏对中国问题的实感和统觉，那么不管他们的"中国研究"成果是好是坏，总归都有待于中国人自己的验收。主持了这么多年《海外中国研究丛书》，长期的艰难说服工作使我深知，这种对于素朴经验的偏执，这种认定"（土）老师是检验（洋）学生的唯一标准"的自傲，在国内简直就是根深蒂固的迷信。也正由于国内横行着这种"本土的傲慢"，当年跟在我这篇文章后面的，马上就是一篇指责我垄断"认识论霸权"的批评，企图把我推到这个无知的营垒中去，完全不顾我长期推介汉学成果的事实；而当时那家杂志的误导编辑手法，也很容易诱使读者相信，我居然简陋到了要去主张——唯有"身在此山中"方能识得中国的"庐山真面目"。

　　其实大谬不然。对此我另有一篇《十年甘苦寸心知》，把自己的本心分说得甚是清楚："即使在'中国学'这个有限的经验领域，也应当主动鼓励、而不是消极泯灭精神样态的无限多样性。……在文化交流和传播正步步深入、各文明间的关系正日趋密切的现代世界，从根本上说来，中国已构成了其他文明的生活背景之一，故此也已不再仅仅属于我们自己。因此之故，在海外汉学家提出问题的独特视角、解决问题的独特方法，以及潜藏其后的独特话语体系中，肯定会屡屡出现属于他们自己的、并不为我们所熟知的'中国形象'。而对于这种总在颠覆着我们现有自我意识的学术成果，我们其实并没有特权去嫌好道歹地判定——别人的种种结论反映了其优点抑或缺点，而只有理由虚怀若谷地承认——人家表达的种种看法反映了他们自己的治学特点。"①

岂止是特点！完全可以承认,来自外部的研究确有其独到的优点。平心想来,正如原子本身不会研究原子、猿猴本身不会研究猿猴一样,大约世上称得上研究的工作,多数和首先都起始于外部。人类社会也往往如此:工人阶级不会研究工人阶级,所以据说不可能自发产生其阶级意识,只有等马克思从外部发明和传输;原始部落也不会研究原始部落,只有像"活化石"一样埋在澳大利亚或者西太平洋,等着人类学家带来烛照的文明之光。

即使对更加复杂的头脑、更加分化的社群而言,来自外部的研究也有不容置疑的优势。前者我们可以举康德:他的艺术感觉恐怕赶不上蹩脚诗人,可他的美学理论成就之高,却远非任何艺术大师可望项背。后者我们可以举托克威尔:那本《论美国的民主》竟出自外乡人之手,何等让哈佛教授俱乐部里的名流汗颜。很可能,在文化研究方面,也存在着类似"哥德尔定理"之类的东西,也就是说,仅仅囿于系统内部是不能穷尽知识的,须得跳出三界之外,方能鸟瞰到文明的极限与局限。

然而事情并不如此简单,否则就不会惹出什么争论了。问题在于,作为一个古国和大国,中华世界不仅不是猿猴群落,也不是原始部落,所以它除了应当接受外来"闯入者"的研究,也一直有资格拥有来自内部的研究。进一步说,这种内部的研究又不仅基于该共同体的历史与规模,还更基于它独特的和不被证伪的人生态度和价值支点,且因此还曾经(甚至仍然)被赋予唯一的合法性。比如,正像地球人无法容忍把这个星球当炮仗点燃一样——这对冷眼的外星人而言也许是个很不错的科学实验呢——中国学者也万难容忍"如何使中华世界解体"的研究,哪怕这种研究时时在以"客观性"自诩。这样,外来的研究只能被当作对话的一极,正如哪怕托克威尔的学说再好,也只能被美国人基于自己的历史经验掂量来掂量去。

于是,在这个"学术全球化"的时代,围绕"中国"这个特定的思考对

---

① 刘东:《十年甘苦寸心知》,《中国研究》1998 年 9 月。

象,就分化出了两种同样合法的研究,只不过其合法性的来源不大相同。由此我们完全可以把当年的那场辩论,比之于《庄子》一书中有关认识论前提的著名辩论。国学家觉得有理由判定:"鲦鱼出游从容,是鱼之乐也",汉学家及其弟子却断喝道:"子非鱼,安知鱼之乐?"国学家又回敬曰:"子非我,安知我不知鱼之乐?"汉学家和准汉学家再反唇相讥:"我非子,固不知子矣;子固非鱼,子之不知鱼之乐,全矣。"更何况,还有十二亿尾同样长着嘴可以说话的鱼呢!它们虽然不具备学院人的发表权,但至少要比鱼类更有自我意识,更拿得准自己是否具有那份闲情逸致,不见得会赞同学问家们以己度人的做派……

　　这就是我们身陷其中的困境,它一直意味着某种现实的危险:判断的真值问题只被还原为声音的大小问题,假说的合理性质仅仅取决于论证的绵密程度,缘此中国就有可能是或不是任何东西。

　　不错,言说行为本身就有某种强迫性,就意味着在争夺支配性的发言权,不管那话语来自外部还是内部;而且,即使所谓内外也只是相对的,比如相对于"中国农民经济"这样一个课题,只有相对于黄宗智或马若孟,而不是田间地头的农夫村姑,像秦晖这样的国内学者才算来自内部。可无论如何,需要特别提请注意的是,在有关中国话题的国际话语竞技场上,人们的言说行为又往往跟殖民化的背景联在一起。十分吊诡的是,一方面,作为一个"半殖民地、半封建",中国从未像印度那般被彻底殖民化过,所以无论怎样微弱,总还能发出些许来自本土的异样声音;但另一方面,恰因为另有个"半封建"的事实在,我国内地人的问题意识就不可能像香港人那样容易归类,他们能够感觉到,那种受到香港知识界激烈批判的殖民式后果,恰正是一些港客用来对内地同胞夸耀和盘剥的东西,所以他们有时甚至会自觉地去吁求它,把它当成天生的欲求和天赋的权利。

　　缘此,在下文叙述的"援西入中"过程里,我曾经坦率地承认,即使是那些来自本土的声音,也早已不自觉地渗入了外缘的腔调:"有人曾经就此打趣说,若照这般推论下去,那么只要一个人修习过英文,就已经可以算是受过'文化帝国主义'的归化了;而顺着这种逻辑,我们更可以补充说,其实哪怕一个人根本不识得'ABC',他也仍然未必能够想透乃至道清本土文化的'原教旨',因为他既然在牙牙学语时就先入为主地习得了用大致可与西文对译的现代汉语来言说与思考,则其'存在的家园'便早已是'中西合璧'的了。"不管我们喜欢不喜欢,严酷的事实是,在不断殖民化的过程中,即使是那些"内发的"声音,也早已是西学东渐的结果了;只不过跟"外来的"声音相比,本土的声音还没有那么时髦和先进,更要受到"天演"大势和"进步"观念的压力,处于理论水平的"欠发达"(underdevelopment)状态。

另一种难与外人道清的微妙在于:不管要弄什么样的招式套路,一旦被搬到了中国的学术舞台,就必须悄悄嵌入它一些政治背景。由此,原本或许还稍显圆融的心智,就不得不被无形的压力进一步挤扁。就算"技术官僚们"顾不上来"拉偏架",大家也完全心知肚明,哪些潜在的理由万万不可明说,而哪边的论辩对手更敢肆无忌惮。所以不妨说,当初我这篇文章惹起的唇齿之争,其实从一开始就并不在同一条起跑线上。就算那家杂志表面上不偏不倚,准备给予本土学者以充分的自我阐释权,那权力也不可能被真正运用。

而一旦炮火延伸到了国内,言说的语境就更遭扭曲了。打个比方:如果有位牧羊人嫌黑狗的叫声太难听,那么,他完全不必再对其表示宠爱,后者就已经被赋予了某种话语霸权,甚至久而久之,连它自己都会将错就错地相信,四下里之所以唯有一种响动,只是因为自己的嗓音盖世无双!这还是指那些心存真诚的学者呢!若再碰上惯会先意承旨的聪明人,准许他说什么他就可着劲儿说什么,那么即使他说的全都有根有据,累积的效果也只能是个大写的偏差!仔细打量一下,身边确实不乏这样的朋友:凑到一起信口开河地神聊时,并没觉得他的问题意识多么片面,可等他写出来你再看,简直就不能相信,那一路煞有介事的偏锋,竟是出自他的手笔!因为就算再糊涂他也能想到,这些被他放大的问题,跟那些被他忽略的问题,其实是搅在一起相互发酵的!而作为意识形态的职业制造者,知识分子又特别会自我合法化,不怕编不出进行这种忽略的理由,于是,从"不敢写"到"不想写"再到"不屑写",往往就只剩下一步之遥了。所以,为什么总有些振振有辞的新论,无巧不巧要跟宣传口径"亲族相似"?为什么总有种"左右逢源"的乖巧,把原本最具批判性的当代西方理论,既当成飞到国外广结善缘的手段,又当成沿着官阶不断攀缘的工具?

这种忸怩作伪的问题意识,自会在容许的限度内遭到反弹。然而麻烦的另一面却是,由于缺乏强势话语作为依托,这种反弹往往气势有余论证不足,绝难满足神智的需要。比如听上去最有力的批评之一是:"主义"是可以舶来的,"问题"却不能舶来。此语的所指当然可以心领神会,意在戳穿那些胡编乱造的"伪问题"。但如果仔细寻思一下,古往今来文明传播和文化利用的规律,却要远比这复杂得多,决非"问题—主义"二分法便能概括的。说得"辩证"一点儿,其实既可以说"问题"也能舶来,又可以说"主义"也不能舶来。因为一方面,"问题"并非现成在手之物,它自己并不会说话,相反倒经常闪烁不定,需要新的"主义"来暴露来除蔽;另一方面,"主义"又多是西方独特经验的理论归纳,是其他文明创造出来借以自况的思想观念,绝不能一门心思认准了,全都能不分青红皂白地搬过来,以致人家分几派咱们就拉几帮,别人生什么气咱们就打什么架,人家哪里痒咱们就朝哪里搔。

要我说,应对困境的最好办法,就是先老老实实承认这种困境。在激烈的文明碰撞面前,在扭曲的言说语境之中,在许多重大的问题上,我们一时还没有想清答案,而且即使想清了也未必全能讲出来,难道事情的真相不正是这样?然而可惜的是,似乎无人愿把困境留给自己,而只愿把它一股脑儿推给别人。由此,一方面,确实再没有比目前更混乱的阵线了,随便翻阅一下前些年的报章,你就不难恍然大悟,原来某些人当初率先宣扬的,恰又是他如今竭力痛斥的,而他居然从未交代过思想的转变,从未做过任何自我检讨或声明,仿佛那想法从来就跟他无关,唯有从榆木脑袋里才能产生出来;而另一方面,也许是因为害怕孤独的缘故,觉得唯有同志多才热气高干劲大胆气壮,所以明知是这么混乱不堪的乱麻般的阵线,仍有人不断地愣往里钻,而且一旦如此这般地自报了家门,便从此只顾"循名责实"了,不再是"人说话"而只是"话说人",因为到底要对什么视而不见,早已预设在他的自我定位之中了。

正因为这样,谁要问我到底属于哪一派,那他简直就是在拷打我。人类心向的确有趋同的一面,所以我确实具有跟这派那派重叠的意识,确实写过雷同于这派那派的文字。不过,我是宁死也不参加那些"战斗队"的,只愿既忍受又享受这份孤独,因为一旦受到别人预期眼光的鞭打,心智的健全就很难保持了。最后需要声明的是,"洋泾浜学风"这个字眼儿虽是我发明的,我却并不拒斥天然的"洋泾浜现象",那是文明碰撞后无可避免的结果;而且只要我们还能挺过这种碰撞,那么文化基因的最最杂交之处,也可能正是未来文明的最最活跃之处。同样的道理,我更不反对引进层出不穷的理论,从未觉得它们只是小布尔乔亚的快意游戏,我甚至还自己主编了一套"人文与社会译丛",专事译介这些新发明的"批判的武器"。可无论如何,我仍然忍不住要来挑明的是,如果你自问还是个至少对自己负责的思想者,而不是一味立异鸣高的怪论制造者,则不管认识的时空受到怎样的限制,不管研究的范式发生怎样的更新,你总要先去对得起自己的心智,不能把美妙的新理论当成一个个无底黑洞,一旦你偶然纵身跳进了其中之一,就再也不接受任何它解释不了的现象,哪怕你的直觉经验受到了彻底的扭曲。其实,这正是我这篇《警惕人为的"洋泾浜学风"》的要旨,而我尚未完成的另一篇《理论与心智》,也正在尝试奠定它的认识论基础。

作者补记于 2000 年 2 月 12 日

一

百余年来,中华文化之受外缘文化的杂交与熏染,其烈度往往并不能为习以为常的人们所觉察。这方面最显明的例证之一是,也许只有专骛现代学术史的人,才能通过小心翼翼地剥离而演示:在西学东渐的过程中,中国学者们不仅没有"得鱼忘筌",反而还会"得鱼望筌",即不单希望把西方学术的既定结论汇入自己的知识背景,还更企图把导致这类结论的思想方法也融进自己的治学家数;而由此产生的逻辑后果就必然是,即使是在中国学者对于家藏国粹的分梳整理中,也逐渐衍生出了一套新型的学术规范,从而促使人们把"能否学贯中西"视作判定"学术功力深浅"甚至"治学资格有无"的基本标准。比如我们知道,陈寅恪就曾借助于这种标准来总结王国维的学术成就:"……详绎其书,其学术内容及治学方法,殆可举三目以概括之者。一曰取地下之实物与纸上之遗文互相释证……二曰取异族之故书与吾国之旧籍互相补正……三曰取外来之观念,与固有之材料互相参证。"① 再如我们又知道,余英时后来也曾借助同样的标准来总结陈寅恪本人的学术造诣:"具体地说,我个人认为陈先生的'学术权威'是建立在四大支柱之上:第一是精通多种古典语文如希腊、拉丁、梵文、巴利以及其他中亚和中国边疆文字……第二根支柱则是他对西方古典文化的亲切了解……第三,陈先生所掌握到的与史学有关的辅助学科远比同时一般的史学家为丰富……第四,陈先生最使学术界心折的自然还是他在中国文献资料的掌握方面所达到的惊人的广度和高度。"② 饶有趣味的是,透过以上两段引文,或许我们还能猜想到这样一种规律:先行者本人对其西学背景的自我意识,总是不及被后人总结得那般明确;不过却好也缘乎此,这种既绵绵不绝又日益彰显的"援西法入中学"的主流倾向,就更加明晰地崭露在我们面前了。

　　有心钻研现代学术史的同侪们,可能会对上述现象怀有浓厚的兴趣,因为既然所谓"国学"的治学标准本身就已渐次渗入了"西法",便势必要对人们认识中的所谓"传统"产生重大的影响。换言之,在"旧学"与"新知"已无明确界限的学术语境中,我们至少需要反忖一下,是否真的已然是"国粹不粹"? 抑或至少需要像《传统的发明》(*The Invention of Tradition*)一书的作者那样去区分一番,到底哪些算是自然遗存的"真实传统",哪些只是人为营造的"再生传统"?③ 虽然我早已坦言过,我个人绝无从事此类学术清理工作的缜密功夫④,但我却坚信,在上述疑问中肯定蕴涵着极具学术前途与潜力的重大课题,它终将俾使我们更加清晰地

---

　　①　陈寅恪:《金明馆丛稿二编》,上海古籍出版社 1980 年版,第 219 页。

　　②　余英时:《陈寅恪晚年诗文释证——兼论他的学术精神和晚年心境》,(台北)时报文化出版事业有限公司 1984 年版,第 2—5 页。

　　③　The Invention of Tradition, edited by Eric Hobsbawm and Terence Ranger, Cambridge University Press, 1983, London.

　　④　刘东:《不通家法》,《近思与远虑》,浙江大学出版社 2014 年版,第 3—8 页。

了解百余年来历史主体的心路历程,并且促进我们更加清醒地意识到作为今后之历史主体的运力方向。

另外可以想见的是,又肯定会有人从上述追询出发,走上一种极端民族本位的立场。比如有的作者便曾撰文指出,就连爱德华·萨伊德(Edward Said)的《东方主义》,骨子里仍只是一种变态的"西方主义",因为它的论证方式仍然属于西方话语,而且它的预期读者也仍然只是作者的西方同行。① 我当然无意否认,此类说法的确突出了问题的一个方面,但若就个人的角度而言,我却很难与采取如此激进排外立场的作者取得共识。因为根据私下里的体会,我觉得陈寅恪先生所以要"平生为不古不今之学",所以会"议论近乎曾湘乡张南皮之间",其深层的动机绝不会在于泯灭中华文化,相反倒在于恢宏与重振它,正如他在同一篇文章中所点明的那样:"其真能于思想上自成系统,有所创获者,必须一方面吸收输入外来之学说,一方面不忘本来民族之地位。此二种相反而适相成之态度,乃道教之真精神,新儒家之旧途径,而两千年吾民族与他民族思想接触史之所昭示者也。"② ——这一席甘苦之言,其中所蕴含的深沉使命感和高远历史感,岂是区区陋儒们便能具备的!

准此,我们就不妨说,在各种文化相互碰撞交通的现时代,先贤大儒们接次进行的"援西入中"的学术活动,是绝对有其充足理由和深层考虑的。尽管他们最初的尝试总会显出幼稚之处,比如王国维那篇开风气之先的"《红楼梦》评论"若依今天的标准便难免牵强比附之嫌,但只要我们还愿意把这种学术活动看成一种持续的实验,那就从逻辑上意味着,我们不仅不应该非历史地苛责这种失误,反倒理当把学术界对于这类错误的不断修正,看作中国现代学者于两大文明间反复寻找"接榫点"的正当过程。由此进一步说,他们这种不断试错的学术努力,其真正关键性的底蕴,也并非单纯在于从"比较文化学"的角度向后人们提供了某些"文化误

---

① 陆建德:《流亡者的家园——爱德华·萨伊德的世界主义》,《世界文学》杂志1995年第4期。

② 陈寅恪:《金明馆丛稿二编》,上海古籍出版社1980年版,第252页。

读现象"的重要史料，①而更其在于从"文化哲学"的角度向后人们启示了一条借助于文明间的贴近、融汇、对话及互动去为"新型普世价值"奠基的运思路径。② 一方面，即使只是鉴于前辈学长的某些"阶段性成果"，比如冯友兰先生的"新理学"和牟宗三先生的"新心学"，我们也总应不再固执地否认，取镜西法确实可能有助于中国学者从各种新的视点去厘清本土的经验和分说本己的理念，从而俾使他们搔着了许多过去一直探不到的痒处；所以，引进的思想方法就必然要合法地成为我们写作活动的基本灵感源泉之一。而另一方面，又恰恰是从这些"阶段性成果"中，我们更不难欣慰地发现，长期以来呈现出衰颓残损之状的中国文化，其实仍不失为一种深具思想弹性和历史活力的强韧传统，它足以在与西方文化彼此砥砺和激发的机遇中表现出新的发展势头；因此，"世界走向中国"与"中国走向世界"，就完全有可能是同步发生的！

　　而需要进一步给予公正评价的是，这种"双向聚拢"文化进程，实际上又并非仅靠中国学者自己促成的，它在相当的程度上还得力于国际汉学界的持续进展。当代中国知识界毕竟已经享有相对宽松和自主的治学心态，不必再被迫把国外同行的学术活动统统猜忌成"居心叵测"的历史曲解和文化侵略。③ 尽管正像在我们自家的知识共同体内部一样，海外汉学家们的手眼也总会显得参差不齐，他们所遵循的整体范式以及由此得出的具体结论也总会体现出知识增长的"阶段性"，但无论如何，既然他们

---

①　史华兹对于严复的案例分析，在探究势在难免的文化误读方面为我们提供了一种经典性的范本；参阅他的《寻求富强：严复与西方》一书，叶凤美译，江苏人民出版社1990年版。

②　关于作者本人对此问题的略为详尽的想法，请参阅刘东：《文化观的钟摆》，《近思与远虑》，浙江大学出版社2014年版，第14页。

③　值得回顾并且牢记的是：我本人于80年代初首次接触到的汉学成果，竟标以这样的题目——《外国资产阶级是怎样看待中国历史的——资本主义国家反动学者研究中国近代历史的论著选译》（两卷本，中国科学院近代史研究所资料编译组编译，商务印书馆1961年版）；它在"序言"中判定，西方汉学家的"中国历史研究"，从开始的时候起，即与殖民活动紧密结合，为侵略势力服务的"，而"现代外国资产阶级的中国历史研究是彻头彻尾为西方国家垄断资产阶级的利益服务的"。

跟我们一样要受到作为"天下公器"的学术规范的制约与矫正,我们就绝
无理由从总体上将其在"求真"路上的难免闪失,一味拒斥为从所谓"意识
形态"方面的成心"作假"。正是在此种开放的心态下,才使我们得以在
《海外中国研究》丛书的"总序"中这样来平心而论:"50 年代以来,在中国
越来越闭锁的同时,世界的中国研究却有了丰富的成果,以致使我们今天
不仅必须放眼海外去认识世界,还需要放眼海外来重新认识中国的过去、
现在和未来。因此,不仅要向国内读者移译海外的西学,也要系统地输入
海外的中学。"[①]而作为这套丛书的独力苦撑者,我眼下已经可以从它越
来越频繁的引用率中宽慰地发现,自己长期耗费的巨大心血终归还是值
得的;因为,它毕竟有助于把国际汉学界的代表作品引入国内学术界的普
遍知识背景,从而俾使大多数人日益获得了这样的共识:既然真正够资格
的国外同行确实越涌现越多,我们就必须把对于中国本土经验的理论归
纳看成一项越来越具有国际性的学术事业,而根本不可能脱离如此广阔
的对话语境去自说自话。毫无疑问,此类对话同样不应该局限于只是针
对某些既定结论,还更需追溯到支撑着这些结论的治学方法,否则我们到
头来就只能对别人"知其然而不知其所以然",就无法真正获得超越别人
的可能性。对于这一层旨趣,我本人亦曾直截了当地提示过:"无论如何,
向国内读者大规模介绍海外汉学的重要成果,绝不是为了给国内学术界
提供一个偷懒的理由;恰恰相反,它不仅给国内学者带来了一种压力,要
求我们更好地担负起思考本民族之过去与现在的学术责任,而且为我们
带来了一种可能性,让我们学习和借鉴如何将现代研究方法有机地结合
到对材料的甄选和处理之中,并且比国外汉学家们做得更好。我相信,只
要读者们能够潜心研读已经或者将要推出的著作,就不难窥知分别来自
欧陆理性主义和英美经验主义的不同家数,并且发现无论是理想类型研
究还是典型个案分析,无论是现代社会学、政治学理念还是现代计量史学

---

① 丛书编委会的这篇"总序",刊载于任何一种《海外中国研究》丛书的扉页,江苏
人民出版社 1989 年版。

方法……均可以为研究中国问题注入活力。"①要是有哪位迂夫子认准了，就连这一番苦心也只意味着帮助别人来"文化渗透"，那他也简直太不知变通了，——既然人家已经耗费了巨大的财力精力，替你琢磨透了这么多学术难题，还替你提出了更多的学术难题，你若不尽早发挥所谓"后发性优势"拿将过来，帮助国内学术界的研究水准快步攀升，那得付出多少无效的重复性劳动呀？

二

当然，我们又必须清醒地意识到，任何文明间的"磨合"都是一个长期而艰难的过程，遑论是我们所介身其间的这两个具有如此悠久传统的伟大文明！

而这也就从逻辑上预兆了："援西法入中学"几乎可以说是一条永远设满迷宫的曲折道路。过去，正因为人们曾经小觑过它的危险性，才导致他们浪费了大量笔墨纸张去求证一系列的"伪命题"，比如在中国哲学史领域强行区分"唯物主义"与"唯心主义"的营垒，在中国文学史领域人为制造"现实主义"和"浪漫主义"的分野，在中国制度史领域硬性划定"奴隶主义"和"封建主义"时限，等等。时至今日，人们当然很容易看出这类命题之生搬硬套的印迹，以及在其"学术"外衣后面的"非学术"缘由。然则，倘能把思想再切入得深一些，我们却理应能够发现：问题的要害其实并不在于已从哪个特定的泥沼中拔出脚来，而在于只要大家还想朝前头的路面下脚，就仍有可能重又掉入新的陷阱；因此，虽然我们决不应该就此而因噎废食，却又必须具备足够的心理防范，随时准备在这场"援西入中"的实验过程中听到一些"前定不和谐"的声音。

正是基于此种考虑，同时也鉴于自己对引进"海外中学"所承负的特殊责任，我才在新近发表的一篇文章中写道："尽管我多年以来呕心沥血地希望以《海外中国研究》丛书来为国内学术界架设与国际接轨的桥梁，

---

① 刘东：《他山之石可攻玉——略说〈海外中国研究〉丛书》，《书与人》1994 年第 2 期。

却又感到有必要向大家提醒一句:此项翻译工程只能被当成展开进一步
讨论的起点。"①也许,我们大可不必对其细节问题采取锱铢必较的态度,
因为若从方法论上进行总体的检讨,恐怕海外汉学家的研究工作本来就
很难克服如下三种层层递进的障碍。其一,正像我们不敢奢望自己能对
西方"生活世界"里的总体经验具有完备的直觉把握一样,我们也不应苛
求生活在其他文明圈中的学者们能对中国的文化环境享有足够的实感;
所以就一般的情况而言,那些学者尽管可能通过对于文字材料的刻苦阅
读而"放大"中国文明的某些细部,却无由借助于耳濡目染式的融会贯通
来"还原"中华文化的整体氛围。其二,由此就导致了,正像我们很难在认
同于其他文化的基础上真切全面地体验到其他社会所面临的多重困境一
样,我们也无法寄望于别人足以圆通无碍地领会到当代中国人所怀有的
复杂多变的"问题意识";所以就一般的情况而言,马克斯·韦伯所主张的
同情移想式的社会学研究方法便很难被他们真正履践,相反其治学活动
的基本预设倒往往是针对本有的"话语阈"和读者群的。其三,由此又导
致了,正像我们这边易受行政干预的职业文化往往会派生出"抱残守缺"
的毛病一样,西方那边易受市场导向的职业文化也常常会引发出"刻意求
新"的弊端;所以就一般的情况而言,对于海外汉学界那些不断花样翻新
的,甚至可以说是"全息地"反映了各种时髦套路的论著,我们固不能不假
区分地统统贬斥为"商标性的"作品,却也同样不能毫无甄选地认定,所有
那些原本是从西方经验中抽绎出来的理论模式(包括许多最初只属于文
学批评方面的理论模式),全都"普适于"对中国本土经验的描述与清理。
正因乎此,某些名噪一时的汉学新作确实在我们这里引起过相等复杂的
阅读感受:一方面,我们确乎应该承认,正是这些作品提示了我们去关注
那些最新的研究方法,并且进一步去试探它们对于中国问题的适用程度
和学术潜力;可另一方面,我们又无法不痛感到,似乎人们所想要采纳的
理论框架越是新颖独特,就越难以把它们原样照搬到中国的经验材料当
中,否则便会有跟中国的原有事实越隔越远的危险。当然,我们无论如何

---

① 刘东:《寻求中国研究的范式更新》,《学人》辑刊 1995 年第 7 期。

都不应否认这类实验的创新意义。可话又说回来，当看到别人从"区域研究"的家数出发来对中国传统类型的"知识分子"强分畛域时，①或者当听到别人从"民族主义"的概念出发而对儒家文化新近的"扩张倾向"暗表杞忧时，②我们总还是不由自主地想要帮助他们摘除那副无形却有色的眼镜；而再进一步说，当看到别人想当然地认定儒教观念中也有某种"准新教伦理"，并还借此来解释中国现代化运动的文化内驱力时，③或者当看到别人不自觉地援引法国革命的成功来对照中国革命的受挫且又据此而惋惜历史轨迹的曲折反复时，④我们就更会充满同情地发现，恰是由于受到了这类有色眼镜的蒙蔽，才会使他们越想对中国的发展脉络进行更为深入的探讨，就反倒越会因为把握不准外部社会的价值观念和文化心理而绕入更尴尬的误区。这种在知识创新过程中日益凸显出来的理解困难与认识障碍，使我们益发感受到了"援西入中"之任务的艰巨性；因而毫无疑问，要是彼此之间不能在不断的国际对话中展开坦诚切磋与"优势互

---

①　在这个问题上，正如桑兵在《清末新知识界的社团与活动》一书中指出的："……以外在观念解释拼装，势必重蹈清代经学与近代古史研究之弊。如随着研究领域在时间和层面上的不断下移，地缘性越来越多地支配了学术眼界。然而，这种受社会学与人类学影响的观念方法，并非由中国的社会文化生成。作为大小传统长期并存互渗的文化集合体，中国的知识人早有天下观念和大文化意识，并以此凝聚维系国运族体。这在人类历史上可谓绝无仅有，而为外部人难于理解。将近代知识界社团的地缘性由次要服从地位夸大为支配因素的解释中，不难觉察学者自身的乡土意识（来自学术渊源与社会关系两方面），实际上是套用观察分析上古初民或近代部落社会的方法观念看待中国文化的错位。"（见《清末新知识界的社团与活动》第5—6页，生活·读书·新知三联书店1995年版。）

②　这种暗中的念头，更多的是悄悄地由来访的汉学家们口头表达的。但他们所以会不约而同地无端产生此种忧虑，至少是因其在下述两方面未能对中国的特殊国情给予充分的考量：其一，儒家传统中固有的"内封闭"文化倾向；其二，当今国人对于现有共同体的极其稀薄的"认同感"。关于前一个问题，可以参阅我在《审美文化的形成与落熟》一文中的论述。

③　墨子刻：《摆脱困境——新儒学与中国政治文化的演进》，颜世安、高华译，江苏人民出版社1990年版。

④　Edward Friedman, 1991. Paul G. Pickowitz, Mark Selden. *Chinese Village, Socialist State*. Yale University Press, New Haven & London.

补",那么海内外的同行们就都难以更好地承担起共同的学术使命。

经由以上的论述我们当可察知,外来方法与中土材料其所以难于水乳相融,主要肇因盖出于这两种东西自身的复杂性。易言之,变化多端的"西法",本来就很像一块不停转动的多棱镜,倾向于从不同的角度去反映出事物的各个侧面,而它的不合又在我们这里遭遇到了极为纷繁的经验复合体,时隐时现地要向它展现出难计其数的文明层面来;所以,弄得不好人们就很容易盲人摸象般地在中国研究中概括出言人人殊的、甚至势同冰炭的结论来。正因为这样,我们就的确没有多少理由去苛责那些仅靠阅读外语来窥知其他生活共同体的汉学家了,因为实际上就连一些学养很深的华人学者,当其想要援引新颖的西方理论来重解中国历史之谜时,也往往会"不约而异"地得出彼此抵触的结论来,从而或多或少地暴露出"削足适履"的痕迹。我们不妨就此举两个目前最受学界关注的话题来略事比较,以便更深切地体验一下"援西入中"的难度。众所周知,林毓生先生曾经根据经验主义的"试错式"家法,忽略掉中国现代史原是"由器而政、由政而道"地跨入"五四"时代的基本事实,而把当时的社会病象诊断为主要是由于一群"智慧的暴君"企图一元化地借思想文化解决问题;持这种论点无疑意味着,他认定了倘非那些"全盘性反传统"的士大夫型知识分子在其思想深处"太过传统",他们就不会站在"哲学王"的立场上对自己的历史作用有过高的期许,也就反倒不致因为重塑了占统治地位的"强势意识形态",而给国事民瘼带来如此深重的危害。[①] 可与之恰成反衬的是,余英时先生近来又借鉴着"中心与边缘"的社会学理论,脱开了"各阶层相对边缘化仅仅出现于现代社会的结构之中"这一个基本事实,而把中国现代社会发展的主要困境归咎于"原来在社会上举足轻重的知识分子反而边缘化了";持这种论点无疑意味着,他判定了倘非这个割断历史的士大夫阶层丧失掉"以天下为己任"的传统抱负,他们就不至于自

---

① 林毓生《中国意识的危机——"五四"时期激烈的反传统主义》一书,穆善培译,贵州人民出版社 1988 年版;并请参阅该作者新近发表的《略谈思想的作用》一文,《读书》1995 年 8 月号。

食恶果地沦落到社会的边缘，而把"民间社会"的中间势力毁弃殆尽，只得坐视"一个绝对宰制性的单一政治组织，从中央一直贯穿到每一个家庭，甚至个人"。① 我们在此当然无意细究这两种说法的孰是孰非，或许它们果真各自对应了一部分史实，正像再变形的镜面也总还能照出几分影像来一样。不过，既然人们竟可以根据不同的家数而引申出如此悖反的结论，亦不免让人联想到这样的危险："取镜西法"的做法有时也会把大家推在一排哈哈镜跟前，让人觉得自己居然判若两人地既太矮或太胖、又太高或太瘦；因此，谁要是误以为这类学术实验能够一蹴而就，自信凭一己之力便足以在某个问题上给出决定性的解答，甚至听不进去一丁点善意的忠告，那无非证明了他深陷在泥潭里不肯自拔而已。

也许有必要再次申明的是：强调"援西入中"殊非易事，从逻辑上并不意味着打算在这条险径上裹足不前；相反，只有严肃认真地正视此中的困难，才赋予了我们努力克服这类困难的必要前提条件。具体一点儿讲：其实恰恰是这种学术过程所呈示出来的"阶段性"，才让我们双向地感受到了心智上的严重挑战，从而促使我们既去不断追问别人的知识背景，以便加深对于西方文化的了解，也来时时反省自身的经验内容，以便验证那些新奇的学术成果是否允当；缘此，大家就完全有理由指望，只要能有足够的耐力和定力在这种永无止境的治学实验中渐积跬步，就终究可以借助于对"西法"的日益透彻的把握，来寻求"中学"领域里的知识增长。而且进一步说，也只有以此信念作为支撑点，我们在其实根本无法回避的中西磨合过程中，才会不是消极地厌恶乃至惧怕外来的研究方法，而是积极地回应乃至改造它们，借以坚信即使是那些曾在中国研究领域生产出了大量"拼贴画"的外在范式，也终归会被更加符合中国国情的内在范式所取代。在此特别值得一提的是，眼下国内学术界已经就"社会科学本土化"的课题展开

---

① 参阅余英时《待从头，收拾旧山河》以及《中国知识分子的边缘化》两文，分别载于《二十一世纪》（香港中文大学，中国文化研究所）1990 年 12 月号和 1991 年 8 月号。另请参阅 Edward Shils，1975. *Center and Periphery*，*Essays in Macrosociology*. The University of Chicago Press，Chicago & London.

了初步的探讨,而且大家的终极意趣无疑是指向这个更高目标的。①

三

读者们谅必不难想见,如果仅仅走笔至此,本文所述及的情况大致上还属于正常的范畴。就像我们有理由从语言学的角度来判定"洋泾浜英语"恰是文明剧烈碰撞时必然出现的普遍产物、并在人们的日常交际中扮演过重要角色一样,②我们也完全有理由根据阐释学的学理来体谅:那些在中西交通过程中被人们下意识误读出来的"洋泾浜作品",不仅从学术史的意义上讲乃是势在难免的文本形式,而且就思想史的意义而言亦属不无助益的试笔之作。

但读者们恐怕也同样不难想见,假如事态的发展仅此而已,本文也就没有多少必要去从事前面的铺陈和梳理工作了。所以毋庸讳言,真正令人痛心疾首又如哽在喉的怪异现状是:近来充斥于市的大量刻意耸人听闻的"文化误读产品",实际上并非仅仅缘于"东、西"之鸿沟,还更缘于"南、北"之落差,——而且正是这种要命的落差,才逼迫着某些作者简直在故意混淆视听,一时间在学术界酿成了本不该出现的乱局!因而,面对着这股偏离了"援西入中"之正途且又败坏了其声誉的有害逆流,我们就不得不正襟危坐地清理一番,看看哪些作品只是流露出了无意间的误解,属于不期然而然的"洋泾浜现象",而哪些作品却竟反映出了成心的作伪,表现出了人为的"洋泾浜学风",——或者换个更形象点儿的说法,看看哪些作者只是苦于讲不好中文才带上了外国口音,本身并无表演的成分,而哪些作者却实不过是拿着洋腔洋调来说自己的母语,故意去追求某种特定的剧场效果?

---

① 参阅梁治平:《规范化与本土化:当代中国社会科学发展面临的双重挑战》、朱苏力:《法学研究的规范化、法学传统与本土化》、黄平:《从规范化到本土化——张力与平衡》,分别载于香港《中国书评》1995 年 3 月号、5 月号、7 月号。

② 周振鹤:《别琴竹枝词百首笺注——洋泾浜英语研究之一》,《上海文化》1995 年第 3 期。

不可否认，如此泾渭分明地想要在"误解"和"曲解"之间划定界限，总免不了有点要向某些作者发出"诛心之论"的味道；所以若仅就个人间的情谊而言，我原是很不忍向许多往日的同年和同事挑起这场"不得已之辩"的。可在问题的另一面，从纯粹的学术良心出发，又正因为那些"四不像"的文章竟然多出于与自己有过相同文化背景和近似生活阅历的同侪之手，才使我更无法不怀疑其基本的写作动机；因为，正像前文业已论及的那样，对任何文化的深入研究都要求作者对那个特定的生活共同体具备相应的实感，——而我又无论如何都不能相信，这些作者才刚刚离开"生于斯养于斯"的故土不久，就当真已经丧失了此种必要的治学前提！坦率地说，当你简直如打开了《天方夜谭》般地读到，他们要么就把"新进化论"、"分析的马克思主义"和"批判法学"杂糅成一个极不协调的框架，硬把中国当前这种迫不得已而且矛盾山积的新旧交替状态和妥协混杂局面描绘成对于所谓"第三条道路"的"制度创新"，①要么就全然不顾乡镇企业的种种负面效应以及它们其实早已吸纳不下庞大剩余劳动力的严峻现实，硬把由中国农民"准身份制"所造成的无可奈何的"离土不离乡"现象涂抹成所谓"有力地加强并且重建了乡土中国的生活共同体"的"对人类文明史的莫大贡献"，②要么就沐猴而冠地替被书贩子炒热的地摊文学披上"解构主义"的时装，硬把这些俗物吹嘘成"史迁式的'发愤'之作"，甚至说它们竟"在不到十年的时间里就走过了西方文学花了一个世纪走过的路"，③要么就不分青红皂白地为本已多元分化的各派思潮统统贴上"新保守主义"的标签，硬要以此种脸谱化的戏剧手法来误导和惊吓海外

---

① 崔之元：《制度创新与第二次思想解放》，《二十一世纪》（香港中文大学，中国文化研究所）1994 年 8 月号。季卫东：《第二次思想解放还是乌托邦？》，《二十一世纪》（香港中文大学，中国文化研究所）1994 年 10 月号。

② 甘阳：《乡土中国重建与中国文化前景》，《二十一世纪》（香港中文大学，中国文化研究所）1993 年 4 月号。秦晖：《"离土不离乡"：中国现代化的独特模式？——也谈"乡土中国重建问题"》，《东方》1994 年第 1 期。

③ 陈建华：《〈废都〉及其启示：末世文士的历史"复影"》，《二十一世纪》（香港中文大学，中国文化研究所）1994 年 10 月号。王天兵：《非梦文学和王朔》，《读书》1995 年第 8 期。

舆论，①要么就生吞活剥地乞助于法兰克福学派的批判理论，硬要暗示眼
下唯一还能为祖国带来一线生机的"改革开放"进程只能使她今不如昔地
越改越糟②……你若还满心情愿对这类作者抱什么期望的话，那首先就
应当是——但愿连他们自己也不相信这些想入非非的"肥皂泡"！须知，
当代中国的境况恰像一团剪不断的乱麻，它既是具有悠久历史传统的文
明古国，又是在近代不断遭受外邦凌辱的落后国度，既是正经历着高速成
长的"现代化中"国家，又是各种遗留难题积重难返的"发展中"国家；而由
此就会在传统与现代、价值与情势、保守与变革、政治与学术等等之间交
织出非常微妙的纠葛与两难，使人感受到纷繁多样又富于变化的"问题意
识"。按说，既然这种复杂的"问题意识"难免要构成海外同行必须努力克
服的天然盲点，则它本来恰应是中国留学生在国际对话场合中的最大优
势所在；他们本可以凭借自己的切身体验来劝诫身边的汉学家，千万不要
把任何一个哪怕很细小的问题处理得太过简单，以致在左摇右摆的钢索
上失去了平衡。然而令人深可痛惜的是，在上述那类走火入魔的奇谈怪
论中，他们中的某些人非但没有对于中国问题的复杂性表现出应有的敏
感，反而显得"学过西洋文法倒不会讲中国话了"。这样一来，要是我们找
不出理由来解释他们何以如此缺乏对故国的了解，就不得不进一步追问：
那种对于一个中国人来说无论如何也不至于遗忘的生活实感，究竟被他
们丢到什么地方去了？

　　而由此就引出了本文的要旨。既然我们可以判定，这批作者原不应
缺乏此一种必备的治学前提，即对于中国现状的切身经验，则我们就不由
得要来顺藤摸瓜，检讨他们的彼一种基本的治学预设，即其内心深处的文
化归依感。此处有一层很容易捅破的窗户纸：其实任何真实的学术冲动，
都必得缘出于研究者对于人类命运的真切关怀，以及由此而引发的对于
事物本相的真诚索问；而此种普泛原则贯彻到人文学者和社会科学学者

　　① 赵毅衡：《"后学"与中国新保守主义》，《二十一世纪》（香港中文大学，中国文化
研究所）1995 年 2 月号。

　　② 吴钦：《主编的话》，《中国发展》1994 年第 1 期，《科技与发展》专刊。

的特定研究领域，又势必要落实为对于某一人类生活空间的自觉认同感，以及由此派生出的对于该文化共同体的强烈道义感。正因为这样，同样不言自明的是：在"援西入中"的持续实验过程中，最犯忌的事情就莫过于出现了在大洋两岸都无所归依的"边缘人"，亦即出现了并无任何文化认同感足以使之感受到真正的学术使命的人物；因为，这样一来他们就很可能既不会以负责任的态度去检省和创化西方的思想方法，也不会以负责任的态度来归纳和验证中国的经验事实，而只顾利用游戏色彩很重的非关学理的放言空论，去把原本作为一项公共事业的治学活动，糟蹋成了纯属私人行为的谋生手段！只有从这种意义上，我们才能设身处地地理解，在那类大批量生产出来的"学术赝品"当中，中国的材料何以会被迎合着西方学术界的消费胃口而被贩卖得如此廉价。尽管平心静气地讲，在当今南北世界如此巨大的落差之下，类似的文化现象并不是不可理解的，——既然人们早已为西方人制作出了专供评奖用的影片、专供拍卖用的绘画、专供翻译用的诗歌、专供比赛用的音乐等，那么他们眼下又杜撰出专供西方老师猎奇的论文，又何足为奇呢？但即便如此，当我读到那些"非驴非马"的滑稽之作时，还是不由要替它们的作者深感惋惜和悲哀：倘非背井离乡的生存困境逼迫着这些人去做新一轮先意承旨的"遵命学问"，中国的英才们又何至于一再虚掷自己的写作精力呢？

于是，我还是忍不住要向这些人为地煽起了一股"洋泾浜学风"的作者们犯颜直谏。一方面，我们完全可以透过他们那些异想天开的作品而同情地了解到：也许不无讽刺意味的是，大概再没有什么时候会比在出奔异国他乡之后，更能使这些同胞手足痛切地感悟到，即使在远离祖国的情况下，这一片故土仍然要构成自己生存状态的重要背景。但另一方面，也恰因为此，我们就不能不奉劝他们去注意下述无法躲避的"二难推理"：如果他们自信尚未完全丢弃对于原有文化的认同，因而尚未彻底忘却自己对于旧邦所背负的历史责任，则他们就绝不要贪一时唇齿之快地咨意粉饰它，否则这种指鹿为马式的做法就不仅无补于它的崛起，反而会干扰和误导其本已是步履蹒跚的发展进程；而如果他们自度已经可以掉头不顾父母之邦强盛与否，一心只希图能在另外的国度里求得别人的认同，则他们也同样休要指望老是可以把中国的材料当成蛋糕来切,因为西方汉学界的同行们迟早总会发现,他们那些开玩笑式的作品只不过是在欺负自己暂时还切不准中国的脉象而已。无论如何,在中西文明的不断交流汇通之中,正如"洋泾浜英语"只是短暂的语言现象一样,那些给西方人带去了"东方情调"却给中国人留下了"西洋景"的文化赝品,只能是过眼烟云的笑料;所以,要是人们不能表现得更出息点儿,他们就终究要被"援西入中"的正常进程无情地撇弃!

原载于《二十一世纪》杂志 1995 年 12 月号

# 学界的"冷战思维"

　　最近从网上偶然读到,有位素爱发表不同见解的作者,又在批评某些未详其名的人士,竟把"民间"二字当成了万应的"招牌"——"由于'民间'具有一种不容置疑的褒义,它有时就被人们当作了一张十分廉价的标签,随意乱贴;有时,又被人们作为一块颇为管用的盾牌,抵挡敌手的刀剑。再狂悖的言行,再愚妄的举止,再粗野的表演,再恶心的自恋,再无耻的自大,再下作的欲望,只要打着'民间'的旗号,就具有了天然的合理性,就是值得肯定和赞美的。"

　　要是套一个熟悉的句式,真可把上述批评归结为——"民间,民间,多少罪恶假你的善名而行!"我不知这种愤怒是否有的放矢,也就无由判断它是否弹无虚发,但它毕竟对我的心思有所触动:大约"民间"也像"学生运动"一样,谈不上什么"天然合理",关键还在于我们怎么想和怎么做。

　　步入 20 世纪 90 年代以来,常见有人举出两种趋势,来总结百年来的学术发展,也顺便表明自家的心志。第一种趋势是提倡"学术自律",比如有关"学术史研究"的讨论,以及有关"社会科学规范化"的表态,都可以归纳进这种范畴。第二种趋势则是提倡"学在民间",其主旨在于打破话语垄断,力争宽敞的发言余地,以丰富国人的精神视野。

　　上述念头,如果只当成学界的自我期许,那无疑具有简明的正确性。可若说这已是独立不摇的趋势,恐怕就太过乐观了一点。别的不说,就连这两种趋势能否总是两全,我也渐渐心存疑虑起来。一方面,若没有高度的职业分化,就难以确保种种专学的细致进展,做出的学问就往往大而化之。另一方面,依当今中国的贫瘠文化生态,真能保障把治学当成志业的资源,又到底有多少来自民间的赞助?

于是请恕我直言,被叫得山响的所谓"民间",在我们的社会里,实无多少神秘和清高,无非是指某种狭窄的空间而已,甚至是指"单位所有制"之间的细小夹缝。只要身在"事业"单位的学术从业者,还能在官方的"项目""课题"之外,向作为"企业"的书坊刊物额外撰稿,未被完全框套进"几五规划"之中,也就差可被称作"民间学术"了。

再者说,这种"计划外"的知识生产,由于尚且无力自我立法,在多数情况下就更倾向于尊崇权威,而不是重估权威。只要你有正式的"功名""顶戴",比如博士、教授,以及更具中国特色的博士生导师、有突出贡献的中青年专家、政府特别津贴获得者、国务院学科评议组成员之类,就不妨玩命往上罗列。反正越是冠冕堂皇,就越能唬住掏钱买书的小民。

当然即便如此,也不可抹煞"民间"二字的积极功能,因为它至少还意味着"非官方"。换句话说,在当代中国的特定语境之中,学术研究一旦被冠以"民间"的定语,那总还意味着不必先去送审开题报告,而这无疑更符合精神活动的内在要求。唯其如此,正像在大一统的"官本位"中也照样存在过清流一样,近年来真正具有活力和引起关注的创见,才差不多全都来自"民间"的公议,而不是批量产生和留待评奖的命题作文。

只可惜转念一想,恐怕麻烦也同样出在这里——恰因为曾经只是"官方"的对称,只在别人的眼光中确认过自己,近来就颇出现了这样的苗头:假使有朝一日人家决意淡出,那么这种"民间"在失去对象的同时,也很有可能不幸而丢失了自己。到那时大家才会转而发现:如果在"官"与"民"之间,经由充满阵痛的长期磨合,总还形成了某种心照不宣的规则,那么在"民"与"民"之间,反而更缺乏起码的自律与克制,更叫浑水摸鱼者有机可乘。

其实早先那种敌忾同仇式的认同,原本就有很大的偏颇,它有可能掩盖深层的意见分歧,使精神取向太过单薄划一。而一旦把这种"冷战思维"挪作他用,思想的定势就只会更加僵化狭隘,过早地催生门户之见和意气之争,毒化研讨学理的沉着气氛,直至调动下作的归谬法来互泼脏水。——真令人想起一群浮上水面的深水鱼,一觉压力稍减反倒不会生存了!

按理说,"民间学术"本属于"求异思维",是对以往众口一词的迫不得已的代偿。它作为对学识事理的自发追求,本应更具有正态广域的分布,也更善于倾听包容异样的声音。何以刚有这点可怜的发言余地,就失去了对学理的虔敬之心,只图危言耸听地搞事造势?所以,不要只图发泄自己的霸气,而应好好地反躬自问一番:这种似曾相识的做派是否说明——在与对象长期共存的语境中,大批判的语式早已积成了难以自拔的恶习?

中国的问题是如此复杂独特,以至于只要还有起码的真诚,就不大可能义无反顾地相信,只需引进哪门哪派的方程定理,就足以代入让人头痛的全部变量。尽管这种困窘的情势,毫无疑问在吁求着多元的视点,从而也在吁求着商榷与辩难,但这种辩难却决不能像江湖武林那样,既党同伐异又冤冤相报,甚至彼此怕学对方的招式,弄到后来连为啥跟人拼命都忘了。否则,我们的脑际里就总是充溢炒热的卖点,而不是冷静的要点。

有位朋友宽解我说,这种缺乏费厄泼赖的乱局,在乍一开放的威权社会中,从来是无一例外的必经阶段,东欧及我国台湾地区都有过类似的情况。我是太愿意接受这类的安慰、只把上述困境看作"成长的烦恼"了!——然则仍须为此限定一个前提,那就是我们还得有起码的清醒,知道再不博弈出"民间"的规则,以此来约束和拯救自己,做学问就会变成世上无聊的勾当,慢说还要替中国想清什么事情!

# 伯林:跨文化的狐狸

## 一、消极自由与当代中国

那场史无前例的浩劫过去以后,鉴于这场灾难的浓重阴影,人们便不能不向一个勇敢的先觉者表示他们迟到的敬意,而这位思想的英雄就是顾准,——他当年在巨大的思想压力下,最早领悟到了英美经验主义思想的魅力:

> 这就可以谈谈终极目的了。1789 年、1917 年,这股力量所以强有力,一方面因为它抓住了时代的问题,另方面是因为它设定终极目的。而终极目的,则是基督教的传统:基督教的宗教部分,相信耶稣基督降生后 1000 年,基督要复活,地上要建立起千年的王国———一句话,要在地上建立天国。基督教的哲学部分,设定了一个"至善"的目标。共产主义是这种"至善"的实现。要使运动强大有力,这种终极目的是需要的,所以,当伯恩施坦回到康德,即回到经验主义,说"运动就是一切,终极目的是无所谓的"时候,他破坏了这面飘扬的旗帜,理所当然地要成为修正主义。……
>
> 说过这一段话,民主这个问题似乎也好解决一些了。革命家本身最初都是民主主义者。可是,如果革命家树立了一个终极目的,而且内心里相信这个终极目的,那么,他就不惜为了达到这个终极目的

而牺牲民主,实行专政。……反之,如果不承认有什么终极目标,相信相互激荡的力量都在促进进步,这在哲学上就是多元主义;他就会相信,无论"民主政治"会伴随许多必不可少的祸害,因为它本身和许多相互激荡的力量的合法存在是相一致的,那么,它显然也是允许这些力量合法存在的唯一可行的制度了。①

显而易见,只要稍稍对比一下身在英国的以赛亚·伯林对于俄罗斯思想家赫尔岑的类似信条的概括,就可发现顾准这把对准"终极目标"的简洁明快的奥康姆剃刀,究竟是来自哪一条哲学路线:

> 他相信,生活的终极目标就是生命本身,每日每时都有自己的目的,而不是另一天或另一种经历的手段。他相信,那些遥远的目标是梦想,对它们的信念是一种致命的幻觉;为了遥远的目标而牺牲现在,或当下的可以预见的未来,必然会导致残酷而徒劳的人类牺牲。他相信,在与人无关的客观世界里找不到价值,价值是由人创造的,并随世代的转换而变化,但仍然约束着那些据此生活的人们;痛苦是不可避免的,而绝对可靠的知识既是不可企及的,也是不必要的。他信奉理性、科学方法、个人行动,和经由经验发现的真理;然而他倾向于怀疑,那些对普遍公式和定律、对关于人类事务的规则的信念,是一种非理性的、有时是灾难性的企图,企图摆脱生活的不确定性和难以预测的多样性,逃向我们优美幻想的虚假保障之中。②

接下来要说的是,就我本人的记忆所及,中国人真正较早接触到来自英伦的以赛亚·伯林的思想,那就应该是在 1989 年 5 月号的《读书》杂志上。而即使把写作和发表所需的时间都算进去,构思那些文章的时候,也已经是"山雨欲来风满楼"了。大家应当都还记得,那期杂志上的头一篇,

---

①　顾准:《从理想主义到经验主义·民主与终极目的》,台北书林出版有限公司1994 年版。

②　伯林为《往事与随想》英文版所作的序言,转引自马克·里拉、罗纳德·德沃金、罗伯特·西尔维:《以赛亚·伯林的遗产》,刘擎译,新星出版社 2006 年版。

是甘阳利用了伯林《自由四讲》的台湾版，而以"消极自由"为口号，在为某种曾经引起过普遍失望的退避态度进行辩护：

> 那么，"社会责任感"错了吗？"忧国忧民"不好吗？当然不是。全部的问题是在于：当你怀抱社会责任之时，当你忧国忧民之时，你与这"社会"、与这"国"和"民"是否还有某种界限？或者说，你是否还有某种作为一个"个人"所必须具有的、无论如何不能让弃的东西？一种回答是"没有"，我与社会、国家、人民是完全一体、完全同一的，我没有任何个人的东西不可以让渡、不可以放弃；另一种回答则是："有"，我与社会、国家、人民并不是完全一体的，我有我自己的绝对独立性，我有任何时候都不能须臾让渡的东西，这就是：我的"自由"。……
>
> "五四""个性解放"所向往的"自由"说到底是十九世纪浪漫主义文艺家所标榜的"意志自由"，而绝不是真正意义上的自由即"公民自由"。当代政治哲学一般把前者称为"积极自由"（positive liberty），而把后者称为"消极自由"（negative liberty）。真正的"个人自由"首先强调的是"消极自由"而非"积极自由"，亦即如前所述，个人自由乃是最低原则，而非最高原则。正如自由不能被他物所替代，同样，自由也绝不妄想涵盖一切，取代一切，"自由就是自由"，不是别的。①

时至今日，权且放过写作上述文字的具体动机吧。无论如何，在那个时候能向国人宣讲作为当代西方政治哲学家的以赛亚·伯林，还是令大家耳目一新的！虽则如今我们真正对伯林了解多了，仍会觉得那种简单的引用还是太过性急了点，并没有能真正深入伯林本人的复杂内心。——从学理的层面来说，当时最为要害的症结是，就这么来套用所谓"消极自由"概念，来躲闪硬生生摆在面前的无可回避的社会承当，那是绝对地误用和滥用了伯林。正如我们后来所惊喜地读到的，其实以赛亚·

---

① 甘阳：《自由的理念：五四传统之阙失面——为"五四"七十周年而作》，《读书》1989 年第 5 期。

伯林本人,反而曾经最被他同时代的俄罗斯知识分子的坚忍担当意识所震撼与吸引:

> 他所热爱的俄国思想家赫尔岑和屠格涅夫使他对思想产生了强烈的兴趣,并且让他感受到他们身上那种毫不逊色于自然或是社会制度的征服力量。同样来自于俄国传统的还有对知识分子本质上所具备的劝诫和道德功能的认识。①

再比如,作为赫尔岑的欣赏与追随者,伯林不可能没有从前者笔下读到过这样的对比性批评:

> 西欧人最后形成的那种孤芳自赏的个性,起先我们觉得它与众不同,继而又发现它片面单调。他们始终踌躇满志,他们的自负使我们气愤。他们从不忘记个人的得失,他们的处境一般并不顺遂,心力大多花费在生活琐事上。
>
> 我并不认为,这儿的人从来就是这样;西欧人不是处在正常的状况——他们正在退化。没有成功的革命风起云涌,没有一次能使他们脱胎换骨,然而每一次都留下了痕迹,搅乱了人的观念,于是历史的潮流顺理成章地把污浊的市民阶层推上了主要的舞台,挤走了被铲除的贵族阶层,扼杀了民间的幼苗。谢天谢地,市民精神与我们不能相容!
>
> 我们无所用心也罢,精神不够深邃,行动不够坚定也罢,教育方面太幼稚,修养方面太贵族化也罢,但是我们一方面既更懂得生活的艺术,另一方面也比西欧人单纯得多,我们不如他们那么与众不同,然而比他们更全面。我们这里有识之士不多,但这些人才华横溢,气度恢宏,决不受任何局限。②

另外,再从历史判断的角度来看,那种断言五四之"阙失面"的说法,

---

① 伊格纳季耶夫:《伯林传》,罗妍莉译,译林出版社 2001 年版,第 396 页。
② 赫尔岑:《往事与随想》(中卷),项星耀译,人民文学出版社 1993 年版,第 103 页。

也同样是太过性急地对于一场复杂的文化热潮,贸然给出了以偏概全的总体否定。而如果对照一下具体的史实,正如我此后的个案研究所示,其实恰恰是在那场运动中,中国的文化人才第一次自觉或不自觉地,接触到了与"消极自由"相关的思想观念:

> 周作人对于他所投入的这场文化运动,在某种程度上甚至比其主帅理解得还要深刻。——这方面最鲜明的例证,表现在由他领衔发起的跟"非基督教学生同盟"及其精神领袖陈独秀的那场论辩上:"我们不是任何宗教的信徒,我们不拥护任何宗教,也不赞成挑战的反对宗教。我们认为人们的信仰,应当有绝对的自由,不受任何人的干涉,除去法律的制裁以外。信教自由载在约法,知识阶级的人应首先遵守,至少也不应首先破坏,我们因此对于现在非基督教同盟运动表示反对。"令人惊叹的是,尽管周氏在这里并未使用所谓"消极自由主义"之类的术语,但他却确凿无疑地把握到了此种主张的主要神髓,足见其天分之高![1]

于是也就不妨说,对于一场众说纷纭、泥沙俱下的思想热潮,给出如此整齐划一的全盘否定,这本身就相当吊诡得太过一元论了。而如果不是这样,那么验之于历史的原生态,我们原本并不难想象,五四时代既然如此开放与奔放,它在理路和取向上就必会是多元混杂的,那时候又没有什么机构去规定意识形态的"主旋律"!

当然,还是应当再宽容地说一句,纵然不能无视这些思想上的磕磕绊绊,可在当年那种宏大叙事占据主导的情势下,能以英国经验主义的态度去进行相应的解读,总还是可以诱使我们对于西方哲学了解得更加全面一些。所以在这个意义上,甘阳当年的那篇文章,跟陈维纲较早前那篇同样发表在《读书》上的意在解构卢梭"公意"观念的文章,在思想取向上仍有异曲同工之处:

---

[1]　刘东:《失去儒家制衡的"个人主义"——周作人案例研究》,《理论与心智》,江苏人民出版社2001年版,第104页。

卢梭的根本错误,在于他抽掉了民主的价值基础。当他宣称多数人有权剥夺少数人的权利,宣称主权者有权迫使公民服从其所规定的"自由"时,他已经否定了人道主义原则,否定了人的本质。这样一来,构成社会主体的已不再是人,而是国家本身。国家取代人而成了目的,成了中心。

在这里,我们便接触到了卢梭社会哲学中最核心的思想——普遍道德观和国家至上主义。他所理解的人,并不是自由发展自己的主体,而是遵从某种特定道德观念的公民。这种力图将人变成某种普遍道德复制品的思想不仅反映在卢梭的学说中,而且也支配了雅各宾专政的整个实践。这种把国家当作目的,把人作为手段的理论在实践中的第一个直接后果,就是把人分为国家的有用手段、工具和对国家有害或不利的工具。它暗含的结论是为了国家的利益应该无情地消灭后者,这样,本来是为了人的自由和解放的革命,最后变成了维护国家,维护某种普遍道德的革命,变成了消灭人的革命!①

当然相形之下,以上这番简单的引述,还只是从思想的萌芽过程,来回顾以赛亚·伯林在中国的最早回声。——比及 20 世纪 90 年代以后,一旦那些更早接触过这类思想的华裔学者纷纷漂洋来访,诸如此类的说法就更是屡见不鲜了,因为英美思想正是他们的看家本领,而且他们所擅长的这种家数,又正好可以切中当年中国思潮的某些要害。比如,张灏在前几年也曾发表过诸如此类的访谈:

高调的民主观由卢梭开其端,然后黑格尔,然后马克思——这些人所倡导的民主自由观念,我为什么称之为高调的民主观呢?卢梭所追求的自由不是自然的自由,而是人的自由和政治上的自由,就是人生活在人群中所有的自由,他的自由观里面道德感非常充实。卢梭把人分成两个自我,一个是内心深处的"精神我",一个是外在的

---

① 陈维纲:《评卢梭人民主权论的专制主义倾向——读〈社会契约论〉》,《读书》1986 年第 12 期。

"躯体我"。所谓自由以及与自由有关系的公意，不是一个普通人躯体的、感官的要求，而是每个人真正的、内在的心灵要求。所以卢梭说，"精神我"常常也就是群体的公意，"精神我"也是可以跟社会的"大我"连在一体的。换句话讲，你个人、表面、躯体的"小我"说的话常常是肤浅的，不能代表你真正的人的精神要求，而民主所要发展的，是人内在的精神的自由，这才是最珍贵的——这个东西在西方也是很重要的，就是"积极的自由"。……

　　高调的民主观在西方近代常常以"共和主义"为出发点，对民主思想有其重要贡献，但也有危险性。一方面，因为民主政治的现实常常与道德理想有很大的差距，容易使人失望幻灭，因而有产生民主政治逆转的危险。更重要的是，这种民主观里面时而出现一些激化的倾向，可能使政治走向权威主义甚至极权主义的道路。

　　另一方面，高调的民主观可能导致"民粹意识"的产生，因为它认为民主表达的是人民的公意，而人民的公意不是指构成人民全体的众多不同集团利益的协调整合，它也不代表全体个人私意的总和，而是指存乎其中又驾乎其上的道德意志——这公意既然不是反映现实社会中个人或利益集团的私意，便很容易产生一个观念：真正能体现公意的是一个高瞻远瞩的先知型的领袖或者道德精英集团，他或他们可以代表或领导人民实现他们"真正的意志"。①

众所周知，最是坚持不懈地在推广此类观点的，则又要数早年曾跟哈耶克念过书的林毓生。——也许是其性格使然，他可以在不同的时间和不同的场合，反复地甚至不厌其烦地去伸张同一个观点。也正因为这样，我才会在一篇评议他的学术贡献的文章中，捎带着也描述了国内的学风在经验主义思想方法的影响下，顺应着改革（而非革命）时尚而发生的丕变：

　　过去，由于革命意识形态的强烈排他性，中国学者中间虽不能说没有例外（比如顾准先生的遗著《从理想主义到经验主义》），但大体

① 阳敏：《民主应低调开始——张灏访谈》，《南风窗》2007 年第 3 期。

上却未能对自柏克以降的思想脉络给予应有的重视。而现在,怀德海、波兰尼、哈耶克的名字却一时间不胫而走,直有跃升为"显学"之势。越来越多的人开始察觉到,至少照经验主义的观点来看:向着某个理想中的历史终点的不断躁进,难保不给历史带来灾难性的后果;相反,对于传统活力的保守与开发,却可能是整个社会稳步变革的基础。①

只可惜,最为讽刺和令人失望的是,果真到了这个时候,被看作现代政治不二法门的消极自由和低调民主,却不仅没有显出什么预期的神效,反而招惹或鼓励出了更多的问题。——说白了,在这个物质主义时代,正因为太过"消极"和太过"低调",没有足够的超出一己之私的民气可用,也磨合不出原本必不可少的公民文化。**甚至,恰好是对应着这种时髦的论调,整个社会都因为其成员基本龟缩在小我之中,而显得公共空间严重发育不全:**

> 虽然从一时看来,这种历久弥新的杨朱主义确乎在支持着当代中国的发展,因为对于私利和私欲的追逐与满足差不多已经可以说是这场现代化运动的唯一心理动机,然而由长远视之,这种并无精神向度的现世主义的紧紧封闭的"小我",毕竟又在规定着当代中国发展的局限,因为整个社会终须依靠各个成员之超出自身的祈求才能得到良好的发育。②

当然,谁对这些微妙的发展也不会是先知先觉。不过凑巧极了,刚好就在 1989 年 5 月号的《读书》杂志上,而且还是紧挨着甘阳的那篇文章,恰恰也发表了我本人于一夜间急就的《衰朽政治中的自由知识分子》。形成了鲜明对比的是,深信"执两用中"之智慧的我,却是向来都不喜欢剑走

---

① 刘东:《"创造性转化"的范围与限制》,《刘东自选集》,广西师范大学出版社 1997 年版,第 237 页。

② 刘东:《失去儒家制衡的"个人主义"——周作人案例研究》,《理论与心智》,江苏人民出版社 2001 年版,第 114 页。

偏锋,尤其不愿意先去走这边的偏锋、好留着那边再去走对面的偏锋——当然也是受到了胡适案例的牵引——所以,尽管同样处在那场暴风雨的前夜,自己在谈论自由主义思潮时,却并未流露出一丁点儿自信,倒是对历史充满了悲剧性的预感:

> 或许并非很自觉地,胡适借此又帮助中国刚刚形成的知识分子们创造了一种新的传统——自由主义传统。这种传统的一般特点是:总是号召积极参与公共事务,但又总是注意保持个人的独立地位;总是珍重自己对于政治的发言权,但又总是超乎政治之外地不愿付出卷入其间的代价;总是强调个人的独立判断能力,但又总是愿意以社会共同利益为准;总是批评社会的种种弊端,但又总是保持一种温和节制的态度;总是和现存的政治组织离心离德,但又总是尊重和利用现行的法律秩序;总是要求社会制度的不断改革进化,但又总是不赞成使用激进的手段;总是祈望人类历史的不断进化,但又总是渴望看到这种进步能够取道于缓慢的调整;总是在内心深处对人的生存状态怀有强烈的价值理想,但又总是倾向于在现实层面采取谨慎的经验主义方法……它在小心翼翼地、左右为难地维护着个人的自由。它的优点同时也就是它的弱点。……

> 他的悲剧就在于:在一个衰朽的政治中,偏偏要去做一个只有在正常有序的政治中才能发挥作用的自由知识分子。他认识到了自己在一个合乎理性的民主制度下应该扮演的角色,过多地寄希望于舆论的监督作用。[1]

众所周知,对于自由知识分子的这种局限性,胡适很早以前就曾借着丁文江之口,非常突出和反讽地表白过:

> 然而在君(即丁文江——引者)究竟是英国自由教育的产儿,他的科学训练使他不能相信一切破坏的革命方式。他曾说:我们是救

---

[1]　刘东:《衰朽政治中的自由知识分子:读〈胡适与中国的文艺复兴〉》,《理论与心智》,江苏人民出版社 2001 年版,第 122—123 页。

火的,不是趁火打劫的。

其实他的意思是要说,我们是来救火的,不是来放火的。照他的教育训练看来,用暴力的革命总不免是"放火",更不免要容纳无数"趁火打劫"的人。所以他只能期待"少数里的少数,优秀里的优秀"起来担负改良政治的责任,而不能提倡那放火式的大革命。

然而民国十五六年之间,放火式的革命到底来了,并且风靡了全国。在那个革命大潮流里,改良主义者的丁在君当然成了罪人了。到那个时代,在君曾对我说:"许子将说曹孟德可以做'治世之能臣,乱世之奸雄';我们这班人恐怕只可以做'治世之能臣,乱世之饭桶'罢!"①

平心而论,也正是鉴于这样的消极社会现状,以及由此刺激起来的复杂问题意识,才使我们至少可以从阅读心态上去理解,为什么重新站到了过激立场上的崔之元,后来又要在同一本《读书》杂志上,转而去为刚被清算过的卢梭翻案。——说得更具体点儿,我们至少借着这种回溯了解到了,无论崔之元的论述有没有历史文本根据,陈维纲当年那种干净利落的卢梭批判,都还是把问题给过于简化处理了。

本文针对对卢梭的误解,进行拨乱反正。论证了卢梭的"公意"理论来自他对"个人意志自由"的彻底的逻辑展开。这是卢梭对现代民主理论的最大贡献,即将个人自由与作为生活基础的人民主权内在地联系起来——彻底的自由主义必须是民主的自由主义。

一旦我们从个人意志自由角度去理解卢梭,围绕他的"公意"理论的误解就烟消云散了。"公意"不仅不排除个人自由,而且以保证每个人的自由权利为基本目的,因为这是每个公民共享的"共同利益"之所在。卢梭所希望的自由,比"在法律之内的自由"更彻底,他要求公民相对于法律本身的自由,即法律必须反映每个公民共享的"公意",否则法律就变成了王权、上帝或社会中的"特殊利益"的产

---

① 胡适:《丁在君这个人》,载于《胡适散文》,百花文艺出版社 2004 年版,第 321 页。

物,公民在服从法律时就不像服从自己的自由意志一样了。①

　　不过平心而论,同此后很快就陡然急转的其他人一样,上面的论述也还是留有其本身的思想缺陷。而在十几年过后,此间的要害也早已显现无遗:一方面,如果在惊喜地读过伯林之后,有些学者又转而看出了西方自由主义政治观念——特别是所谓"消极自由"概念——的局限,从而不再像以往所表现的那样,一见哪种西方学说就把它当成万应宝丹,那当然可以算得上思想的一大进境;可在另一方面,要是他们只是因为发现了这种思想的局限性——而且主要是嫌它像王国维说的那样"可爱而不可信"——就马上哗啦啦地倒向了这种思想的反面,全然不顾这个"反面"在当代中国的尚未远去的可怕阴影,那就只能陷入极度恶性的原地打转了。

　　细细想来,即使在如此深重的历史灾难之后,还会有人再次转向身后不远的深渊,其间的诱惑只怕也不是纯属偶然的,或者也有其深不可测的历史文化根源。——如果再把眼界放得更宽,得以发现不光是在中国,而且甚至是在整个儒家或汉语文化圈,在我国香港和台湾地区乃至日本、韩国的哲学系,隶属于欧陆的德国哲学都几乎被当成了唯一的哲学,而最后由一位德国哲学家所写的最后一本书,也都几乎被当成了最终的真理或真理的代称,我们就会被一种深不可测的"魔咒"给惊呆了!说真的,我私下里常会为这件蹊跷事而默默出神:来自欧陆、主要是德国的哲学话语,一变而为主导性的思想话语,取代了原有的主流意识形态,从而在深层支撑了共产主义运动,这可以说是现代中国的"谜中之谜"。

　　这问题需要更久长的寻思与论证。不过在眼下,至少可以先对"德国话语在中国的上升",从一个侧面提出尝试性的解释——这大概是跟当时刚刚脱胎的雏形知识分子的特定心态有关:这些人乍从士大夫的身份转变过来,由此作为一种寻求全面发展的文化人,他们对于政治学说所表现出的渴望,与其说是在繁琐的操作层面,不如说是在激烈的玄谈层面,与其说是在散文化的科层里,不如说是在充满诗兴的快意中。而这样一来,

---

　　①　崔之元:《卢梭新论》,《读书》1996 年第 7 期。

简约素朴、一清二爽的自由主义政治理论,就宛如一杯太过平淡的乏味白水,缺乏深奥的思辨性和飞扬的文学性,不能匹配他们诗意的想象力与热情。就此还可以提出一个佐证:或许是出于同样的原因,我们现在仍然可以从身边看到,最容易摇身一变和急速左转的,特别是其中最显得意气用事的急先锋,尽管敢于从进城民工谈到亚非拉美,又从古代思想谈到世界经济,却往往都是出身于文学系的,这同样不会是纯属偶然的!

　　那都是不堪回首的后话了。——如果再把心情转回到当时,仍然应当公正地再说一遍:还是应当感谢对于伯林"消极自由"概念的及早传播,它赶在国人至少还比较愿意读书的那个年代,及早就在中文语境里造成了针对伯林的难得的阅读传统。以至于到了后来,即使在全民阅读率普遍下降的今天,这个阅读传统都还能帮助保住印数的底线,支撑着我们在图书市场的配合下,在由我主编的《人文与社会译丛》里,几乎把伯林的主要著作都给悉数译成了中文,从而也总算小小地成就了一项事业。①

## 二、狐疑不定的学术性格

　　正因为有了上面的工作铺垫,我们才有资格在汉语世界更加深入地谈论伯林了。——让我先从他有关"狐狸与刺猬"的著名比喻谈起,那是伯林在一篇研究托尔斯泰的论文中,当作用来归纳性格的两极框架而提出来的。而借助于这种看似非此即彼的框架,他对主人公所提出的具体解释却又是:"托尔斯泰天性是狐狸,却自信是刺猬。"

　　　　希腊诗人阿奇洛克思(Archiloehus)存世的断简残篇里,有此一句:"狐狸多知,而刺猬有一大知。"原文隐晦难解,其正确诠释,学者

---

　　①　我们在译林出版社已经和将要引进的伯林著作,除了《自由论》(修订版)之外,还包括《俄国思想家》《苏联的心灵》《反潮流:观念史论文集》《现实感:观念及其历史研究》《启蒙的时代:十八世纪哲学家》《自由及其背叛:人类自由的六个敌人》《浪漫主义的根源》《扭曲的人性之材》《伯林谈话录》《个人印象》《启蒙的三个批评者》《伯林书信集,1928—1946》,此外,也许还会包括他最早的《卡尔·马克思》。

言人人殊。推诸字面意思,可能只是说,狐狸机巧百出,不敌刺猬一计防御。不过,视为象喻,这句子却可以生出一层意思,而这层意思竟且标显了作家与作家、思想家与思想家,甚至一般人之间所以各成类别的最深刻差异中的一项。各类之间,有一道巨壑:一边的人凡事归系于某个单一的中心识见、一个多多少少连贯密合成条理明备的体系,而本此识见或体系,行其理解、思考、感觉;他们将一切归纳于某个单一、普遍、具有统摄组织作用的原则,他们的人、他们的言论,必唯本此原则,才有意义。另一边的人追逐许多目的,而诸目的往往互无关连,甚至经常彼此矛盾,纵使有所联系,亦属于由某心理或生理原因而做的"事实"层面的联系,非关道德或美学原则;他们的生活、行动与观念是离心、而不是向心式的;他们的思想或零散或漫射,在许多层次上运动,捕取百种千般经验与对象的实相与本质,而未有意或无意把这些实相与本质融入或排斥于某个始终不变、无所不包,有时自相矛盾又不完全、有时则狂热的一元内在识见。前一种思想人格与艺术人格属于刺猬,后一种属于狐狸。我们不必强求僵硬分类,但亦无须过惧矛盾;我们可以说,根据前述旨趣,但丁属于第一个、莎士比亚属于第二个范畴;柏拉图、卢克莱修、帕斯卡、黑格尔、陀思妥耶夫斯基、尼采、易卜生、普鲁斯特是刺猬,唯程度有别;希洛多德、亚里士多德、蒙田、伊拉斯默、莫里哀、歌德、普希金、巴尔扎克、乔伊斯则是狐狸。[①]

　　不知大家留意到了没有,伯林虽挑明要来描画不分轩轾的对立两极,然而人们读罢这一番对比之后,却大多都会心仪那只警觉狡黠的狐狸,而浑不觉那头把什么东西都一口咬定的刺猬有什么可爱,——比如,由此就有学者把自家书房命名为"狐狸洞"(李欧梵),却从未见到有人将它命名为"刺猬窝"。当然与此同时,大家也可以理解,任何比喻都是跛脚的,甚至也包括"跛脚"这个比喻本身。由此,也实在不必太过计较这个比喻的

---

① 伯林:《俄国思想家》,彭淮栋译,译林出版社 2001 年版,第 26—27 页。

适用限度,而只应心领神会地从中看到,伯林正是借助于这么个比喻,向我们活灵活现地展示了某种精神性格的丰富侧面,它好奇、博学、贪心、试探、存疑、机敏、善感、警觉、胆小、惊悸、易变、随兴、温和、节制、妥协、退让、散漫、慵懒、讨巧、饶舌、幽默、嘲讽、现实、现世、世俗、人文……而且唯其如此,这才是一只既有复杂内涵、又有难逾局限的正在思想着的狐狸。

对我个人来说,读着读着也就油然联想到:其实这篇文章的作者本人,也正是他自己所描绘的那只"思想的狐狸"。伯林的这种个性特点,当然不排除其来自先天的秉性,但也肯定积淀了后天的养成,——而且在那后天的文化成因中,又至少是包含了一体两面的要素:一则是来自英伦三岛的经验主义哲学,另一则是来自高蹈于文化间的价值多元主义。

同样不难联想到,伯林之所以要在分析哲学的大本营中,以"反潮流"的姿态去研究思想史,大概也正是由这种狐狸式的天性所驱动。也就是说,他那种狐疑不定的本性,原本就生怕自己遗漏了什么好东西,很难让心智满足于一门一派之成见,甚至很难安于一己之头脑的有限躯壳,——正因为有这样的心结,他才会以丰富的学养和移情的力量,去努力进入尽可能多的时间与空间,去同情理解尽可能繁多的复杂头脑。

伊格纳蒂夫告诉我们,从幼年开始,伯林一直具有一种退缩的旁观者性格;他喜欢在一个安全距离之外,观察周遭发生的事情;而如果必须进场,他总是设法透过另外一个身份表达自己。这种本能的"腹语术"倾向,令伯林自己也极为不快;它散发的怯懦、逃避意味,常令他急于为自己辩解。我们不用去猜这种倾向的来由(伊格纳蒂夫暗示,这与伯林的俄罗斯—犹太移民身份有关)。不过这个倾向,似乎正好说明了为什么伯林必须借由写他人来抒发自己的思想块垒。他最深邃精辟的作品,几乎都是描写某一位思想家、某一种特殊思想心态的产品。

这种隐藏自己主体性的倾向,赋予他另外一种特质:借投射而设身处地了解别人的能力。尤其诡异的是,他最感兴趣、也最能够深入内里的人,往往与他本人相反,尽是一些激动、极端、混乱、有旺盛生命力与强烈信念的异端分子与魅力型领袖。对于法国启蒙思想家的狂热理性主义,他抨击有加;他的批评之所以力量入骨,是因为对于这种理性主义的霸道面,他有切肤的理解。对于反启蒙思想家的浪漫主义,他的赞赏充满着同情,不过他知道那不是他能归属的世界。对于十九世纪俄国思想家的亢奋与夸张,他的掌握可能难有出其右者,不过他却深识这些人的无力与虚幻。连他所崇拜的二十世纪人物,如他对伊格纳蒂夫所言,也没有一个是"温文、善良、客气的自由派"。这种移情共感的能力,即使并非起自某种补偿情结,渴望由替身填充自己的缺憾,仍有助于说明他的思想史著作何以引人入胜。他能将思想与斯人结合;让主角的观念、欲望、情绪、向往合为一体,最后辅之以自己入戏的旁白,做生动的呈现。①

　　同样是出于这种性格,作为一个身处英伦学府的、流亡自恐怖苏俄的、其母语还包含德文的、出身与犹太家庭的后裔,伯林毕其一生,也总是在各种思想传统中有些左顾右盼。——由不同身份所获得的不同视点,使他总想从铁板上发现被忽略的缝隙,却又总想在变奏中发现共通的分母;而由于不想把话说绝,他又总是瞻前顾后地在提示这一面时,又不忘随即就提及问题的另一面。在这个意义上,如果连看来深受其影响的哈佛的汉学家史华兹,都可以被称作"另一方面先生",那么以赛亚·伯林本人,就更应被称作"另一方面先生"。

　　如果从思想根源上说,当然是其独特的犹太出身和逃离苏俄沉船的经历,使得他由于痛感到苏联现实的可怕教训,而尤其不能放弃一条最起码的生存底线,那就是最简单的免受干涉的自由,——这被他看成是可以通分各个文明的、具有普世意义的人权标准。而如果从学术源流上讲,又正是这种从具体经验向抽象表述的上升,促使他得以在贡斯当所谓"古典自由—现代自由"的基础上,以"消极自由—积极自由"的区分,完成了自由主义理论的现代蜕变:

① 钱永祥:《"我总是活在表层上"——谈思想家伯林》,伊格纳蒂夫(Michael Ignatieff):《以撒·伯林传》,台北立绪文化事业有限公司 2001 年版,第 15—16 页。

　　如果我们要了解"积极"自由的意义,我们要问的是:"谁统治我?"、"谁有权决定我是什么人? 不是什么人? 应该怎么样? 做什么事?"而不是去问:"我可以自由地成为什么或自由地做哪些事?"民主与个人自由间的关联,远比双方的拥护者所认为的稀薄。想要自己治理自己,或参与控制自己生活过程的欲望,可能和希求一个能够自由行动的范围的欲望,同样深刻。而从历史的角度来看,前一种欲望,或许还发生得更早。但是,这两种欲望所希求的,不是同样的东西。实际上,它们的区别非常重大,以至于造成了今天主宰着我们这个世界的、各种意识形态的冲突。因为相信"消极的"自由概念的信徒,认为"积极的"自由概念,有时只不过是残酷暴政的华丽伪装而已;而"积极的"自由观念则认为,自由不是"免于……的自由",而是"去做……的自由"——去过一种已经规定的生活形式的自由。①

　　然则反过来说,这种有关"消极自由"概念的著名发挥,对于这位充满狐疑的思想者来说,却并不意味着就此钻进了和自闭于某一理论架构,相反倒表现为对于固有思想体系的自主剪裁和拣选。——他当然需要这么一个思想支点,来伸张和保护某种最低限度的自由,既然它允诺可以保障基本言路、庇护独特个性、宽容多种价值。然而,这只心事重重和忧心忡忡的狐狸,充其量也只能是到此为止,而本能地拒绝再去"拔出萝卜带出泥",所以绝不会像后来的罗尔斯那样,一门心思要当一只专注于理论推演的刺猬,去沿着康德给出的既定逻辑路线,营造出另一套严丝合缝的自由主义体系。

　　他究竟为何如此踟蹰与犹疑? 更合理的微妙解释应当是,作为一位幼年时从红色恐怖逃到自由世界的学者,他终究是难以摆脱这样一种死死缠绕的矛盾,即"到底是左袒启蒙,还是右袒反启蒙"? ——用他的后期话语来更具体地说,由于浪漫运动自身的吊诡和启蒙运动本身的分叉,使得整个现代世界已经陷入了分裂,也就使得他从一方面来说,正是因为切

---

　　①　伯林:《两种自由概念》,《自由论》(《自由四论》扩充版),胡传胜译,译林出版社2003年版,第199—200页。

身蒙受启蒙成就的恩惠,才得以在异国找到了个人自由的避难所;可从另一方面来说,也正因此他却又不能不回过头来念及,难道不正是由于深受启蒙话语另一支脉之害,自己才迫不得已要背井离乡,而永远失去了家园之感的吗?

由此,面对着如此复杂的陷阱,伯林这只思想的狐狸,当然只能是犹豫再犹豫、绕来又绕去,在那深不见底的洞口旁兜着圈子,无论如何也不甘心像基尔凯郭尔那样,索性向着某种信仰系统去纵身一跃。——正是为了这一点,在自由主义和多元价值之间,在个人独立与民族情感之间,在道德支点与文化传统之间,在文明底线和历史路径之间,伯林才以其过人的智慧与口才,借助于各种不同的案例,不断地寻找着平衡与弥合,以致他经常能左右逢源地引起激赏,一时间引起洛阳纸贵式的欢迎。

但我们却不要忘记,伯林全部工作的重心,毕竟是在刻意暴露、而不是在有心掩饰那林林总总的冲突,——特别是那些在观念与观念之间、目标与目标、传统与传统、价值与价值之间的悲剧性冲突。由此,他便不可能像一般的志得意满的自由主义者那样,自以为已经足以在普世主义的意义上,去为所有的文明奠定所谓"规则的规则"。当然,他更不会像后来福山所认定的那样,以为即使是子孙万代的今后历史,也都可以在这种规则面前"曲终奏雅"。相反,伯林曾经对他最好的朋友坦承过自己内心的焦虑不安:

> 我觉得,我自己发现的真理只有一条:那就是不同目标发生冲突的必然性。因此有了反十八世纪、反赫伯特·哈特、反实证主义、浪漫主义以及诸如此类。关于人类事务的所有核心信念都源于人类困境:柏拉图是如此(我敢肯定),康德、休谟、斯宾诺莎、弗洛伊德、马克思等等也无不如此。……我兴高采烈而又漫无目的的外表与我心中始终不肯宁静的焦虑不安之间的差距实在是太奇怪了。[1]

---

[1] 以赛亚·伯林致琼·弗拉德,1968年7月5日,转引自伊格纳季耶夫:《伯林传》,罗妍莉译,译林出版社2001年版,第335页。

　　然而，无情的捉弄却在于，正是围绕他上述那种的检省与自嘲，才产生了对于作为思想家的伯林的普遍误解。——是啊，面对着如此之多的无底深渊，面对着剧烈冲突的人生困境，要是轮到一只像巴斯卡、基尔凯郭尔或者陀思妥耶夫斯基那样专注的刺猬，就连自己的生命是否值得保留都会成为严峻的问题呢，而相形之下，这只思想的狐狸为什么还能活得如此安逸优越，还能保有对于歌剧的爱好，对于文学的欣赏，对于名声的享有，对于社交的热衷，乃至对于美食的贪婪呢？……这确实是一个颇费世人心思的问题。

　　　　有一次，我提出了一个有关生活与著作之间关系的中心问题："您从未有过悲剧性生活，怎么会如此强调悲剧性选择，并对受内心冲突折磨的人如此深表同情？"他的回答很干脆："我的生活和我的观点截然不同，……我认为所有选择都是痛苦的，但不意味着所有的选择对我来说都是痛苦的。"如果这是真的，他的著作所论证的东西就不应该归功于他的生活，应该归功于他对与自己的生活完全不同的种种生活的想象能力。

　　　　我又问他："您的生活为什么如此不可思议的安宁？"他用平静的、有些丧气的调子回答说，他快乐是因为他浅薄。"别人不晓得我总是生活在表层上。"因此，他要我理解，他的生活表明保持身心愉快的确是一种美德。①

　　不幸的是，上述文字一经译成中文，其中的"浅薄"二字就立刻遭到了真正表浅的理解。——海峡两岸的自由主义者，都竞相以"生活在表层上"为题而大做文章，来概括刚刚过世的伯林的一生，暗示他不够深刻，甚至是不够真诚、而至少也是不够努力。而在这中间，又要以台湾地区"中研院"钱永祥的文章影响最广：

　　　　伯林是一位对人性有透见慧识的智者；这种智慧的基础，是一种

――――――――――――

① 伊格纳蒂夫：《以撒·伯林传》，台北立绪文化事业有限公司，2001年，第442页。

在理论上发展不足,但仍有深刻见地的哲学观点;可是在社会政治方面,他对这套观点的运用脱离了社会生活的脉络,却难免有轻薄玩忽之讥。

我们敢用这么强烈的字眼来批评伯林吗?企图透过传记了解一位思想家,总是很危险的;可是真到阅读思想家的传记时,谁能摆脱这种诱惑?伊格纳蒂夫在《伯林传》的《尾声》中告诉我们,他曾问伯林为什么活得如此安详愉快,伯林回答说,他的愉快来自浅薄:"别人不晓得我总是活在表层上。"一位东欧出身犹太裔的政治思想家,看过二十世纪(伯林称之为有史以来最坏的一个世纪)的许多大小悲剧,而犹能以"生命之轻"(伊格纳蒂夫两次用这四个字形容伯林)自嘲,大概也不会太在意身后的褒贬议论了吧。①

还真是要感谢诸如此类的望文生义!——它反而有可能促使我们恍然大悟:尽管政治哲学已被推许为第一哲学,但它说到底它仍要隶属于更高的形而上学。由此我们才可以理解,为什么一位政治哲学家看似冷静的逻辑推演,到头来还是和他本人的人生哲学密不可分。而反过来说,也正是出于这样的道理,对于伯林这位政治哲学家的读者而言,如果又限于自身的眼界和功力,而未能从人生哲学方面去进行更为深层的阅读,而只是跟从了某些字面上的意思,那也就很难把握住这些词语背后的复杂内涵。

真正吊诡的是:如果伯林这副头脑真是一本浅薄的字典,那它也就根本容不下"浅薄"一词,更不要说再拿这字眼来揶揄自己了!由此也就暴露出来,那些"将浅就浅"的解释与评论,是完全失察于此种说法的内在紧张度。不过在我看来,伯林不止一次的这类自责,原本就恰好表明了一种苦痛与深度,——那深度来自范围广远的比较思维,既包括对于他在现实中所认同的那些正陷于灾难性冲突的人群之命运的比较,也包括对于他在书房中研读的那些伟大思想家之襟抱的比较。唯其如此,我们才可以

① 钱永祥:《"我总是活在表层上"——谈思想家伯林》,伊格纳蒂夫:《以撒·伯林传》,台北立绪文化事业有限公司2001年版,第15—16页。

理解，正是由此而流露出的对于学院生活的不满，而不是对于世俗意义之成功的自得，才悄悄映衬出伯林内心对于挺身承当的向往；并且，也正是这种对于大风大浪的无名渴望，才使他突出地意识到 20 世纪知识阶层的通病，甚至捎带着不满自己竟也萎靡于这种一蹶不振中。

　　还应更进一步地看到，伯林毕竟是一只凡事存疑的经验主义狐狸；而正如开头所引的他对赫尔岑的那段综述那样，大凡禀有这种性格的人，都不相信社会发展有终极的目的、不相信历史有前定的舞台脚本，所以对宗教的彼岸世界毫无感觉、而唯独对眼前的人文世界一往情深。基于这样的视界，伯林自然不会忘记休谟的名言——"生活的目的就是生活本身"，从而也自然会在一种无可选择的有限意义上，去享受唯一尚可拥有的凡间生活；甚至，越是一眼看穿了 20 世纪是人类文明史中"最残忍的世纪"，他就越有可能为他本人的侥幸部分得免而略感欣慰。写到这里，我们回头再细细品味，会发现伯林实则早已提示过他的那位传记作者——"他的生活表明保持身心愉快的确是一种美德"；也就是说，透过那些表面的浮欢宴安，这位经验主义的思想家早已点破过，方今之世唯有大智大勇的人，还能在台风眼中享受片刻的安宁。只可惜，如此高妙的人生智慧，断不是仅靠记诵一下政治哲学的条规就可以领会的。

　　最后也不要忘记，伯林那些脱口而出的反复自嘲，毕竟是经过深思熟虑的，所以从中又不难看出，在那迫不得已的及时行乐背后，仍然复杂地潜藏着人生的大恸，那痛苦来自"存在与虚无"间的失衡，也来自终极关怀的无奈踏空，——尽管其间仍夹杂着对于现世生活的眷恋，以及朝向这种眷恋的一丝嘲讽。从尼采《悲剧的诞生》我们曾经读到过，酒神的伴侣西列诺斯（Selenus）曾经声色俱厉地道破——"朝生暮死的可怜虫，无常与忧患的儿子，你为什么强逼我说出你最好是不要听的话呢？世间绝好的东西是你永远得不到的，——那就是不要降生，不要存在，成为乌有。但是，对于你次好的是——早死。"①而相形之下，人文主义者和经验主义者

————————————

　　① 尼采：《悲剧的诞生》，见《缪灵珠美学译文集》（第四卷），章安祺编订，人民大学出版社 1998 年版，第 12 页。

的好心奉告却是:世间绝好的东西,其实是你永远得不到的,——那就是
成为不朽者,或者进入永恒轮回过程。不过,世间次好的东西,则是你有
可能得到的,——**那就是尽量要晚死,至少先好好地活着,甚至先过够了**
**瘾,再去不得已而化为乌有!**①

　　当然又不能否认,伯林本人闪烁不定的发言方式,也确实使他闪出了
不少缝隙和破绽。这只一直在试探地伸出脚爪的狐狸,完全无意去做一
个体系哲学家,而正因为这样,他在东闻西嗅时所留下的时断时续的蹄
印,以及他在不同情境下所随机发出的喃喃话语,便不可能全都经过逻辑
系统的过滤,而容或会存在前后散乱脱节的地方。此外,他选择去以思想
史家的身份去发挥思想,这也使得他的论述对象有可能喧宾夺主,从而反
倒模糊了作者内心的真正主旨,使得文本的意思显得模棱两可。此外还
要加上,他原本就在两个极点之间游移不定,而对无论什么倾向,都是能
既看到合理性、又能看到不足处,这也很容易招致各取所需的武断诠
释……

　　而在全部的含混不清中,大概对伯林最为要命的误解,还是围绕着普
世—多元、自由—民族的轴心在展开。所以看起来,钱永祥之所以要批评
伯林"活在表层上",说到底还是他自己的理论立场起了作用,——他是在
以一位坚定的自由主义者的身份来埋怨,这位曾以某种自由主义观点而
名家的思想家,到头来竟未能下力去完善自己有关自由主义哲学的系统
论说:

　　　　至于伯林作为自由主义的思想家,我个人觉得最有不足。他有
　　关积极自由与消极自由的区别,局限于个人选择的层次,无足以构成
　　一套政治/社会理论;他所强调的价值多元论,自由主义完全没有需
　　要取为基础或前提。伯林的自由主义,号称政治哲学而无法肯定任
　　何社会公共生活所必需的政治价值,作为政治理论而无法发展出任

---

　　①　欧阳修词中所谓"离歌且莫翻新阕,一曲能教肠寸结。直须看尽洛城花,始共春
风容易别"(《玉楼春》),最能道出此种境界。

何有制度含义的政治原则,不能不说是相当严重的失败。①

由此同样不难理解,中国的自由主义学者冯克利,在这方面也有大体接近的看法:

　　但是伯林在那篇《两种自由观》的著名就职演说中,确曾显露出要把自己的自由主义学说建立在一种基于多元现实的思想体系之上。而他后来的大多数演说和文章却只侧重于多元主义,不愿深谈这个思想体系的基础。因此像格雷那样坚称伯林的思想基础清晰可辨,只有价值多元论在从中一以贯之,这种解读在许多自由主义者看来虽然失之偏颇,却也并非全无道理。伯林的多元主义的基本特点,在于他把多元性当作一个观察和思考近代世界的前提,却没有对其本身作为一种政治哲学的内恰性做细致而深入的思考。在这个方面,有人借用他的"狐狸多智巧,刺猬只一招"的比喻,把他说成一只佯装狐狸的刺猬,不免有为贤者讳的嫌疑。我们倒不妨把这看作他的聊天式学术成就的一个必然结果,或者说得温和一些,也许他知道单凭这种神侃的方式,根本不可能建立起完整而缜密的思想体系,所以他也只满足于讲自己的"多元主义观念故事",并不想从中阐发出一种"政治哲学"体系来。②

有意思的是,倒是当年率先宣扬其"消极自由"观念的甘阳,此时由于其政治立场已有一百八十度大转向,便不再为哪门哪派的独特体系所累,反而不觉得伯林在这方面有何不妥,倒是认定那个困扰着自由主义者的价值多元论,恰恰昭示着开出了更有前途的"后自由主义":

　　事实上,正如著名自由主义法学家拉兹(Joseph Raz)所言,"多元文化主义"的核心正是价值多元论,同时,伯林秉承维柯与赫尔德

----

① 钱永祥:《"我总是活在表层上"——谈思想家伯林》,伊格纳蒂夫:《以撒·伯林传》,台北立绪文化事业有限公司2001年版,第15—16页。
② 冯克利:《译后絮语》,见伯林:《反潮流:观念史论文集》,译林出版社2002年版,第501—502页。

的传统，一贯批判"世界公民主义"（c）osmopolitanism 乃空洞乌托邦，一贯批判"以个人自由为名而否定自己从属于某一特定的民族、社群、文化、传统和语言乃是危险的谬误"，从而一贯强调"族群归属感"与个人自由同为最基本的终极价值，一贯主张一种"单纯的、温和的、本能的、民主的民族主义"（simple，moderate，instinctive，democratic nationalism），不消说是以其文化多元论为基础。如果说，伯林的这些看法曾长期是空谷足音，那么在九十年代则已成为自由主义知识界的重大主题，这从晚近围绕泰勒（Charles Taylor）的《承认的政治》（*The Politics of Recognition*，1992）的讨论，以及围绕尼斯浜（Martha Nussbaum，通译为纳斯鲍姆——引者注）的《爱国主义与世界公民主义》（*Patriotism and Cosmopolitanism*，1994）的辩论，可以清楚看出。①

更加饶有趣味的是，偏又有一位甘阳最长久的盟友，尽管出自对于伯林的类似解读，反倒基于其一向固执的西方本位，而借着利奥·斯特劳斯之口，去批评伯林的价值多元论，竟然胆敢打破西方经典对真理的垄断：

　　的确——伯林继续说，哲学本质上是政治的，价值多元论本身就是一种政治哲学主张、关于人性和世界的一种看法，也"建立在一种对人类的永恒属性的生动想象之上"。价值多元论其实并无意、实际上也不可能取消价值一元论的形而上学，而只是说，价值一元论不过与价值多元论一样，是一种相对的观点。但价值多元论胜过或者比价值一元论明智的是，其信念"睿智而肝胆照人"（这话是从一位伯林崇拜者那里听来的），懂得没有任何价值观点是绝对的。用逻辑语言来表达：人类根本没有什么绝对的价值，唯有这一观点是绝对的。哲人成为一只狐狸，就是成为有这种信念的人。依据这一信念来思虑"应该如何生活"的问题，就是哲人生活的理由，也是哲人成为狐狸的含义。多元价值论无异于说：苏格拉底已经不再是哲人的楷模。……

--------

① 甘阳：《伯林与"后自由主义"》，《读书》1998 年第 4 期。

伯林鼓吹多元价值论时，把古典哲学和神学统统判为精神不健全的迷信和迷误，挖苦施特劳斯的所谓"古典哲学传统"不过是自欺欺人，据说：人只能认识人能认识的东西，绝对真理的世界不属于人的经验范围。在《两种自由的概念》一文结尾处，伯林引证了一位他敬佩的作家的话：文明人不同于野蛮人的标志在于，文明人知道自己用生命来维护的信念的价值，其实都是相对的。施特劳斯帮伯林把其逻辑推下去：如此说来，柏拉图和康德都是野蛮人（《相对主义》第17页）。①

如果再放眼望去，也不光是中文学术界为此争论不休。正如刘擎曾经描绘过的那样——"实际上，对于价值多元论能否证成自由主义这一问题，西方学术界一直许多质疑和争论。"②而我们近来在清华组织的、专门研讨以赛亚·伯林的学术会议，则更把围绕"自由与多元"的国际争执，一下子引进了国内的语境。③由此也就不妨说，围绕伯林的此种"横看成岭侧成峰"的纷争，究竟怎样理解、和到底能否圆融，已经成了困扰着包括中文学术界在内的整个国际学术界的重大疑难。

# 三、一个人的文明对话

对于这篇文章，我从一开始给自己立下的任务，就并不是仅限于"影响—接受"的简单意义上，去刻板描述伯林在中国的译介和理解过程，——用何炳棣爱讲的话来说，那不会是一个"第一流的题目"。所以，我除此之外还有个稍微高远点儿的企图，那就是再基于这种波折的传播过程，也根据自己介身其间的真切体会，来提出一种对于伯林思想的独特理解，并把它转而回馈给国际学术界。——无论照大家的最终评判，我接

---

① 刘小枫：《刺猬的温顺：两位犹太裔哲人的不和》，《启示与理性：从苏格拉底、尼采到施特劳斯》，中国社会科学出版社2001年版。

② 刘擎：《悬而未决的时刻：现代性论域中的西方思想》，新星出版社2006年版，第113—114页。

③ 请参阅发表在《中国学术》杂志第32期的前四篇论文。

下来所发挥的确实属于伯林本人，还是仅仅属于一位当代中国学者，我都要先把它尽情尽兴地发挥出来。

为了完成这个任务，在最后一节里就要循序讨论四个要点。——而**此中首当其冲的要点便是：我们有没有可能换一个思考角度，即不是局限在政治哲学的体系内部，而是从比较文学的学科意识出发，来应对上述困扰着国际学界的"伯林难题"？**

这种思路也许会让人们感到诧异：难道让那些花拳绣腿的比较文学家来越俎代庖，还能对莫测高深的政治哲学课题作出真正的贡献么？不过，对于任何问题都不能抽象回答，而要视具体的研究对象来定。既然伯林这只思想的狐狸，无论怎样去瞻前顾后、绕来绕去，总也离不开"自由与多元"这根主轴——更具体地说，是总要彷徨于自由主义和多元价值、个人独立与民族情感、道德支点与文化传统、文明底线和历史路径之间——那么，他就并不是一只普通的狐狸，而是一只有其独特口味的"跨文化的狐狸"。既然如此，最擅长考察文化间性的比较文学家，自然也就有了自己的用武之地。——至少也可以这么说，谈到对于伯林这副复杂头脑的理解，政治哲学家可以有政治哲学家的理解，比较文学家也可以有比较文学家的理解，所以，最好的办法就不是去彼此忽略和排斥，而是去兼听则明地把两种解释结合起来。

还是从伯林那个"狐狸之喻"说起吧！如果依照他对"刺猬和狐狸"的描述，我们就不妨接着推想，在如此对立的性格两极中，政治哲学家往往更像是刺猬，总是在一心一意地推想和构造某一个自洽性体系，而比较文学家往往更像是个狐狸，总是在三心二意地在巡弋和穿越若干文明的边界。——正是在这个意义上，所谓"自由与多元"的这根思想主轴，也正是政治哲学家和比较文学家的专业接壤处；而本性上更像"思想的狐狸"的伯林，才会更是一位跨文化研究的行家。由此半开玩笑地说，正像晚年理查德·罗蒂干脆转到了比较文学系一样，要是像伯林这样"反潮流"的政治哲学家，在分析哲学盛行的原有系科里再也找不到知音，那么，他也完全可以因为自己丰富的跨文化知识，而同样到比较文学系这边来享受同事的掌声。

　　不信的话，就请大家调动一下比较文学的学科意识，再来重新解读出自伯林笔下的这类引文，看看它们是否属于标准的跨文化研究？

　　　　维柯教导我们要去理解异己的文化，这跟中世纪的思想家很不相同。赫尔德比维柯更重视区分各种文化之间的不同。古希腊、古罗马、犹太、印度、德意志的中世纪时期、斯堪的那维亚、神圣罗马帝国、法国等等，其文化都各不相同。我们能够理解不同民族和地区人们的生活方式（即使他们的生活方式跟我们的差异很大，即使他们憎恨我们或有时候被我们所谴责），这样的事实表明，我们大家能够穿越时空进行沟通。当我们认为理解了那些与我们在文化上有很大差别的群体的时候，即意味着某种强大的富于同情心的理解、洞察和einfuehlun（"共感"，赫尔德发明的一个词）的存在。即便其他文化排斥我们，依靠移情的想象力，我们也可以设想，为什么他们会产生这样的思想和感情，并采取相应的行动达到预定的目标。①

　　另一方面，又正如前文已经述及的，由于伯林一身碰巧兼有好几种认同，即他是从**苏俄统治**下侥幸逃离的、因生于里加而**兼说德语**的、移民到了**英伦三岛**上的、属于某个**犹太家庭**的后裔，所以，不光他本人写出来的文字，是充满了比较文学的学科意识，就连他自己的大体上还属于书斋式的生涯与心智，也刚好可以被当作比较文学的最佳分析对象。——这一点，正如约翰·格雷曾经看到的：

　　　　如果伯林与休谟分享着一种深刻的理智上的快乐，一种对思考和写作中表现的清晰透彻的风格的热爱以及一种对历史的讽刺的爱好，那么伯林自己还有一些为和蔼可亲的休谟所缺乏的偏好。这种偏好来源于伯林的多元性的继承因素，这些因素不是英国人的而是俄国人和犹太人的，这就是他对观念和人类生活中悲剧感的偏好。伯林曾经说过（实际情况也确实如此），他对英国经验主义的深刻理

　　①　拉明·贾汉贝格鲁：《伯林谈话录》，杨祯钦译，译林出版社 2011 年版，第 33—34 页。

解和毫无疑义的吸取都是经由英美哲学和康德哲学而形成的。然而,在英美哲学那种专业式的枯燥论述与伯林的著作间有一种深刻的差别,这种差别也许不单纯是伯林独特的写作风格问题,也不仅表现为伯林对与他完全不同的思想家具有一种(通过想象的移情作用)深邃的洞察力,而且还表现在他对理智生活和知识分子的责任的理解上,这些都不是英国式的而是俄国式的。伯林最主要的工作,虽然也体现在他力图寻求一种区别于英国经验论的严密而透彻的标准,但更表现在他对理智的作用(这在英国哲学中是没有得到充分认识的)的理解上,他把理智看作是一个人与整个人类生活的概念相联系的能力,伯林这种观点的根源仍然扎在俄国的传统中。使得伯林的著作充满活力的人类生活概念——诺埃尔·安南(Noel Annan)把它称作是"对我们这一代人生活的最真实最令人感动的解释"——是一种悲剧性的概念,这也是一种与任何神义论的观念所抵牾的观念。我认为,伯林这种悲剧思想的根源则可以追溯到他的犹太人遗传。正是这些分离的多元性文化遗传因素的混合,在伯林的思想中形成多种观念的微妙缠绕,这些只有借助于扎实的研究才能予以澄清。[①]

　　而我还要特别指出的是,也正是伯林的这种跨文化的特点,才更使他的当代中国读者愈发感到亲切!事实上,在这个全球化的时代,在这个跨国生存已成为华人生活常态的时代,我们自己也都多少有过类似的经历。也就是说,只要我们身为华人(或曰唐人),就往往被逼得既出身于此一国度,而又向往着彼一国度;而一旦流落到另外的国度,则又不免要眷顾原先的国度。——甚至可以这么说,如果说在以往的岁月,这种跨国生存的环境,是一种最为典型的犹太人状态,那么到了 20 世纪以后,它就更属于一种典型的华人状态。由此,也就为眼下中文世界的"伯林热",在伸张与共鸣"消极自由"的理由之外,更增添了一个意想不到的解释:我们自己那种既惶恐不安、又狐疑不定的心态,使我们既能共鸣于伯林所深爱的俄国

----

　　① 　约翰·格雷:《伯林》,马俊峰等译,昆仑出版社 1999 年版,导言第 6—7 页。

思想家，又能移情于伯林所描述的多国思想史。

综合来看，只有介乎上述两种理由之间，才有可能形成合理的张力。只需回顾一段前面引用过的拙文，发现我竟在刚接触到自由主义时，就下意识地用上了"总是……但又总是……"的句式，比如"总是号召积极参与公共事务，但又总是注意保持个人的独立地位；总是珍重自己对于政治的发言权，但又总是超乎政治之外地不愿付出卷入其间的代价"，再如"总是祈望人类历史的不断进化，但又总是渴望看到这种进步能够取道于缓慢的调整；总是在内心深处对人的生存状态怀有强烈的价值理想，但又总是倾向于在现实层面采取谨慎的经验主义方法"，就不难从中了解到，我是从一开始就对自由主义的政治理论，同样抱持了狐疑不定的游移态度，——既觉得它的某些信条简直须臾不可稍离，否则便会在集权社会中受到任意的伤害，又不愿它的整个体系都被无保留地贯彻，使思想就此被禁闭在一个实则解释力有限的空间。直至今日，一旦碰到只顾在这方面照本宣科的学者，他们的那种既不管不顾、又趾高气扬的发言，仍然会使我不能不生出这样的感慨：这些人的**好处就在于"自由"，而坏处却在于"主义"**！——在这个意义上，我必须不怕得罪地说，尽管这些人要从西方引进的理论，已跟当年的政治激进主义者南辕北辙，可他们那种对于西学"不计其余"的态度，却仍跟人们当年的"浅尝辄止"如出一辙。

上面的思绪激发出这样的联想：对于西方政治理论的引进与思考，决不会只是单纯属于翻译行为和智力活动，还更其属于文化实践和生活体验。——而基于这种认识再返回"伯林难题"，那么相对于本文提出的特殊任务，也就有理由去这样设想：只有结合着自己的跨文化感受，再比照着伯林本人的多元背景，还借助于比较文学的分析技巧，我们才可能更深地进入伯林的困境。甚至，我们还可以进一步去畅想：就凭自己在类似困境中的切身体验，反而有可能就在这个中文世界里，提出某种或许能帮助走出此种困境的、至少是具有相当参考价值的解决方案。

当然这样一来，我们就不能再像以往那样，只把伯林向我们提供的这些思想史文本，理解成对于某种政治哲学体系的注疏或旁证了；毋宁说，从我们自己的思考角度出发，这些文本更像是具有独立学术价值的、有关文化比较的深度报告,那中间凸显了在西方世界的中心与边缘之间乃至在西方与非西方世界之间,所发生的种种接触、摩擦、吸引与伴生。——而发人深省的是,居然只需这么简单的一转念,用来评价思想家的标准也就随之丕变了,而伯林本人也马上从据说是"最不用功"的典型,变成了最为勤奋、渊博和独创的学术大师。由此令人惊叹的反而是,居然只是到了现在,我们才有能力去公正地体认到:原来这位学者凭靠自己广泛的语言能力,穿越了那么多不同文化的边际,进入了那么多复杂微妙的心灵,展示了那么丰富多变的思想世界!

接下来,需要探讨的第二个要点在于,我们究竟怎样沿着上述的思路,来针对一位思想史家本人,去开展他早已示范过的那种思想史研究?

这就逻辑地意味着,一方面,我们当然要从伯林那里寻求思想的连贯性,但另一方面,这种寻求却要避免强人所难甚至请君入瓮。——具体而言,我们不能只从传统的政治哲学的角度,和着眼于思想系统本身的连贯性,去拷问他能否在自由主义的界限内部,去证成自己所心仪的价值多元论;恰恰相反,我们要尝试从比较文学的角度,着眼于心路历程本身的连贯性,而去充满同情乃至强烈移情地,勾勒出属于一位思想史家本人的独特思想史。

借助于这种观察角度的自觉转变,跟那些把自由主义说成"规则之母"的意见相反,我个人反而倾向于认为,伯林思想进路的主要里程碑,反倒应当沿着这样的理路:跨文化→人类学→不可通约的多样性→选择的优先性→自由主义的宽容原则。说得更明确些,我个人反而倾向于认为,如果就其潜在的心理关联而言,所谓自由主义或政治自由主义——即使是部分的或不系统的自由主义——其实并不是伯林思想的起始之处,反而只是其意识的最终落脚之点。

要知道无论古往还是今来,生活态度都是先于其思想态度的,由此,鉴于伯林如此独特的跨国生存背景,他内心中那些问题意识的起点,就势必要建基于多元文化之上。这一点,伊格纳季耶夫早就指出过了:

> 实际上,他为自由在政治上的优先性进行辩护时进行的唯一论

证是从多元论角度出发的。如果各种价值观念是相互冲突的,那么自由就具有了程序上的优先性。消极自由制度是自由的社会生活所要求的公开对选择加以讨论的最好保证。但这就使得自由的正当性陷入了一个怪圈:只有有了自由自由才成为可能。他从来不承认自己因为没能从终极原则出发来为自由进行辩护而感到烦恼。他尖刻地暗示说,那些怀疑宗教教义的世俗理性主义者们在没能为政治原理找到无懈可击的保证的情况下,开始怀念起了宗教信仰曾经给过人们的种种安慰。伯林则根本就不想寻求什么终极保证。"其持久性无法得到保证这一点丝毫无损于原理的神圣。"①

由此也就意味着,沿着个人生活的立场和逻辑,伯林首先会是一位跨文化生存者和跨文化研究者。——只有而且必须在此之后,他才会顺着他对之天然亲和的价值多元论,去部分地认同某种最低限度的自由主义,以便保障那些多元价值的生存权利。这一点,约翰·格雷也早已指出过:

> 正是伯林对消极自由的价值的解释,才使之被确信为现代特有的自由观的内容。然而,如果说消极自由观在自由主义传统中具有独特的或基础的地位,这并不是伯林的看法,这种观点在历史研究中是站不住脚的。相反,伯林的观点是,自由主义传统本身就是复杂的具有多元论的特征,它提供了许多自由的概念。但是消极自由观是最能得到辩护的观点,而且与涉及多样性和信仰自由的自由主义最为契合。就此而言,可以说它一点也不依赖与积极自由观相联系的理性主义和一元论。②

而接下来,又只有基于这样的出发点,我们才有可能理解,为什么照伯林看来,道德问题会是一个人类学的问题。——由此也就逻辑地意味着,在他那里,为什么伦理学的框架体系,总是属于第二位的或次生的问题;而被他排在第一位的,则只能是经验形态的人类文化。这一点,约

---

① 伊格纳季耶夫:《伯林传》,罗妍莉译,译林出版社 2001 年版,第 311 页。
② 约翰·格雷:《伯林》,马俊峰等译,昆仑出版社 1999 年版,第 18 页。

翰·格雷也早已指出过:

> 伯林明确地认为,道德普遍内容的特殊要素的问题是一个人类学的问题。但对于道德的普遍内容如何为人们所认识,他交代得不很清楚,如我们将要看到的,对伯林来说,说明这些内容不完全是或不直接是一个经验的问题。然而,这无疑部分地取决于经验人类学,经验人类学解释了道德之间的家族相似性,根据这一点,一个具有普遍性的理论框架才能被举例性地予以说明。但这种说明的形式却具有高度的多样性,因为这些普遍的价值采取了不同的具有历史性的具体形式。在伯林看来,这些普遍价值之间的冲突与其说是一个认识的问题不如说是这些价值自身的特性。伯林在这里又一次表明他的观点是一种实在论的观点:我们能够知道人类道德思想的共同框架是什么,这部分地取决于经验人类学;而我们能够知道这些道德思想中产生了不可解决的二难困境,则是部分地由于经验人类学,部分地由于我们自己实际经历着的道德生活的现象学。①

而我要补充说明的则是,上述陈述在逻辑的程序上,又势必推出下述判断:文化多元主义与政治自由主义的历史相遇,乃至后者在现代社会中所扮演的"思想恩主"的角色,以及它对于前者的有条件的庇护,如果放眼人类发展的长河来看,不过是思想史上的偶然事件而已,而绝非什么理性世界中的必然推断。——如果大家能接受这个推断,那么就请务必牢牢地记住它,因为只有基于这一点,才能为真正平等的文明对话,敞开具有现实生机的未来。

再接下来,需要探讨的**第三个要点是,到底有没有可能在"意识重叠"的基础上,只是用某种理论去制约、矫正、平衡和加强其他的理论,从而获得在心智上的自由与强大,而不是简单沦为这种理论的信徒?**

必须再来提示一遍,这里还是要从比较文学的角度,来重估伯林那些学术工作的意义和价值。由此也就规定了,这里所要关注的焦点,仍然不

---

① 约翰·格雷:《伯林》,马俊峰等译,昆仑出版社1999年版,第64—65页。

是伯林作为体系哲学家的贡献,而是他作为比较研究家的贡献。——要知道,狐狸自有狐狸自己的兴奋点,所以就算它再勤奋向上、再紧张忙碌、再大有斩获,也不能根据刺猬的动机来验收,不然就实在太粗暴和太机械了!

不难体会到,如此瞻前顾后和左右张望的跨文化研究,乃是派生于伯林天性中的某种敏感,而且,他也正是把这种经由比较所得到的东西,称作了他有名的"现实感",——或者干脆说,是一只思想的狐狸在东嗅西闻时,对其思想场域所产生的充满警觉的现场感:

> 伯林试图将他自己的多元主义和其他与之相混淆的理论作出区别,在这种企图中我们发现了一个相当近似的反对名单。他的见解在根本上依赖于他称之为"现实感"的东西——一种移情地理解异己的历史情景、价值和生活形式之"内在感觉"的能(其重要性由赫尔岑所奠定),对一种既定境遇的独特风味及其各种潜在可能的感知,这种境遇由各种因素之间的相互作用混合构成,这些因素过于复杂、过于众多,也过于细微,以至于不能被过滤提炼为法则。①

走笔至此也就看得更清楚了!以赛亚·伯林当然是以思想史研究而著称的,然而我们在本文语境中又进而觉察到,对于过往思想的广泛涉猎和上下索求,恰正是这只"跨文化的狐狸"到了精神丛林中所势必表现出的本能反应。——因为,唯有如此谨慎地东闻西嗅着,这只狐狸才能在同时充满诱惑与危险的生态环境中,既去到处寻访足以果腹的精神食物,又在时刻警惕着被猎人的夹子所俘获。我们从下面这段大有"文化唯名论"色彩的谈话中,可以体会到相当典型的伯林风格:

> 我认为,实际上人们的观点有着比赫尔德所相信的还要强的相似性,文化上的相互类似远远超出斯宾格勒或汤因比等人所认定的范围,但是相似和类似不等于相同,各种文化仍然是不同的,甚至还

---

① 马克·里拉、罗纳德·德沃金、罗伯特·西尔维斯编:《以赛亚·伯林的遗产》,刘擎等译,新星出版社 2006 年版,第 16 页。

是互相矛盾的。我非常清楚,我没有发现绝对道德准则的能耐。列奥·施特劳斯说有绝对道德准则,因为他相信有人称之为"理性"的那种官能。在法国革命期间有人说理性是永存的。施特劳斯的理性发现了绝对价值,我很羡慕他。不巧的是我没有这种理性,不知道你有没有。有了这种官能对生活中的重大问题就能给出绝对正确的答案。①

　　这使我们联想到,对于现存书写文化的阅读和利用,大致可分为两种不同的研习形式。一种是学究式的钻牛角尖,它坚持以还原主义的固执态度,去沿着文明的脉络去反向寻踪,以为准保能找到最本源的解答,而忘却了历史从来都充满偶然,根本就不可能命令它重演一次。另一种则是充满现实感的叩问,它基于现存语境的麻烦与问题,向着内心原本已很复杂的意识,又不断叠加刚刚获得的文化信号:"哈——! 这个看法很有点儿意思,值得记下来去慢慢回味,看看跟以往的想法能否合拍? ……"在这样的阅读心态中,当然也就要容忍一定的杂乱、脱节与朦胧,绝不可能只根据一个新加的片段,便马上就对以往的知识全盘洗牌,否则就只能表现为一种"思想的洁癖",——经由冒失的一洗再洗,把自家头脑不断地"格式化",直至单薄和偏激得近乎白痴。

　　我把这种自己有心得的思考方法,姑且称作"意识重叠"的学习智慧,并把它郑重地推荐给本文的读者。在我看来,这种方法不仅对智慧成长至关重要,而且也只有从此种认识发展规律出发,才能对伯林的理路得出新颖的判断。——由此我们就可以恍然大悟:为什么他对现有的那些西方政治观念,往往只截取某个体系的某个部分或某个要素? 那是因为在他这副"意识重叠"的头脑中,原本就活跃着一个可以部分容忍杂乱、脱节与朦胧的接受主体!

　　由此还可以恍然大悟:伯林为什么要去区分两种自由? 那无非是因为他也只能在"意识重叠"的意义上,才会部分去赞同某种主张自由的理

---

　　①　拉明·贾汉贝格鲁:《伯林谈话录》,第 102 页。

论。——这种对于最低限度的"消极自由"的主张，既是叠合了文化价值的多元论，那当然值得首肯和张扬的。然而，这只心怀警惕的跨文化狐狸，却又担忧沿着这条曲径通幽的理论弯道，也会自动陷入一套严整的体系陷阱，同样把思想给整合得至大无外。那样的话，说不定哪天他就会沿着某种不由自主的雄辩逻辑，又把自由理解为只是由某个别人——尽管是由具有卡里斯玛的伟人——替自己做出的选择，而这就会不知不觉之间，又变味成另外一种走向反面的、叫人望而生畏的所谓"自由"了！

也正是在这个意义上，才可能辩证地或吊诡地来判断，伯林对于作为一种思想体系的自由主义理论，到底作出过什么样的贡献。——此间折磨人的复杂性在于，所谓"消极自由"和"积极自由"的区分，既可以说对自由主义主张的经典表达，又可以说是为自由主义理论布下的拒马，因为它很可能会阻止一种思想体系停滞于此，而不必再沿着逻辑的规则去自动延伸。由此我们不免会想到，斯特劳斯揶揄地说，伯林的消极自由主义实则是毁了自由主义，或许他是有些道理的。

出于同样的心理习性，一旦进入政治实践的操作领域，当一种文化民族主义仅仅意味着自我保护的时候，换句话说，当这种集体认同可以跟所谓消极自由的意识相互叠合的时候，伯林自然就会有条件地趋同于它；但反过来，当一种政治民族主义充满了外向攻击的动能的时候，也就是说，一旦这种集体认同已经无法跟最起码的人权标准相互叠合的时候，伯林又会毫不犹豫地否弃它。有了上面的分析工具，我们再来重读伯林的传记，就不难从他同犹太复国主义的复杂关系中，一眼望到那一池浑水的幽深底部。——而这样的思考习惯，至少就他本人的案例来说，其实也就是所谓"自由（＋）民族主义"的由来：实际上，伯林是既在某种意义上需要自由主义，也在某种意义上需要民族主义；然而，他又是既不完全认同自由主义，也不完全认同民族主义。因为说到底，他所真正看重的，唯在于两种观念的交叉重叠之处！

这才是理解所谓"伯林疑难"的真正关键！然则可惜的是，此前竟有那么多伯林的研读者，仅仅拘泥于自己的专业训练，非要"自由与多元"的疑难问题上刻舟求剑。——他们仅仅看到了作为政治哲学家的伯林，是如何不断去突显多元文化的悲剧冲突,而未能看到作为文化比较家的伯林,与此同时又以更大的诚意和耐心,并且秉持着历史主义的还原态度,去探求观念之间的沟通与加强。唯其如此,他们才没有意识到发生在伯林那里的"意识重叠"现象,到底暗中含有多少重要的启示!

　　如果我充分发挥文化的移情作用,如果我理解了一种文化的重心所在(正如赫尔德要求我们所做的),那么,我就能知道生活在那种环境的民众为什么追求他们所追求的目标。进一步,我就能懂得,我自己在那种环境下可能怎样追求或者怎样拒绝那样的目标。这是持久的人类目标之一,并没有超出正常人的范围。我说的多元论也正是这个意思。相对主义者说:"纳粹赞成集中营制度而我不赞成",完了就不再说什么。而我的说法是:"如果我知道 18 世纪法国人为什么喜爱古典主义而德国人觉得希伯来文学或莎士比亚文学客观地更让人喜爱,那么我对双方便都能理解。"我比较偏向于我的看法。①

这也就是说,只有从一元论的固有僵化定势出发,人们才会以己度人地误以为,伯林注定要在"观念的冲突"中走投无路;而殊不知,他早已从多元论的思考习惯出发,通过"以观念叠加观念"的方法,而逐步筑起了思想的制高点。而饶有趣味的是,如果这对于政治哲学家来说,还显得比较突兀和例外的话,那么它对比较文学家来说,却是一种最熟悉的思维方式。这些以巡弋文明边界为其职守的人们,从来都不会只依据某个固定思想体系,就不管不顾地推导出画地为牢的刚性结论;相反,他们已经习惯于在各种观念的相互支援和彼此解毒中,去机动地选择那些会由于反复叠加而得以加强的合理假设。——换句话说,至少从比较文学这个学科内部来说,在这个"诸神之争"的纷乱年头,尝试着以观念来叠合观念,以观念来平衡观念,以观念来牵制观念,早已成为被不自觉应用着的、虽属权宜却又有效的思想方法。尽管这样的思考习惯,有时或许难免一定的杂乱与模糊,然而最起码,它可以帮我们逃脱思想体系的紧箍咒,让头

① 拉明·贾汉贝格鲁:《伯林谈话录》,译林出版社 2011 年版,第 33—34 页。

脑获得相应的片刻喘息之机。

此刻再来回想伯林的情况,事情难道不也是这样么?——他在自由理念和多元价值之间的那种左右为难、如履如临的平衡,或可以套用一个康德的句式来表达,那就是**"自由无文化则空,文化无自由则盲"**。也就是说,一旦多元主义所要求的宽容超出了人性底线,他就会希望借用自由理念来对之进行收束,而不是教条主义地去一味苟同文化相对主义;但反过来,一旦人权观念表现为外来的灌输和僵化的教条,特别是表现为单向的话语霸权和干涉特权,他又会希望动用多元价值去牵制这种文化单边主义,而不是非要把某种既定政治哲学体系推向极端和推向荒谬。

意味深长的是,人们从这种思考方式出发,也许会联想起《政治自由主义》中的观念重叠,并由此而疑心在以赛亚·伯林和约翰·罗尔斯之间,或许存在着某种思想上的渊源关系?不过,至少我个人对于这种渊源关系兴趣不大,而真正引起我持续关注的只是,我们至少可以由此得出这样的结论:这两位大思想家都同时看到了——当观念与观念明显不能通分的时候,那么就不应当强求划一,而应当退而去求助于它们之间的叠合。

更加意味深长的是,此时再来回顾那个对于伯林的诘难:"为什么生活在表层上?"就有可能得出大大出人意表的答案了。——说不定那正是因为,既然这只"跨文化的狐狸"想要平衡地立足于各种观念的叠合之处,那么,他自然就要提防任何"不厌其深"的追问,因为任何这类刨根究底的、不见棺材不掉泪的追问,都自然要乞助于某种罗尔斯意义上的"完备性学说",从而触及隐藏其后的这个或那个文明的幽深之根。正因为这样,渴望生活在各个文明的哪怕是空泛公分母之上的伯林,也就宁肯漂浮在一个虽表浅却平静的外层上,也不愿陷入那个充满岩浆的黑暗地心了。

最后,我们要探讨的第四个要点是,学会像伯林那样通过意识的叠合,而在内心开展**"一个人的文明对话"**,对于全球化时代的人们而言,**为什么越来越重要**?

应当适时地澄清一下,前面虽从学术潜能上伸张了比较文学的方法,不过这并不意味着我就认定了:比较文学家准会比政治哲学家了不起。——可惜的是,实际情况往往正好相反:如果有很多职业的政治哲学家陷入了技术性细节的话,那么只怕是有更多的比较文学家异化于他们的饾饤之学。在这个学科中,人们千辛万苦地写完一篇论文之后,往往想不起来自己究竟发挥了几多思想,而只去炫耀自己到底利用了哪几种语言。正因为这样,尽管我们打开某些比较文学名著,会发现其间到处都有"意识叠合"的踪迹,而且其作者毕生的文本检索和对比工作,也理应充满了阅读之辛苦和发现之快乐,但我们与此同时却也不能不承认,这类著作并未自觉到其工作的意趣,尚不能容忍一定程度的混乱与芜杂,由此也就未能顺利描述出"异中之同",更不要说去借此呈现出各文明的微妙轨迹。也正因为这样,这种缺乏问题意识的语录征引,才难免往往招来"卖弄"或者"一地散钱"之讥。

当然平心而论,上述情况也并不意味着,到观念之间去寻找叠合之处,由此就只属于"壮夫不为"的琐事了。无论如何,在这个迅速全球化的危机时刻,就连文明与文明的边界也早已叠加了起来。所以,观念之间的差异越大,文化冲突的可能性就越大;而文化冲突的可能越大,就要到观念间去寻找叠合。而从更加积极的角度来说,也正是在观念与观念的拉锯战中,反而更容易发现意识与意识的叠合,更容易领略价值与价值的通约,从而让我们看到文明间的生产性。——此处恰是正常心智不忍离开的吃紧之处:从这里把思想向左边牵引一下,就会感受到向右的弹力;从这里把思想向右边拖拽一下,就会感受到向左的弹力……于是久而久之,这个被反复叠加的意识领域,也就逐渐累积起了思想的厚度,架起了文化与价值的共通的支点。

在这个意义上,至少是按照我个人的体会,伯林对他自己的首要要求,其实也正是要在不断的调适中,始终站立在"自由与多元"的那个契合点上。也就是说,他无时无刻不在充满自警地提防着:这两种观念在此一点上的侥幸重叠,并不意味着它们在彼一点上的必然重叠,更不会自动意味着全盘的相互覆盖。——毕竟,在现有的政治思想体系中,"自由"概念并不等同于"多元",因为它暗含着来自西方文化的诸多前理解,而"多元"主张也并不归属于"自由",尽管它有时还要乞助于前者的基本保护。

当然,如果生来就自诩是一只刺猬,并因此非要拘泥于某种固定体系,人们还是会反对这种狐狸式的游移不定的。正如我们在前边看到的:有些学者会基于自由主义的自身逻辑,来反对伯林对于这种体系的游离;而另一些学者则基于保守主义的立场,来批评伯林对于多元价值的坚持。而且更加可怕的是,这两种殊途同归的批评言论,尽管它们本身也在锋芒相对,却又都要求伯林的头脑,能够皈依某种大一统的西方政治理论。——但反过来说,也正是诸如此类的教条态度,才是促使我引入比较视角的原因!在我看来,如果能换上比较家们的灵动标准,人们原本并不难看到,伯林那些学术工作的首要意义,还在于通过反复试错而演示:**在这个文明与文明相互叠加的边缘地带,在这个文化与文化相互解构的全球时代,到底有哪些价值要素是最不能放弃的**,别管它们来自于哪个具体的文明,也别管现有体系是否能一次性地完成对于这些要素的理论论证。

从这种对于文化的平等尊重出发,就不妨反过来追问一句:那些眼下正空前激烈地彼此拆台的、主要是建基于欧洲经验的西方理论,当真就对我们具有如此巨大的、甚至唯此为大的重要性么?——其实在我看来,20世纪作为一个极端的年代,它最主要的和最要命的死结之一,恰在于造就了太多的理论信徒。——这些人居然可怕到了这种程度,他们宁要理论的完备性,也不要心智的完备性,宁可跟从封闭的体系,而不怕让心智画地为牢。正因为这样,就正如我以前讲过的,"并非不存在下述危险:人们很可能只是从宗教的信徒半信半疑地蜕化成了理论的信徒;他们是在明知这种(那种)理论并不完全可靠的情况下,就不经洗礼地谈笑风生地归宗了此一(彼一)门派,而从此之后便只顾贪图口舌和口腹之快了。由此一来,**尽管现代社会看似更为多元和丰富,但这个被几条干巴巴理论掏空的生活世界,反有可能比古代文明更为浮薄、浅陋、卑俗和蒙昧**,——既然人们已经失去了对于生存意义的敏感,只会念几句连自己都说服不了的轻飘飘的套话"①。

如果此言不错,那么就请允许我接着再讲一句,就国际学术界的破落

---

① 刘东:《理论与心智》,见《理论与心智》,江苏人民出版社 2001 年版,第 9 页。

现状而言,也许去相信一些破碎的理论断片,倒比去相信某种严整的理论体系更好,——正如丹尼尔·贝尔就算在《资本主义文化的矛盾》中反复表白过,自己"在经济领域是社会主义者,在政治上是自由主义者,而在文化方面是保守主义者",人们也没觉得他有多么浅薄,倒觉得他由此而显出了复杂与厚重一样。这种对于现存理论的"为我所用的"或"实用主义的"态度,至少在思想的现阶段,不会围困和捆绑住我们的头脑,相反倒可以涵容更多的思想营养。——而他基于这样的前提,再来回顾以赛亚·伯林的情况,我们更会如冰释然地发现:他其实既不属于自由主义,也不属于价值多元论。——这是因为,前者的潜在症结在于,它把人生哲学落得太实太重,有可能把全人类的思想,全都收束于产生于欧洲经验的某种理论;后者的潜在症结在于,它的基本主张还显得太虚太轻,除了要求普遍的宽容之外,还未曾具体言明应去宽容的内容……

在这样的意义上,我可以赞同德沃金的下述批评:"在我看来,价值多元主义太多地被引述来用作一种托词,来避免面对最根本的实质性问题:谈论我们的价值是冲突的,而多数派只是选择了一套价值,同时也知道少数派以同等正当的理由很可能选择了另一套。这种说法是比较容易的,但更困难的是付出实际努力的艰苦工作,来辨识所讨论的各种价值的正确概念。但是,我们应该给我们自己以及那些不同于我们的人一种更诚实的努力与说明。"①而这样的一层考虑,也同样构成了自己提出"意识重叠"的深层动机,——在我看来,借助于这种更能涵容复杂性的框架,不仅可以否定掉对于伯林的简单的自由主义解释,也同样可以否定掉对于伯林的简化的文化多元论解释。

从更加积极的意义而言,如果不是买椟还珠的话,那么伯林头脑中的那个"意识重叠"处,对于我们的更加重要的意义理应在于,它作为各种观念的彼此相切之处,刚巧又是各个文明的密集对话之处。——也就是说,这个各种思想的交汇点,它的重要性并不简单地在于,已然向我们提供了

----

① 马克·里拉、罗纳德·德沃金、罗伯特·西尔维斯编:《以赛亚·伯林的遗产》,刘擎等译,新星出版社 2006 年版,第 109 页。

怎样的既定真理,而毋宁在于,如果从长期的有关价值观念的对话而言,这里会预示着文化之间的真正的知识增长点。

无论如何,在人类意识的演进过程中,所谓"先有鸡,还是先有蛋"的问题,或者"西方先亮,还是东方先亮"的问题,看来永远都不会有正解,而终要被进一步的合题所扬弃。心怀此念,我们当然有理由去大胆地祈望:也许全部世界史的合理整合,还在等待着下一个善于整合的博大头脑。不过,如果我们自己也打算成长为那副头脑的话,那么,我们也就先要向伯林这样不捐细流地倾听各个文明的声音,由此本文从他那里解读到的"一个人的文明对话",无论是作为方法还是气度,才对思想的伟业显得如此重要!

2011 年 3 月 6 日草成
2012 年 8 月 31 日写定

# 别以为那离我们还远

以前读过一条趣闻，说是"蛙眼"神乎其神的功能，正被仿生学家日益看重。据云，这种在生存竞争中造就出来的、具有本能识别能力的生物感官，很有些"大智若愚"的特异功能，既能对与己无干的事变视而不见，又能对生死立断的动静明察秋毫；科学家们受此启发，便想仿造出同样"难得糊涂"的机器来，以图通过不假思索的选汰，在滚滚滔滔的物流之中，撇开纷乱信息的无谓干扰，直指要害地抓住关键讯号。

不知这种模仿奏效了没有？或又是技术的一大"进步"？不过依我的胡思乱想，倒觉得"蛙眼"这东西妙则妙矣，弄不好偏又是灭顶之灾的祸根。至少可以说，自从世上进化出了人类的机巧，连人家的本能反应都这般琢磨来琢磨去的，其他生灵光靠遗传得来的看家本领，就很难应付外来的重大威胁了。比如我就亲眼见过，那班捕食"田鸡"的行家，只需拿手电光对准蛙头，妄自托大的青蛙便动也不动，一副不知天高地厚的模样，愣等在那里被捉去下酒，有时甚至会被咕里呱拉地装满大半麻袋，准备为次日的早市捐躯。此类横遭"种族灭绝"的惨剧，说不定正跟"蛙眼"的选择性反射定势有关呢，——它在长期的进化过程中，虽曾有幸学会了规避固定的天敌，却亦不幸习得了对灵长类的轻敌，以致一旦饕餮的人类憋足了要通吃天下，就马上被卷进了别人铺天盖地的食物链，只怕在改进这种获得性遗传之前，整个种群早都被淘汰殆尽了。

再东拉西扯地引申一步：如果得不到及时调整，我们自身太过固定化的"问题意识"，说不定也会成为这类既雪亮又昏花的"蛙眼"。——盖"问题意识"者,无非是从以往的学习经历中,经由向着周围环境的反复探险,在逐步确定了物象对自身的意义之后,对特定思想对象所形成的特殊注意力。这种程式化的心智结构,既如此专心一意全神贯注,自会对某些确定的警示作出几近本能的应急反应,似乎有助于对抗物竞天择。然而,又由于从此不再分心旁骛,这种心理定式也有其天然的限制,有其关照不到的精神死角。无论环境变迁是急是缓是大是小是顺是逆,它都要漫不经心地过滤掉某些讯号,甚至在备尝随之而来的危害之后,仍自下意识地表现出麻木不仁,如此便很难形成必要的危机意识,大大降低了我们的适应能力和生存机会。

语涉别人多有不便,且拿自己来现身说法罢。

好几年以前,我便应着瑞典 Lund 大学的约请,就自然观念和环境伦理问题信手写下过这样的句子:"有一个笑话说:同样一棵绿叶青葱的树,如果一位艺术家看到了它,就会赞叹它是何等的诗意盎然、富有生机,而如果换一位棺材店的老板看到了它,则只会算计它可以装下几个死人,足见不同的心态会导致何等不同的自然观念,而不同的自然观念又会外化出何等不同的自然形态。中国古代哲学家们出于其对于整个有机宇宙的形而上预设,其对于自然的最典型态度乃是所谓'夫子与点'的态度,具体一点儿说,也就是希望能够做到'莫春者,春服既成,冠者五六人,童子六七人,浴乎沂,风乎舞雩,咏而归'。但可惜的是,自从 1840 年之后,这种艺术家式的心态在中国却越来越向棺材店老板式的心态转变了;正因为这样,目前中国的生态破坏已经到了极为严重的地步,好像是把整个大自然都改造成了一口巨大的棺材,以便来装殓正等着和大自然一起死去的人类。真正属于儒教文明的自然观念,现在只还保存在图书馆中,或者说只还残存在像我这样的通过阅读还能保留一些对于过去之记忆的人文学者们的想象中。不过即便如此,也许我们还没有理由对人类的命运彻底悲观失望,因为图书馆毕竟还开放着,我们的思想毕竟还开放着,所以整个世界文明的进程和前途也仍然有可能继续开放着。"①

　　即以今天的标准来看,上述通俗说法也还并不十分肤浅,甚至还有可能勾起朝向比较哲学的进一步思绪。但我现在用鼠标把它从别处搬移过来,却绝非要找个沾沾自喜的由头,倒是很想责问自己:这点儿沿着理路本不难达到的结论,为什么非要对着外人才能侃侃谈出,而一旦转脸面对本土的语境,便马上会顾左右而言他? 自己到底被怎样的宏大叙事所裹挟,竟致在这类紧要问题上陷于失语,眼睁睁地望着生态环境每况愈下,却不能放开手脚哪怕多发几声牢骚? ——这跟那种不知变通的"蛙眼"有何区别? 这种盲点又怎样妨害着正常的思虑?

　　考虑到我当时的居住环境,这种失语更显得异乎寻常。

　　如果北京已是全球空气污染较重的城市,那么我住过的石景山,拜优先发展重工业的急行军战略之赐,则肯定又是全市空气污染较重的地区。该死的工厂废气、汽车尾气、锅炉煤气、工地扬尘,全都在这里凑到了一起,搅得大气如不断蒸腾起恶浊的磨坊。如果赶上刮风下雨,把周遭好好冲刷一下,没准儿还能拨开云头苟延残喘几日,可一旦碰上了南下的沙尘暴,或者北上的低气压,那你就瞧好罢——街面上那团浓得化不开的阴森森的毒雾,和乌烟瘴气掩盖中的灰蒙蒙的楼群,以及高楼浓重阴影下的凄惨惨的行人,干脆叫你连大气儿都不敢出!

　　所以,凭着白内障般的视觉,和总也咳吐不尽的喉头,我从来都信不过那些煞有介事的污染报告——它老是靠一些繁琐细碎的理化指标,把古城的空气描述得比车公庄略好。但这种文饰无论如何也对不住我的直觉:尽管城里的能见度也很可怜,可每次从那里驱车回家,仍像一头钻进了晦暗的迷雾;更有甚者,被分配住到这种糟心的地方,即使你逃回斗室紧闭门户,把浑身上下的焦油味洗了又洗,仍不免要心惊胆战地想到,那

　　① Liu Dong, 1998. *The Concept of Nature in the Sphere of Confucian Culture*, in Bo L. B. Wiman, Ingela M. B. Wiman, and Sherri L. Vanden Akker (eds.), The Art of Natural Resources Management: Poetics, Policy, Practice, Lund University Press, 174.

四处弥散的浓烟毒雾,早已渗进了每一个方寸,无孔不入地如影随形地纠缠你残害你。不知从什么时候起,你连到街头散步的乐趣都已被剥夺,更别提在这乌烟瘴气中进行该死的锻炼了——除非有谁真敢不顾死活,像兜售净化器的广告词所描绘的那样,把肺叶当作藏污纳垢的拉网,去过滤烧着了一样呛人的空气!你只有休了对于自由自在的妄念,忘掉世间还有过"清新"二字,歪倒在落满灰土的卧榻上,像风箱一样吞吐着焚尸炉般的恶臭……

也许我有点儿放纵积习,对这个不再适于人类居住的场景,进行了略带文学性的描述。所以又得赶紧声明一句,这可不是向壁虚构的黑色幽默,而是发生在本人家前屋后的残酷事实。无论何时何地,只要还允许放纵想象,我就要把这个事实比做卡缪笔下的《鼠疫》,——只除了此间流行的不是黑死病,而是荼毒着呼吸道的哮喘病,以及憋得胸口快要炸开的肺心病。

然而,除了用脏话来诅咒比它更甚的肮脏之外,对于粗放发展所带来的公害,在公开场合下你往往只能欲语又止。

友人陈忠信从台湾来访时,送过一本他写的《一苇集》,其中有不少社会批判的话题都是从环保挑起的。如果纯粹就学理谈学理,我当然认同书中的某些思路,可一旦代入大陆的实际,就不免觉得"那离我们还远"。按说,自己好歹也是从审美入手运思的,后来又多蒙中国文化的熏陶,头脑再不济,也忘不了现代性本身的负面效应,晓得那终不过是前驱狼后纵虎而已。可在切身的发言氛围中,我却宁可把这类疑虑当作遥远的推理,生怕自己不合扮演了现代化的反对派,而且在当今"以发展论英雄"的国际态势中,一时也看不出哪个民族国家独自挣脱"囚徒困境"的路径。这般思量着顾盼着踌躇着,在此身所属的复杂语境中,便想不好如何表述类似的理念了——"尽管这些年来全面加速暴露出来的种种环境污染与生态破坏显示了,这种高成长率在某种程度上是以过去二三十年来经济活动一向忽略之社会成本与生态成本换来的,但是我们社会上许多人士仍然自觉的或不自觉的执着于对'成长'的崇拜,并从一偏的经济本位观点笼统地谈论经济成长的整体利益和其所造成之社会成本的减少等等问题，而不能反省这种'成长'的实质内涵是什么？……也不能反省这种'社会成本'有什么样的实质内涵和意义？产生了或可能产生什么样的社会问题？"①"……我们这个还未完全进入'现代'，却已尝尽'现代'之种种环境污染破坏苦果的社会，在环境问题引发之各种问题不断浮现的今天，究竟是要天真的、不加反省批判的继续追求这种盲目的'依赖的现代化发展'呢？还是要站在我们社会的立场，正视、反省、批判近代西方文明之现代化发展过程的种种光辉与困局，正视、反省、批判我们社会之'依赖的现代化发展'的具体处境，从而寻求一条能处理我们当前面临之问题的可能途径呢？"②

　　总有点儿"投鼠忌器"，而且最觉牵肠挂肚的，还是最为政治正确的、最属于"心头肉"的"改革开放"。尽管坦率地说，我并不赞成老把这两个词拴在一起，弄得一提自家的"改革"就要照搬别人，包括照搬别人最明显的缺失与恶习——对物欲的恶性煽动和对环境的掠夺性开发，但自度区区一介书生，也献不出个经济治世的良方，就难免要受制于这样一种历史逻辑——当今中国的麻烦事不少，若想一个个地理出头绪，就得先替它们排好轻重缓急，找出迎刃而解一通百通的线头来……有此一念，就很容易受制于"唯生产力论"，让经济发展的"硬道理"，压住了人文关怀的"软道理"，总觉得妄发书生意气的机缘未到。如此说来，如果只需要忍受清贫落寞、甚至顶住围攻批判，做个人文学者就并不很难，而真正教人左右犯难的是，在一个既制定了现代化目标、又老有走回头路危险的国家，你既想坚持自己的学理和职守、从人文立场为社会变迁解毒，又生怕这样做会授人以柄、妨害了全民族寻富求强的"急行军"！尽管价值理性的日渐萎缩，已成为最普遍的现代性特征，并由此引发了同样"全球化"的批判，但其他社会里的人文学者，总还能把内心的忧虑明说出来，堂堂正正地做个意在制衡的反对派，——且不说他们能否矫正社会进程，总比大陆同行畅

---

① 杭之：《一苇集》，生活·读书·新知三联书店 1991 年版，第 21 页。
② 杭之：《一苇集》，生活·读书·新知三联书店 1991 年版，第 31 页。

快多了罢？

要是能够的话，真想请外来的和尚来帮着念念经。

加拿大 Manitoba 大学的 Vaclav Smil 教授，或许就有资格充当这样的洋和尚。我虽从未与这位先生谋过面，手头却碰巧有本他的《中国的环境危机》，其副标题俨然写着——《对国民发展诸限制的探讨》，亦可以说是一语中的了。也许，这项历数我国发展过程中人口与资源诸多矛盾的研究，尽管在美国亚洲学会荣获了列文森图书奖，但对我们这边专事环保的技术专家来说，已有几分失去时效了，因为它的出版日期毕竟比较早（1993 年），利用的材料数据好像也比较"大路货"，——照应用技术或现实经济看来，书籍总是这样命薄寿短。不过，如果换从人文学的视角来阅读，则旧书偏又有旧书的妙处：正因为它成书较早，而且从中还可以获悉，甚至比它还要再早十年，该作者就写过另一本《恶土》（The Bad Earth），向国外学术界"带去了有关世上最污染国家的、密集而又灾异性之环境蜕化的纷乱信息"，就更加凸显了双方意识的巨大差距。——为什么一个加拿大学者，早在我们还只会大唱"江山多娇"的年代，就不远万里来到中国，为这里的生态灾难发出惊呼，而我们这些身临其境的人，不仅十几年前懵然不觉、十几年后仍在"吃祖宗饭、造子孙孽"呢？如此超前和滞后的对比，难道还不足以发人深省么？

正因为这样，我虽然无意评判 Smil 教授给出的数据和图表，却很愿意把他的眼光当作镜子，重新审视一下近在眼前的生存环境：

"中国日常生活的主导色调，乃是被踏坏的小路和人行道的灰暗，是好几代人以前曾被刷过或抹过的墙皮，是干涸的沟渠和低矮的厂房，是被上万双脚和手践踏触摸得平滑凹陷下去的白茬木头，是消散在毫无特色可言的水泥公寓楼群或乡村石板屋顶上方的煤烟。

"然后便是这样一副调色板，有暗土的色调，呈烦人的棕色和瘠土的米色，有随风刮起的沙土，有浑浊多泥的积水，有枯萎在干旱坡地上的寥寥无几的草丛。还有就是暗红色调，它来自南方的田地和泥泞，来自来不及砌成歪墙就分崩离析的匆匆烧制的砖头，来自冒着含硫浓烟的低矮烟囱。

　　"当北方的季节性绿色随着小麦、白菜、玉米、小米和花生的收割而消失时，当树叶从河沟两旁的柳树、稀疏的白杨树丛、和蔓延的城市平面被来自西伯利亚的狂风一扫而空时，一位外来者难免生出这样的疑虑：这片土地何以喂养它的人民？当混乱的城市看来正无休止地向乡下延伸时，这片土地留给耕作的竟是如此之少，而那些用围墙圈起来的工厂，以及易碎的煤堆和短粗的大烟囱，已取代了菜地，那些荒凉的厂区，也把闲逛的黑猪和衣衫褴褛的养蜂人，挤到了狭条状的土地上，两旁净是拥挤的、坑坑洼洼的道路，以及看上去简直不等盖完就要倒塌的邻近建筑物……"①

　　这就是屈原和李白当年吟诵过的家园么？老实说，尽管人家的笔触基本上是白描，远不像我前面的形容那般大事渲染，我仍然不得不疑心，如果把此书全文译出，让读者看到"家丑"被如此触目惊心地数落，会不会"严重地伤害中国人民的感情"？果不其然，刚刚把选题申报过去，稳健的出版社就表示不安了，故而几经犹豫和交涉之后，终于未能将它收入"海外中国研究丛书"，尽管那原不过是套学术"参考消息"罢了。然则，做出这种不得已的决定之后，又不免有几分心存怏怏，觉得"对不对自家胃口"是一码事，总该给别人发表看法的平等机会，犯不上凡事都以"高度的政治警觉"来读解，再惹出围绕布朗报告的那类轩然大波。——其实人家乍从地广人稀的加拿大过来，对那里的生态平衡习以为常了，猛看到这等拥挤不堪的匮乏景象，又兼具专攻环境科学的职业敏感，难免要经受剧烈文化震撼的，哪能像生于斯老于斯的我们，早已对严重的环境问题视而不见了呢？

　　但我又确有某些不同的见解，可以跟这类西方学者交流，因为我在他

---

　　①　Vaclav Smil，1993. *China Environmental Crisis：An Inquiry into the limits of National Development*，M. E. Sharpe，Inc.，P. XVI.

们那边做客时，同样经受过的剧烈文化震撼。

这种震撼同样来自巨大的生态落差，它已经越来越成为"发达"和"欠发达"的主要分水岭。眼下饱受酸雨之苦的北京市民，还能想象我在康涅狄格州大学的一位好友，居然一辈子都不需要洗车，专等老天降水时替他冲刷得干干净净么？——相形之下，我们这里只会降落浑浊的泥汤，掉在车上会结成铜钱大小的污点！正因为这样，我上次向他那所大学所发表的讲演，就开门见山地表达了如下的观感："即使西方生活方式已波及全球，相互造访仍会带来一些新奇的感受。比如：虽说在从环境和资源方面大量'透支'的前提下，少数中国人如今也可以享受到汽车和洋房，但他们却和其他中国人一样，无法再享受到你们这里的蓝天与白云了；正因为这样，现在若让一个中国人来到美国，也许打动他的就不再是曾经使他神往的摩天大楼，而是原先似乎对他不在话下的青山碧水……"

不光如此，在被这种落差深深触动的同时，你还能被它大大激怒——因为在那一片绿油油的胜景之下，你只要留心观察，就总能挖出血淋淋的事实。毫不夸张地说，美国人对资源的滥用和糟蹋，其令人触目惊心的程度，绝不下于另一个世界里的环境退化：他们信手丢弃的广告单和擦手纸，就足以印制希望小学的全套课本和练习册；他们维持一座豪宅所耗费的电力，绝对抵得上中国内陆一座山村的全部照明；他们把汽油卖得比矿泉水还便宜，以至于男女老幼有事没事都开着私家车狂奔，而且车子的排气量还最好极尽铺张和夸张……你要问这些石油和纸浆哪里来的么？——正好就对应着垃圾般的油井和荒芜的山岭，只是那些残山剩水多被废弃在第三世界了。由此可见，小小寰球上的这道生态鸿沟，并非天然地来自造物主的偏心，而在很大程度上派生于现行国际秩序。据说，一个美国人每日所挥霍的能源，相等于两个欧洲人、四十多个印度人，甚至四百多个津巴布韦人；这也就意味着，在他们小心翼翼的环保举措背后，实则隐匿着对地球资源的极度浪费，而且是对原属于其他国家的、至少也应当归人类共享的、不可再生的珍贵资源的浪费！我常为这个倾斜的等式纳闷：就算上帝再发一场大洪水，只把清教徒的新大陆当成诺亚方舟，而让其他陆地全都沦为泽国，只要这种"美国生活方式"不思悔改，人类也绝不会有什么光明前途的,顶多再把全球能耗多维持几十年罢了……

正是从上述忧虑出发,尽管身为受邀的客人,我在刚才那份讲演稿中,仍向主人们直言不讳了:

"你们的总统克林顿先生刚刚访问过北京,亲身尝试了'世界上较脏城市'的味道。他一边用手示意着大概呼吸不很舒畅的胸口,一边好心地承诺要帮助治理这里的空气污染。他还预言随着公众环境意识的增强,中国人终将发现美国就此的合作是富于远见的。

"但这类教诲中所潜含的优越感,又无论如何都让人感到抵触。一方面这是因为,在弗兰克笔下的差序经济格局中,在沃勒斯坦笔下的现代世界体系中,当前作为发达国家主要富裕标志之一的良好生态,本来就是以欠发达国家的环境日益恶化为代价的。因此,由发达国家的总统向发展中国家的人民来提示环境问题,开导他们过一种'更合理'的生活方式,总难免显得有些伪善和滑稽。另一方面这更是因为,在西方社会本身享受良好生态的同时,又千万不要忘记,那些非西方社会其实只是在受到西方冲击并且纷纷效法西方以后,其生存环境才变得如此恶劣。因此,在迄今为止的文明进程中,最不公正的历史事实之一是,原本产自某一文明内部的恶果,竟要由所有其他文明来痛苦地承受……"

美国学者听得似乎很顺耳,他们早已听惯了这类批评,尽管可能"听了也白听",我也讲得的确很过瘾,总算找到了地方发泄不满,所以哪怕"白说也要说"。不过,虽然看上去口无遮拦,内心里仍有说不出的苦衷:既然上述感想是"复杂"的,本来就该让话题因听众而异,把前一层意思留在国内尽情发挥,而不是拿到国外去一带而过,——选择何种生活方式才适合自己,那毕竟是咱们内部的家务事罢?

回国后再看看事态发展,更其充满内疚地发现——老这样吞吞吐吐欲说还休,不啻在玩忽职守地葬送历史主动性。

最具讽刺意味的变化是,自己还在那里五心不定,生怕突出公害问题会给改革开放抹黑,甚至会被无端猜忌为心怀叵测的"绿党"呢,这类问题居然魔术般地一变,成了再"政治正确"不过的、被议论频率最高的公众焦点! 也许是有太多的坏消息在水滴石穿,终于引起了上上下下的警觉,也许是被身边的肮脏糟践得太苦,终于激发出了本能深处的应急,总之不知从什么时候起,环境污染突然爆发成了真正的主流话题。你只需随手调几个频道,就能从电视屏幕上发现——政府正大张旗鼓地治理它,传媒正百说不厌地揭露它,公众正无休无止地抱怨它,仿佛大家的头脑从来就是绿色的。

手头可引的这类材料中,讲得最好最有深度的,就要数中央电视台对太湖水质污染的披露了:"一天一天富裕起来的人们喝着一天比一天难喝的水,这就给人们提出了一个问题:我们的经济发展是否存在着巨大的缺陷? 在 1996 年 4 月召开的太湖流域环保执法检查现场会上,国务委员宋健尖锐地指出,如果不能很好地解决太湖的污染问题,久负盛名的苏南模式将黯然失色,太湖的一池污水可能会成为不重视环境保护的反面教材。"① 由此可见,即使仅从对公共卫生的关切出发,通过较为简单的四则运算,也可能触及以往"发展模式"的得失——如果统计局公布的增长数字,不管它多么乐观多么骄人,既要减去净化器和纯净水的热销,又要减去咳嗽药和抗癌药的增产,还要减去环保债务的永久性拖欠,这种纸面绩效在挤干水分以后,还剩下多少真实的效益和多少切身的福祉,就是很值得怀疑的事情了!

这种环境意识的普遍惊醒,诚然可喜可贺。不过也容我分说一句:幸勿因为人文学者的三缄其口,便马上殃及他们的专业本身。若看得深些,正由于他们一时间无所作为,发不出听似"百无一用"的玄谈,目前这片空前高涨的环保声浪,才显出了某种基本的致命的缺憾——见不到对于基本生活方式的沉思,也想不通文明进径何以峰回路转。《天涯》杂志年初刊登的一封读者来信,就以旁观的敏感涉及了这种缺憾:"我是个大学教

---

① 中国电视台新闻评论部编:《新闻背后的新闻》,中央编译出版社 1998 年版,第 323 页。

师。在最近回国参加的一个环保会议上,与会同仁大谈以科技手段解决环保问题的功效,对环境保护前景持乐观态度,并毫不怀疑科技的力量。据我所知许多国家的环保主义者都是反科学的,而我国的环保工作者如此崇尚科技,实在令人惊讶。"①天可怜见,假如这位梁先生能够熟知国内的言说语境,他就不会再为其间的简单推想步骤而吃惊了:首先,尽管并非无人钻研海德格尔对技术社会的批判,并非无人译介《寂静的春天》之类的环保主义经典,但这无非是小圈子内部的自说自话,根本就跟技术官僚的"战略重心"无缘;所以,即使主流话语接受了环境危机的信息,也只能在自身的逻辑内部来应对它,根本想不到要对这种逻辑本身进行检省;于是,正像如果把"增长"说得太顺嘴了,就连衰退都会被描绘成"负增长"一样,一旦把"发展"说得太顺嘴了,公害治理也就只能被代入"可持续发展"的战略;缘此,环保问题就只能体现和突出为技术与资金的问题,就只能隶属于经济发展的"初级阶段"——说是不愿走"先污染后治理"的老路,实则从一开始就只能拿几代人的健康作抵押!

换言之,国外的环保主义者,都蒙受过人文学术的更多滋养,都在呼吁恢复科技的价值前提,都在探寻技术社会的紧急出口。这就反过来意味着:无论是否享有过必要的言论空间,中国知识阶层的失败都在于,未能在历史发展的十字路口,向国人提供一种根本性的价值理念,——哪怕只是对这种理念的渴望与尝试呢?

但无论如何,总不能照这般缺席和缄默下去,听任这个民族"一条道走到黑"吧?尽管人人都自以为机关算尽,而且经济学家还不倦地教诲说,这种以个人为单位的精明算计,还不期然地代表着以整体为单位的"看不见的"理性之手,但既然这股盲目涌动的物欲大潮,刚刚名正言顺地冒出地面不久,就顿使山河变色日月无光,又凭什么非得像已往的歇斯底里一样,走向荒谬呢?

哪怕业已双目失明,根据我国的人口与资源之比,也应能看出那种

---

① 梁涵:《乐观的环保专家?》,《天涯》1999 年第 1 期,第 141 页。

"市场理性"的大限——就冲那点儿石油和可耕地,无论怎样挖空心思扩大内需,也不可能既把地面耕松洒满化肥,让它每天长出十几亿块牛排,又把地面夯实铺满柏油,以供好几亿辆小轿车来往穿梭罢!……再说我们还长着头脑,还可以从文明的根基处发出思考,晓得就算地球资源能够填满上百亿个欲壑,也不该总是这般与自己的家园为敌,剥夺了跟生存环境的全部亲和感——因为这种主体意志的自我骄纵与膨胀,以及对待其他生命和非生命形式的失德态度,哪怕不会受到大自然的严厉报复,也会压扁和榨干我们自己的生活世界!……

但既可惜又可笑的是,尽管无论工具理性还是价值理性,都大老远地朝我们亮出了红灯,我们仍要循着思想的惯性,对日益迫近的威胁视而不见。我们真好像一群傻青蛙,只知道蛇类对自己有威胁,却不知人类对自己有更大的威胁。我们真好比长了一副"蛙眼",徒然让它在额角上圆睁着,却无力向中枢神经及时示警,俾使整个机体动员起来,迅速调整与外部的失衡关系。——以这种呆若木鸡的方式把握世界,我们还有什么资格去教授思想史,还有什么资格去奢谈先哲的胆识,无论是中国式的"忧患意识",还是西方式的"神赐牛虻"?

也正是因了这一层,压着北京城头的大气污染,才更值得紧紧抓住不放,因为它有可能从一场无妄之灾,转变成当代心智史中的一件大事!

至少就我个人而言,它会成为心路转变的重要里程碑。我愿意老老实实地供认:当代中国的变化速率实在太快,自己的问题意识往往跟不上趟!——我们刚从"斗私批修"的大批判中脱身,刚从"一大二公"的穷过渡中脱身,刚从"姓社姓资"的紧箍咒中脱身,刚从"短缺经济"的排长龙中脱身,对于闭关锁国的深重危局尚有余悸,对于造成落后的历史惰力犹怀义愤,所以,在现代化重新起步之初,就不得不勉力体贴高层决策的难处,告诫自己对复杂的矛盾要"两害相权",学会只把主要警惕对准改革开放的对立面。这种"蛙眼"式的反应机制,当然不乏其机敏灵动的一面,使我们在许多历史关口充满了现实感,以同仇敌忾的姿态防范了倒行逆施。但与此同时,它也以本能的麻木贻误了我们,使我们对新增的威胁报以不应有的冷漠，坐视它们点点滴滴地山积在面前，哪怕自己早已呼吸困难……

　　然而这一次，作为一个鲜明而典型的案例，剥夺了起码生趣的大气污染，却挥之不去地刺痛着我们：其实现代性的种种负面效应，并不是离我们还远，而是构成了身边的基本事实——不管我们是否承认，它都早已被大多数国民所体认，被陡然上升的死亡率所证实。准此，它就不可能再被轻轻放过，而必须被投以全力的警觉，就像当年全力捍卫"改革"时一样。我们必须揉揉空睁的眼睛，重新打量既熟悉又陌生的身边世界，看到什么就率直说出什么，不再以任何善良的理由来强行按捺自己。

　　我们曾经血气方刚过。这腔热血曾推动我们豁了出去，在那个言路极不正常的年代，死死咬定自己认准了的东西。现在，我们同样已看得很清楚，以地球的这点儿资源，根本就不可能支持全人类同做"美国梦"，而且尤以中国的微薄资源，更是不可能供养几亿个家庭拷贝美国。既是这样，我们难道不该继续保持思想的棱角，再次满腔热情地投身历史，重新反省它的发动机和蓝图么？难道我们真已老得被拖累得说不动了？

　　并不是说，新增的危险一经发现，旧有的危险便不复存在了。我们当然还需要"改革"——而且由于许多配套方案的滞后，种种深层痼疾已恶性发作，所以我们甚至从未像现在这样急需"改革"。但我们同时又理应看到，正由于改革事业的未竟，许多现代性的富贵病，反在这个发展中国家夸诞地表现出来，而弄得各种异相犬牙交错，既有最最落伍的病根，又有最最流行的时弊，更有两者最最畸形的杂种……这种非驴非马的窘境，足以使我们幡然悟出：天下本没有"先社科、后人文"的道理，不能空等着改革进程结束，彻底付完了所有"必付的"代价，再去为现代化的"副产品"消毒。所以，以前那种"两害相权"的思维方式，本身就派生于某种单因单果的肤浅历史主义，它既盲目乐观、又消极旁观地宣扬"先穿衣吃饭，后文化建设"，殊不知这两种向度向来互为因果——没有人文世界的范导，就只能是无头的四处乱撞的经济苍蝇！

　　也不是说，对于当前和今后的历史动向，人文学者样样都已成竹在胸。作为专司提问之职的公民，我们首先需要贡献的心力，毋宁是去松动固有的思想定势,重新检省已经选定和走过的道路。人文学术听似空疏迂阔,实则跟社会构成了开放的互动,既向后者发起挑战,不断啄去它身上的腐肉,又从后者领受挑战,促动自身的更新和超越。由此,人类文明才获得了更丰足的合力,建立起更有弹性的结构。以这种视角反观历史,我们会发现,其实自打现代化运动肇兴之初,它就一向被反对的声浪重重包围,而且若无人文的批判精神相随,它恐怕都未必能存活至今,更不要说发展到目前这种样子了。正因为这样,我们就更无理由不去转换问题意识,以最适于发挥专长的批判姿态,为今后的发展增加积极的变因。我们必须记得,毕竟从未有过哪个人文知识群体,是以讴歌现代性的典型形式——比如无孔不入的市场交易、利益驱动的冒险投资、密如凝脂的冷酷法律、流水线上的平均复制、技术进步的无限承诺——来为这场现代化运动发挥积极作用的。

更不是说,我们从此便可照本宣科,放手移植西方的左翼理论了。任何批判理论当然都可以借鉴,但任何借鉴都终究是借鉴,既取代不了我们的问题意识,更替代不了我们的独立思考。否则,就不过是在穿新鞋走老路,似乎随着“开放”的不断深入,就得再抄袭得更高深更玄奥些,把别人的愤世嫉俗也一股脑端来。如果是这样,被外力蛮横闯入和阻断的中国历史,就会从思想的格式本身,益发呈现为“传统”、“现代”和“后现代”的碎片叠加,使我们在思维逻辑上莫衷一是顾此失彼。而为了绕开这口无底的陷阱,在全球分裂的当代困境中,就不能再次囿于西方文明自身的超越企求,而要把精神视界大大拓展,更其关注各文明间的持续对话,更其仰重各传统基因的相互激活。如此,或能凭靠重新整合过的心智,使之成为独运匠心的整一形式。

1999 年仲夏于京郊溪翁庄

# 莫使"泛滥"必"成灾"

## ——在北大—复旦比较文学论坛上的发言

孟华教授在发言中强调,比较文学只是一门非常边缘的学科,这是非常要紧的和切中时弊的意见。以我本人的治学经历,也许更能体会这种说法的重要性。我此生本来唯以"思想"二字为尚,谈不上也不愿躲进什么具体的专业分工里偷思想的懒,但不知怎么阴差阳错地,居然也算有过两次从事的"专业",第一次是所谓的"美学",第二次则是所谓的"比较"(所以我目前正在北大提倡"比较美学")。而巧得很,这两个专业又都很能吸引眼球,简直能把群众运动都给鼓动出来,所以在热闹非凡之余,反而又有可能失望地发现,一旦惹出了"村村点火"的跃进状态,便很难再区分真学问和假学问,甚至有可能出现康德曾在《导论》中描述过的"形而上学"的窘境——

> 它的追随者们已经东零西散,自信有足够的能力在其他科学上发挥才能的人们谁也不愿意拿自己的名誉在这上面冒险。而一些不学无术的人在这上面却大言不惭地做出一些决定性的评论,这是因为在这个领域里,实在说来,人们还不掌握确实可靠的衡量标准用以区别什么是真知灼见,什么是无稽之谈。

不可否认,似乎重新归于寂寞的"美学"领域,已经在现实地面对着这种危机了。所以,如能恰在此时非常切题地提出,这一门学科原只是"荒江野老屋二三素心人"之事,并非任何未曾准备的人都可以随时即兴进入的,由此它的性质本身就决定了,这一门学科必须甘于寂寞,它的从业者也必须甘于寂寞,那对学科建设实不无补偏救弊之功。

　　在此基础之上,如果还要再进行一点发挥,那我就希望接着再指出:跟上述情况不无关联,目前人们又自觉不自觉地对"比较文学"同时给出了两种似乎针锋相对的理解。一方面,他们似乎认为,这是一门是非大学问家不办的高深学科,它需要家学渊源,需要学贯中西,需要饱读诗书,需要过目成诵,——总而言之,这是且只是一个令人生畏的"天才的领地"。可另一方面,他们似乎又认为,这是一门至轻松至简易的速成学问,无非是"打不赢单打就打双打"的安慰赛,随便什么人都可以随便挑选两个随便什么东西乱七八糟地胡比一通,——总而言之,这是且只是一个令人生厌的"傻瓜的乐园"。

　　与此相应,我们在比较文学专业招收的研究生们,似乎也在这种"地狱加天堂"的心境中徘徊。大家知道,比较文学专业一直被考生热衷,而且如果不是因为害怕竞争太过激烈,还会有更多的考生投到它的门下来。他们觉得这是一门更能跟国际接轨的学问,更充满神秘感的知识领地。可是,一旦真的来到这里,他们往往又感到失望,因为反躬自省之下,觉得自己似不如其他专业的同学更有根基,好像样样都知道一点,却又样样又都不够精通,只算是学到了一些不中用的花拳绣腿。

　　我认为,这主要是由于比较文学的"问题意识"未能扎实建立而造成的被动。所以,我们应当旗帜鲜明地强调:其实比较文学既不仅仅属于天才,更从来都不属于傻瓜;因为它所要求精通的,既不会比谁更多,也不会比谁更少。——至少根据我本人的讲稿,比较文学的学科理由应当是:"专门巡查文化的边界,检讨文明接触、碰撞、借鉴、融合、压抑、吞并中间的得失成败,总结其间具有规律性的东西,并且专门分析被误认为坚硬固体的文化化合物,检讨其中的组成成分及其结合方式。"由此,即使今后有那么一天,天下所有的学者都已被比较文学所唤醒,而能在自己的研究中采用比较的视角,我们这门学科的专门从业者也照样不会无事可做。正如哲学家曾从无所不包的学问家转化成为专事"纯思"的学者一样,比较文学学者的职业性敏感,也同样出于他们特殊的问题意识。就像长着蛙眼一样,他们对于别的东西全都过眼不入,而一旦涉及与跨越、对照、影响、接受、嫁接、利用、互动、渗透、覆盖、碾碎有关的多元文化信息,以及围绕此种思想材料的特殊方法和理论,马上就下意识地生出兴奋,乃至抖擞起研究的兴致来,准备通过艰苦的阅读而成为此一特定领域的内行或至少是半内行。

进一步说,如从提倡和推广独特"问题意识"的角度出发,再来思考目前这种"村村点火"的局面,那么在警惕它有可能泛滥成灾的同时,也许还能从中看到某些积极的意义。我去年曾在写给《读书》杂志的《从"接着讲"到"对着讲"》一文中指出——"……根据我私下里的体会,如果北京大学比较文学与比较文化所当前还承担着什么学术使命,那就理应在于示范性地倡导大跨度和多角度的对比思维,由此在双向或多边的文化传播、理解和诠释中,同时凸显各文明之具体的特点与限制,以期从理念上逼近当今危局的文化根源,从而去构想既建基于又超越了各主要精神传统的'无本位文明'。"在上述这段话里,跟眼下的话题密切相关的,首先是所谓"示范性地倡导"六个字。尽管并不知道我的同事是否同意我的见解,甚至并不知道他们是否看过我这篇文章,但它总是自己目前达到的认识。姑从这种认识出发,再来反思前述的在"精英与大众"、"提高与普及"之间的裂缝,那么对于北大和复旦的同行来说,也许就不光找到了嗟呀叹气的理由,还发现了事在人为的余地。

就此我们也许值得借鉴一下所谓"费正清的鱼缸"。我们都知道,当今美国汉学界拥有着整个国际汉学界五分之四的人才,可以说是洋洋大观。然而这熙熙攘攘的人才,起初却多是从一个地方"蜜蜂分巢"出去的,而这个蜂巢就是率先在其历史系里专为中国研究建立了教席的哈佛大学。所以,当年围绕在费正清周围的哈佛师生们,就被戏称为"费正清的鱼缸",无论哪所大学想要开展中国研究的项目,都可以到费正清门下去捞几条金鱼,带到自己的鱼池里去养,列文森是这样被带走的,魏斐德也是这样被带走的,久而久之,终于蔚成了全国各地争奇斗艳的学术繁荣局面。

　　从这个意义上讲,眼下各地纷纷为比较文学修建庙宇这件事,其本身也许并不全是坏事,即使这些庙宇目前还比较空洞,还有可能糟蹋比较文学的名声。最关键的,还要看北大、复旦这样的领头学府今后如何努力。如果我们能因势利导,把精心培养的优秀人才逐步输送过去,从而把本学科特定的问题意识逐步传播开来,使它希望提倡的思想方法逐步深入人心,那么,就算目前这种"外行泛滥"本身是一件坏事,也未始不可能逐渐转化成一件好事。如此我们将来或许就可以自豪地说,中国比较文学事业的发展,大体要分为前后相随的两个阶段,第一个只是粗放的普及期,第二个才是精致的提高期,而我们自身的努力,则在它从前向后的发展中起到过重要作用。——这工作哪怕往少里说也够我们干两辈子的,所以也算是替我们将错就错的人生,多少找到了一点意义。

　　　　　　　　　　　　　2003 年 10 月 15 日补写于京郊弘庐

# 辑二
## 传统/现代

# 也谈忧乐

## ——与庞朴先生论学术

庞公钧鉴：

　　不意吾师竟寄来大文《忧乐圆融》，征求晚生的意见，真叫我三月不知苦味！日前，王守常君见我同时师从您和李师，因问及两师之不同，弟子曾以"仁者、知者"对。今番吾师这般不耻下问，益使我叹服公之仁德，这或许比任何纸面上的东西都更得中国传统之神髓罢？故此，对于师命，虽再三难复，笔重如椽，却终于只有抖擞精神，以从为恭了。

　　另外，弟子斗胆揣想：早在我手忙脚乱地答辩博士论文时，您的此文便已有腹稿了。当时您曾就"忧"与"乐"的问题点拨我——中国文化的精神在于广大而圆融，语重心长，令人没齿难忘。真未料到，弟子在文中信笔提出而未及细论的问题，居然引起了吾师洋洋洒洒的文兴！兴奋之余，又倍觉惶恐。您所垂示的皇皇宏文，正是对学生继续不倦的教诲。而先生既勤勉如此，弟子又焉敢偷懒不写一份答卷呈上呢！

　　窃以为，《忧乐圆融》一文的精到之处，在于它以细密的学力，对古人之"忧"和"乐"这两种精神状态进行了精审的析解，而将"忧"区分为外感之忧和内发之忧，将"乐"区分为感官之乐和理知之乐，并指明儒学的立足点均落在后者。文中所谓"诗云：'如临深渊，如履薄冰'，要点全在一个'如'字上。未临深渊而如临，未履薄冰而如履，这才叫忧患意识"，真使我记起了海德格尔的类似说法——"并非断定了一种未来的折磨才害怕。但害怕也并非先确定有一种临近前来的东西，害怕先就是在这种东西的可怕性中揭示这种东西的。"无疑，正像 *Sein und Zeit* 一书揭示了一种本体的"怕"（furcht）乃至"畏"（angst）一样，您的文章也揭示了一种本体的"忧"，即自律之忧或自寻之忧。这是儒家思想的一个深刻侧面。前几年，刘小枫君曾把中国文化的总体走向简单地断为"逍遥"，虽亦颇能搔着痒处，却又嫌对儒者这种时须念兹在兹的无名之忧太过忽视了。

　　不过，如果仅仅这样说，吾师或要窃笑我连恭维人都没学会了。我当然知道，您的得意之笔绝不限于上述分析，而更着重在于指出"忧"和"乐"这两种心态的互动与互渗。请容我再抄录一段您的文字——"当着真的陷入困难的处境时，如孔子畏于匡、颜回居陋巷那样，儒者倒会显出一副乐天知命的神情，达观起来，而找不到此时此地有任何自己应该担当的责任。相反在并不困难的处境，在相当顺利的时光，才是忧患意识大行其道的场合。所谓安而不忘危，存而不忘亡，治而不忘乱，得而不忘丧……真的临深而履薄了，斯时需要的便不再是忧患意识，而恰恰是它的对立面——临危不惧、履险如夷、乐以忘忧之类的理智、情感和意志了。因为按照儒家的辩证法，忧患之作为真正的忧患，或忧患的本体，并不在忧患之中，倒是在它的对立面，在这安乐之中；一旦安于所安，乐于所乐，真正的忧患便开始了，临近了。"基于此，您便再次抬出了一贯重用的"三"字，在徐复观先生的"忧患意识"说和李师的"乐感文化"说之间执两用中，似乎既然至深之"忧"和至深之"乐"均仰向天道，那么忧是忧此道，乐也是乐此道，"天道"二字便降化为一条"心道"，足以使人的心境之正负两极沟通为一，即忧即乐，忧乐圆融了。

　　不知上述概述是否符合吾师的本意？假使大谬不然，则请读到这里即从速将此信付丙，不必再看。而若您尚以为弟子偶有一得之愚，则想我直言——恐怕大作最容易引起争议的地方也正在此处。请详而论之：根据 Frege 的精细分析，"所指"（reference）和"意义"（sense）有时是不同的。故"忧"和"乐"这两个概念虽共同指向了"天道"，却是分别针对着这个"所指"的两种迥异之"意义"。如果是"天道远，人道迩"，则会警醒主体发扬踔厉的意志，战战兢兢地以诚敬之德去配合那个还只能用占卜去臆度的靡常天命，此之谓"作《易》者其有忧患乎"！而若是在敬天保民的道德修持中已臻于从心所欲不逾矩的化境，有闲情余力在风乎舞雩的悠游观照中体认生生之天心，"所忧"的天道和"所以忧"的人道便不再隔绝，这才会产生天人合德之快慰和乐天知命之悦乐。举例来说，方才吾师提到的"孔子畏于匡"和"颜回居陋巷"就恰可以反映这两种心情：当天之将丧还是未丧斯文尚成严峻问题时，孔子便只能生"畏"或者"忧"，所以他那番兴叹与其说是"达观"，毋宁说是无奈；而当"一箪食，一瓢饮"的清贫生活都不能夺其价值信念时，外在的天道（礼）就转化为内倾的天道（仁）了，非道德的生活反而就成为本能抵触的招致不乐的东西了，所以孔子才会赞扬贤回，以这种极端困苦的特例来说明，只要能时时察知"于穆不已"之天机，则可以不计任何功利地常享大、小宇宙的同构之乐。此处或可套用吾师一句妙语的句式——所谓饮水曲肱，"乐亦在其中矣"，其要点全在一个"亦"字。它的精义并不是说只有在艰难困窘的场合才能乐天知命，而是说无论在物质层面上"食不厌精"还是"食无求饱"，均无碍于默契天心的理性快乐，正如 Schopenhauer 所云，在超功用的心境下，无论从皇宫还是从牢狱观看日出，其美一也。故此，质言之：虽同称"天道"，却是肝胆楚越——在"忧"和"乐"这样两种心境中，一个落在无穷远处，一个贴在无穷近间，相距非可以道里计了。

　　只有顺此而论，才足以对徐说和李说作出公断。其实，主忧与主乐之疑并非自徐、李肇始，如宋人罗大经即已在《鹤林玉露》中流露出这样的困惑——"吾辈学道，须是打迭教心下快活。古曰无闷，曰不愠，曰乐莫大焉。夫子有曲肱饮水之乐，颜子有陋巷箪瓢之乐，曾点有浴沂咏归之乐，曾参有履穿肘见、歌若金石之乐，周程有爱莲观草、弄月吟风、望花随柳之乐。学道而至于乐，方是真有所得……或曰，君子有终身之忧；又曰：忧以天下；又曰：莫知我忧；又曰：先天下之忧而忧。此义又是如何？"因而，如说徐、李这两位饱学之士竟分别蔽于此而不知彼，恐难以令人心服。徐先生曾著有《中国艺术精神》一书，对儒道两派的悦乐精神均良有发探。李师亦尝把所谓"实用理性"溯源于兵家所面临的危急存亡——"任何非理性东西的主宰，都可以立竿见影，顷刻覆灭，造成不可挽回的生死存亡的严重后果。"（《中国古代思想史论·孙老韩合说》）故愚以为，李师所以针对徐先生的"忧患意识"说而提出"乐感文化"说，绝非寻常书生的执意标新鸣高，而是旨在辨明中国文化的终极取向何在，从而它与西方文化的本质分野何在。大约从 Hegel 把孔子的思想仅看成一些"道德格言"开始，论者咸以为中国哲学唯不过是一种伦理学，故中国精神只停留于道德阶段的水平。此种说法虽亦把捉住了中国文化的某些重要特质，却未能道出孔子所力行的修身次第——"兴于诗，立于礼，成于乐"，未能看出大儒的涵养有一个无限上提的过程——"知之者不如好之者，好之者不如乐之者"。果乎如此，则中国的先贤大哲与其说是以道德自律，毋宁说是以道德自苦，镇日在严峻的道德律令中讨生活了。故"忧患意识"说虽凸显了"德之不修，学之不讲"这样一个儒家哲学所面临的永恒难题，但倘若因而便误以为中国精神的制高点仅驻足于此，就未免把先哲的胸次看得太过戚戚了。

所以，在强调反身而诚、以乐养心的中国传统中，"忧"和"乐"的关系就并非空间中的对待，而是时间中的跃升。我在博士论文中曾把"发愤忘食，乐以忘忧"这两句经文解说为——"前者可以概括他寻求人生意义之时的迫不及待，后者可以概括他构成一种价值体系之后的从容不迫；前者可以总结他于外在事功中推行道义时的据理力争，后者可以总结他于人格修养中渐入佳境时的心安理得"，借此说明"审美维度"（aesthetic dimension）乃是中国精神的终极指归。不料吾师又在大作中引申了孔子后边第三句话的大义，以为它又超越了审美阶段——"'不知老之将至'中，还有从忘食忘忧而到达忘我的意思，那么在此境界中，便又无忧无乐可言……"此论前一半固然不错，但对后面的"无忧无乐"之说，弟子却不大敢苟同。其实，那种物我双忘的境界，恰是典型的审美极境，只要拿孔子所谓"逝者如斯夫"的浩叹一比，便不难发现，"不知老之将至"一语所抒述的，仍是于发愤忘食后升华出来的天人合一之悦乐。或曰，与 Schopenhauer 所描画的西人以寻欢作乐始、以烦苦无穷终刚好相反，中国之人生观恰恰是以忧心忡忡始，以乐而忘返终。天道的不断落近与人格的不断高扬在这里是同步的：一旦"万物静观皆自得"，把尘世的一切现象都看成打破"绝地天通"的象征物，就势必要"四时佳兴与人同"，终于觉得满街都是圣人，至上的快乐就在伦常日用之中了。

　　当然，如果话头只落在这里，却也卑之无甚高论。早在"贞元六书"中，冯友兰先生即已将中国的人格层次由低向高列为四等——自然境界、功利境界、道德境界和天地境界，并指出凡于天地境界中廓然大公者，即可在万物中悟出"道体之流行"，从而"有一种乐。有此种乐，谓之乐天"。所以，倘使李师对中国精神的研究成果只在于指出它发轫于适应生存困境的"实用理性"，而进化到超越功利和道德的"乐感文化"，那他只不过是沿袭或略为发挥了成说而已。然而，容我代他分辩一句：李师的真正用意和特色，乃在于受 Kant 之《判断力批评》的启示，试图从心理主义和历史主义的立场出发，借人类的实践活动建立起一种架通理智（即所谓 pure reason）和道德（即所谓 practical reason）的"情感本体"，即他所谓既内在又超越、既感性又超感性的"审美的形上学"。缘此我想，现在您和李师的不同，就并不在于认为中国精神是否"圆融"，而在于它究竟何以"圆融"，和"圆融"了什么？有趣的是：您所要圆融的，恰恰是他借以圆融的工具——"乐感"，因为根据 Kant 的学说，唯有审美判断力才有资格充任种种哲学鸿沟的津渡；而他所要圆融的，却只偏于您那对峙双峰的一端——"忧患"，因为这种忧思无疑是具有意向性（intentionality）的，而他这位自觉的心理主义者又不会悬搁（e)poche"括号"外面的什么，少不得要把此种意向之所忧的客体和所以忧的主体借内外无间的审美乐感化合起来。

　　实际上，我并不赞成李师那种试图建立"人类学本体论"的努力。记得有一回借着酒兴，我曾率直把他的运思方向批评为——"历史上升为理性，心理上升为本体，经验上升为先验。"而李师也随即就在一篇序文中欣然接受了这三句概括，并反说这种"犯规"正是他的匠心独运之处。不过，如就这一次仅仅讨论中国传统之取向的范围而言，我却在两师之间更倾向于他的思路。因为越拜读到后边，我就越觉得《忧乐圆融》一文重蹈了我过去曾一度服膺过的所谓"儒忧道乐"、"儒道互补"说的覆辙，而我现在对那种思路已经相当怀疑了。依愚之见，尽管冯友兰先生所谓"以出世精神，做入世事业"的说法的确道出了中国士夫的典型心态，但若深究下去，儒学在罢黜百家、独定一尊之后所以偏偏放道家一马，使之成为中国文化的一个"出气孔"或"安全阀"，却正是因为道家的游世态度刚好从一个方面暗合和发扬了夫子"与点"的精神。在这方面,我认为社会学中的功能学派仍有相当的道理;所以在一个公认为"儒家文化"的文明结构中,说道家作为一个组成部分有补充作为整体的儒家之功能,是可以成立的,而反过来说整体补充了部分就不通。也正因为这一点,在中国传统业已支离破败的今天,当务之急就莫过于检讨作为主流的儒家思想的终极取向以及由此派生的中华文明的本质特性了。令人嗟叹的是,不要说徐复观先生所阐发的那种终日栖栖惶惶的"忧患意识"了,就是您所期望的当忧则忧、当乐则乐的人生态度果然能在过往的历史中始终成为主导性思潮,谁还致于有"花果飘零"之叹呢? 弟子之倾向于李说又以此。

说到凄绝处,其实大家在这里苦思冥想中国的传统本质上是什么,也不过就是在恨悔我们本质上挣不脱什么。因为无论中国文化怎样的毋这毋那,怎样的广大圆融,它究竟并非真的"空空如也",毕竟有自家难移的本性,不能见稀泥就和。如果说,中国精神的这种本质特点,从抽象的思想框架来说,乃起始于您所注重的"叩其两端而竭"的中庸之道("三"在此处可以归约为一以贯之的"一"),那么,由具体的心理素质而观,它到头来却落实为李师所张扬的上下同流的愉悦。造成这种同时是中国文化之长和短的主因,乃在于"轴心时代"过于发达的无神论。它使得我们民族的先知没有像 Kierkegaard 所描述的那样,经审美阶段(损者之乐或肉体之乐)、道德阶段之后,受终极关怀的驱动而跳身于黑暗的宗教阶段,而是更为清醒地"与天地参",把终极关怀首尾相接地指向了更高的审美阶段(孔颜之乐或神智之乐)。这种以"主观的合目的性"来化解天人之分、获取自由之感的独特取向,几千年来沉积和塑造了中华民族的主要性格特征,而与其他文明的价值理性格格不入。不仅在这个文明还相当强盛的古代,它"圆融"不了西域的释教,而把黄卷青灯的藏经楼改建成了占尽名山的禅房,就是在它已经日渐式微的近、现代,它也照旧"圆融"不了西方的耶教,又把充满压抑的尖顶教堂改建成了开心取乐的电视高塔。故此,弟子每见到携着"八大件"兴冲冲地留洋归来的"转世玄奘",就油然为他或许果真带来的真经能否传世而担忧,尽管我自己也是预备朝着西天去受一路磨难的。

　　呜呼！走笔至此,竟觉得不单是"满纸荒唐言",还快要"一把辛酸泪"了。余言已哽咽难禀,只有待日后面陈了。信中多有顽钝不灵之处,仍乞吾师点化。

　　敬祝
春安

晚刘东上

一九九一年四月二十二日

# 失去儒家制衡的"个人主义"

## ——周作人案例研究

　　20世纪90年代的中国,发生了数不胜数的新异变化,不仅会令居留域外者恍有隔世之感,就连一直与故土共患难的人,也每有目不暇接之慨。

　　但往深处细想,这类现象虽光怪陆离无奇不有,亦自有其万变不离之宗,也即"急剧而普遍的市场化与世俗化"。这两种互为因果的同步变化,分别对应于社会的物质生活层面和精神生活层面,其共通的心理依据在于,不约而同地退隐龟缩到私人生活的狭小空间中去。

　　而值得特别关注的是,正是在上述背景之下,既迎合着图书市场的旺盛需求,又迎合着文化消费的迫切要求,产生了普遍而持续的"周作人热"。在狭义上,这种时髦的体现是,周作人及其同好的小品文被各出版社竞相结集且在书摊上被长"炒"不衰。在广义上,这种风尚的反映则是,周作人式的闲适格调被明里暗里地推许有加、遂使有意无意的仿作充斥于市。

　　有鉴于此,我们对于周作人"复活"的现象,就有必要进行深层的思想史和社会学分析。此项工作不仅涉及潜藏在此前文明进程中的某些未知谜底,而且涉及蕴涵在今后历史行程中的某些可能取向。

一

　　从表面上看,周作人的作品所以会再度风行,其中最浅近的原委当然还在于它们"好看"。此种阅读心态,或可借周氏本人的一个有趣比喻来解释,即无论一位作家的人品如何,都并不妨碍人们去爱读他的作品,正如"说谎的厨子所做的包子之无碍其为好吃也"。① 不可否认,相当多的导读文章,都是循此"一分为二"的辩证逻辑去替周作人进行辩解的。

不过,我们若是深究起来,却会觉得这种似是而非的区分,实则很难经得起推敲。这是因为:厨子的本分原就是做包子,故而无论其言谈怎样虚伪,只要他的物质产品尚属"好吃",就足见其中的内容并未撒什么谎;但作家的天职却是在写文章,既然其漂亮的文笔背后早就露出了"假馅",人们还会公然欣赏他那些言不由衷的精神产品,那就难免要显出自家的"嗜痂之癖"了。

所以,在眼下对于周作人的普遍钟爱中,就势必包藏着这样一个尖锐的问题:在我们的社会共同体中,究竟何以有如此多的成员,悄悄原谅或有意遗忘了过往历史中的"大恶"? ——而要解答这个问题,我们又须先开宗明义地重新挑明另一个大是大非问题:周作人附逆变节的心理依据到底何在?

周氏那段不光彩经历的真正要害,并不在于他主动选择了某种不能见容于世的独特价值理念,而在于他居然在转瞬之间便被迫投靠了他刚刚反对过的,而且就其公开宣扬的学理而言是非反对不可的东西!

如果周作人确因受到大和民族的"归化",而自问可以容忍和帮助日本军阀对父母之邦的侵略,则尽管后人仍有理由斥其"卖国",问题却终究要单纯多了。只是,历史的真相远比这复杂千百倍。面对日益浓重的侵略战争彤云,他曾在自己的"第一故乡"和"第二故乡"之间作出过明确的抉择:"无论我怎样爱好日本,我的意见与日本的普通人总有极大的隔阂,而且对于他们的有些言动不能不感到一种愤恨。愤的是因为它伤了我的自尊心,恨的是因为它摇动了我对于日本的憧憬。"②因此之故,他亦尝言之凿凿地表白过自己的爱国态度:"我的思想到今年又回到民族主义上来

---

① 周作人:"答芸深先生",《谈龙集》,开明书店 1927 年版,第 162 页。
② 周作人:"日本浪人与《顺天时报》",《谈虎集》,北新书局 1929 年版,第 507 页。

了。我当初和钱玄同先生一样,最早是尊王攘夷的思想,在拳民起义的那时听说乡间的一个'洋口子'被'破脚骨'大落铜盘帽,甚为快意,写入日记。后来读了《新民丛报》《民报》《革命军》《新广东》之类,一变而为排满(以及复古),坚持民族主义计有十年之久,到了民国元年这才软化。五四时代我正梦想着世界主义,讲过许多迁远的话,去年春间收小范围,修改为亚洲主义,及清室废号迁宫以后,遗老遗小以及日英帝国的浪人兴风作浪,诡计阴谋至今未已,我于是又悟出自己之迂腐,觉得民国根基还未稳固,现代须得实事求是,从民族主义做起才好。我不相信因为是国家所以当爱,如那些宗教的爱国家所提倡,但为个人的生存起见主张民族主义是正当,而且与更'高尚'的别的主义也不相冲突。"①正是从这种立场出发,随着国步日艰时局日危,他对日本帝国主义特别是其喉舌《顺天时报》的批评也势必渐趋激烈。比如他写道:"非民治的日本,军人与富豪执政的日本,对于中国总是一个威吓与危险,中国为自存起见,不得不积极谋抵抗他,排斥他的方法……"②再如他又写道:"日本对中国就最不讲道德。帝国主义的字典上本没有道德这一个字,或者不能怪他,但他也就绝没有对人家来谈道德的资格。"③

另外,从更加本质的层面来讲,如果民族主义还只是他采取的权宜之策的话,那么自由主义总应该是他始终不渝的立场罢?——而这种立场恰恰是要反抗任何压迫奴役的,不管这类专横暴虐来自一个社会的内部还是外部!曾几何时,正是从这种思想逻辑出发,他曾经顿足痛惜国人不能识破《顺天时报》的奴化宣传:"恰巧又有不长进,不争气的同胞们,认贼作父地争先购读,真是世界无双的现象:中国人的昏愚即此可见一斑,这样地下去,真是'中国不亡是天无理'。"④也同样是从这种思想逻辑出发,他甚至曾以过激的言辞去针砭和刺痛自己的同胞:"中国人所最欢迎的东西,大约无过于卖国贼,因为能够介绍他们去给异族做奴隶,其次才是自

---

① 周作人:《元旦试笔》,《雨天的书》,北京新潮社1925年版,第190—191页。
② 周作人:《排日平议》,《谈虎集》,北新书局1929年版,第520页。
③ 周作人:《山东之破坏孔孟庙》,《永日集》,北新书局1929年版,第309页。
④ 周作人:《再是〈顺天时报〉》,《谈虎集》,北新书局1929年版,第517页。

己能够作践他们奴使他们的暴君。我们翻开正史野史来看,实在年代久远了,奴隶的瘾一时难以戒绝,或者也难怪的——但是此后却不能再任其猖獗了。照现在这样下去,不但民国不会实现,连中华也颇危险……"①

但具有讽刺意味的是,他笔下的所有这些奇耻大辱,竟在转眼间就被周作人扣到了自己头上,而且他还非但在当时恬不觉耻,便连在事后也只以"一说就俗"的推诿来闪烁其词。这位"民族主义者"竟能不稍犹豫地帮助入侵者进行奴化教育,这位"自由主义者"竟能官腔十足地代替占领军加强思想管制,"弯子"转得也实在太陡了,以至于不仅令当时的同侪为之目瞪口呆,就连如今的研究家也还为之头晕目眩。如果说,以往某些因为政治缘故而大多认定周作人"不值一谈"的评论者,还可以把问题描述得比较简单,要么说他的变节正好显示了小资产阶级知识分子的个人情思的弱点(何其芳)、要么说他的变节乃是出于对五四传统的注定背叛(冯雪峰)、要么说他的变节是因为"必败论"使之看不清中国的前途(郑振铎)、要么说他的变节是因其认定自唐代以后便走向衰败的中国必须与优秀有为的日本民族谋取亲善(沈雁冰),②那么,如今某些出于艺术考虑而总是觉得周作人亦尚有"可取之处"的评论家,则尤为周氏"亲痛仇快"的行径而感到尴尬。可以理解,后者对周作人的"历史问题"投以了更多的"同情式了解",他们或者希望从思想深处追寻周氏的独特病根(如舒芜),或者希望在历史过程去再现周氏的复杂际遇(如钱理群),而且此类解释均不能说没有一定的道理。但即便如此,在这些最新的研究专著中,周作人的转变还是显得"太陡太急"了;而这也就意味着,现有的分析仍嫌不够充分,尚不能使读者真正信服。缘此,我们就不得不先来逐一检讨上述对于周作人卖国行径的种种解释:

——是因为小资产阶级的个人情思的弱点吗?这种标签化的解释恐怕最难以站得住脚。姑不讲"小资产阶级"这个概念能否经得起推敲,亦不论"个人情思"何以会偏偏投合于对个性的泯灭,我们总还知道,那些怀

---

① 周作人:《孙中山先生》,《谈虎集》,北新书局 1929 年版,第 274 页。

② 参阅钱理群:《周作人传》,北京十月文艺出版社 1990 年版,第 504—506 页。

着国恨家仇而迁往抗战后方的读书人,甚至那些怀着一腔热血而投身到抗战前线的读书人,尽管选择了跟周作人截然相反的道路,到头来也还是被贴上了同样的标签,而且也仍要在不断的思想整肃运动中为此一再"洗脑"。因此,就算个性化的独立思考总难免与民族战争的集体戒律发生某种抵触,但既然大多数"小资产阶级"分子并未贪生投敌,就没有理由用这种简单的阶级划分来解释周作人的变节行为。

　　——是因为对于五四传统的注定背叛吗?倘若先把"注定"这个字眼撇开,我们就会发现,这无非是一种倒果为因的解释罢了。的确不错,如果五四思想转型的主旨在于提倡"自由为体而科学民主为用",则周作人的事敌求荣就既背叛了德先生,也背叛了赛先生。然而让我们试问:究竟为什么一位新文化运动的老将就"注定"要背叛自己的主张呢?或者让我们反过来试问:究竟为什么其他老将却并未如此在劫难逃地被命中"注定"呢?所以从逻辑上讲,此中的大前提是无论如何也推导不出其结论的。就算周氏变节的原委可以上溯到他在五四时期的某些主张,特别是其退潮时期的消沉情绪,那中间的变因也要复杂、独特和微妙得多,人们绝没有理由以决定论的口气对此一笔带过。

　　——是因为"必败论"使之看不清中国的前途吗?[①]尽管这种解释无疑是有事实作依据的,但它仍未触及事实的实质。实际上,休要讲一介文弱书生了,就连雄才大略如丘吉尔,在事发之初也绝难逆料到那场空前大战的胜负;所以我们似乎并无理由去苛责周作人对于战争本身的绝望情绪,因为当时有许多投身抗战的文化人,恐怕也只是抱着"宁死不当亡国奴"的决心去作拼死一搏的。可话又说回来了,问题的关键却在于:对于法西斯这种人类文明的空前死敌,人们难道只有在足以战而胜之时才应进行抗争,否则就有理由屈膝投降忍辱偷生吗?再退一步讲,就算一个人没有勇气而为民族大义去死节(让我们回顾一下陈三立先生的"忧愤不食

————————

　　① 郑振铎的这种说法是有切身体会的。钱理群曾援引其《惜周作人》一文而写道:"据郑振铎回忆,他离开北平前,和周作人的一次谈话中,周作人对他说,和日本作战是不可能的。人家有海军,没有打,人家已经登岸来了。我们的门户是洞开的,如何能抵抗人家?"(钱理群:《周作人传》,北京十月文艺出版社1990年版,第418页)

而死"),从而充当悲剧中的英雄,①他至少也没有理由为虎作伥(让我们再回顾一下梅兰芳先生的"蓄须明志"),反去扮演喜剧里的丑角罢?

——是因其判定衰败的中华必与上进的日本谋求亲善才能重获生机吗?这种解释只怕距离事实更远,因为正如我们方才反复引证过的那样,周作人的内心世界中原本并无此类"曲线救国论"。无论如何,他对东瀛的态度并非是毫无保留的,也就是说,尽管他的确热爱日本文化,但这种热爱却是建立在对之的普世主义和人道主义理解上面的,跟他对希腊文化的热爱如出一辙,而正因乎此,他反而就更有理由切齿痛恨日本军阀财阀对自己心目中的日本形象的毁坏。另外,也恰恰是基于上述判断,他才非但没有故意去数典忘祖,反而还觉得正是宋明理学的禁欲主义才中断了华夏文明的优秀传统,遂觉得效仿日本的生活态度可以有助于中国去建造新的自由、节制和文明:"日本虽然也很受宋学的影响,生活上却可以说是承受平安朝的系统,还有许多唐代的流风余韵,因此了解生活之艺术也更是容易。在许多风俗上日本的确保存这艺术的色彩,为我们中国人所不及……"②

——那么,如果把上述命题再颠倒一下,认定周作人的变节并不是因为他全盘厌弃了国粹,反是因为他部分保守了传统,能否把问题解释得清楚些呢?有意思的是,舒芜的论点恰是如此:"不论他怎样调动了渊博的学识,从几条战线向封建文化思想进行了兜剿围歼,他却忽视了民族文化传统向封建主义提供的营养和土壤:自我调节性,忽视了封建主义扎在民族主义的那个根:中庸主义。……中庸主义是颓废的东西,是衰老的产物。古老的中华民族遇到生死存亡的危机,最迫切需要的是振作,是突

---

① 对于文天祥、史可法等人表现出来的"道德浪漫主义",周作人早已打下伏笔进行颠覆了:"中国往往大家都知道非和不可,等到和了,大家从避难回来,却热烈地崇拜主战派,称岳飞而痛骂秦桧,称翁同龢、刘永福而痛骂李鸿章,皆是也。武人之外有崇拜文人的,如文天祥、史可法。这个我很不赞成。文天祥等人的唯一好处是有气节,国亡了肯死。这是一件很可佩服的事,我们对于他应当表示钦敬,但是这个我们不必去学他,也不能算是我们的模范。第一,要学他必须国先亡了……第二,这种死于国家社会别无益处。"("关于英雄崇拜",《苦茶随笔》,北新书局 1935 年版,第 316—317 页。)

② 周作人:《生活之艺术》,《雨天的书》,北京新潮社 1925 年版,第 39 页。

破,是震撼那若醒若梦的渴睡似的人心。颓废原非罪恶,但这时候颓废会导致最大的罪恶。周作人先是乘着中庸主义的小舟涌上历史的潮头,后来新的潮头迎面打来,他不肯跳出小舟冲波踏浪,还想用这小舟力障狂澜,既不可得,乃以颓废自保,并以导人⋯⋯周作人抱着全部'精练的颓废',也带着他的全部的功绩和成就,一步一步离开人民,一步一步离开国家民族,这不是他个人的悲剧,而是古老的传统的悲剧。"①平心而论,尽管这段引文中使用的"封建主义"、"中庸主义"等概念均殊欠精当,显示了对中华文明的相应误解和对西方学术的缺乏了解,但其作者的看法亦并非全无是处,因为它毕竟朦胧地猜度出了:在一位激烈反传统的干将身上,有时反而更难摆脱传统片断的负面影响。对此,周作人本人亦尝有所自省:"我相信,所谓国粹可以分作两部分,活的一部分混在我们的血脉中,这是趣味的遗传,自己无力定他的去留的,当然发表在我们一切的言行上,不必等人去保存它;死的一部分便是过去的道德习俗,不适宜于现在,没有保存之必要,也再不能保存得住。"②不过,既然过去的传统(包括对于"中庸"一词的理解)具有丰富的层次和诸多的歧义,其中也自然要包括其兄鲁迅曾讲过的那种"民族的脊梁",所以要是有谁仅因周作人耽于庄子式的游世态度和闲适趣味,便把他的罪过笼统地归咎于中华文明的全部历史遗产,恐怕就太失公正了。

　　——要不,再把凡此种种排列和迭加在一起,认定促使周作人沦落到那一步的缘由非常复杂巧合,不必再去追究单一的肇因,会否得到更为圆满的解释呢? 我们看到,在研究周作人方面下力最勤的钱理群,正是循着这条思路展开其叙述的。他不仅以细密的考索功夫渐次铺陈了上举的所有理由,还加添上了诸如在北平陷落之后周氏于生计上日益窘困、甚至连生命亦行将不保之类的外因,③以期使读者即便仍不能在精神气节上完全原谅周作人,至少也能从具体的历史情境中部分地体谅他。另外,钱理

---

①　舒芜:《周作人的是非功过》,人民文学出版社 1993 年版,第 73—75 页。

②　周作人:《地方与文艺》,《谈龙集》,开明书店 1927 年版,第 16 页。

③　参阅钱理群:《周作人传》,北京十月文艺出版社 1990 年版,第 438—441 页。

群还举出了鲁迅对周作人所下的那个"昏"字判语,暗示并非所有的社会行动都经过深思熟虑和具备充足理由,故而充满随机变化的历史原可由于"一念之差"而导致"谬以千里"的迷误,[①]这就更其加重了周氏变节行为的偶然色彩。毫无疑问,上述解释相对而言是较为周全的,也是更能讲出几分道理来的。不过即使如此,在反复阅读了钱理群的著作之后,仍不免令人遗憾地感到,由于作者未能更深入地剖析主人公潜在的内心动机,遂使周作人的"下水"还是显得太过突兀、太不可思议了。——退一万步说,就算周作人由于一时"犯混"而在"全生"和"全节"之间选错了路,非但未能做成他原想充任的苏武,反而不期然地变成了他本觉不齿的李陵,那他在事后何以未能产生出钱谦益那类难以启齿的内在紧张,反而生造出诸如"伦理的自然化"、"道义的事功化"等他原本并不可能欣赏的托词,来公然地替自己的附逆举动胡乱强辩呢?[②] 可见,真要理解周作人变节行为的底层动机,从而进一步理解该事件在中国现代史上的典型意义,就必须更加深沉地潜入这位五四老将的内在理路之中,为其失足找出更能首尾相接的贯一发展线索。

---

① "1939 年 1 月 12 日,他收下了北大任命他为图书馆馆长的聘书,当天的日记却是这样写的:'下午收北大聘书,仍是关于图书馆事,而事实上不能不当。'寥寥七个字,就将关系民族大义,也关系个人命运的决定性的一步,交代过去了。周作人从此'走向深渊',再也没有回头的余地。——周作人此时意识到了这一点么?人们因此却常常想起白居易那著名的诗句:'周公恐惧流言日,王莽谦恭下士时;假使当年身便死,一生真伪有谁知',周作人真要死于 1939 年元旦那粒中左腹的子弹,他的'盖棺论定'也许将……但这'也许'也许是多余的吧……"(钱理群:《周作人传》,北京十月文艺出版社 1990 年版,第 441 页)

② 向以厌恶道德说教著称的周作人,竟在抗战后期自欺欺人地写道:"我对于中国民族前途向来感觉一种忧惧,近年自然更甚,不但因为己亦在人中,有沦胥及溺之感,也觉得个人捐弃其心力以至身命,为众生谋利益至少也为之有所计议,乃是中国传统的道德,凡智识阶级均应以此为准则,如经传之广说。"("后记",《立春以前》,太平书局 1945 年版,第 96 页)对于这种一反常态的狡辩,参阅钱理群:《周作人传》,北京十月文艺出版社 1990 年版,第 482—485 页中的详述。

二

于是,我们的询问就油然追踪到了周作人潜在的思想症结。而正是对于这种症结的诊断,才会使本文的探究获得某种思想史上的普遍意义。

不过,即便是展开思想史方面的研究,亦远非如寻常想象的那般轻车熟路。这是因为:它在本文的范围内势必要涉及"大传统"("显文化")与"小传统"("潜文化")的分野,并且由此而势必涉及"书写历史"和"实际历史"的差异。换句话说:由于作为文明之前定预设的潜移默化的生活态度,往往既不能唤起古代人民对之的清醒自省,又不能受到官修史学对之的同等重视,所以"小传统"在中华文明进程中所起的作用,便经常很难与它在史册中所占的分量相称。因而,也许只有长期涵泳于本土特有生活氛围之中,方能凭切身体贴而部分还原前此历史的原有风貌。

可以说,中国古代思想中的"杨朱学派",正是这类备受正统话语磨洗汰选的潜在"异端"之一。从现存文献看,在这方面可资征引的材料不光是寥寥无几,而且还大多残存在儒家学派对之的批判中。不过,稍稍令人欣慰的是,即使只从《孟子》这本圣贤书里,我们仍可借助于片言只语,来窥知与之相关的两个重要侧面:其一是这个学派主张"为我、贵生"的极端利己主义,即所谓"杨子取为我,拔一毛而利天下,不为也"①;其二是这个学派在当时的影响绝不可低估,即所谓"杨朱、墨翟之言盈天下,天下之言不归杨则归墨"②。

既是如此,我们就不免要提出如下疑问:这样一个当年如此声势浩大的利己主义学派,在以后的时代究竟是被圣人之徒彻底灭绝了呢,还是如盐入水般地融进中国社会的特定结构里去了?——如果注意到从《庄子》、《吕氏春秋》和《列子》中显露出来的思想脉络和精神倾向,恐怕我们的结论便自然要更倾向于后者。

---

① 《孟子·尽心上》。
② 《孟子·滕文公下》。

此外远为重要的是,如果能从更为宏观的视角来审视一个文明,则我们或许不难发现,文化理论中的"冲突学派"和"功能学派",实不过是各执了一偏而已,因为在一种特定的文化氛围裹挟下,各个文明因子既有相互对抗的分水岭,又有亲族相似的接壤处,并就此而共同形成了彼此间的有效制衡。缘此具体就儒、杨之争而论,我们就既不要因为孟子说过"杨墨之道不息,孔子之道不著"的话①,就忘记了儒家其实禀有着和杨朱相近的"贵生"倾向,也不要因为儒家学派在后世已被定为一尊,便误以为它已把"人心"完全收拾成了"道心"。说到骨子里,在人文精神相对早熟的先秦思想语境中,其实恰是鉴于理性精神的发达已使任何社会成员均不可能获得始终作为西方道德支柱的"统一神"表象,才使明里暗里归于杨朱的利己主义者多如过江之鲫,同时也才使与之针锋相对的利他主义的儒家学说挺身应运崛起,并且在长期的试错进程中经受住了历史的检验,从而得以在古代的精神世界中逐渐竖立起一种基本的制衡。——我们对于中华早期文明的此种特殊内在结构,决不可简单套用外缘的价值尺度来妄加批判,因为它纵有自身难以克服的千般弊病,却又不失其保持肌体健全的内在张力,也即既由"天理"对"人欲"构成了节制性的"超我"(尽管难免招致后人的"以理杀人"之讥),从而护持住了社会秩序的相对稳定,又由"人欲"对"天理"构成了恒常性的激发(尽管过往的任何世界性宗教均会对泛滥的利益要求有所控制和收敛),遂使道德规范敞开着损益的契机。

但问题的严峻性却在于,中华文明这种本有的正常结构,尤其是儒家思想在这种结构中之原初的独特功能,到了周作人生活的年代,竟早已统统改变了味道!尽管儒家的修身学说一向是多层面的,既有成圣成贤式的自律而自觉的道德,又有乡规民约式的他律而外在的训条,但周氏却从一开始就只愿将其片面地理解为后者,故而也就只会把所谓礼教和道学视作对于人性自由的野蛮压抑。由此,他便势必要号召大家在个性解放中对之进行大胆的开化与发蒙:"古人之重礼教,或者还有别的理由,但最

---

① 《孟子·滕文公下》。

大的是由于性意识之过强与克制力之过薄,这只要考察野蛮民族的实例可以明白。道学家的品行多是不纯洁的,也是极好的例证。现代青年一毫都没有性教育,其陷入旧道学家的窠臼本也不足怪,但不能不说是中国的不幸罢了。因为极端的禁欲主义即是变态的放纵,而拥护传统道德也就同时保守其中的不道德,所以说神圣之恋爱者即耽恋于视为不洁的性欲,非难解约再婚的人也就决不反对蓄妾买婢,我相信这绝不是过分刻毒的话。"①

本来不足为怪的是,任何一种正常文明的普泛道德理想,都不可避免地要与个体(无疑也包括大力提倡这种道德理想的个体)的基本求生欲望构成一定程度的紧张,而且正因此才会对人们的社会行为起到范导作用。可在周作人看来,既然并没有任何人足以做到终身"不违仁",儒家的教诲便从本质说来只不过是假道学。正是从这种认识出发,他便打心眼儿里就瞧不起孔夫子:"我把《论语》重读一遍,所得的印象只是平淡无奇四字。这四个字好像是一个盾,有他的两面,一面凸的是切实,一面凹的是空虚。……这里有好思想也是属于持身接物的,可以供后人的取法,却不能定作天经地义的教条,更没有什么政治哲学的精义,可以治国平天下,假如从这边看,那么正是空虚了。"②还是从这种认识出发,他又毫不容情地责怪朱晦庵:"《鹤林玉露》卷十二云:'胡澹庵十年贬海外,北归之日饮于湘潭胡氏园,题诗云,君恩许归此一醉,傍有梨颊生微涡,谓侍妓黎倩也。厥后朱文公见之题绝句云,十年浮海一身轻,归对梨涡却有情,世上无如人欲险,几人到此误平生……'我所觉得奇怪者,只在胡澹庵因请斩秦桧而被贬十年之后,在席间留恋一歌妓的笑靥,便被狗血喷头地痛骂,而骂的诗又传为美谈……大抵言文学者多喜载道主义,又不能虚心体察,以至天理人情都不了解,只会闭目诵经,张目骂人,以为卫道,亦复可笑也。"③仍是从这种认识出发,他更要劈头盖脸地痛斥梁漱溟:"自从不知是哪一位梁

---

①　周作人:《重来》,《谈虎集》,北新书局 1929 年版,第 111 页。
②　周作人:《〈论语〉小记》,《苦茶随笔》,北新书局 1935 年版,第 15—16 页。
③　周作人:《画蛇闲话》,《夜读抄》,北新书局 1934 年版,第 288—291 页。

先生高唱东方文明的赞美歌以来,许多遗老遗少随声附和,到处宣传,以致青年耳濡目染,也中了这个毒,以为天下真有两种文明,东方是精神的,西方是物质的,而精神则优于物质,故东方文化实为天下之至宝,中国可亡,此宝永存。这种幼稚的夸大也有天真烂漫之处,本可以一笑了之,唯其影响所及,不独拒绝外来文化,成为思想上的闭关,而且结果变成复古与守旧,使已经动摇之旧制度旧礼教得了这个护符,又能支持下去了。"①

上述的呵儒骂祖之论,不仅在文明遭到解体的今天早已被司空见惯,便在文明尚在延续的过去也照样不乏其例。我们从周作人对王充、李贽和俞正燮三人的服膺中,便可看出他那番"疾虚妄"的骇世高论实乃其来有自的老生常谈。② 正如前文中分析过的那样,中华文明所以能演进数千年而不坠,恰是借助于"天理"和"人欲"间的这种持续紧张和有效制衡。然而,所有这一切都毕竟已时过境迁了:在外缘文明的强力逼迫下,华夏民族正面临着不得已的根本文化转型。由此,五四运动在整个中国文化史上的重要地位,并不在于哪几位具有异端倾向的书生在介身其中的文明内部发现了——其实任何堪称正常的文明都必会以某种形式体现出来的——伦理规范的严峻一面,而在于随着中国社会天平的倾斜,他们对于纲常名教的逆反心理获得了迥然不同的崭新意义。所以说穿了,尽管周作人如此欣赏明季的士风与文风,他却并非如其自述的那样只是简单再现了过去的历史,因为他所身处的已不再是哪个具体朝代的末年,而是整整一个文明的尾声。他对于"自己的园地"的经营,③ 对于"天放自然"的

---

① 周作人:《妇女问题与东方文明等》,《永日集》,北新书局 1929 年版,第 217—218 页。

② 参阅周作人:《药味集·序》,新民书局 1942 年版。

③ 周作人以此来强调文学的个性化:"我们太要求不朽,想于社会有益,就太抹杀了自己;其实不朽绝不是著作的目的,有益社会也并非著者的义务,只因他是这样想,要这样说,这才是一切文艺存在的根据。我们的思想无论怎样的浅陋,文章如何平凡,但自己觉得要说便可以大胆地说出来,因为文艺只是自己的表现,所以凡庸的文章正是凡庸的人的真表现,比讲高雅而虚伪的话要诚实多了。"(《自己的园地·序》,晨报社 1923 年版)

提倡，①对于弱者权利的伸张，②对于言论自由的捍卫③等等，均在（或许并非完全自觉地）为一次亘古未有的文化转型和价值重估奠定着个人本位的基础。

从另一方面来讲，当时那种文明行将解体的紧迫情势，又不仅会造就许多位周作人，还会造就更多位周作人的读者，——这正是周家昆仲应运跃升为新文学运动之夺目"双子星座"的基本历史背景。当然我们点明这一层，并非打算丝毫忽略历史主体曾经付出的努力，因为周作人的名字所以能风靡其时，一变而为新派文化人的重镇，绝对是与其深厚学养及过人悟性分不开的。他于五四高潮中写下的《人的文学》、《思想革命》诸文，无疑大大深化了胡适和陈独秀倡导的"白话文运动"的主题，阐明了它是"希望从文学上起首，提倡一点人道主义思想"④，而且在"文学革命上，文字改革是第一步，思想改革是第二步，却比第一步更为重要"⑤。正是在此意义上，周作人对于他所投入的这场文化运动，在某种程度上甚至比其主帅理解得还要深刻。——这方面最鲜明的例证，表现在由他领衔发起的跟"非基督教学生同盟"及其精神领袖陈独秀的那场论辩上："我们不是任何宗教的信徒，我们不拥护任何宗教，也不赞成挑战的反对宗教。我们认为人们的信仰，应当有绝对的自由，不受任何人的干涉，除去法律的制裁

---

① 正是"爱好天然和崇尚简素"的风俗人情，才使周氏对东瀛的民间生活始终不渝地充满依恋。参阅《药味集·日本之再认识》。

② 对于由性别、年龄、阶级、民族等分化而导致的各种歧视，周作人一无例外地予以抗议。请依次参阅其《谈龙集·上海气》（作于 1926 年）、《艺术与生活·儿童的文学》（作于 1920 年）、《艺术与生活·平民文学》（作于 1918 年）、《瓜豆集·东京的书店》（作于 1925 年）等文，兹不详引。

③ 周作人对保障言路和维护个性的祈求，突出表现在他对宽容精神的提倡中："各人的个性既然是个个不同（虽然在终极仍有相同之一点，即是人性），那么表现出来的文艺，当然是不相同。现在倘若拿了批评上的大道理要去强迫统一，即使这不可能的事情居然实现了，这样文艺作品已经失了他唯一的条件，其实不能成为文艺了。因为文艺的生命是自由不是平等，是分离不是合并，所以宽容是文艺发展的条件。"（《文艺上的宽容》，《自己的园地》，晨报社 1923 年版，第 6 页）

④ 周作人：《人的文学》，《艺术与生活》，作于 1918 年，开明书店 1927 年版。

⑤ 周作人：《思想革命》，《谈虎集》，北新书局 1929 年版，第 8 页。

以外。信教自由载在约法，知识阶级的人应首先遵守，至少也不应首先破坏，我们因此对于现在非基督教同盟运动表示反对。"①令人惊叹的是，尽管周氏在这里并未使用所谓"消极自由主义"之类的术语，但他却确凿无疑地把握到了此种主张的主要神髓，足见其天分之高！因此，不单是与仅仅为了"寻求富强"才去倡导个人主义的前辈学者严复相比，②就是与五四时期最为大张旗鼓地宣扬思想解放的同代新派学者相比，周作人都更胜一筹地领会到了这场文化转型的核心内容，从而在心灵深处朝向个人主义的价值本位祈求着益发彻底的蜕变。③

只是，在一种长期以来由利他主义的"显传统"和利己主义的"隐传统"共同烘托出来的文化氛围中，他的这种"金蝉脱壳"果真会如此干净彻底吗？

## 三

于是我们就看到了历史发展的吊诡之处：在两大文明发生急剧碰撞的关口，由于中国古代的精神世界本有其纷繁复杂的结构与功能，而舶自西方的思想内容亦有其林林总总的侧面与向度，再加之身处文明边际的历史主体又各有其微妙的先天禀赋、特殊的后天境域和偶然的个人选择，遂使中国现代史中的文化接榫呈现出多因多果和犬牙交错的景象，使五四运动并非只为中国带来了决定论意义上的单线进径和单面影响。

也许周家兄弟（长庚与启明）在这方面所表现出来的种种异同分合，是再突出不过地验证了康德所谓"自由与必然二律背反"的命题。——尽管他们曾经有过几乎不可能再多的相同背景，但人们无论如何都无法想

① 原载于1922年3月31日《晨报》，转引自钱理群：《周作人传》，北京十月文艺出版社1990年版，第253页。

② 参阅史华兹在这方面的经典之作《寻求富强：严复与西方》，叶凤美译，江苏人民出版社1989年版，南京。

③ 舒芜对于周作人的个人主义立场进行了十点归纳，可资参照。（《周作人的是非功过》，辽宁教育出版社2000年版，第121—123页）

象,周作人的兄长(或曰西天的那颗金星)也会犯下同样的附逆罪孽!

　　钱理群曾在其《周作人论》一书中花费了大量篇幅去分析鲁迅与周作人的异同,①但我们尚须对之进行一个重要的补充:尽管这昆仲二人在知识结构上都既受到了外缘文化的影响,又受到了本土文化的熏陶,可他们的潜在心向却各自暗合了中国传统思想的对立一极,即其中一位更倾向于它那利他主义的层面,而另一位则更倾向于它那利己主义的层面,——或许正是这种深层动机的不同,才导致了他们后来泾渭分明地要么"反抗绝望",要么心倦意冷。

　　而这种区别也就势必意味着,周作人从域外引进的个人主义,很容易跟本有的利己主义相嫁接,从而对中国社会的"小传统"构成某种"创造性转化"。②而且,在既破除了正统话语的主宰权威、又披上了"先进"文明的合法外衣之后,他就更敢于直言不讳地道出自己对儒家对立面的主动选择:"我所说的人道主义,并非世间所谓'悲天悯人'或'博施济众'的慈善主义,乃是一种个人主义的人间本位主义。这理由是,第一,人在人类中,正如森林中的一株树木。森林盛了,各树也都茂盛。但要森林盛,却仍非靠各树各自茂盛不可。第二,个人爱人类,就只为人类中有了我,与我相关的缘故。墨子说兼爱的理由,因为'己亦在人中',便是最透彻的话。"③

　　若仅从字面上看,上述主张或许跟盛行于当时的"易卜生主义"并无二致,但就其深层的内涵而言,这种中西合璧式的个人主义却与他从西天取来的"真经"具有本质的差异。此中最重要的一点是,周作人的个人主义更其侧重于人类自身的生物性特征,而非存在者对其自由人格的精神性追求。他带着对于道学的嘲讽口吻写道:"读一本《昆虫记》,胜过一堆

---

①　钱理群:《周作人论》,上海人民出版社 1991 版,第 3—77 页。
②　但这种"创造性转化"也许并不像人们通常想象的那样只具有积极意义。参阅刘东:《"创造性转化"的范围与限制》,《二十一世纪》(香港中文大学,中国文化研究所)1995 年 8 月号,第 139 页。
③　周作人:《人的文学》,《艺术与生活》,作于 1918 年。

圣经贤传远矣"①,因为"我们观察生物的生活,拿来与人生比勘,有几分与生物相同,是必要而健全的,有几分能够超出一点,有几分却是堕落到禽兽以下去了:这样的时常想想,实在是比讲道学还要切实的修身工夫,是有新的道德意义的事。"②——我们由此已不难想象,此类杨朱意义上的"贵生"倾向,实际上早为他后来"蝼蚁偷生"的变节行为埋下了伏笔。

但那毕竟还是后话,而且是由各种外因共同凑成的后话。对于当时仍在新文化运动中深受景仰的周作人而言,最迫在眉睫的严峻问题则是,这种对于生物性本能的过分强调,势必要促使他从思想上龟缩回一个永远封闭的"小我",进而以中国"小传统"中特有的"实用理性"作为终极的取舍与考量标准。③ 他把这种现世主义的人生态度称作"唯物主义":"我自己知道有特别缺点,盖先天的没有宗教的情绪,又后天的受了科学的影响,所以如不准称唯物也总是神灭论者之徒,对于载道卫道奉教吃教的朋友都有点隔膜,虽然能体谅他们而终少同情,能容宽而心里还是疏远。"④缘此,尽管他那篇有名的《闭门读书论》不乏讽世之意,却也真实地道出了内心的偏私:"自唯物论兴而人心大变。昔者世有所谓灵魂等物,大智固亦以轮回为苦,然在凡夫则未始不是一种慰安,风流士女可以续未了之缘,壮烈英雄则曰:'二十年后又是一条好汉。'但是现在知道人的性命只有一条,一失足成千古恨,再回头已百年身,只有上联而无下联,岂不悲哉! 固然,知道人生之不再,宗教的希求可以转变为社会运动,不求未来的永生,但求现世的善生,勇猛地冲上前去,造成恶活不如好死之精神,那也是可能的。然而在大多数凡夫却有点不同,他的结果不但不能砭顽起懦,恐怕反要使得懦夫有卧志了罢。"⑤历史传统竟是这般的"疏而不漏":遂使人们全力摈弃其一个侧面的时候,反而有可能不自觉地被其另一个侧面所俘获,良可令人扼腕浩叹!

---

① 周作人:《蠋范》,《夜读抄》,北新书店 1934 年版,第 62 页。
② 周作人:《百廿虫吟》,《夜读抄》,北新书店 1934 年版,第 229 页。
③ 参阅李泽厚:《孙老韩合说》,《中国古代思想史论》,人民出版社 1986 年版。
④ 周作人:《后记》,《苦竹杂记》,东方出版社 1994 年版,第 323—324 页。
⑤ 周作人:《闭门读书论》,《永日集》,北新书店 1929 年版,第 256—257 页。

　　这种因为失去了儒家制衡而恶性膨胀起来的最为赤裸裸的"个人主义",在中国现代史的险恶环境中,具有双重意义的和互为因果的消极作用。首先,既然个体的"小我"并不禀有向外超越的精神动因,狭隘和极端的自利情结就无助于社会成员在反复的博弈中逐步建立起"公共领域",从而也就必然要妨碍或推迟社会的发育。其次,又恰因为"拔一毛而利天下不为也"的小算盘从来就只是目光短浅的,无从鼓励杨朱的悄悄信徒去为超出一己之外的普遍理念而献身,这"一盘散沙"也就最容易被各个击破,反而会使其原本最看重的"私人领域"遭到最无情的侵犯。在这个意义上,周作人其实倒是很不会"做人"的,他对于个体生存的无条件信仰,不仅一开始就危及社会,到头来也会危及其自身。而顺理成章的是,正由于他已经"大彻大悟"地退隐到纯粹的自我之中,不准备以任何积极有为的方式去改变外在的环境,历史在他的笔下才显得如此令人绝望:"巴枯宁说,历史的唯一用处是教我们不要再这样,我以为读史的好处是在能预料又要这样了;我相信历史上不曾有过的事中国此后也不会有,将来舞台上所演的还是那几出戏,不过换了角色,衣服和看客。五四运动以来的民气作用,有些人诧为旷古奇闻,以为国家将兴之兆,其实也是古已有之,汉之党人宋之太学生,明之东林,前例甚多,照现在情形看去与明季尤相似;门户倾轧,骄兵悍将,流寇,外敌,其结果——总之不是文艺复兴!"①

　　这当然并不意味着,除了私人生活的细小体验之外,周作人已决计绝口不谈任何价值理念了。相反,如果它们尚可把玩,就连自小就最不能认同的教义,他也照样给予"无原则"的宽忍:"我近来的思想动摇与混乱,可谓已至其极了,托尔斯泰的无我爱与尼采的超人,共产主义与善种学,耶佛孔老的教训与科学的例证,我都一样的喜欢尊重,却又不能调和统一起来,造成一条可以行的大路。"②只是,有了心中那个自我经营自我保全的最后基点,他除了以此聊作谈资之外,实际上是什么也不会真心信奉了:"我本来是无信仰的,不过以前还凭了少年的客气,有时候要高谈阔论地

---

① 周作人:《代快邮》,《谈虎集》,北新书局 1929 年版,第 172 页。
② 周作人:《山中杂信》,《自己的园地》,晨报社 1929 年版,第 304 页。

讲话,亦无非是自骗自罢了,近几年来却有了进步,知道自己的真相,由信仰而归于怀疑,这是我的'转变方向'了。"①既然是"人死如灯灭",一切就都"无可无不可"了:"我是寻路的人……现在才知道了:在悲哀中挣扎着正是自然之路,这是与一切生物共同的路,不过我们意识着罢了。路的终点是死,我们便挣扎着往那里去……有的以为是往天国去,正在歌笑;有的以为是下地狱去,正在悲哭;有的醉了,睡了。我们——只想缓缓地走着,看沿路景色,听人家谈论,尽量地享受这些应得的苦和乐;至于路线如何……那有什么关系?"②

　　准此就不妨说,从周作人那只最以天籁自然著称的笔管中,其实多是流出了一个"假"字,只除掉爱惜"个人的羽毛"才属例外!说句或许并不太过分的话:就算他还曾提笔抗议过专制政府对于公民权利的侵害,③只怕也主要是为了顾全自己的形象,——正像他那些斥责日本帝国主义的言论一样,最终仍要根据作者个人的利害得失来定夺。而对于超出一己本位的闲事,他原本就无意多去操心,唯恐妨碍自己以闲适散淡的心境去品味仅有一次的人生:"热心社会改革的朋友痛恨闲适,以为这是布耳乔亚的快乐,差不多就是饱暖懒惰而已。然而不然。闲适是一种很难得的态度,不问苦乐贫富都可以如此,可是又并不是容易学得会的……夫好生恶死人之常情也,他们(即看似超脱的和尚——引者案)亦何必那么视死如甘寝,实在是'千年不复朝,贤达无奈何'耳,唯其无奈何所以也就不必多自扰,只以婉而趣的态度对付之,此所谓闲适也即是大幽默也。"④

　　只有在这个基点上,我们才能顺藤摸瓜地发现,周作人何以会如此称赏舒芜曾希望以"中庸主义"一词来概括的人生境界。无论如何,这种"中

---

　　①　周作人:《艺术与生活·自序二》,作于1920年,开明书店1927年版。

　　②　周作人:《寻路的人》,《谈虎集》,北新书局1929年版,第391—392页。

　　③　参阅周作人《谈虎集》中《前门遇马队记》一文(作于1919年),以及《泽泻集》(上海:北新书局1927年版)中《碰伤》(作于1926年)、《关于三月十八日的死者》(作于1926年)、《死法》(作于1926年)、《新中国的女子》(作于1926年)诸文。

　　④　周作人:《自己的文章》,《瓜豆集》,宇宙风社1937年版,第247—248页。

庸"绝不是庞朴张扬过的所谓"忧乐圆融"①,而只是在不和谐外在环境之中的对于和谐内在感受的一种悉心守护,或者在撇开了巨大社会背景之后的对于细碎生活情趣的一种惨淡经营:"茶道的意思,用平凡的话来说,可以称作'忙里偷闲,苦中作乐',在不完全的现世享受一点美与和谐,在刹那间体会永久,是日本之'象征的文化'里的一种代表艺术。"②"我们于日用必需的东西以外,必须还有一点无用的游戏与享乐,生活才觉得有意思。我们看夕阳,看秋河,看花,听雨,闻香,喝不求解渴的酒,吃不求饱的点心,都是生活上必要的——虽然是无用的装点,而且是愈精练愈好。"③也许,只去批评它的散淡闲适是不够全面的,因为在周作人对那点儿可怜的美的陶醉玩好背后,隐藏着怎样的一番良苦用心,遂使他"适意慵懒"的个人生活,反比那些并未由于死死缩回"小我"的屏蔽之内的人们更累!不明就里者,或许会对这位苦茶庵里的老僧充满艳羡,——焉知其中的滋味,怎一个"苦"字了得、怎一个"涩"字了得!

平心而论,周作人这种"唯我主义"姿态,从某种角度却也成就了他,因为它曾促使他透过草木虫鱼这类细微末事,而开拓了更为精致的私人视野,并将与此种心绪相适应的小品文推向了一个高峰。对于其思想风格与文章风格间的有机关联,舒芜曾作出过令人信服的分析:"他自信已经洞察一切,先前相信过的这个那个主义固然已经不值再提,蔼理斯等等也只是为我所用,他只相信他自己,他以对自己的信仰代替了其他一切信仰,所以他宣称一无信仰也可以说毫无矛盾。正是这种'万物皆备于我'的自信,和足以配得上这种自信的渊博的学识,形成了他的小品文的什么都可以谈,什么都谈得有意思,掉臂游行,卷舒如意的特色。"④在这个意义上,他作为中国现代文学史上的一代圣手,而赢得过广大读者的倾心,当然绝非偶然。

---

① 参阅庞朴:《忧乐圆融——中国的人文精神》,《二十一世纪》(香港中文大学,中国文化研究所)1991 年 8 月号。

② 周作人:《喝茶》,《雨天的书》,北京新潮社 1925 年版,第 71 页。

③ 周作人:《北京的茶食》,《雨天的书》,北京新潮社 1925 年版,第 68—69 页。

④ 舒芜:《周作人的是非功过》,辽宁教育出版社 2000 年版,第 40 页。

但我们无论如何都不应忘记,周作人这种失去了儒家制衡的"个人主义",又相当致命地贻误了他。真正的悲剧,其实并不在于他的种种偶然际遇(包括未能被刺客一枪毙命)使之沦落成了汉奸民贼,而在于既已认定唯有个人的生物性存在才有实在的价值,他的心中便原已必然有"贼"了!缘此,还在其尚未附逆之前,论者们就已不约而同地为他对于国是民瘼的淡漠而感到吃惊了:"他有一篇《野草的俗名》,全文是谈绍兴关于八种花草的土俗名,文章真是写得冲淡质素,无一点渣滓,无一丝烟火气。此文收入《药味集》,一查文末所署,原来是'廿六年八月七日于北平',实在令人吃惊。那是什么日子?那是卢沟桥事变之后的一个月,日本侵略军进占北平的前一天,身处危城中的周作人居然还写得出这样的文章,实在是太冷静了,太可怕了,真是'从血泊里寻出闲适来',完全证实了鲁迅的关于小摆设能将人心磨得平滑的预言。"①"在这国难鼎沸声中,在'北平各大专校屡遭日军搜查骚扰,教员学生受侦讯迫害,被迫停课,抓捕、拷打的消息随处可闻'的情况下,周作人却一如既往地继续追求'温柔敦厚或淡泊宁静之趣',是不能不令人惊异的。"②——然而这根本没有什么值得大惊小怪的:一个彻头彻尾的利己主义者,最容易抛开的正是对于他人命运的关切,而最难忘怀的又恰是对于自身生存的依恋,所以越在此种生死攸关的紧急关头,他的算度就越会冷静精确。周作人早就默想到了死亡的种种可怖:"窃察世人怕死的原因,自有种种不同,'以愚观之'可以定为三项,其一是怕死时的苦痛,其二是舍不得人世的快乐,其三是顾虑家族。"③所以一旦到了有可能危及身家性命的时刻,他的抉择就完全是合乎其深层考虑的。

具有讽刺意味的是,周作人竟然在变节投敌且渐受冷落之余,反而大谈特谈起儒家思想来了。他虽仍对此持半遮半掩的保留,却似已含混地意识到了,恰恰是这个曾被自己深恶痛绝口诛笔伐过的中国精神的另一

---

① 舒芜:《周作人的是非功过》,辽宁教育出版社 2000 年版,第 60 页。
② 钱理群:《周作人传》,北京十月文艺出版社 1990 年版,第 430—431 页。
③ 周作人:《死之默想》,《雨天的书》,北京新潮社 1925 年版。

必备侧面,才能强化国人对于本民族文化的认同感和自豪感,从而在一定程度上取得对于外族的心理优势:"笼统地说一句,我自己承认是属于儒家思想的,不过这儒家的名称是我所自定,内容的解说恐怕与一般的意见很有些不同的地方。我想中国人的思想是重在适当的做人,在儒家讲仁与中庸正与之相同,用这名称似无不合,其实这正因为孔子是中国人,所以如此,并不是孔子设教传道,中国人乃始变为儒教徒也,儒家最重的是仁,但是智与勇二者也很重要,特别是在后世儒生成为道士化,禅和子化,差役化,思想混乱的时候,须要智以辨别,勇以决断,才能截断众流,站立得住。这一种人在中国却不易找到,因为这与君师的正统思想往往不合,立于很不利的地位,虽然对于国家与民族的前途有极大的价值。"①而此种"儒家文化中心论"里暗含的对抗味道,亦随即就被日本军国主义分子片冈铁兵敏锐地嗅了出来,故而把周作人斥为"反动老作家",——尽管这种对于侵略的"反动"来得既太弱又太晚。②

但即便如此,周作人在沦为民族罪人以后所朦胧醒悟到的东西,仍然值得我们今天去反复寻味。外缘文化激活和变形本土文化因子的可能性就是纷繁多样的,从而中华民族在此后的道路也就是错综复杂的。我们对于周作人的这个典型案例的分析,刚好揭示了一种曾经广遭忽视的情况,它对五四运动的反思足以令人更为全面地对之进行评估,认识到由于失去儒家的正面制衡而导致的普遍社会心理中的价值失落和认同危机,决不可像往常那样等闲视之,而必须予以足够的警惕。

毋庸讳言,上述结论又由于周作人的"再度降世"而得到了加强。这足以提醒我们,那种为了自存自保而随时准备背叛任何道义的心态,仍然会以各种各样的时髦形式表现出来,——"后现代主义"这种对于人类权利的更高层次的呼唤,传入中国以后竟会变成对什么都不在意、因此对什么都乐于妥协的"痞子思潮",恰和周作人当年对于个人主义的嫁接相似,暴露出一旦作为文明栋梁的"大传统"毁灭之后,曾经受其抑制的"小传

---

① 周作人:《我的杂学》,《苦口甘言》,太平书局 1944 年版,第 60—61 页。
② 参阅钱理群:《周作人传》,北京十月文艺出版社 1990 年版,第八章第三、第五两节。

统"会怎样肆无忌惮地疯长,且又与舶来的文化因子杂交成怎样的怪胎。虽然从一时看来,这种历久弥新的杨朱主义确乎在支持着当代中国的发展,因为对于私利和私欲的追逐与满足差不多已经可以说是这场现代化运动的唯一心理动机,然而由长远视之,这种并无精神向度的现世主义的紧紧封闭的"小我",毕竟又在规定着当代中国发展的局限,因为整个社会终须依靠各个成员之超出自身的祈求才能得到良好的发育。

# 衰朽政治中的自由知识分子
## ——读《胡适与中国的文艺复兴》

传记家们可真是掌着生杀大权——一本差劲儿的传记,适足以把一个人再杀死一次,而一本带劲儿的传记,又足以把一个人再救活过来一回。

美国汉学家格里德(J. B. Grider)所写的这本胡适传,属后一种,特别在人们还没有忘掉那些"交代材料"般的有关胡适的回忆录时。作者选择了一个独特的分析角度,不是去论述胡适在书斋里的治学成果和文化建树,而是去研究他在书斋外的社会活动方式和政治参与角度。借此便为读者复活了一位使人感到陌生而又容易亲近的胡适,并描述了有关他的"令人悲哀的故事"。

一

20 世纪的中国,裹在一片"十面埋伏"的声浪里,嘈嘈切切,好不热闹。但年轻的胡适却似乎不为所动,想要安安静静地走一条做学问的路。

这路是别人替他选的。据他在自传里回忆,在他 17 岁那年,中国公学里的同盟会曾经商量过,"大家都认为我可以做学问,他们要爱护我,所以不劝我参加革命的事"。大概,当时的革命家们还不敢自信可以包治百病,所以还愿意跟朋友订下"我去革命,你来建设"的合约。

但这路更是胡适自己的主动选择。尽管飘摇的风雨一再打进他的寒窗,他仍自少年老成地对那些坐不住的同学们说:"让我们不要被报上的一派混乱喧嚣冲昏了头脑而抛弃了我们庄严的使命。让我们冷静、泰然、坚定地致力于学习,让我们做好一切准备,如果祖国能度过这场危机——我相信她能,我们就去建设她改良她——或是必要的话,我们就应当把她从死亡中带向新生!"[《胡适与中国的文艺复兴》,(全文同),第 187—188 页]①

在当时那种危如累卵的局势下,人们听到胡适这话,真可以说是急性子碰上了慢郎中。不过话说回来,慢也自有慢的道理。胡适并不是不急,但他觉得,害了慢性病就得耐下性子来吃缓药,急也于事无补:"此七年病求三年之艾也。若以三年之期为迂远,则唯有坐死耳。"胡适对自己开出的这个药方相当自信,觉得它虽见效不快,却更能治本,或者说,它虽不能立竿见影地救亡,却能慢慢地为中国造下"不能亡之因"。

这就是他后来屡受批驳的主张"二十年不谈政治"的思想根源。其实,那话被断取于这样一个完整句——"一九一七年七月我回国时,船到横滨,便听见张勋复辟的消息;到了上海,看了出版界的孤陋,教育界的沉寂,我方才知道张勋的复辟乃是极自然的事,我方才打定二十年不谈政治的决心,要想在思想文艺上替中国政治建筑一个革新的基础。"(《我的歧路》)

平心而论,这颗思想的种子并不是没有结出果实来。胡适对文化的建设,更多的是表现在开风气先上,以至于即使后来人们想要对他的某些具体学术结论进行质疑,也需要既借助于他通过倡导白话文学运动而帮助造就的现代汉语,又借助于他通过利用现代方法整理国故而帮助建立的文科研究学统。

不过,对于胡适来讲,这些又并不是全部目的,甚至不是主要目的。胡适的青年时代,正是传统意义的士大夫在科举废除之后努力向现代意义的知识分子转型的时代。他的选择,由于典型地代表了当时读书人探求新的适于加入现代社会的职业角色的过程,就还相当程度地保留了士大夫们"治国平天下"的行为模式的痕迹:既要摒弃宦途,安于学术,却又并非纯然为学术兴趣而学术,而是带着强烈社会功利色彩地为救国救民

---

① 格里德:《胡适与中国的文艺复兴》,鲁奇译,江苏人民出版社 1990 年版,第 65 页。

而学术。正因为这样,他才在主观上把哪怕是最琐细的考索都与"以天下为己任"的慨然襟抱联系起来,以为这是一种大大优于行动家之"短线救国论"的"长线救国论"。

当然应该把一介书生用来自砥自砺的主观抱负和他所能产生的实际后效区别开来。那时代患的是一种"文化综合征":既需要泻,又需要补;既需要开刀手术,又需要慢慢调理。所以,任何一个专门家即使做尽了他力所能及的事,也不可能独力回天。然而,这无论如何也构不成嘲笑胡适天真志向的理由,因为社会的兴旺发达,端赖其每个成员各从不同的角度对它进行自觉效命和积极参与,否则就应了"同则不济"那句老话。

二

可是,在那个危急存亡之秋,胡适对父母之邦的忧患,又很难使他不问窗外事地一味黄卷青灯下去。

一方面,他的"不谈政治",的确是怕那中间的蝇营狗苟脏了自己的嘴。"当胡适谈到'政治'的时候,在他心里指的是军阀政府那些玩世不恭的阴谋诡计。在他看来,'参与政治'意味着从事那些就其自身意义而言非常腐败的活动。而'政治解决办法'则意味着通过与流氓恶棍的妥协而达成的解决。"(第187—188页)

但另一方面,正因为他的做学问是带着要使整个中国文化革故鼎新的总体目的,所以从更深层的角度讲,他的"不谈政治",却又并不是因为觉得它无足轻重;相反,他倒是觉得它太重大了,以至于不可能走一条捷径来解决,非下二十年苦功不能有谈它的基础。所以,尽管他时时以书呆气的议论引起那些越来越准备当政治专门家的朋友(如陈独秀)的不满,但实际上,他却并没有迂腐得真的不关心政治。他总是期待着有那么一天,政治文化能够随着总体文化建设的发展而水到渠成地清明起来。因此,胡适对于政治的态度实际上是既不愿即,又不能离。

只要他觉得还能进行下去建设工作,就宁愿躲进小楼去安于寂寞:"无论发生什么事,让我们去教育我们的人民。让我们为我们的后代打下一个他们可以依赖的基础。"（第 74 页）他并且在日记里告诫自己，要守住所选择的职业："吾生平大过，在于求博而不务精……吾生精力有限，又能万知而万能。吾以贡献于社会者，唯在吾所择业耳。吾之天职，吾对于社会之责任，唯在竭吾所能，为吾所能为……"

可是，一旦时局的艰危使他感到不可能再继续建设的时候，他就无法借渐进主义的理性观念去超然物外了。他在一封信中沮丧地说："的确，我一直在越来越远地离开了我的主要目标。并不是没有看似合理的借口——也许正是因此而害了我。"所以，正像格里德所分析的，胡适所谓"二十年不谈政治"的说法，"最终证明是一个不可能保持的决心。在以后的一些年中，胡适屡屡被人怂恿着发表他的政治观点，虽然他这样做的时候总是带着某种不同意见"。（第 185 页）

胡适的书房，就好像设在一条驶到河心的破轮船上。他不舍得离开房间，不然他就做不成学问；但他又很想去看看水手们到底把漏洞堵上没有，因为船若沉了他还是做不成学问。他只能在这个二难推理中惶惑着和摇摆着。

有时候，他似乎明确放弃了"二十年不谈政治"的决心——"我们深信中国所以败坏到这步田地，虽然有种种原因，但'好人自命清高'确是一个重要的原因。'好人笼着手，恶人背着走。'因此，我们深信，今日政治改革的第一步在于好人须要有奋斗的精神。凡是社会上的优秀分子，应该为自卫计，为社会国家计，出来和恶势力奋斗。"（《我们的政治主张》）但有时候，他的心情又荡了回来，把老话重新提起——"今后，我认为，我们应该把《努力》发展到能继续《新青年》未竟之使命的程度，再无干扰地奋斗它二十年，我们就能为中国的政治奠定一个坚实的基础。"（第 215—216 页）

胡适这种对政治之有限、审慎、时断时续的介入，显然与传统士大夫们徘徊于"独善其身"和"兼治天下"之间的心态有关。但是，时过境迁，这种心理结构毕竟又渗入了新的含义：走进书房，已不再意味着去养气，去逍遥，而是意味着去献身于社会所必需的独特社会分工；走出书房，也不再意味着去当官，去从政，而是意味着以社会公德和良知的名义去对公众生活的各个方面发表独立的思考和批评。

　　不管是为情势所迫还是着意自我塑造,胡适所要扮演的,正逐渐变成现代社会中的一个自由知识分子的角色。

三

　　胡适认为,这个自由知识分子,为了更好地参与社会,就必须首先使自己的人格独立于社会。这便是他所宣扬的"易卜生主义"——

　　"把自己铸造成器,方才可以希望有益于社会。真实的为我,便是最有益的为人。把自己铸造成了自由独立的人格,你们自然会不知足,不满意于现状,敢说老实话,敢攻击社会上的腐败情形,做一个'贫贱不能移、富贵不能淫、威武不能屈'的斯铎曼医生。斯铎曼医生为了说老实话,为了揭穿本地社会的黑幕,遂被全社会的人喊作'国民公敌'。但他不肯避'国民公敌'的恶名,他还要说老实话。他大胆的宣言:世上最强有力的人就是那最孤立的人!这也是健全的个人主义的真精神。"(《介绍我自己的思想》)

　　细心的读者们不难发现,胡适的立场在这类推理中有了一个悄悄地转换。尽管他论证的出发点还是以国家为本位的,比如"一个国家的拯救须始于自我的拯救",再如"争你们自己的人格,便是为国家争人格!自由平等的国家不是一群奴才建造得起来的",但是,他论证的终点却已不折不扣地以个人为本位了。

　　借助于这种立场的转变,胡适就得以从个人主义的角度来理解"五四"的口号。他认为,民主不是别的,只不过是一种生活方式——"千言万语,归根只有一句话,就是承认人人各有其价值,人人都应该可以自由发展的生活方式。"缘此,他也就顺理成章地把独立个人和政治国家的主从关系反转了过来,因为作为国家形式的民族制度,显然是从民主的生活方式中派生出来的,"根本都只是要使得那种承认个人价值的生活方式有实现的可能"。这样,他就有理由重新摆正一个自由知识分子与政治组织的关系——"他是处在政府的能力范围以外的,政府只能依它满足个人需要的充分程度来赢得他相应比例的忠诚;而且他又是高于政府之上的,政

府只能要求他的才能却不能要求他的思想。"(第 359 页)

说到底,个人之所以能够成为出发点,在胡适看来,又正是因为他借助了"五四"的另一个口号——"科学"的权威。他给"科学"的定义是:它"只是一个方法",这个方法便是"一种评判的态度,研究的兴趣,独立思考的习惯"。胡适坚持用这种理性的标准来检验一个人的精神状态和人格高度,正如格里德所叙说的,他"与他早年的一些同事的分歧并不在于他对获得解放的个人主义的拥护,而在于他认为理性独立的质量应是个体解放之标志。他的预见是,一个在理智上和人格上都很强健的个人,应当有能力拒绝任何他在理智上不愿意接受的强加于他的要求。"(第 118 页)

而从逻辑上讲,既然民主的国家形式是派生于民主的生活方式,那么,个人的理性禀赋,也就决定了他有权要求国家组织及其操作符合他自己的理性精神。从而,胡适就在理性的共同要求下找到了个人与国家对话的基础,或者说,找到了一种跟国家讲理的凭据——"我们观察我们这个时代的要求,不能不承认人类今日的最大责任和最大需要是把科学方法应用到人生问题上。"

这样,胡适就以理性的名义,维护了作为独立个人的自由知识分子对于一切政治组织的优先和独立地位。他认为,这种人是"超出常人的和独立的。他们只知社会与国家,而不知政党和派系。他们只持政见,而不持党见。也许在气质上和能力上他们都不适于组织一个政党。他们能认识问题,但不一定能处理事务;他们能制定计划,但不一定能执行计划;他们能批评人,但不一定知道与人打交道。他们当然利用他们的优长,他们也不会去做他们做不好的事。"(《政论家与政党》)

毫无疑问,这是作为书斋型学者的胡适为自己选择的向社会贡献才智和完成义务的新路。

<h2 style="text-align:center">四</h2>

或许并非很自觉地,胡适借此又帮助中国刚刚形成的知识分子们创造了一种新的传统——自由主义传统。

　　这种传统的一般特点是：总是号召积极参与公共事务，但又总是注意保持个人的独立地位；总是珍重自己对于政治的发言权，但又总是超乎政治之外地不愿付出卷入其间的代价；总是强调个人的独立判断能力，但又总是愿意以社会共同利益为准；总是批评社会的种种弊端，但又总是保持一种温和节制的态度；总是和现存的政治组织离心离德，但又总是尊重和利用现行的法律秩序；总是要求社会制度的不断改革进化，但又总是不赞成使用激进的手段；总是祈望人类历史的不断进化，但又总是渴望看到这种进步能够取道于缓慢的调整；总是在内心深处对人的生存状态怀有强烈的价值理想，但又总是倾向于在现实层面采取谨慎的经验主义方法……它在小心翼翼地、左右为难地维护着个人的自由。它的优点同时也就是它的弱点。

　　胡适的困境在于：当时的政府往往并不认为这种"小骂"意在"大帮忙"，故此反而不肯领情地还报以"小骂大光火"。

　　正如格里德所写到的："恰如胡适对于国民党政府的军阀前辈们那样，他也把国民党政府当作是事实上的统治政权。他努力要做的并不是要推翻这个新政权，而是要启发这个新政权。他所寻求的仅仅是改革。他对于中国新的统治者的要求只是他们应该有倾听认真负责的批评的勇气和从批评中可以受益的信念。在他的朋友中，很有些在政府身居高位的人，像蔡元培、王宠惠、蒋梦麟、吴稚晖以及宋子文等。除了这点以外，他自己则始终处在一种反对的地位，照他自己的想法，他乐于把这看作是一种忠诚的反对立场。然而，一九二九年他才发现，南京政府并不同意他对于批评之必要和有益的观点，而且完全不顾他提出这个意见时的内心想法。"（第 237 页）

　　胡适想要维护理性的尊严和思想的自由，但他却无力促使当局也和他一起来遵守理性的规范。他并没有失去对孙中山的尊敬，但他却不能忍受这样一种压制言论自由的局面——"上帝可以否认，而孙中山不许批评。礼拜可以不做，但总理遗训不可不读，纪念周不可不做。"然而，等到他真的以不同意见冒犯天威的时候，国民党上海市党部执委会却以始料未及的激烈态度准备对他进行惩处："据上海第三区党部宣传部报告，胡适博士……曾公开攻击我们的已故领袖和我们的党,并且破坏性地批评了已故领袖的思想,这必须看作是背叛政府和人民的行径,他应当受到严厉的惩罚……特此决定,宣传部的提案提呈中央党部审批。"(第 253 页)此后,尽管最高当局并没有真的逮捕他,却也对他进行了公开申斥:"胡适虽身为大学校长,但他不仅误解了本党思想,并溢出学术研究范围,放言空论。其影响所及,既失大学校长尊严,并易使社会上缺乏定见之人民对党生不良印象。这是不能不予纠正的,以免再有与此类似之谬误见解发生。"(第 254 页)

这就是冷冰冰的、非理性的现实。

那正是胡适的"不惑之年",但他却大惑不解了。他写信质问教育部长蒋梦麟——"……我看了完全不懂得此令的用意所在。究竟我是为了言论'悖谬'应受警告呢?还是仅仅为了言论'不合'呢?还是为了'头脑之顽旧''思想没有进境'呢?还是为了'放言空论'呢?还是为了'语侵个人'?"①虽然他知道这些都是"何患无"之辞,却还是严守规则地坚持去讲理。

他的悲剧就在于:在一个衰朽的政治中,偏偏要去做一个只有在正常有序的政治中才能发挥作用的自由知识分子。他认识到了自己在一个合乎理性的民主制度下应该扮演的角色,却看不出自己在一个不合理性的专制制度下应该何适何从。他过多地寄希望于舆论的监督作用,却没有想到在一个不尊重公意的政权眼中舆论是可以置之不理的。"自由主义在中国的失败并不是因为自由主义者本身没有抓住为他们提供了的机会,而是因为他们不能创造他们所需要的机会。自由主义之所以失败,是因为中国那时正处在混乱之中,而自由主义所需要的是秩序。自由主义的失败是因为,自由主义所假定应当存在的共同价值标准在中国却不存在,而自由主义又不能提供任何可以产生这类价值标准的手段。它的失败是因为中国人的生活是由武力来塑造的,而自由主义的要求是,人应靠

---

① 胡颂平:《胡适之先生年谱长编初稿》,第三册,台北联经出版社 1984 年版,第 798—799 页。

理性来生活。"(第 368 页)

总而言之一句话:不合时宜,不符合中国的国情。

胡适天真而真诚的理想,被无情的历史毫不犹豫地牺牲了。在将近古稀的时候,他不堪回首地给友人写信说:"生日快到了,回想四五十年的工作,好像被无数管制不住的努力打消了,毁灭了。"[1]

但他却又还是那么天真和真诚。就在同一封信里,他紧接着就吟诵了顾炎武的两句诗:

> 远路不须愁日暮,
> 老年终自望河清。

真是个"不可救药的乐观主义者"! 但谁还忍心去嘲笑他那副乐呵呵的样子呢? 且别去挑剔他的想法到底是深刻还是浅薄罢——无论如何,正像格里德在此书结尾处所写到的:"鉴于他如此真诚地要在中国培养的恰是'现代文明',所以我们不能忘记,他奋力要实现的重要目标,也正是我们乐观其成的东西。甚至,即使我们认识到他对于即将来临的事情的理解是不完善的,我们也不能忽略掉他对于未来和前途的想象是明晰透彻的。"(第 371 页)

正是基于这样的理解,请允许我在本文的最后,借用胡适所引的那两句诗,敬献在七十年前曾以各种方式为民主和科学事业奋斗过的志士仁人的灵前!

1989 年 3 月 14—15 日急就于干面胡同东罗圈 11 号

---

[1]　胡颂平:《胡适之先生年谱长编初稿》,第九册,台北联经出版社 1984 年版,第 3398 页。

# 中国文化与全球化

——《世界文化报告·中国部分》(提纲)

## 一、小　引

- "中国文化与全球化"是非常重要的题目,甚至有可能会发展成为21世纪最为重要的题目。不光是中国,而且有可能是全世界,都将会因为这一层关系而受到深刻影响。

- 但这又是一个困难重重的题目。就连对什么是"全球化"都还存在着很大的争论和不确定性,同样,就连对什么是"中国文化"也存在着很大的争议和不确定性。因此,现在要来报告这两种不确定性之间的肯定是同样不确定的关系,无疑要冒很大的风险。

- 正因为这样,这份报告更需要尽量做到公正、周全和平衡。但与此同时,我们也不希望因此而落入平庸和丧失个性。

- 中国文化的地理疆域从来是变动的,在当今时代更是如此。有些以往属于中华文化圈的地区,已经变成了独立的国家;而某些以往跟中国文化无关的地区,却又在跨国生存的活动中部分变成了"文化中国"。不过,从更加可行的论述策略出发,本文只涉及中国文化的核心地带。

- 本文由北京大学刘东教授主笔。分析建筑案例的初稿,由中国艺术研究院王明贤副研究员和北京大学董豫赣讲师提供;分析遗产、语言和电影案例的初稿,分别由北京大学的研究生彭春凌、彭姗姗和何恬提供。

当然,文中所可能出现的任何观点偏差,都一概由项目主持人刘东本人承担责任。

## 二、历史:延续或断裂

● 尽管存在着诸多争议,但中国文化的基本品格,却大体可以确定是从轴心突破时期开始奠定的。雅斯贝尔斯描绘过的那次世界文化史的决定性大分流,肯定出于许多偶然的肇因。但其间也凝聚着各位圣哲对于人生问题的不同思考,以及由此得出的不同解决方案。这种分野构成了当代比较哲学的最深刻命题。

● 这种"言必称孔子"的语境,很容易导致一种误解,即认定中国文化一经形成便一成不变。费正清早先的"冲击—回应"模式,最具代表性地反映了这种误解。然而众所周知,当今国际汉学界的主流却是在不断冲破这种模式。学者们兴奋地从各种角度,不断发现中华帝国内部的以往不为人知的种种变化。

● 然而变化中仍有"恒常"存在。一直到中日甲午战争以后,这种在中华文明中持续的东西,才逐渐被有意识地割舍,而这种割舍在五四时期达到了高潮。因此,如果中国文化史中确实存在着一次断裂的话,那它肯定发生在西学激荡的"五四"。从此开始形成的新的话语系统,全面改造或重新"发明"了传统,以至于事到如今,中国文化的原貌业已晦而不明。

● 正因为发生了断裂,以及由此形成的断裂的立场,对于此后的中国历史究竟是延续的还是断裂的太多,人们就有可能给出不同的评价。有关近代中国的标准提法——"半殖民地半封建",也无非是糅合了对立双方的各执一词而已。不过,这种说法又确实刻画了当代中国的左右为难:如果过于强调"半殖民地"的一面,就有可能替旧的统治手段寻找借口;如果过于强调"半封建"的一面,又有可能沦为全盘西化。

● 无论人们的立场多么分裂,至少有一种事实是明确的:现代中国所发生的种种变化,不管嫌它太多还是太少,有一部分是归因于来自国外的空前挑战。换句话说,正是在全球化的压力下,中国文化才开始出现了转折性的变化。甚至，就连界定"中国性"的这件事本身，也注定要跟全球化的进程连在一起。

● 这些变化又是以最具中国特点的形式进行的。中国的规模实在是太大了，其文明历史实在是太久远了，以至于其传统即使在毁灭中，仍会变态出现各种最具创意和魅力的独特文化产品。

● 另一方面，如果中国文化的超常变迁，基本上应当归因于全球化的影响，那么反过来，这种发生于四分之一人类中的急剧变迁，又肯定构成了全球化的有机组成部分，否则这种全球化就会是残缺不全的，充其量也只能叫作"四分之一全球化"。由此全球化的不确定性就更加明显了：它在某种程度上还要取决于中国今后的取向。

## 三、高速发展及其限制

● 实际上，当代中国所发生的整体性变化，其速率之快，为时之长，幅员之广，人口之多，也许是以往整个世界文明史中从未经历过的。

● 由于辽阔的幅员和巨大的地区差异，真正令人惊异的剧变，只是发生在中国的一部分地区。由此，城市和乡村、沿海和内陆、平原和山区、中心和边疆之间，就发生了戏剧性的对比。一方面，上述两组因子之间形成了二元依附关系；另一方面，它们两者与全球化的关系也远近不同。

● 正因为发展的不平衡，甚至就连全国年均增长百分之八的高速度，尚不能完全反映那些巨变地区的变化。实在说来，任何的人类共同体，如果处于如此剧烈的变迁之中，如果没有遭遇什么尖锐的危机，那反而显得奇怪。因此，如果能平心地关注人类共同体，看看它究竟怎样来驾驭这种巨变，又怎样去寻求"危中之机"，那么不管中国的改革将来如何，总会构成值得珍惜的人类历史资料。

● 有意思的是，在中国，正因为生活总在持续地剧变，又至少有一件事情反而是不变的：人们总是做好各种准备来迎接变化。如果有人每十年重返一次北京，那他就不仅需要重新认识这座城市，还需要重新打量这座城市里的人，他们在随时更换自己扮演的角色，而且每次都演得那么投入。

● 这种频繁的角色更替又带来了社会心理中令人目眩的变化,从而交织出既丰富又杂乱的经验复合体。这对于介身其间的作家当属幸事,因为他们可以最丰富地观察人性的变异。但同样不幸的是,他们本身也属于这种剧变,所以却往往只是被生活所裹挟,而找不到借以超越生活的观察视角和道义立场。

● 更重要的是,在上述经验复合体中,还深藏着急剧变异的基本动机,就当前的情势看,这种动机与其说来自人性深处,还不如说受到了全球化的决定性影响。

● 太过强烈的物质欲望,还反衬出高速发展的另一种限制,它来自中国的下述基本矛盾——人力资源的绝对丰富和自然资源的相对贫乏。不管哪个国家,如果一心想要充当“世界工厂”,都会给其生态环境带来巨大压力;何况这个国家的可耕地只有世界的百分之十,而人口却有世界的四分之一! 正是在环境持续恶化的生态压力下,人们才提出了“可持续发展”的口号;不过,这个口号也可以从背面解读:在自然资源和生态条件方面,中国已经遭遇到了严峻的关口。

## 四、文化案例之一:遗产

● 在文化案例方面,本文选取两个典型进行分析。其中一个来自自然的赋予,另一个来自人类的开发;一个代表可见的传统,另一个代表不可见的传统;一个显出残存的点,另一个显出普遍的面。如此构思的写作意图是,希望自内向外和循序渐进地交织出一幅有关传统中国文化如何在全球化的压力下逐渐变形的整体图景。

● 这可不是普通意义上的物质或精神孑遗,而是在联合国教科文组织独特定义下的“文化遗产”。如果说,这种打从国外传来的、对于所谓“遗产”的独特界定方式,其本身就是鉴于文化与自然多样性在全世界的范围内早已岌岌可危,那么,中国的文化景观和生态环境其本身又正是中西近代碰撞的突出历史效应之一。正是在持续的外来压力下,以往那个可居可游可亲可近的生活世界,如今变成了考古学意义上的文物或者死物。

● 然而反过来说，激发中国人抢救这些残存遗迹的动力，却也同样来自国外。初看这不无矛盾，但深层心理上不无相通，都在默默服从着西方的"先进"话语。无论如何，正是在国际接轨的压力下，自从于 1985 年成为《保护世界文化和自然遗产公约》的缔约国以来，中国就不断尝试着向世界"申遗"。截至 2003 年年底，已有 29 项申报成功，其中 21 项为"世界文化遗产"，4 项为"世界自然遗产"，4 项为"世界文化和自然双重遗产"。

● 但这远远不够！散落于中国全境的文化遗踪，直可上溯到 50 万年前的北京猿人遗址，反映了华夏文明的赓续久远。正由于这种绵延的演进过程，引人注目的是，联合国所规定的包括文化、自然、文化与自然双重、文化景观、口头和非物质文化遗产等所有的"世界遗产"类别，都能在神州大地上找到其对应物。而由此一来，各类文物分布的广泛性，以及保护它们的紧迫性，就与只能以"民族国家"为单位排队申报的现状，构成巨大的反差。

● 也正由于这种绵延的文明过程，比照着将自然与文化割裂开来的外来观念，更凸显出中国景观之"天人合一"的特征。不同于新开发大陆那些人迹罕至的山岭，中国的"自然遗产"早已覆盖起厚厚的人文层，后者已属自然景观之不可或缺的部分。在这块早被先民踏遍的土地上，自然只能是人化的自然，它负载着集体想象的物质基础，影响到其文化创造的表象世界，也见证了历史场域中的重大转折。缘此，在中国人的心目中，游山玩水和凭吊历史，也早已融为同一件事。

● 甚至，许多自然景观乍看上去的那种非人文性质，也只是忽视了其文化符号或抹杀了其文化蕴涵的结果。比如，所谓九寨沟和黄龙风景区，原本就属于藏族文化区；而说到底，藏族人与那片环境长期和谐共处的生活经验，至少也应当跟当地的秀丽风光一样，被珍视为最值得借鉴的文化遗产。否则，根本无从领略那里由自然和文化因素共同织就的独特"风情"。

● 由此就触及中国"申遗"活动的另一特征——东西失衡。主流的文化意识与话语权力，使得西部自然景观和少数民族文化的价值，未能被同等重视。比如，西部那些记录着中国数十个民族生活、迁徙、分化、融合，演绎着人类从狩猎文明向农耕文明演化的世上最壮观的（大渡河、雅砻江、澜沧江、怒江、金沙江）峡谷群；西南地区大范围的喀斯特地貌；西部的雪山冰川；西部各民族原生态的聚落、民居等，大部分甚至尚未进入申遗的预备名单。只能寄望于到其价值被充分认识到时，它们的原生态还能保存完好。

● 申遗过程中的激烈竞争不言而喻，因为其间掺有巨大的经济利益。只要能跻身于"世界遗产"，就足以带来陡涨的旅游商机。一些原本鲜为人知的美丽去处，如云南丽江和山西平遥，一旦被列入《世界遗产名录》，便能吸引海内外游客纷至沓来踏破门槛，不仅使得旅游业直接收入扶摇直上，还能拉动整个地区的产值都间接攀升。

● 公正地讲，作为一种得到国际承认的示范活动，推广"世界遗产"的活动也有助于提高保护文化多样性的意识。正因为得到了或有可能得到国际重视，以前某些眼看着快要灭绝的文化传统，特别是那些所谓的"口头和非物质文化"传统，往往又获得了政府的支持和商界的重视，从而获得了立足和喘息的余地。此外，逐渐变得"全球化"的保护人类遗迹的活动，如果开展得顺利，也足以为后发现代化国家提供经验和教训，包括对于某些以往被视而不见的珍贵遗产的认定，对于某些复杂的文物保存和修复技术的学习，以及对于某种具体保护方案的国际讨论，等等。

● 然而，这种纯由国际力量推动的保护方式，也带来了相当的副作用，甚至使人惊呼"世界遗产"不要沦为了"世界遗憾"。一夜间催生起来的旺盛旅游需求，使那些有幸成为"遗产"的胜地，往往苦于人满为患，大大超出其承载力；而由此带来的商业化、城镇化和人工化，又往往会败坏这些地区的原有风貌，甚至使得它们的真实性和完整性遭到无可挽回的损害。

● 与此同时，那些尚无幸运成为"遗产"的传统，又会面临着更大的困境。以中国的文明之久远和幅员之广大，它有资格列入"世界遗产"的项目数量，无疑大大超出联合国逐年评选的名录限额（截至2002年年底，全球124个国家的721项文化和自然遗产进入名录，而中国只占其中的28项）。因此，更大数量的亟待保护项目，特别是那些"口头和非物质文化"

的传统,往往正因为无法及时得到国际关注,以及由此吸引的政府偏爱,而在各项目之间的激烈竞争中,反倒加速了灭绝的过程。

● 更大的危机在于,尽管中国在世界的推动下,加速了对其文化遗迹的保护,然而它更在世界的推动下,多少倍地加速了其社会生活的总体变化。在这种急剧的变迁中,传统无疑是最为脆弱的,甚至会是稍纵即逝的。缘此,必须彻底澄清认识上的误区:如果仅仅鉴于"世界遗产"的经济价值,才去保护和开发文化传统,那么这种传统就只会继续变态和衰微,因为事实上,中华大地上自然景观的破坏,作为其整体生态恶化的表征,正是来自人们掠夺式的经济活动。

## 五、文化案例之二:语言

● 天下有许多种语言,但由于传承的久远和传播的广大,中文的特别之处却在于:它既是世界上最多人口所共用的一种语言,又是世界上最大一批图书典籍的载体。从这个意义上说,中文应当是底蕴特别深厚的,甚至可以说是生命特别强韧的。

● 但即使是这样一种语言,在近代西方的强大压力下,也开始出现了漫画式的变形。其中最令人惊异的部分,则是中日甲午战争以后取道日本引进的大量西洋外来语。由于日本语本身也借用汉字,所以中国人很快就难以意识到,那些用汉字拼凑成外来语在本质上也是外语,跟中文的原有习惯有着或隐或显的区别。实际上,许多迄今无法消除的文化误读,正是在那次中文的巨大变形中形成的。

● 跟历史上的传播方式相关,中文的另一种突出特点,就是在这种语言中的文字之高度统一和语音之十分繁杂。由此,操各种方言的中国人,甚至有可能相互听不懂,但却能毫无困难地通过文字而相互交流。莱布尼兹当年正是基于中文的这种特点,把汉语想象为未来的世界性语言。

● 伴随着现代性带来的民族国家和交流密度,基于北京语音的普通话,被赋予越来越重要的地位。这既是高速发展的要求,也反过来支持了日益广阔空间中的各种交往。由此造成的语言变化是:在大多数地区都出现了普通话和方言并存的双言现象。不可忘记,这种双言现象的负面效应是,普通话渗入了或消磨了丰富而鲜活的方言,遂使许多以方言为载体的地方文化逐渐萎靡或平均化。

• 如果是在现代性的压力下,首都北京的语音被确定为中国的普通话,那么同样是在现代性的压力下,来自美国的英语也被看作了更高级别的"普通话"。通晓英语不仅会带来交流的方便,而且被看作身份的象征。于是,人们以极大的热情投入了英语的培训和学习。

• 英语的这种优势地位,势必又要渗入汉语的语言结构。从一个世纪以前的《马氏文通》开始,人们就尝试从欧洲引进那种普适的和唯理的语法,来总结汉语的内在规律。而这种尝试的成果一旦成为判定的标准,就势必影响人们的语言习惯。

• 由于语言的边界恰是思维的边界,所以外语能力和母语能力的反比变化,注定会在思维深处影响到文化的深度和创意。因为,唯有母语这种不必担心出错的、口脑合一的语言,方能带来彻底放松的自由感,帮助人们在自信与自如的交流和谈吐中,不断反复体验到语言和思维的微妙性、闪烁性、复杂性和丰富性,体验到被界定对象的模棱两可和稍纵即逝,从而油然生发出对于现有思想观念和程式本身的不满与变革欲望。

• 晚近以来,全球化对于中文的影响,还突出表现在互联网的冲击上。由于英文的输入更为迅捷,英文网站中的信息也更丰富,且较少受到政府的过滤,就更鼓励人们在网上撇开母语。甚至,由于技术本身的原因,不仅中国人和外国人通讯时要用英文,就连中国人和中国人(特别是跟身在港台或海外的中国人)通讯时,为了防止出现乱码,也仍然会首选英文。

• 即使用中文进行交流,互联网仍然对语言带来了冲击。由于网上进行的是即时交流,快速表达变成了主要的考量,而对规范表达的要求就相应降低,更谈不上什么文化韵味。甚至,上网一族自创的小空间语言,不仅不稀罕语言规范,还以故意破坏这种规范为"酷"。

• "酷"这个字眼原本就属于 cool 的音译。在当代,对于从西方涌入的大量新词,日语采用的主要办法,是用片假名对其读音进行拼写,而汉语采用的主要办法,除了往常的意译策略以外,也更经常地借用汉字的读音对其进行拼写。这种策略虽然避免了在汉字中夹进大量外文字母，却也把许多汉字的功能蜕化成了字母，并由此在原以单个汉字为单位的汉语里，嵌入了大量多音节的外来语，使其失去了以往自由组合的灵动性。

● 更严重的是，由于这些在母语中本无意义的汉字组合，却能模糊暗示出某种洋味，有些厂家就自创了一些并无英文对译的汉字组合，并把它在传媒中反复灌输，遂使中文更加受到污染。

● 总而言之，受上述种种变因之影响，中文的变化速度是惊人的，以致对于迁居海外的中国人，只要细心听听他们所说的汉语，就可以大致判定他们是在什么时期离开中国的。也正因为这个原因，那些或真或假"流亡"海外的中文作家，其实很快就对母语失去了真实和生动的语感，所以也只能长久地在国外漂泊下去。

# 六、艺术案例之一：建筑

● 在艺术案例方面，本文也选取两个典型案例进行分析。它们一个属于新旧交替的类型，另一个则属于全然新创的类型；一个是从古代生活中纵向传承下来，另一个则是从西方世界里横向移植过来。本文希望以这种更为错综复杂的变化，来表达中国文化与全球化之间的多样性关系。

● 尽管中国古人偶尔也曾连用"建筑"二字，来描写某个建造的过程，但卫三畏（Williams, S. Wells）于 1844 年编写的《英华韵府历阶》(*An English and Chinese Vocabulary, in the Court Dialect*)，仍把 architecture 译成"建造法"；而 Gustave Schlegel 于 1886 年编写的《荷华文语类参》，则把它译成"营造法式"。直到王国维于 1902 年译出元良勇次郎的《伦理学》(上海：教育世界出版社，1902)，中文世界才首次出现了 architecture 与"建筑"的对译。因此，"建筑"这个字眼肯定是取道日本的外来语。

● 其实，仅仅用"建筑"这个外来语，来刻画中国古代的居住环境，或许会显得太割裂和太人工了。那会使人想起某种遗世独立的夸耀人力的构造，它跟周遭的自然形成强烈的反差。可那个曾经完整过的中国生活世界,无论单独看去还是整体看去,却跟大自然有机交融相映成趣。由此,对于这种生活艺术的结晶,也许更应当称其为"环境艺术"。

• 另一方面,这种供人栖居的立体生活世界,却又从来不是可以超脱功利的纯粹艺术。那时候在所谓"房子"和"建筑"之间,并不存在像现在这般泾渭分明的界限。可以说,文明活动的尝试和累积本身,成了最精明和精巧的艺术家。它既满足着最基本的功能需求,又利用着最经济的资源条件,却竟发展出了极具魅力的形式感。

• 当然,这些房屋后来变得老旧了。特别在几十年的疏于修缮之后,再考虑到中国建筑特定的砖木结构,以及城市人口的爆炸式增长,不少房屋从四合院变成了大杂院,在功能方面已经满足不了生活的需求。然而,对于究竟是另起炉灶,还是推倒重来,在一个盛行过革命话语的国家,并不那么容易找到正确的答案。

• 可叹此后便爆发了商业话语的流行。于是,就在那个古老的和诗意盎然的居住世界之上,现在可以最直观地发现全球化的负面影响。迅速扩张的城市功能要求,本身就像滚滚而来的巨型推土机,把大量的老旧建筑彻底荡平。而极度旺盛的建筑市场,又煽动得设计简直等同于拷贝。由此,建筑语言既纷乱、随意又贫乏,新楼的格调既光怪陆离又千篇一律。城市的景观都已面目全非,既失去了人文记忆,也失去了个性特征,除非谁愿意把那种大杂烩也当作一种风格。

• 在日渐粗滥的城市景观背后,是日益膨胀的消费主义需求,而这种不断夸张日常需要的思潮本身就是舶来的。于是可以理解,无论在房屋的尺寸还是格调方面,"先富起来"的人们都要求进一步向西方靠拢,弄得到处都是胡乱拼凑起来的欧式建筑语言。

• 与此同时,国外的建筑师事务所也在纷纷抢滩,而中国在这方面的开放程度是非常惊人的。大都市最主要路段的地标性建筑设计方案,大都由从未在中国生活过的国外建筑师中标,于是就带来了作品与原有格调与水土如何协调的问题。比如耸立在天安门广场近旁的、由法国建筑师设计的、前卫风格国家剧院,显然就将永远面对着这样的追问。

• 当代的建筑批评对于这类作品的态度相当复杂。人们既艳羡国外重要建筑师享有拿中国本土当作世界当代建筑实验地,从而检验某种超越国界的纯建筑的机会,又痛恨大量中国本土建筑师以欧洲传统风格来迎合中国部分新贵甲方的权力象征。在前一种情况下,人们有理由去批判外来者割裂中国城市的文脉;在后一种情况下,人们有理由去提醒莫把别人的传统错当成了自己的传统。

  • 于是,中国建筑师阵营就被分为对抗的两类:要么是商业建筑师——他们声称自己解决的是中国特色的城市建设速度的问题,以此来回避建筑的文化问题;要么是文化建筑师——他们以"平常"、"低技"或"业余"等低调的策略,试图解决本土的"地域性"问题,以此来缓冲由超高速度所带来的文化压力。

  • 在上述双方的问题意识背后,将来或许能找到契合点,因为本土性问题的答案很可能就存在于中国特殊问题的特殊解决方式当中。从长时段的视角看,也只有找到了匹配特定资源的特定建筑方式,中国的城市景观才能重获文化品位;而正因为这种资源的限定,届时传统建筑的神髓也许就可以复活,从而使得那个古老的生活世界不再仅仅属于考古学。

# 七、艺术案例之二:电影

  • 如果作为空间艺术的建筑,是以一种混杂的形式体现出本土和外来两种空间意识的冲突,那么作为时间艺术的电影,却是以一种同步的形式体现出中国和西方都已被拧在全球化时钟的发条上。中国电影本身就是全球化进程的产物,它与世界电影发展的大背景相互伴生,在制作、发行、放映等各个环节都与后者紧密相关。这说明,在全球化带来许多危难的同时,也给中国的文化事业带来新的生机。

  • 在这里,全球化确实意味着双向的互动。与外国电影对早期中国电影的影响相对应,后者也很早就曾尝试过自己的越洋之旅。比如,影片《渔光曲》在 1935 年就获得了莫斯科国际影展的"荣誉奖",其编导蔡楚生亦成为乔治・萨杜尔《电影通史》开列的二百名世界著名导演中唯一的中国人,而被影展指定出席的中国影后胡蝶也名扬西欧;再如,抗战期间中国影片《貂蝉》和《热血忠魂》也成功进入过美国的一流影院。

● 但这种有限的互动从未意味着彼此的平等。即使把中国左翼电影极为辉煌的 30 年代也考虑在内,中国电影的世界声望仍极为有限。尤其到了中国自 80 年代逐渐重新开放以后,西方电影的势能更显出了无处不在的压力。中国电影由此面临着两难:要么就闭关锁国自搞一套,而这种拒绝与世界对话的做法,已经使自己缺乏足够的杂交基因,乃至丧失了早先起步时的相对主动;要么就敞开国门紧跟潮流,而由此带来的在承认方面的压力,又很可能使自己陷入东方主义的话语,不断地在别人的识别预期中丧失自我。

● 正是在这种两难中,"文革"之后才华出众且急于崭露的新一代电影人,才在各种压力下,以"试错"的方法发挥了有限的创造自由。幸运的是,在东方和西方之间,在文化猎奇和文化误读的基础上,以张艺谋为代表的"第五代导演",最终成功地杀出了一条足以同时取悦国内外感官的血路,一时间探囊取物般地在重大电影节上频频得奖。

● 似乎并非偶然地,这些导演们不约而同地在追求充满空间造型张力的镜头语言,以及富含诗意的散文化叙事风格;他们在完成了一场"电影语言革命"的同时,也塑造出中国电影在国际大银幕上的代表性话语——乡土化的"民族寓言"。这种寓言把人们记忆犹新的历史借某种"审美距离"进行了文学化的虚幻处理。

● 尽管为他们的成功而兴奋,也经常能感受到其镜头的魅力,但国内批评家却从一开始就指出,这类电影的太过迎合"西方对古老中国的想象"了。不过平心而论,在当时的状况下,受到一些压力获得外资并在欧洲电影节上得奖,已经成为艺术电影的唯一出路,否则它势必退回"主旋律化"和"大众日常的琐碎化"。只有这种"东方"与"西方"之间、"艺术"与"商业"之间的暧昧身份,才使这一代导演的艺术电影之梦稍得延续。

● 90 年代中后期,第五代导演在"全球化"的路上越走越远。随着其国际名声得到公认,随着国内电影拍摄、发行、放映体制也开始松动,他们越来越多地沾染了西方大片的商业气息。形式开始重于内容、炒作开始重于创作,技术和色彩的狂欢开始取代深度的思考,对于好莱坞的期待开始取代对于欧洲电影节的期待。这不免要引起越来越激烈的批评,认为第五代电影已经没有灵性了,已经在全球化压力下全面陷落了。

● 然而第五代导演的长期明星效应,毕竟向世界证明了"中国电影"的存在,由此才给"地下电影"预留了发展的空间。后者作为出现于 90 年代的低成本和体制外的电影,主要凭靠个人集资或欧洲文化基金会的资助,也主要指望着海外电影节和民间市场。在民间观片组织、网络和盗版光盘的传播渠道中,这种"地下电影"和"主旋律电影"一起给中国电影的艺术性和丰富性增添了可能。

● 资金和体制上的缺陷,既限制了他们充分地发挥才华,却也绝处逢生地使之反而获得了艺术上的个性。由此才有了群众演员、DV 拍摄、同期录音、跟镜头、实景和长镜头等手法的运用;而且,他们也正好卸下了"历史"和"乡土"的沉重包袱,把摄影镜头对准了最为熟悉的、干脆不需要摄影棚的"现代"和"城镇"。

● 不过,他们现有的制作条件和生存空间,也有可能迫使其作品再次沦为"表象全球化"之下的"地方性影片";另外,至少在现阶段,它们在制作上还相对幼稚和粗糙,所以往往也只是在某些西方话语(如"不同政见"、"市民社会"和"公共空间"之类)的包裹下才引人注目。

● 在国外资金涌入、国内体制松动等多种因素的促发下,在国内电影市场的巨大诱惑下,新一代的导演也有完全可能学着第五代的榜样,以妥协为代价而受到招安,从"地下"走向"地上",从"民间"走向"主流"。张元甫一成名,其拍摄主题马上从《东宫西宫》改为《江姐》,真不能不令人联想到他当初追求名声的潜在动机。

● 另一方面,中国电影"走向世界"的同时,国外电影也正"走向中国"。1994 年起,在中国电影业的低谷中,为了把观众吸引回电影院,政府决定每年进口 10 部大片,2002 年入世后更改为 20 部。从此,高成本、高利润的好莱坞大片便开拓了其在中国的财源,并很快成为票房的主要支柱,《泰坦尼克号》更创造了 5 亿~6 亿的票房纪录。有这种赤裸裸的市场化所推动的各项改革说明,"票房"而非"艺术",业已成为衡量电影的第一标准,甚至票房的商业标准也成了国内电影评奖的必要前提。

● 电影这种文化项目,似乎最能展示全球化的凯歌行进。然而,上述的分析却证明:在西方观众从银幕上重温着他们所要求的中国形象的同时,中国观众也在银幕或电视屏幕上重温着被灌输的西方形象。所以,这种情景也许最能体现出当今这种全球化所蕴含的风险——它很有可能仅仅是一种单极的全球化,一种以西方为中心的全球化,一种更加剥夺多元的全球化。

## 八、跨国的文化交往

● 文化一向被当作外交的有力辅助手段。向国外推展本民族的独特文化,最容易展示本国的个性特点——进而,还最容易以这种个性特点的理由,要求别人尊重本国的主权,也最容易以这种个性特点的魅力,在异国他乡寻找到由衷的知音。正因此,文化虽然一方面构成了人群中的篱笆,另一方面却也构成了超越障碍的动力。也许,"多元"本身就具有某种审美的特点。因此,多元的文化也就最能吸引人们跨越国界的愿望和努力。

● 但本文所说的文化交往,并不仅仅限于政府间的行为,甚至主要地并非指涉国家的意志。民间社会和市场行为本身,也同样可以带来多元文化的营养。比如日渐蓬勃的境外旅游业,就使得越来越多的中国人亲身领略了国外的风情和文化。再比如日渐增多的访华演出和巡回展览,也使得人们的文化生活和业余爱好有了越来越丰富的选项。

● 不过,在民间文化交往中占据更重要位置的,还要数被跨国经商大潮所裹挟的双向移民活动。一方面,在中国的核心城市里,已经涌进了大量外国公司的驻华机构和代表,他们势必带来不同的生活习性、消费习惯和文化需求。另一方面,在西方的大中城市里,也已经涌进了大量来自中国的移民,他们几乎把中国餐馆开到了世界的任何一个角落,从而也带去了中国本土的饮食习惯、风土人情和文化心理。

● 在当代的移民群落中,又要数出洋读书的中国留学生,在跨国文化交往中起到的作用最大。从中国的改革开放之初算起,其为数已经超过了几十万,而且其年龄构成也越来越小。一方面,由于自身的文化程度较高,他们能够带到国外的本土文化信息,要远大于普通移民。另一方面,由于要受到国外学府的教育,他们对于外来文化的了解,也要远深于普通移民。

●此外,国际的文化交流,又并非只受移民活动的推动。例如,更为寻常的图书或音像制品的进口和翻译,或者更为频繁的短期学术访问,同样为文化和学术活动打下了全球化的烙印。有时候,国内学府中的国际交往密度,甚至会造成这样的结果:一位教授每年在北京大学会见到的国外学者,反而多于他真正出国访问的时候。

●确实,中国的开放从未达到过现在这样的深广度,中国人需要处理的文化信息也从未像现在这般密集。维也纳爱乐乐团的演出、达利画作的展览、查尔斯·泰勒的学术讲演,诸如此类的文化活动,既增加了城市文化生活的乐趣,也促使人们更深刻全面地思考西方文化的精义。

●必须承认,在一个高速起飞的新兴市场国家,此等的文化交流活动,作为一种示范的参照系,确实有助于维护文化和学术的尊严,包括本国文化和学术的尊严。翻译著作一直是中国图书市场上最为闪亮的一个门类,从而不断地激发着人们的阅读和思考兴趣。

●与此同时,中国的文化包括学术文化,也被纳入了全球化的语境。维也纳金色大厅里的纳西古乐、巴黎城里的中国文化年、《孙子兵法》的重新翻译,等等,都使西方人更加亲切地触摸到了中国的文明。这种文化传播活动既出于国内的主动努力,也缘于汉学家的不断打探研究,另外,留学生们以母文化作为素材的博士论文写作,也无意中起到了越来越大的作用。

●当然,在西方话语的强势主导下,这种对于本国文化的传播,如果缺乏足够警惕的话,弄不好反会变成对于外缘文化的迎合。因此这个曾经赓续了数千年、曾被雅斯贝尔斯视作世界轴心之一的文明,并非没有沦为全球化语境下的某种地方性知识的危险。正是在文化比较的对照压力下,中国人对于传统文化的理解正在受到极化处理。

●更严重的是,由于在国际文化交流中,不仅存在着东西的差别,而且存在着南北的差别,就难免有人要用中国文化的名义,制作出专供西方评奖用的影片、专供西方拍卖用的绘画、专供西方翻译用的诗歌、专供西方比赛用的音乐等。这些产生于文明边际的典型制品,一旦在西方获得轰动效应,又会反过来波及国内;甚至用它们在西方获得的赏识,以及由此得到的舆论影响力,来抵挡它们在本土语境中受到的质疑。

　　● 毫无疑问,也会出现专供西方教授猎奇的学术论文。实际上,中国文明在近代以来所遭到的真正危机是:不仅要认识和应对西方的挑战,还要逐渐学会用西方的眼睛来认识这种挑战,用西方的理论来回应这种挑战。这不仅可以用来解释分裂的近代历史,也可以用来解释晚近的知识界分裂。在很大程度上,西方传媒和西方学界的不同识别预期,恰恰鼓励和加速了这种分裂,而这种分裂凸显出了当代中国文化在理论创新方面的被动和步步被动。

# 九、发展模式与文化动力

　　● 面对尖锐的问题和难得的机遇,已有中国经济学家在惊呼——"何处寻求大智慧?"不过认真计较起来,即使那现成的"大智慧"确实存在,它也不会仅仅存在于经济学或任何一门对象有限的学科那里;毋宁说,它会存在于对于总体文化的检省之中,因而会存在于对于各学科的知识整合之中。

　　● 三十多年以前,中国曾经在全国范围内展开过一场关于"真理标准"的历史性的讨论,正是那场讨论指导人们以"实践"或"效用"的标准,清除了积重难返的"文革"遗留问题,进而使中国以"改革开放"为旗帜,加速了建设现代化和卷入全球化的进程。

　　● 现在的中国已经走到了这样一个关口:必须以当年讨论"真理标准"的热情和规模,在全体公民中间展开一场有关"发展模式"的民主讨论。这场讨论理应关照到存在于人口与资源、眼前与未来、保护与发展等一系列尖锐矛盾。从而,这场讨论也理应为今后的国策制订和资源配置,提供更多的合理性与合法性支持。

• 如果中国不能寻找到适合其独特国情的"发展模式",而只是在盲目追随当今这种普遍西化的全球化潮流,那么,人们也许会在很近的将来就发现,这种人类有史以来最大规模的一次超高速发展,终将演变成一次波及全世界的灾难性盲动。然而,如果中国能够找到适合其独特国情的"发展模式",那不仅会大大缓解上述危机与挑战,甚至有可能创造出如何善待这个小小星球的具有永恒价值的文化选项。

• 进一步说,如果真想寻找中国特定的"发展模式",那么就几乎可以肯定,当务之急就是去激活本土文化的原动力。由此可以看到,中国文化与全球化之间有可能构成某种深刻的关系。也就是说,如果确能得到有效的开发和激活,那么这种文化就有可能不再仅仅扮演受动者和受难者的角色;相反,它有可能借助于自己在长期文明进程中所获得的价值与经验,来克服或至少部分克服现代性所带来的种种负面效应。

## 十、结　论

• 从来就没有什么僵化的中国性。中国的传统和特点一向处于跟周边文化的互动之中,而且正是因为由此导致的文明对话,它才在不断演进的历史中,把自己推向一个又一个文化高峰。更何况,中国的改革开放已经走到了今天,无论从经济、社会还是文化的角度,都已使它须臾不可稍离国际的合作与共存。

• 正因为这样,问题就并不在于是否要革新中国文化,而在于这种革新是否具备起码的自主性。通过上文的分析,我们已经千真万确地看到:这种历史悠久的文化传统的确碰到了被逐渐磨损乃至彻底磨平的危险;而且,这种文化真空已经给当代中国社会带来了巨大的文化失序和价值紊乱。

• 还应当澄清另一种误解:站在世界其他部分的立场上,也许有人悄悄地误以为,只要让中国逐渐地丧失它的主体性,那就会给整个世界带来福音。实际上,如果还能从思想上回到本文开头所述的那个雅斯贝尔斯意义上的轴心时期,那么我们就会发现,由孔子和其他先秦思想家所提出的人生解决方案,特别是它所蕴涵的那种曾让伏尔泰兴奋不已的"无宗教而有道德"的文化模式,一直是人类文明史中不可或缺的和至可宝贵的思想财富。

• 因此我们有理由畅想:在全球化与中国文化之间的那种张力,也许蕴含着或预示着某种真正的解决。那不会是由某一文明——不管它看起来多么优秀或优越——去碾碎或吞并其他的文明,而是在真诚文明对话的基础上所达到的多元一体。尽管我们迄今为止从未达到过这一点,但至少应当永远从思想上期待着这样的高度。

# 公理与强权

## ——写在五四运动八十周年前夕

　　我素不主张"自动化写作"，也不喜欢赶开会的大集。可前些时一整理文稿，涉及五四的"时文"竟也写了不少，且又多是为了纪念性的会议而作。——是啊，在大小传统都日渐浮薄的当代中国，能让我们共享心跳的日子，毕竟已经越来越少了，不管它缘起于国庆还是国耻，能让我们体验到狂欢还是悲哀。也就还剩下这么个五四，能再让心头涌动点儿什么。正因为这样，几乎刚刚过罢新年，这个日子就躲在一厚叠日历中间，大老远地催促着我，要赶早写出点儿什么来，以防到了会场上乏善足陈。

　　因此，先不要争辩其历史意义如何如何，五四对于其俗入骨的当代生活，至少还具有这种穿透性、这种短暂苏醒的"间离效果"。它足以让一片熙熙攘攘之声稍事消歇，要求大家即使一年只有一度，也静下心来反省被它约略"陌生化"的总体生活世界。——尽管我们并非不知道，正是为着五四的此种特殊性质，这个日子就总要被泼满斑驳的油漆，甚至连它言之凿凿的口号都横遭窜乱，变成了一串儿夹杂着各种不同倾向的套话，但我们也同样有理由窃笑，其实正是这类对于历史的不断篡改，反而暴露出了某种潜在的共识，否则又何必煞费苦心徒劳无益，去掩盖由此凸显的反差与落差？

　　恰恰是在上述前提之下，今年的五四八十大庆，才显出了异乎寻常的意义，值得仔细用心去分析和警惕，因为这一天乃是在北约的悍然轰炸中，步履艰难地向我们走来的。跟八十年前鱼肉中国的巴黎和会一样，西方列强再次践踏了一个弱小国家的主权,用精确制导的炸弹不断误伤着无辜的平民,借维护别国人权的机缘来扩张自己的势力范围。而曾经一心归顺自由世界的俄罗斯,由于落得个势力日衰国微言轻,便只能徒唤奈何地眼看着别人几乎逼到兵临城下。由此,人们心目中的价值天平,就难免要从"公理"再次倒向"强权",而以往那一串儿几成笑柄的套话,也自然要被惯会考试大学生们越背越顺,竟连先后次序都已不稍颠倒。

这种心气变化当然其来有自。便是素爱捉弄人的促狭历史,也很少把圈子老是兜得这么圆。打从接触西方的第一天起,我们就把世界舞台的真正导演,看成是依仗船坚炮利的蛮横"强权";此后经由长久绞尽脑汁的"盗火",才看清那强势背后的"群己权界",并把它看作普适文明的基准"公理";可恰值那个正为"自由"弘法的五四,这个"进步"世界却公然张口鲸吞,再次迫使注意力集中于深重的外侮;一直到饱尝了闭关锁国的惨痛代价,才又重在"改革"和"开放"之间画上了等号,诚心诚意地想要伸出双臂拥抱世界……没想到风水还要轮流转:似乎越是低首下心地要向西方学习,这位老师就越匪夷所思地痛打学生,越朝着别人指明的方向寻求着"进步",那个文明世界就越表现出野蛮骄横!

且容我斗胆套一种有名的句式:以上一圈接一圈的原路打转儿,或许正所谓"启蒙"与"救亡"的反复"压倒"? 我得承认这种提法不乏敏锐的见地,正是它率先对历史给出了这样的分析:一九一九年五月四日那天的精神陡转,跟前此的"文化运动"或"思想革命",存在着无法抹杀的严峻区别。不过,如果有缘跟我老师当面交换看法,我却很想提请他从头考虑一下:不管是从左摇摆向右,还是从右转移向左,这种有始无终的五心不定,恐怕都不像他说的那样简单,只是由于权宜之计而背叛了"学理",——体认到当今世界仍要"竞于气力",由此转而想要探究国家间或文明间交往的规律,恐怕另是一套很有价值的"学理"罢?

因而依愚之见,在学习西方的漫长过程中,之所以兜了这么多圈子,换了这么多重心,那症结恐怕还只在我们自己——在于我们内心深处的本质主义的西方观。虽说表层的问题意识总在随时而变,可万变不离其宗的却是,我们总想一劳永逸地把握住——"西方到底是什么",就像握住一把现成在手的裁纸刀。这副偷懒化约的过滤眼镜,正乃理解世界的主观障碍。有了这种孽障,尽管前述的种种历史转捩点,原都有可能演成新的精神契机,帮助加深和拓宽对西方的认识,可我们竟只会兜来转去,再三再四地惊呼"上当"——要不就幡然悔悟地唾骂伪君子,仿佛演到了莫里哀喜剧的尾声,要不就一百八十度大转弯,再次恍然大悟到某种"不二法门"。

也恰因为这样,果欲检省此种简陋的思维方式,便再没有比五四更好的时机了,唯有这一天才充分展现了对象的复杂。——我们都跟西方打过好几代人的交道了,连圆明园都被烧毁一百多年了,他们要伪善也不伪善在这一刻,要卑劣也不卑劣在这一刻,犯不上每回都这般临渴掘井,对人家重下"非此即彼"的道德判断!我们必须想到,西方也是由林林总总的人群组成的,甚至其来源比我们更繁杂,取向比我们更歧异,争斗比我们更尖锐。所以在他们那里,也同样并存着上层与下层的吁求、激进与保守的派别、全局与局部的利益、当前与长远的眼光,也同样并存着智慧与愚笨的头脑、宽容与严苛的主张、温和与生硬的做派、谨慎和鲁莽的手法,也同样并存着绥靖立场与扩张倾向、理想主义与现实考量、公众舆论与私下权谋、善良意愿与族群敌意……如果每回都这般"狗熊掰棒子",只愿意记清西方的一个侧面,那就很难转出这座思想迷宫,只会用缺乏统觉的手指摸着大象,一会儿说它像蒲扇,一会儿说它像树干……

更其重要的是,倘能跳出本质主义的西方观,那原本不难发现,我们努力界定的这个思想对象,本身就是一个充满偶因的、前途未定的过程。正因其方生方成的性质,他们也面临着许多两难的痛切的抉择,也会干下某种留待追悔的蠢事;而且,就本文所关切的话题而论,讲他们也会失策甚至也会犯罪,绝非只是在不咸不淡的意义上,说一句"人非圣贤孰能无过"的俗话,而实在是因为在当今的世上,只要人类心智还在被"民族—国家"这种有限的社会形式所羁,那么不管他们处理内部事物时如何,对外都只能表现出自己是"有限的理性的存在"。即便在制度或价值相同或相似的国家之间,比如就说在这回联手的美国与西欧国家之间,也经常发生各种形式的明争暗斗,也长期存在着以强凌弱的霸道行径,而一俟加添上种族、文化、宗教、制度诸多歧异，这种争斗就极易被催化为集团性的大屠杀，难怪霍布斯鲍姆要在《极端的年代》中惊呼——"这个世纪教导了我们，而且还在不断教导我们，人类可以学会在最残酷的、在理论上最不可忍受的条件下生存。因此，我们很难领会自己每况愈下的严重程度，甚至已经陷入被十九世纪先辈斥为野蛮的境地。"

这本来又可以是一个难得的契机，促使加深我们对西方的总体了解。还远不止这些：在不断深化认识的基础上，我们还应努力去影响它制衡它，并在其"强权"恶性发作的紧要关口，哪怕基于最低限度的国际"公理"，也要力所能及地去抗争它抵制它。由此，那个失去了本质主义笼罩的西方，今后究竟何去何从，在一定意义上还要取决于它跟我们的文化互动性。而且说到底，这种互动还绝非派生于"人权"与"主权"之争，或者所谓"UD"（普遍人权宣言）与"UN"（联合国宪章）之争，——其实只需到美国使馆签证处去一趟，大家就足以确信无疑地了解到，由于国别、种族、信仰、阶层、性别等的不同，人类至少暂时还不是"生而平等"的；因此就不妨说，至少有一部分人权要具体落实为主权，或者在主权中至少要包含一部分人权。在这个意义上，在理性限度之内的爱国主义（我实在不喜欢"民族主义"这个舶来的辞令），作为一种既坚韧又平和的族群意识，尽管仍然难免狭隘局促之嫌，却也包含着积极的内容与要素。

然则话说回来，既然我们已经了解到，由于深受"民族—国家"障眼法之苦，国际社会业已被抛在难以自拔的泥沼之中，那么为了不把偶然的文化篱笆弄成必然的历史宿命，致使整个人类在你争我夺中万劫不复，我们就不能用以牙还牙锱铢必报的心态，来夸大和加深彼此的隔膜与误解。正像我们从未自诩为天使一样，我们现在再次确信西方决非天使了；但与此同时，也同样没有必要去妖魔化西方，正如我们最反感别人妖魔化中国。最有害也是最幼稚的说法，就是以忽冷忽热的口吻宣布——"这回我算是看透西方了！"慢说那边也有许多朋友在游行示威，批评北约日益失控的空中打击，已经失去了最起码的道义理由，甚至造成了真正的人道灾难，就算尚有较多的公众与我们看法相左，那也是因为发展到白热化的传媒战，使得两边的百姓全都信息不全，大家在判断上有可能暂执一偏；更何况随着事态的发展和问题的暴露，他们又并非没有制度上的基本可能，去反思麦卡锡式的歇斯底里，或者麦克纳马拉式的愚不可及……

更加要紧的是，绝不能再基于以往的"一根筋"头脑，又从被思考对象的这种单极化，传染出自我定位与认同的单极化，竟至于忘记了对于内部问题的警觉，否则才算是彻底忘掉了五四那天的教训。外来的强权当然在粗暴地触犯人权，因为它竟以"双重"乃至"多重"标准，把一部分人类划定为"二等"甚至"末等"公民。然而，正如汤因比那句名言所示，对于任何文明共同体而言，向来都只有自杀而无他杀，所以无论外患看起来多么岌岌可危，都要通过深重的内忧来起最后的作用，来给某个行将灭亡的文明以最后一击。我们必须记得，当年倘非北洋政府作为特殊利益集团暗自忤逆公意，中国在巴黎和会上原本会主动得多，起码使曾经允诺"公理"的威尔逊总统更难食言；我们也必须记得，当年倘非举国上下抗议如潮呼声鼎沸，那些色厉内荏的窃国军阀肯定会再次割土，甚至使孔子的故乡遭遇到李登辉式的归属困难……

正是在这个意义上，就必须旗帜鲜明地指出，不管五四先驱当年理解得是否深入，也不管眼下能否在国际事务中彻底贯彻，"德先生"这个响亮的深入人心的口号，在我们的社会内部都决不能丢，——不仅不能被丢弃，也不能被排列在任何其他理念之后，不管那理念听起来多么正确要紧！这是一个不可凌驾的社会基本准则，也是改革事业的最终发动机。无论在任何时候任何情况下，只要这个标尺受到了伤害，就会由于缺乏最起码的认同目标，而无法激活最基本的社会细胞，无法保持最基本的向心凝聚力，不能在应然和实然之间找出差距，不能奠定和扩大权威的合法性基础，从而反倒要失去落实爱国主义的有效手段，甚至要失去确保长治久安的唯一利器。

还有一层意思需要说明——尽管它在这篇小文里或许太过"哲学"——既然五四这一天乃是反思整体文明框架的良机，自然也要包括对既定国际规则的检讨。一方面我们必须感佩地承认，五四时期引进的制度智慧，直至现在也都还大有补益，构成了人们认识和应对世界的框架。另一方面我们也须清醒地看到，五四时期舶来的这套话语，也使不少人面对着甚至陷入了许多语词陷阱，造成了相当不少的错乱和蛮缠。归根到底的问题是，由于西方相对于中国乃是一个被认识中的"他者"，我们就既不能只靠搬用别人创造的范畴，来阐发连我们自己都难以捕捉的自我意识，更不能只靠别人借以自况的特定概念，来体贴思想对象对于认识主体的交互意义，否则就会在思想深处受制于话语霸权，且在精神向度中永无出头之日。——当然，这就对理论创新提出了更高的要求，也对文化振兴提出了更高的期望，因为思想之路由此会显得漫无尽头，而真正堪称普适"公理"的东西，更还有待于被艰苦地思考出来。

**附记：**

　　此文原为纪念五四而专门准备的发言提要，却在会场上临时因故未发言。岂料，散会不久便听说中国使馆被炸，遂使我感到仍有必要把它公布，权且以此聊寄哀恸与愤懑，同时也呼吁冷静与深思。

1999 年 5 月 9 日于京郊溪翁庄

# 把东亚还给东亚历史
## ——中日关系的反思与愿景

● 这样一个标题,也可以写成《把东亚历史还给东亚》,不过我紧接着又写下的副标题,却无论如何都是不变的,也即整理有关中日关系的零乱思绪,通过对于过往历史的批判性回顾,来反思两国还能否达到长治久安,至少是为此而提出值得去追求的愿景。

首先要挑明的是,在这个令人头疼的问题上,我们实在太需要一种超越型的大智慧了,——以引领出目前这种胶着并恼人的困境,来追求和获得东亚地区的长治久安,而这种足以让我们放宽眼界的大智慧,则只能来自深沉而透彻的历史感。

事实上,早在我动念想去创办那套《西方日本研究丛书》的时候,就已经隐约地预感到,如果任由对于历史的茫然无知,且又放纵充满嫉恨的浅近经验,去对应迅速发展的东亚情势,就一定会走向难以自拔的泥潭。

不过我也得坦率地承认,我当时仍然未能够逆料到,这方面的危机竟会来得如此之快。——它不仅使得旁观的人们为之目瞪口呆,看来也使得当事的政治家们很难理出头绪了。

● 然而,正是作为理解背景的东亚历史,却可以令人信服地告诉我们,在受到西方传来的现代性所裹挟之前,或者说,在尚未被西方文明所剧烈冲击之前,这个地区的历史曾是长期稳定而平衡的。

不可否认的是,在这块目前被称作"东亚"的地区,中国文明曾经长期具有主导性的文化势能,特别是在它的唐宋两朝,不仅自己处于关键的转换期,也给周边地区带去了文明的果实。——由此同样不可否认的是,一旦来自中国的儒家思想,在东亚地区成为占主导的观念,其胜残去杀、止戈为武的价值观念,本身就构成了稳定的关键因素。

虽然中华帝国当年所谓的"朝贡体系",也带有一种虚拟的或象征的不平等,但毕竟,却只出现过一次例外情况,才给这个地区的长久和平带来了威胁,然而严格说起来,却是来自尚未完全"中国化"的蒙元王朝。——这意味着我灵活地认为,文明及其疆域曾经是充满动态的,故历史上常发生这样的情况,先由某个外族在一时战胜过汉文明,却又因为这个文明的文化高度,而在此后"中国化"的过程中,逐渐融化为该文明的有机部分。所以,也只有到了该王朝的中晚期,它的行事方式才能代表中国文化。

这种对于遥远身后事的历史回顾,并不是子虚乌有的天方夜谭;相反,它才是借以展望东亚未来的关键支点。从法国年鉴学派的布洛赫开始,人们就一直在为"历史学有什么用"而苦苦思索,不过在我看来,人们以往围绕它的辩护,还是显得太过消极了。——转念来看,正如眼下我们所看到的那样,就人类自身的远大前途而言,还根本没有什么别的学科,能比结晶了人类经验的历史学更有用处。


• 然则,无论是属于"机会"还是"危机",抑或两者兼而有之,一旦现代西方的生产与生活方式传入这个地区,以往的平静相处就不得不被打破了。正如我早就提出过的,后发现代化国家的发展轨迹,除了有自身内部纵向的"路径依赖"之外,还有彼此之间横向的"路径互动"。

也就是说,像中、日、韩、俄这样的近邻,由于在空间上太过接近和挤压,一旦它们同时启动了现代化运动,从而空前地向外伸出触角,那就往往会陷入灾难性的竞争关系,从而其彼此的发展路径之间,就会不可避免地相互干扰。这也就是人们曾经嗟叹的,在现代化的关节点上,只要是"一步赶不上",那就会"步步赶不上"了。

应当毫不犹豫地指出,这样一种残酷的竞争关系,曾经给中国与韩国的——其实也包括日本本身的——近现代历史都带来了深重的灾难。这也曾促使老一代中国人经常就此感叹说,现代中国有了如此"虎狼般的"近邻,实在是再不幸没有的事情了。

当然正因乎此,也让我们坚定地、并且充满赞赏地说一句:类似于勃兰特或者村山富市那样的忏悔,其实并没有什么丢人与羞耻,相反倒是这种胶着历史状态的良好解药,所以应当为这种有勇气的行为,真诚而热烈地鼓掌喝彩。——无论从什么意义来讲,他们都应被视作本国的功臣,否则的话,正由于自己迟迟不能摆脱历史包袱,反会对邻邦生出更多不应有的疑虑,又给今后带来更多的不安定因素。

● 不过,陷身于当前这种胶着的情势,我们还应进一步看到,由此所造成的相互干扰与阻断且又导致了记恨与猜疑的历史,又不光是留下了一个可怕的过去,还正给中日两国间当代的历程乃至未来的历史,预埋下了很多非常值得警惕的陷阱。

在这种情况下,我们甚至可以从另一种意义上,来运用"后殖民主义"这个术语,——它意味着就是殖民主义者虽然走了,但他们却并不是留下了真空,而是在身后留下了浓重的阴影;由此,他们在被迫撤离时所念出的魔咒,到现在都还束缚着人们的手脚与思想。

在我看来,这种危机有时候是无心留下的,有时候则是故意留下的;此外,它们有时候表现为定时炸弹,有时候则更表现为遥控炸弹。

● 既然如此,就更要从宽阔的视野来看到,其实日本在战前的那种扩张意图,也无非是由早期资本主义的生产方式所逻辑要求的。也就是说,那原本正是早期西方列强所走过的老路,只不过后来轮到日本也想走这条路时,那路旁碰巧有个韩国、中国和俄国。

由此在一方面,当然还是要毫不犹豫地指出,日本当年对于朝鲜和中国的扩张,尽管是受到特定的历史结构所制约,并且在某种意义上,也可以说是为现代世界的压缩空间所逼,却仍然属于不折不扣的、充满罪恶与血腥的侵略行径。而且,正因为日本当时尚未完成自己的现代化,所以即使以西方殖民者们的、本来就属可疑的标准来衡量，日本军队的文明水准都是远远不够的，这在西方所拍摄的影片《桂河大桥》中，可以清晰地看出来。

但在另一方面，也应当更加开阔与平心地看到，西方人在判定这类扩张问题时，却向来都有着暗中袒护自己的双重标准，比如，尽管肯定不乏相应的阅读面不大的历史著作，然而至少是一般的西方公众们，决不会同等地看待自己（包括自己的祖先）对于印第安人和澳洲土人所进行的、很可能是更加野蛮的灭绝活动。

● 顺便说一句，尽管奉行"双重标准"对于任何一个有限性的主体，看来都是不可能完全避免的，然而，这对于一个打着"普世价值"旗号的文明来说，仍然会格外地显得难堪甚至"伪善"。

正因为这样，在近、现代的中国社会中，至少是从由巴黎和会所引爆的五四运动开始，每逢西方世界赤裸裸地亮出它的"双重标准"来，都会给正在迷恋其"普世价值"的人们以当头一击，从而给此后的历史带来恶劣的影响，甚至带来灾难性的决定扭转。

正是鉴于这种情况，我才在《公理与强权》一文中痛切地回顾——

> 打从接触西方的第一天起，我们就把世界舞台的真正导演，看成是依仗船坚炮利的蛮横"强权"；此后经由长久绞尽脑汁的"盗火"，才看清那强势背后的"群己权界"，并把它看作普适文明的基准"公理"；可恰值那个正为"自由"弘法的五四，这个"进步"世界却公然张口鲸吞，再次迫使注意力集中于深重的外侮；一直到饱尝了闭关锁国的惨痛代价，才又重在"改革"和"开放"之间画上了等号，诚心诚意地想要伸出双臂拥抱世界……没想到风水还要轮流转：似乎越是低首下心地要向西方学习，这位老师就越匪夷所思地痛打学生，越朝着别人指明的方向寻求着"进步"，那个文明世界就越表现出野蛮骄横！

● 幸运的是，似乎历史发展的隐秘锁钥，也潜藏在刚刚过去的进程中。不管怎么说，如今都早已过了资本主义的那个早期发展阶段，也就是说，尽管它的全球化扩张从来都未曾消歇，但它毕竟是采取了更加平和而隐晦的跨国商战的形式。

而与此相应，民族国家之间的那种僵硬壁垒，也早已在这种渐次成为常态的跨国活动中，逐渐变得软化、融化和淡化起来，根本不再需要去动用刀兵来打破。而且，全球经济的一体化水平已经达到了这样的地步：出于爱国主义的对于某国产品的抵制，往往马上会反而损害到自己国家与国民的利益。

● 说穿了，这样一种本身就谈不上"正常"的战后安排，原本就是以对于东亚人的文化歧视乃至种族歧视为前提的，唯其如此，当年的占领军才没打算对于日本人也像对待自己的文化同胞——德国人那样，真正要去触及和改造其深层的灵魂。而这样一种看似宽容的放纵，也就给战后的日本预埋下了难以"正常"归入国际秩序的畸形根源。

更加微妙而富于机心的是，也正因为已经提前意识到了日本在文化上或意识形态上的"另类"或"不正常"，所以作为一种不得已的防范或震慑，这种战后安排也就只有把日本安放在自己卵翼底下，以免又逃逸出什么不利于美国利益的、被称作"神风"或"零式"的妖孽。

由此，就应当具有洞察力地综合看到，在战后被强加给日本的这两个方面，实则既是不可或缺的、而又是相反相成的。也就是说，正因为已把它压制在自己卵翼底下，西方才看似大方地，和同床异梦地容忍它保留了对自己的"异己性"。

● 毫无疑问，如果从"短时段"的历史视角来观测，日本还曾经相当得益于这种临时性的安排，甚至还曾在两大阵营的冷战对峙中，由于长期不必承担正常的国防费用，而大量享受到了超额的和平红利，从而获得了令世界瞩目的高速起飞。——同时也不可否认的是，处在改革开放初期的中国，亦曾因这种压力下的安排，在它滑向现代化跑道的那个起飞瞬间，享受到了一段难得的和平发展时间。

不过，毕竟到了时过境迁之后，这种战后安排的权宜性、脆弱性和不合理性,也就同样日益明显地突显出来了。正因为这样,无论人们喜爱与否,它都终于会像两德之间的那道柏林墙一样,在"长时段"中显得越来越不合时宜。

在所有的因素中,最让历史的天平发生失衡的发展变量,或者对于日本舆情的最大催化剂,当然还是随着中国的快速崛起,和美国国力的相对下降,仅仅靠日美安全条约的一纸保护,已经不能让日本获得足够的安全感了。——看看美国最近在克里米亚的归属问题上,既那么贪婪挑事、四处出击,又那么虚张声势、力不从心,就一定会让某些曾经盲从它的人士更觉胆寒。

而事实上,也只有到了这样的历史关头,日本才会大梦初醒地发现,原来自己在"富甲天下"的同时,居然仍然属于一个"非正常"的国家。——这就是人们经常讽刺它、而它又感到不甘心的现状,即日本国既是经济上的巨人,又是政治上的侏儒。

● 这种日渐放大的被动、警觉与屈辱,当然很容易激起民族主义的反弹情绪。我们尽管对此肯定是不能赞同,也必须大声疾呼地予以批评,但毕竟又应基于由此诱发的文化心理,去理性看待当代日本那种逆世界公议而动的、对于靖国神社中战争亡灵的不加区分的参拜。

再加上,在日本原本固有的、并又受到保留的文化心理中,原本就有德川家光式的"以小博大"的精神,或者黑泽明电影中的"以死为美"的精神,更不要说,那种冒死攻打珍珠港的武士道精神,又没有像德国的容克贵族制度那样,在战后受到粉碎式的认真清理,凡此种种,就更从文化的惯性上鼓动了个别政客的挑衅。

此外,一个显而易见的诱因则是,美国本身也鉴于中国的快速崛起,而不断宣称要实行"亚太再平衡"的战略,只不过实现这种战略的必要经费,又因为自身国力的相对下降,而眼睁睁地根本无法去落实,遂只好有限度地去怂恿和放出日本的力量。

可无论如何,所有这种针对中国的危机处理,在我看来都陷入了一个历史的误区,即误认为当代中国的这种快速崛起,反而是不正常的和具有破坏性的，而没有能更加开阔和公允地看到，这正好才开始让历史变得正常起来。

● 由此，也就必须一针见血地指出，如果美国的那种战后安排，原本就出于一番权宜之计，那么，美国眼下这种玩火式的怂恿和放纵日本，也同样属于一种相当危险的游戏，也有一旦释放出来就很难收回、甚至反而咬到自家手指的危险。

正因为这样，我们近来才会如所预期地看到，美国的舆论本身也已开始越来越明确地批判安倍晋三，因为他所欣赏的那部影片《永远的零》，以及它所表现出的"神风"精神，其实就是在从珍珠港、中途岛，到硫磺岛和冲绳岛，用来跟美国军队进行拼死一搏的勇气。与此同时，美国对于日本借去、而迟迟不肯归还的那些武器级的钚，也开始焦虑和紧张起来了。——它大概也开始意识到了，如果日本真正弄出几件核武器，与其说是会用来对付中国的，还不如说是用来挥舞给美国看的，毕竟，中国当年还只是蒙难的苦主，而只有占有巨大优势的美国，才结结实实地用原子弹修理过它。

的确，如果就其真正的用途来说，就算这类的核武器再多上一倍，也不可能真正威慑到中国什么，因为它毕竟太过地大物博了；且不说，在这方面更加强大的中国，一旦对它实施起"二次核打击"，那么对于并无战略纵深的日本而言，就必将会演为灭国之灾。——日本对于这一点，当然也会心知肚明的。

不过，日本同样可以念念不忘的是，哪怕只是有了一两件这种东西，就至少可以在逻辑上或理论上，具有了向美国"报一箭之仇"的可能，这反而不失为一种心理上的理由，至少可以提供某种陶醉想象的空间，特别是在还想为"神风"申遗的心情下。小津安二郎在他的《秋刀鱼之味》里，就曾在日本军歌的再次回响中，让其主人公借着微醺的酒意，公然道出过这样的台词——"战胜的话，现在你和我就都在纽约。"

● 既然大家同属于东亚人，就可以共同作出一个整体的判断：从这个地区自身的历史传统与地缘政治来看,只要还是一如既往地任由外部世界、特别是西方势力来随意操弄——尽管我并不一定非要用"阴谋论"来定义这些操弄——那么,这个曾经平静过几千年的文明地区,就仍将像过去那个世纪这样被折腾得永无宁日。

所以,也只有让自己站得更加高远一些,改从历史的"长时段"来纵观鸟瞰,才可以跳出历史细节的羁绊,避开很多看似无法逃脱的陷阱,解开很多好像无法摆脱的心魔,来看到东亚地区的真正远大的前途。

无论如何,当现代化的纸牌开始均摊的时候,无论是中国人民,还是日本人民,也就必须随即跟着清醒下来,而对于两国的幅员、规模、资源、历史和文化,在一种平心和冷静对比的基础上,获得足够明智的现实感。

尽管一个多世纪以来,仗着对于西方文化的快速学习,日本人至少曾在一半的意义上,完成了福泽谕吉"脱亚入欧"的任务,从而相对于陷入衰落与战乱的中国而言,暂时获得了相对而言的、如今似乎已经有点习惯了的优越感,然而,他们眼下更应学会去习惯的,还是在历史"长时段"中的应有常态。


● 有了这样的长远眼光,首先就日本本身的现实态势而言,就切不可在"健忘"历史的心理基础上,显得过于小气、狭隘和短视。毕竟,中国的起飞如今才刚刚开了个头,它的综合国力才刚从总量上超过你们,而平均到每个中国国民的人头上,还是有较大差距的。

然而即使如此,正像以往几十个世纪的历史所昭示的,由于国家规模与文化传统的缘故,中国在当今世界的崛起与复兴,以及它在本地区的主导性影响,已经是势不可挡的时代趋势了,而且,这也并非什么历史的"反常"现象,而恰是在朝更公平的方位去摆正历史。由此,根本不可能再像过去那样来出手阻断中国的发展,即使以美国的国力也不敢做此妄想。

所以,如果还是带着百余年来所形成的、已经完全过了时的有色眼镜,从心底就看不惯当代中国的"暴富",并由此而对历史去进行"误操作",那就终将会给日本带来一场巨大的噩梦,从而给两国人民——特别是日本人民——带来深重的,甚至是灭顶的灾难。

　　然而如果转过念来，想到正因为已获得了长久的积累，也由于毕竟已在现代化方面先行了一步，那么，就算整个东亚今后发展得更加平衡，使得中日之间的权衡变得更趋正常，转化为一个举足轻重的"大国"和一个不可轻视的"强国"之间的关系，这对日本人来说也并不算什么不可接受的事。——打个比方，这就好像在当代欧洲去做一个瑞士人或丹麦人，仍要比去做一个德国人更受羡慕，那毕竟意味着更优越的生活质量、更宁静的生活环境，和更丰足的社会福利，尽管如果非要就其国际发言权而言，那么由于人口规模与国家幅员的限制，前者终究还是不能与后者相比，而且也根本没必要去强行攀比。

　　● 如果沉溺于当前的胶着困境中，既不能自拔也不想自拔，那显然是上了外部势力、特别是西方势力的当，它们正好把反正过了时也要报废的军用物资，分别以高价卖给你们两边，来赚取原可作为东亚地区发展后劲的宝贵资本。

　　而与此同时，这里还想特别强调的是，无论从哪个国家来看，刻意去夸大外部危机和煽动民族情绪，都注定会最为贴合某个特定利益集团的要求；而正因为这样，对于这种不断索要军费借以自肥的非理性做法，两国的政治家们也都应当予以足够的警惕与约束。

　　与此相反，倒是很有理由去转念想到，在当今这样的国际局势下，正在经历高速起飞的中国，只要能够做到内政清明和透明，并且真正做到越来越决策民主化，和越来越认同儒学传统的和平主义，那么，就依它现在已有的综合国力，与无可比拟的战略纵深，理应可以在它同一个中等规模的邻国——尽管也是绝对不可小觑的强国——的关系上，具有足够的自信与定力。

　　● 照我看来，不如把那些历史的罪责，干脆记在作为源头的西方冲击身上。也就是说，应当放宽眼界更加牢固地记住，如果不是从西方传来了扩张主义的现代性，那么，尽管中国文明长期占据着主导，但中日之间却在几千年间都曾和平共存过。

　　正因为这样,我才在这里尝试地提出,应当再次"把东亚还给东亚历史",或者换个说法,应当重新"把东亚历史还给东亚",以促请大家就此发出进一步的思考。应当更具历史感地看到,尽管由于受到了西方的干扰,而在这个地区出现过短暂的失衡,然而在历史的波澜渐渐平息之后,东亚历史终究应当归入基本的常态。

　　而这种常态,如果一言以蔽之,就是在一个具有文化原创力的、倡导民胞物与的"大国",和另一个特擅学习的、同样优秀的"强国"之间,所原本就应当具有的、正常而共生的邻里关系。

　　当然,这种历史形态的正常化,并不意味着照原样地搬回历史,而是在新颖的基础上、在经过了现代化洗礼的前提下,所逐渐重新达成的一种国家间的平衡关系。由此,即使这是一种相对平衡的关系,也会是在动态中寻找到的平衡。也就是说,即使走到了比较理想的将来,两国也会在现代文明的规则上,进行相互的竞争、追赶与激励,但无论如何,却不必动辄就想要兵戎相见,乃至派生出难以释怀的世代深仇。


　　● 从这种历史的应有常态出发,同样可以来反省日本自身的定位。在以往东亚地区的发展极不平衡、未能同步进入现代化的情况下,东瀛那边曾经提出了"脱亚入欧"的目标,这至少是可以理解的;然而,到了其他国家也开始雁阵起飞的时候,也有人想要反福泽谕吉之道而行,又提出再让日本来"脱欧入亚"的目标,这同样是可以理解的。只不过,由于背上了二战带来的道义包袱,而又总是在道歉问题上出尔反尔,这一回归的目标就很难实际达成。

　　无论如何都应当充满历史感地看到,福泽谕吉在以往所提出的那个目标,只是鉴于现代化的发展尚不均衡,而只要失去了那个前提,这个口号就会显得不必要和不现实;所以,在当代这种日益全球化的大势中,甚至正如麦克卢汉所说的,连整个地球都快要变成一个村落了,如果还要拘泥于那样的口号,那就显得只不过"生活在过去"了。

　　甚至,我还要进一步批判性地提出,如果从更长远的眼界来看,则无论是"脱亚入欧"的目标,还是"脱欧入亚"的目标,都毕竟还是显得太过机械了。说到底,它对两侧都缺乏基本的认同感与忠诚度,所以就必会从两个相反的方位,使日本的地位出现左支右绌,——要么就像战后的这种安排那样,成为西方在东亚的"马前卒",要么则恢复战前作为说辞的妄念,去替"大东亚"来首当西方文明之冲。打个比方,这就会像《伊索寓言》里的那只蝙蝠,从两边都不能讨到好而只会碰上壁。

而反过来,作为最早进入现代化的东亚国家,日本既不应当"脱亚入欧",也不应当"脱欧入亚",反而理应在一种谨慎的权衡中,不是成为欧亚势力之间的冲突地,而是成为两块大陆之间的津梁,从而获得左右逢源的均势地位。——倘非如此,偏要非此即彼地进行"选边站",那么从长远的历史时间来看,则日本的国势必然危乎殆矣。


● 总结起来,我所主张的"回到东亚历史",当然不是要恢复早年的中华帝国和准此所形成的旧有朝贡体系,而只是促使大家对于这个区域要有充足的理解,清醒地看到其原有的基本态势,既包括它的文化传统和历史传承,也包括它的地缘政治与地缘经济,以及建基在所有这一切之上的、对于整个世界事务的影响力度。

进一步说,我所主张的"回到东亚历史",也就是要坚定地回复到这个地区所曾经享有的、相对自主的历史常态,而不再把它内部的任何风吹草动,甚至把它面前那根软弱的牛鼻绳,都交付给外部势力的决策和操弄。

更进一步说,我所主张的"回到东亚历史",就是呼吁要在全球化已经发展得更为均衡的时代,去重新调整在过去的世纪内所发生的倾斜,不再把那些历史的灾难与罪恶当成常态,以正常地安排原应如此的外交与外贸态势、交往与交流活动。

再进一步说,我所主张的"回到东亚历史",就是希望从作为"长时段"的过往历史中,去找回足以引领它去达成长治久安的基本蓝图,从而让本地区原本认同的"泛爱众生、推己及人"的普遍价值,重新构成确保"永久和平"的道义规范,而不再让西方在 20 世纪所投下的石头,永远在该地区的水面上中激起涟漪。

● 如果都能敞开如此宽广的胸怀,而真诚地想要还复到正常的关系,那么,我作为一位生活在当代的中国学者,就愿意首先充满尊重之意地指出,其实我们的近邻日本,眼下有太多值得我们虚心学习的地方了。比如,它在实现了现代化的同时,至少还保留了最多的传统因子。比如,它在经济高速起飞之后,其农村生活并未如我们这般凋敝;比如,它在完成了高度工业化的同时,还保持着良好的生态环境;比如,它在个人本位的现代竞争中,还保留了公司内部的亲和感情;比如,它在达到很高生活水准的同时,却相对耗费了较少的能源。在这个意义上,我要尽量公正地说,我们过去有多少值得日本学习的地方,日本现在就有多少值得我们学习的地方。也是在这个意义上,我更要大声疾呼地说,这个邻居虽然就近在我们家门口,可我们对它的了解却实在是太少了!正因此,我在《序〈西方日本研究〉》一文中,才这样呼吁大家都来"阅读日本",而"借助于这样的知识,我们当然也就有可能既升入更开阔的历史长时段,又潜回充满变幻偶因的具体历史关口,去逐渐建立起全面、平衡、合理与弹性的日本观,从而在今后同样充满类似机遇的发展道路上,既不惮于提示和防范它曾有的失足,也不耻于承认和效仿它已有的成功"。

● 也正因此,我才又在前述的这篇文章中,既充满焦虑、也充满希望地这样写道:

> 一方面,由于西方生活方式和意识形态的剧烈冲击,也许在当今的世界上,再没有哪一个区域,能比我们东亚更像个巨大的火药桶了;然而另一方面,又因为长期同被儒家文化所化育熏陶,在当今的世界上,你也找不出另一方热土,能如这块土地那样高速地崛起,就像改变着整个地貌的喜马拉雅造山运动一样。——能和中日韩三国比试权重的另一个角落,究竟在地球的什么地方呢?只怕就连曾经长期引领世界潮流的英法德,都要让我们一马了!

换句话说,由于各方所具有的势能,都因为现代化而变得如此强劲,就已使得东亚这块古老的土地,在我们的脚下变得如此狭小,好像已经显得"一山容不下二虎"了,——更不要说还要再加上韩国这第三位老虎!

　　所以在我看来,又只有等到这三个国家的人民、从而这三个国家的政治家,都能在长远历史感的宏大框架下,并在胜残去杀、止戈为武的价值范导下,敞开了足够宽广敦厚的胸怀,东亚这块土地才可能再度变得宽广起来,从而足以容得下中日韩三国的共同崛起。

　　　　　　　　　　　　　　　　2014 年 3 月 22 日于清华学堂

# 辑三

## 比较/汉学

# 文明边际的对话
## ——解读一个比较哲学的文本[①]

一

　　哲学家玄奥晦涩的言辞和特立独行的做派,常给世人留下一种既郁郁寡欢的印象。然则细究起来,如果不说这类印象仅仅出于门外的误解,那它至少也是太受表面假象所蔽了。实际上,只要是在形而上领域稍稍尝过甘苦的人,都有缘去从中领略一股更深的冲动:尽管在外表上时常显得孤僻冷峻,甚至执拗尖利,但在其内心深处,却再没有比哲学家更热望与人交往、更亟于跟人交谈的了,——他们的灵魂中充满了对话的渴求,而且恰恰是为了缓解这种饥渴,他们才会去安享常人眼中的寂寥孤清,似乎只有离群索居地埋首书案,他们才能更自由地与古今的大智慧者尽兴攀谈,从而反倒扩大了自己的交游跨度,发挥乃至拓展了人类的"主体间性"(intersubjectivity)。

　　缘此就不妨说,对话之于哲学家,简直是具有本体意义的,而且这种贯串哲学家毕生的对话,又不一定非要采取某类为人们所熟知的典型叙事形式,比如苏格拉底式的犀利辩难,或者孔老夫子式的循循诱导。作为哲思的必然要求和内在理路,对话的真正底蕴要比这精微得多,完全不拘于哲学家是否确曾具备现实的对话者,甚至不拘于他是否确曾"出声地运

　　① David L. Hall & Roger T, 1987. *Thinking Through Confucius*, Ames, New York: State University of New York Press.

思"（thinking aloud）。即使哲学家陷入了长时间的潜心阅读或沉思默想，也绝不可能须臾稍离"他人话语"的激励，因为哲学式的"自问自答"无非是对各种理由的逼问与辩护，而哲学式的"封盘长考"更是对各种音调的回味与反刍。既然思想者的主体性至少部分要取决于主体间性，以"反思"（亦即发展出主体的自我意识）为业的哲学家就尤须培养出宽大的"内心听觉"，以便容纳各个声部在相互对比中充分地自我陈述，诱使这些复调主题在共时交织中不断地突破和再造其心智的"统觉背景"；而一旦缺乏去"收视反听"各种复杂动机的能力，一个难免偏狭的心胸就根本无从保持足够的思想紧张度，更无由在多元"乐思"的激发下接引出布局宏大的整一乐章。在此意义上，无论是否在语式上采纳对话体，哲思的语法都注定是对话性的，它拒斥热昏的"独白"，而要求虚静的"兼听"。

　　不难想见，既然在对话与哲思之间存在着如此本真的关联，则任何一种精神传统的内在活力，均要取决于此类对话在其中的活跃程度，故而几千年来未曾消歇的心智发育史，实乃不稍间断的思想对话史。一方面不在话下的是，倘非在中国古代曾经展开过先秦诸子间的对话，或者倘非在西方近代曾经展开过经验主义和理性主义间的对话，先哲们就不可能传承下来像现在这般丰富的精神样态。另一方面尤须强调的是，无论此种对话是怎样的由来已久，鉴于现代性的急剧扩张已使地球在人类脚下愈变愈小，它在当代的重要性又远较已往更为突出，空前地支配和主宰着哲学的运思方式。——再未有过哪个时代，人类的精神世界遭遇过像今天这样错综复杂的裂变：无论是在诸种主要的世界性宗教之间，还是在这些精神遗产与现代性之间，均产生了持续的紧张；而且种种的文化模式还经由剧烈的文明碰撞和便捷的信息传播，向人们并列出了各自的精神内核，使其难衷一是地踟蹰于多元的价值支点之间。值此数千年未见之精神危局，哲学家需要首先克服的障碍自当在于：由于任何原本是不证自明的生活态度和思想准则，均已在急剧的相对化中受到了无情的颠覆，使得人们惯常借以验证自己思路是否确当的先定标准，竟无一例外地暴露出仅仅源于或本于某种特定的文明参照系，很可能只属于有待破除（或至少有待解毒）的"所执所迷"，故而，果欲将表层的文化冲突化解为深层的文化动力,俾使自己的哲思重觅"阿基米德点",就须首先于文明边界处扩大对话的范围与规模,照顾和思量到更多的基准和向度。

由此便自然引申出了比较哲学在整个哲思中的优先性:既然刨根究底的解构风潮已把运思过程是否符合"工具理性"的问题悄悄还原成了究竟分属何种"价值理性"的问题,从而把本应具有排他性的"真理问题"悄悄瓦解成了仅仅具有描述性的"文化问题",就迫使人们不得不从心情上潜回各个文明的原有出发点,先来低首下心地"倾听"仿佛是展开于几大圣哲之间的迟到了数千年的对话。而为了步入这个当代精神的第一道门槛,所有倾听(或"加入")这场对话的思想主体,又必须首先达成下述共识以澡雪自己的心境:其一曰"起点的对等",即无论现代性怎样的来势汹汹,也绝无理由把它当成压向哲学天平的沉重砝码,以免让哪个一时间显出"强势"的文明当真占据了话语的支配权位,致使人类丧失和毁弃了本有的文化资源和交流可能;其二曰"指归的共通",即这种对于平等发言权和多元出发点的空前共享,不仅不应妨碍人们去应对真正属于全人类的紧迫问题,倒应促动他们较为全面地掌握人性的侧面和潜能,以便借助于解构到的文明片断来尝试建构具有普世意义的新型文明。

建立如此高远的普遍预设,无疑只属于某种理想状态。但这个乌托邦仍很值得神往,因为只有朝这种运思立场不断逼近,才有可能支撑文明边际的持续对话,进而推动世界史闯过第二个"轴心期"。在此意义上,比较哲学这块学术新天地,本身就已蕴涵了向存在及其环境所敞露的更富弹性的重塑空间。它的确立使人们有可能向文化虚无论和文化宿命论发出双向的抗争,即既不否认古代圣哲之精神路向的先入为主的影响,又总是心怀超越此类思想极限的热望,既不否认过往文明进程在地表上造成的文化隔阂,又总是企盼打破这些把人类贬低为不同亚种的观念与习俗篱笆,既不否认此身只是短暂地被抛于绵延的时间之内,又总是力求投入到使传统不断开新的创造活动之中……人们理应清醒地意识到,无论可否在未来最终自我超度,都必须抓紧尚可拥有的当前,去发挥乃至拓展看来至少是部分决定了其主体间性的"文化间性"(interculturality),否则就将连过去残存的巴比伦塔遗迹都守护不住了。

二

从不同的解释语境出发,当可对同一部著作进行不同的理解和阐发,故若从比较哲学的视点观之,由郝大维(David L. Hall)和安乐哲(Roger T. Ames)合写的这本"*Thinking Through Confucius*",就完全可以被看成是大跨度和多层面的"思想对话录"。这种对话既展开于由郝大维所代表的哲学思辨传统和由安乐哲所代表的汉学考辨传统之间,从而间接地表现为中西圣哲的恳谈,又展开于古代经典文本和现代阐释话语之间,从而鲜明地表现为古今心音的交响。

更进一步说,这种对话还隐约地展开于作者及其预期读者之间,因为该书标题本身的双关语义,从一开始就显示出了它适应于不同读者群的可能性。由于在汉语中并无与之确当对应的表达方式,"*Thinking Through Confucius*"这个不无俏皮的书名就很难严格地转译成中文:如从比较哲学的意义上,它似乎更应被理解为"通过孔子(through Confucius)而思";而若在中国哲学史的范围内,它恐怕就更应被理解为"思清悟透(thinking through)孔子"。人们很自然地能够猜想到:其中第一层含义大概更针对西方读者,因为唯有他们才需要被明确地提示,作为某种外缘或异质文化资源的孔子哲学,完全有可能对其拓宽视界和加大思力的欲求有所助益;而它的第二层含义则或许更针对中国读者,因为真正可能对之构成问题的,从来就并非应否"通过孔子而思",而乃如何从事和改进这种思考。

就此而论,一篇以中文母语来撰写的评论,若循常例或会更倾向于对该书之细部考释和论证步骤的精密讨论,以便验证其作者试图通过重新诠释许多中国古代思想之关键范畴而初步营造(或还原)的哲学体系,到底在中国哲学史的专业范围内提出或解决了哪些有价值的问题,又制造或开放了哪些更棘手的问题。不过,本文的旨趣却非止于此,而毋宁关注较为宏观的方法论启示。易言之,尽管不可能完全脱开细节问题,但本文却更希望从大处着眼,看看这本比较哲学的著作可否为儒家文化圈的读者带来更加别致的阅读效果,即参对着西方哲学的某些基本预设,来反忖自家思想深处的文化本根,从而更真切地认识到对话性在文化传承和意义创新过程中的重要地位。也许,如果调用该书标题的原有句式,这种解读策略就不应再被称作"通过孔子而思",而应标以"通过苏格拉底而思"(thinking through Socrates)了。

相当引人注目的是:尽管作者郝大维和安乐哲均隶属于欧美的思想谱系,而非来自儒家社会的文化保守主义者,可在其行文间却不但没有流露出文化沙文主义的语气,反倒多多少少表现出对中国文化之本土本位(ethnocentrism)的呵护甚至"固执";而且,由于其西学学养使之更便于"举重若轻"地勾勒和剖析欧美的精神传统,他们就反而比某些以非母语去读解和阐释这种传统的作者更易于反省其有限性与相对性,从而不但不会像全盘西化论的鼓吹者那样自以为早已真经在手,甚至比某些具有新儒家倾向的学者更能自觉地对抗西方话语的无形支配。当然话说回来,这种做法决不意味着该书作者业已皈依孔老夫子的教义,而盲目地采取了某种"洋儒家"的立场;他们无非是要坚守"价值中立"的研究态度,以此作为比较哲学的必备出发点。同样,这种做法也决不意味着他们业已陷入了彻底的相对主义,而只图耍弄各种相争不下的理念去玩"以毒攻毒"的儿戏;他们无非是要把真正堪称"意义"的东西延宕到充分的跨文化对话之后,务使心中的结论不要被突兀地得出于尚待扩大的思想前提之先。这种姿态显示了方法论上的自觉:为了落实各种价值原点的对等发言权,俾使此后的思想对话获得牢固的基点,就必须竭力廓清和界定为中国精神所独有的基本预设,从而先行营造出未经外缘文化污损的语境,以便不再把西方哲学的潜在前提视作无可置疑的取舍标准或解释框架,——无论这种以西学比附中学的做法是出于普遍主义的思维定式,还是出于替中国文化辩解的一片"好意"。

就这类还原中国精神本相的努力而言,书中最具挑战性的论点,无疑当推作者针对"内在超越"(immanental transcendence)的提法所表达的不同见解。此一分梳不仅构成了全书的主线,而且不无反讽地向读者提示着,鉴于某些难以自觉的思想混杂经常意味着难以绕出的阐释迷宫,所以若要澄清对于中国思想的若干误解,有时反而有赖于加深对西方思想的批判性理解。

也许有必要先约略回顾一下相关的学术背景。在研习中国文化的过程中,只怕大家越是追随和沿袭"内在超越"的成说,就越会痛感其含混与吊诡之处,几不下于所谓"方的圆":尽管就其"圆"的一面而言,它确乎可以方便地借用"超越"二字来凸显在人格修持方面不断上提的涵养过程,从而有助于体贴和表达儒家伦理学说的丰富层次,但就其"方"的一面而言,它又实在无法只凭照搬"超越"一词便突破仅以"从心所欲不逾矩"为修身极境的内在限制,反倒有碍于妙悟和分说由"上下同流"的宇宙论预设必然派生出来的中国文化的审美精义及悦乐心态。更进一步说,问题的要害还不在于哪类命题是否确当,而在于只要由此追究下去,竟又不得不道破这样一个"天机":人们所以会强令本土的圆融智慧向外来的机械概念就范,个中的难言之隐恰恰在于,在西方话语的长期重压下,舶来的"超越"一词早被其不自觉地"价值化"了;他们已顾不上分辩究竟要释读中国哲学还是"准西方哲学",因为在《天演论》的无形重压之下,似乎不在本民族的历史中生造出类似的文化基因来,便不能为中国文明争夺进取的冲力和生存的权利。

明乎此,也就自然会彻悟到:唯其不再将"本体"与"现象"的二元割裂视作不证自明的天经地义了,才有理由在即使判定孔子未曾设定超然的绝对本源和形上支点时,也丝毫不替他老先生感到心虚气短。故而读来颇有兴味的是,偏偏是这两位批判地意识到了原禀精神传统之极限的西方作者,反而得以在下笔伊始就(并无偏见或歧视之嫌地)指出,由于"内在"和"超越"这两个源于西方的对立概念在逻辑上不能合取,所以倘要以西方术语来"强为之名",则孔子哲学的基本预设毋宁显示了"内在而不超越"的特征。他们为此而提供的学理根据是:一方面,原理(principles)在欧美哲学传统中的支配地位,必然在下述的精确语义上要求着对于"超越"的设定——"严格意义上的超越应被理解为:如果原理乙的意义及重要性不求助于原理甲就不能被充分地分析和理解,可反过来却并非如此,则原理甲对原理乙的关系便是超越的。"(见 *Thinking Through*

Confucius 第 13 页,全篇同)而另一方面,体现于中国思想传统中的从自然主义的立场来解释存在的强烈倾向,又远未向即使如"天"这般高高在上的概念赋予独立于世界之外的先存品格和创世能力——"天是全然内在的,并不独立于构成自身的现象之总和而存在。断定由现象'创造'了天,跟说由天创造了现象同样正当;故此天与现象间的关系乃是相互依赖的。天的意义和价值取决于其诸多表征的意义和价值,而天的秩序则体现在由其相关部分所达致的和谐中。"(见该书第 207 页)

为了不在细部上陷于无穷后退,就只有把这方面的详尽讨论暂且按下了。从本文的主旨出发,应当借机着重指出的是,无论能否同意该书的具体论点,读者总可以从中找出启发,而得以在从事精神考古时留意左右两边的陷阱,即既不再一叶障目地以为,孔子思想的邃密和伟大并非缘于其自身,而只在于被后人冠上的若干顶"西已有之"的哲学桂冠,又不再因噎废食地认定,既然像"内在—超越"之类的纠葛统统肇因于中西语义的微妙差异,就莫如索性放弃进行交流的初衷。必须清醒地意识到,比较哲学这门学科的创立,说到底是缘自对于下述限制的确认:对于任何精神传统的独到奥义,都只有综合"外部"(outside)与"内部"(inside)的优长,才能获得更全面和充分的考察;也就是说,人们既有可能凭借"放远的眼光"(the view from afar),去看出某些"久在其中反不闻其臭"的特征,又不可能仅靠征引外在的哲学范畴,便将衍生于本土生活情境及态度的运思特征说清道尽。——这种限制或许并不值得为之太过沮丧,因为正是它才使比较哲学中的对话有可能展现层层递进的开放性,才使文明边际的巡行者有可能在知识上显出日益增长的比较优势。

三

在这场比较哲学的对话中,还不妨再试作揣想:果能"起夫子而问之"的话,他会对一本由现代西方学者替中国古代圣贤立言的著作持怎样的态度?

很可能,他乍读起来会感到莫名其妙,发现自己真是"才疏学浅":由于在其知识背景中既不存在柏拉图和亚里士多德、笛卡尔和康德,也不存在海德格尔和维特根斯坦、德里达和罗蒂,所以他根本无法通过这些陌生的符号去联想到各种匠心独运的哲学学说,更无法以此为鉴来反照本身的精神肖像……也很可能,他读到后来又会恍然大悟,发现后人才更是"心劳日拙":他们居然要调动那么多繁杂的哲学术语和零乱的思想片断,来阐释自己只拈得寥寥数语便足以表达的人生感悟,而且即使如此仍显出了很大的随意性,竟使圆通融汇的古代智慧走样成了支离残损的现代学问……但更可能的是,他会坦然地体谅上述的双向理解困境,反把这道由对话性本身必然导致的古今鸿沟视作有可能诱使彼此"拈花一笑"的契机,因为从其增进人际和谐的强烈初衷出发,他决不至于笼统地将此种对话的内涵概括成纯粹的"支配与反支配"关系,以免让偏执的猜忌心态和纯粹的私人语言堵塞了人类的交流途径……

上述猜度看似戏言,可其中的步步推演并不乏内在的信念。——那信念不仅缘于对中西对等的确认,还更基于对古今对等的确认:尽管从短时段看来,操持现代哲学话语的今人总会占尽上风,足以对残存的经典尽情评说任意挑剔,致使古代文本在许多关键问题上均显得无力应对或不合时宜,但若由长时段观之,表面上缄默不语的传统也绝非无缘自我表白,因为在那中间总是潜伏着某种不可证伪的人生智慧和处世态度,并总能不失时机地在现实和思想的转捩关口引起广泛的回顾,从而以其独到的答案顽强呈现自己活泼泼的生命力。在这个意义上,前贤们就无疑在其身后的哲思中享有对等的发言权,绝非只是被动地坐等后进的裁定;他们在与后人的神交中,经常会借助于绵绵不绝的阐释运动,重新展示自己的"原教旨",从而把"传统价值有无活力"的无知问题,戏剧性地转变为"当代心智有无活力"的嘲讽问题。

郝大维和安乐哲的这本"古今对话录",恰好对此提供了充足的证据,表明一旦转换了理解的角度(或增进了理解的广度),孔子那些已被注疏过无数遍的旧有命题,就能重又充满新意,弄得人们有时简直难以确知——显出浅薄之处的究竟是那些曾被觉得不合时宜的思想先驱呢,还是解释立场咸有变异的后学自己?

这方面最有趣的例证是：该书竟是以一段似乎早被引俗了的"子曰"来谋篇布局的，即《论语》上所谓"吾十有五而志于学，三十而立，四十而不惑，五十而知天命，六十而耳顺，七十而从心所欲不逾矩"；而且此一番对于生命周期的自述，又被独运匠心地分别对应于儒家哲学的知识论、人格论、社会观、宇宙观、概念论等，遂使孔子的毕生追求获得了类乎《浮士德》的"阶段性"舞台场景；另外，这种别出心裁的章节编排，还绝非仅仅出于字面上的浮泛联想，而是出于对儒家哲学的某种独到理解，因为根据书中的重新诠释，尽管孔子确乎介身于"传统文化"（而非"历史文化"）之中，却自有其终生不渝的特定追求，故其"传统主义"决不像俗常理解得那般因循守旧，而毋宁是企图在反本与开新的持续张力中不断调适出新的意义——"此种调适是一个旷费时日的吸纳过程，也是一个开始向新异因素提供传统解释的转变过程。本书的论点之一在于，决不能从严格的历史视点来释读孔子的思想，而应代之以传统的视点，否则便会使之变成始作俑者和'伟人'，而非其自我期许的那种'传人'。但反过来，倘不能时时关照到儒学中的意义创新，则那种以为孔子只述不作的念头，又会将其误解为纯粹的'传人'，而非名副其实的哲人。"（见该书第 25 页）通观全书，此种要求思维定式面对环境更迭而不断权变的基调，时而变奏于由"内在论"预设所派生的意义创造活动中（见该书正文前"几点特定预设"一节），时而变奏于由"学"与"思"的互动关系所规定的对历史文化遗产的认知活动中（见该书第一章），时而变奏于由"礼"和"义"的辩证制约所开敞的在人格塑造过程中的可能世界中（见该书第二章），无疑已在作者笔下构成了孔子哲学的主旋律。

对于那些早把孔子视同为"僵化"的人们来说，能否首肯上述解释，当然可以见仁见智，但无论如何，这种令人称奇的孔子新解，毕竟有助于松动一下后人的脑筋，使之醒悟到古今对话的复杂性。由于在一再峰回路转的阐释活动中，总有可能挖掘出古代文本的未知意义，所以那些不断显得斗转星移的历史传统，也就自然要与对它们的现代表述构成持续的紧张，甚至显出难以穷尽的"无限性"；因此，至少在逻辑上并非全无下述可能：真正"僵化"的其实并不是先哲的思想，而是后人对他们的理解。对于这个问题,作者还从其他侧面充分示例,表明值得忧虑的往往并不是经典作家的精神深度,而是阐释者本身的思想力度,比如倘不能透过"共同体"(community)和"联合体"(association)的区别而认清礼仪文化和法律文化的相对性,后人就不可能看出孔子重视"礼"和"名"的内在理由(见该书第二章、第五章),再如倘不能通过"内发审美"和"外在超越"的区别来认清美学秩序和逻辑秩序的不同思想根据,后人亦无可能平心论说孔子社会观和宇宙论的短长(见该书第二章、第四章)。尽管人们仍有可能对上述注解提出持之有故的异议,可就本文的关切重心而言,真正的关键之处却并不在于该书具体立论的得失,而在于即使是那些对它们的或许更为正确的反驳,也同样属于不断追寻经典真义的解释运动,从而也同样应被纳入传统与当代的持续对话之中。——曾几何时,正是借助于孔子和孔门弟子、原儒和晚出儒家的这类富于创意的对话,才支撑起了作为中华文明之主干的绵绵未绝的精神传统;而在文明边界已被打破的当今,就更只有坚持不懈于此种对话,才能使华夏民族的精神本根继续伸展下去。

　　当然无可否认:长达一个半世纪的西风东渐,已使所谓"传统之中断"成了最最老生常谈的话题之一;甚至烙在现代哲学话语中的浓重西学印迹,已使人们很难分清哪些对话展开于"古今"之间、哪些对话展开于"中西"之间。不过,正如该书已充分演明的那样,这种融"古今中西"于一体的对话,并非只有消极破坏的作用,因为它不仅有助于西方人"通过中国精神而思",也同样有助于中国人"通过西方精神而思",从而有可能使彼此的独特价值取向均在对比和印证中更趋彰显,——在这一层意义上,只要还愿意对此付出艰苦的努力,人们到头来就仍有可能发现,本土的精神传统会否在外缘冲击下全然断裂,尚在很大程度上取决于自己的心念。进而,此类比较研究的题中应有之义,又并非仅限于对过去的澄清,还更意在于对未来的塑造,因为它无疑向思想者提供了根基更广的多元阶梯,使之有可能在传统与当代、理念与实势、自我与他者之间重寻更高的契合点,——在这一层意义上,也只有坚持文明边际的对话,人们才有可能把中国哲学史的课题带到更为开阔的语境中,赋予它超出纯属知识考古之外的某种深意。

# 韦伯与儒家[*]

马克斯·韦伯和儒家之间的纠葛,既由来已久又聚讼纷纭,不能只靠一篇讲演就交代清楚。不过我今天想要处理的话题,却有一个相对单纯的限定,只谈他在当代中国心智史中跟儒家的遭遇。令人瞩目的是,尽管韦伯本是个早该安息在书本深处的幽灵,但由于国内语境急转直下的滑移,却使其学说的符号意义,乃至他本人的思想肖像,短短十几年间就在我们这里变形了三次,而且每一回都意味着要跟儒家重新调整关系。从这个意义上讲,我们此番想要考察的重点,与其说是某一位早已经典化的德国思想家,倒不如说是一大帮五心不定的本国接受者。作为当代精神历程的一个典型事件,此类中西知识之间既匆促又反复的碰撞、易位和磨合,不仅凸显了两大文明间抗争的强韧与持续,也暴露了当代心智在此种压强下的困窘与躁动。

需要说明的是,在中西互渗的复杂语境中,"儒家"这个字眼已不像寻常把握的那样单纯,只在指称一个中国思想流派。西文所谓"Confucianism"(硬译过来本应为"孔夫子主义"),意思往往比较含混和笼统,有时是在指称孔子本人的思想观点,有时是在指称孔子之前之后的全部脉络,有时则干脆被当成"基督教世界"或"基督教文明"的对称,用来

---

* 文的要点曾在哈佛燕京学社的"儒学讨论班"上宣读过,时间大约是在 1998 年秋季学期。现略加订正和注释以搪文债,也借机听取各方的批评。——作者辛巳年新春补记于北大草庐

指称作为"儒教文明"（Confucian civilization）的整个中国乃至中国文化圈。因此，既然我今番要顺着韦伯的语义言说，也就免不了要沾染这种含混，既有可能拿它来特指孔子或孔门后学，也有可能拿它来泛指中国本位或中国事实。幸而，这几个范畴总还构成了层层外扩的同心圆，所以只要小心从事，此种含混尚不致构成概念的偷换和语义的混乱。

——

先从马克斯·韦伯在当代中国的"降世"说起。尽管后来才回顾到的学术史历程告诉我们，其实老一代学者如贺麟先生，早就对韦伯的学说有所介绍，但那些工作毕竟已经离后学的知识结构相当遥远了，而且真要翻拣那些历史档案的话，其难度恐怕还要大于直接阅读西文本身。因此之故，对于中国新一代的学人而言，其实只是到再度开放了一段时间以后，才充满惊喜地发现了这位堪与卡尔·马克思比肩的重量级思想家。而在此之前，人们尽管充满了思想解放的渴求，却更习惯于到马克思本人的学说、特别是其思辨味道和人文气息都更浓的早期手稿中去挖掘精神资源，希望借此来诊断和改造当代中国的历史病因，直到后来纪念马克思逝世百年的理论风波彻底抑止了这种思想倾向。（顺便说一句，我至今仍对这种外力的阻断深感痛心，因为它以政治实用主义的态度拖累了我们马克思主义研究的水准，妨碍了它对当代社会发出应有的批判力度，使得这种最为强调实践的学说反而与中国事实就此脱节了。）

我选用"降世"这个神化辞令来描绘韦伯的再发现，是因为自己曾经有幸躬逢其盛，甚至至今只要一闭上眼，还能依稀听到"文化热"年代那股带有巨大解放感的鼓掌声与喝彩声。记得1986年夏季的一个傍晚，我就曾经陪同业师李泽厚教授，一起到北京大学的礼堂领受过这种很容易使人飘飘然的声浪，尽管我们当时不过是想去听听有关韦伯的学术报告而已。更有意思的是，那场报告与其说是有关理论社会学的讲演，倒不如说是有关新教伦理的变相布道（记得当时台上的"传教士"是王容芬和苏国勋两位教授）。据说，这种对于韦伯学说的热情，还是起飞中国家的典型特征,因为现代化运动波及哪里,韦伯就会屡试不爽地"降世"到哪里。

现在我们当然多少冷静下来了,知道这种热潮其实也有负面效应;我们也多少了解到了韦伯学说的复杂性,知道他内心存在着诸多的两难。不过,介身于当年的亢奋场域中,讲演者和听讲者互相影响着,是很难发出这类清醒思考乃至传染一点韦伯式的内心踌躇的。所以,如果我的记忆没有出错,当时台上所传递和台下所鼓噪的信息正是:正像过去不懂马克思就无权发言一样,今后在我们这个行当里只怕又要"言必称韦伯"了;多年以后《中华读书报》采访苏国勋教授时还在这样形容——"韦伯思想在本世纪下半叶一直是社会科学和人文学科领域里的一个兴奋点,以至于有人曾不无讽刺地说道:'谁掌握了对韦伯的阐释权,谁也就有望执学术研究的牛耳。'"①

由此一来,在如此热闹的时尚潮流中,人们究竟会热衷什么,也就不难推知了。除了稍早出版且不太能引起圈外兴趣的《世界经济通史》(上海译文出版社,1981年版)之外,国内最早印行的两个韦伯译本,都是他那本《新教伦理与资本主义精神》,一个是《走向未来》丛书的节译本(四川人民出版社,1986年版),另一个是《文化:中国与世界》丛书的全译本(生活·读书·新知三联书店,1987年版)。《新教伦理与资本主义精神》一书当然不失为韦伯的招牌性著作,不过当年的两大丛书竟不约而同地选中了它,却刚好说明那时的中国语境正急于吸取何种信息。

说得干脆点儿:他们是在需求和寻找另一个马克思!马克斯·韦伯,这位无巧不巧也来自德国、甚至无巧不巧也叫"马克斯"的社会思想家,既然在博大精深和富于创意方面,都足以跟锁定着头脑的卡尔·马克思相抗衡,他的符号意义也就首先在于迎合了"文化热"所渴望的解放感,足以提供迥然不同的、有助于松动头脑的诠释模式,不致再把蒸汽机的发明当成了唯一的历史动力,而忽略了人类自身内在企求的能动作用。

可同样耐人寻味的是,如果尚未被当时的气氛催眠,你还是不难从旁冷静地发现,在那兴高采烈的颠覆背后仍有相当的限制——人们太习惯

---

① 《中华读书报》,1998年4月15日。

于寻找现代化的终南捷径了，一旦某种简明的历史叙事不再令人信服，就会马上转念去寻找另一种；所以在他们的头脑中，历史总是表现为单因单果的线性联系，以为只要牢牢抓住那个最初的线头，今后的历史进程就能省事地拉线木偶般地被玩于股掌。由此也就不难判定《新教伦理与资本主义精神》一书为什么最先受到青睐了，那绝不是什么偶然的巧合，恰是因为它的论域及线索都足够单纯，能被方便地解释为某种唯文化精神决定论，以投合"文化热"年代的理论胃口，哪怕后来细读《经济与社会》的学者，会觉得这种简单化简直难以容忍。

正是在这种对现代文明之"第一推动"的天真诉求中，儒家学说头一次遭遇到了韦伯，当然这一回，孔子及其门人还只配被钉上十字架。依照当时的运思定势，人们还只会以文化激进主义的思想方法，来检省政治激进主义的社会恶果，还反省不到这两者之间的姻亲关系，更不会意识到对传统本身的护持与保守同样有可能构成历史的持续推力。由此一来，韦伯学说，确切地说是大大简化过的韦伯学说，自然要被预期"一石双鸟"之功了——既被用来抵制越来越庸俗化的唯生产力论和社会学解释，从而突出文化传统和精神气质在现代化进程中的能动作用，也被用来继续毁弃早已支离破碎的儒家传统。既在意料之中又在情理之外的是：现在儒家的新罪名是反而太过理性和清醒，未能像德尔图良那样"正因其荒谬我才相信"，所以也就未能在相应的历史阶段提供出类似新教伦理那样的精神支持，并借着这种迷狂的内在紧张去创化出本土的"合理性资本主义"来。

受这种唯文化精神决定论的驱动，全盘西化论者就再次找到了崇仰西方的理由，而且这一次肯定要比五四走得更远，一直下潜到德先生和赛先生埋在地表下的根基处，去把崇仰进一步发展成信仰乃至迷信。按照更显得刨根究底的理解，中国人最短缺的不再是器物、制度甚至思想层面的任何东西，而是超出理解之外的西方宗教，所以，当务之急就不再是"启蒙"而是"起信"、不再是雅典而是耶路撒冷了。讽刺的是，恰是从最世俗最功利的目的出发，人们反而摆出了最神圣最超然的姿态，他们从一元论和决定论的逻辑出发，认定唯有西方文明中最超出中国人理解的神秘部分,才派生出了一切最受艳羡的现代专利,其中既包括科学与民主,也包括个人自由和"合理性资本主义"。

严格计较起来,这种基于韦伯原理而进行的传统清算,根本就是不着边际的。即使根据韦伯本人的想法,那种由于宣扬严峻的命定论而无意间驱赶着人们以无休止的和超出需要的劳作来证明其蒙恩状态的新教伦理,也只能是人类精神史上一种意外的"畸变"。如果能读得深一些,不管韦伯有没有明确讲出来,我们总可以确凿地体会到,他已把"合理性资本主义"在世界文明史中的出现,从逻辑上逼成了一种"偶变",也就是说,在他对几种主要的世界性宗教所进行的比较社会学研究中,相对于儒教、佛教、伊斯兰教甚至基督教本身的普遍"正常"形态而言,孕育着现代资本主义的新教伦理,只不过是一种特殊的"反常"个案而已。进而言之,这种"反常"形态即使根据韦伯本人对于现代性特征的深刻刻画——以"价值理性"之萎缩来换取的"工具理性"之膨胀,也谈不上是什么人类的福音,相反倒毋宁说,根据我本人的体会,他那充满悲观的对于世界宗教的比较研究和对于现代世界的因果分析,差不多就是在追问——"此种令其他文明如此无法抗拒的'癌症'究竟是怎么产生的?"

甚至就连刚才的"正常"、"反常"或"畸变"、"偶变"等说法,也必须打上引号再用,因为韦伯并不是个黑格尔主义者,而是个新康德主义者,在他心目中并不存在作为上帝代名词的历史必然律,而只存在着独一无二的个别历史现象,以及无限多样的总体历史景观。在这个意义上,只要西方文明尚未"畸变"和"偶变"成现在这副模样,它就有可能永远变不成;另一方面,只要西方文明不以它现在的架势扩张,非西方文明的命运也就不会沦为现在这个样子。所以,正如我以前在一篇文章中写到的:"在他所说的那种'合理性资本主义'的精神气质和制度因素在欧洲的某个角落发生'偶合'之前,他并没有理由预设任何冥冥中的主宰来保证此类'偶合'必然会发生;恰恰相反,在这种'不合理的合理性'导致了整个世界文明史的'突变'之前,所有文明肌体的灾难性'癌变'倒是完全有可能永不发生,故被其它世界性宗教所化育出来的别的文明类型也就完全有可能作为

'正常的'人类生活方式而一直延续下去。"①

在这个意义上，也许令当年那些反传统主义者始料未及的是，其实韦伯研究世界宗教的基本架构，就其真正的学术潜力而言，不仅不能支持他们对中国传统的激烈毁弃要求，反而从假设史学的角度给出了文明考古的保守主义支点。并不是说，中华文明在过往历史的关口未曾遭遇过内在的危机，那些危机仍然是十分深重的和需要认真总结的。不过顺着韦伯的话题，只要"合理性资本主义"还没有在世界的某个角落"异变"出来，全人类就并不必然要像今天这样面对由此产生的"全球化"问题，中华文明也就并不必然要像今天这样跟西方文明相遇，就未必不能以自身价值的递进来应对这些这类危机，就仍有可能在其本有价值理念的范导下循着自身轨迹发展下去。

尤为讽刺的是，这种对于单一历史动因的寻求，好像也同样驳不倒对于精神发生过程的马克思主义解释。只要你热衷于"鸡和蛋孰先孰后"这类虚假问题，那么你很快就会懊恼地发现，强调一种单因单果的线性进化论，只能使你欲速不达大兜圈子。我们知道，加尔文的最初教义其实跟"合理性资本主义"并不合拍，这大概仍然属于一般宗教的"常态"，认定"为富不仁"或者"富人进入天堂难于骆驼穿过针眼"；但在此后的历史演变中，加尔文派的部分修正主义者却一改初衷，完成了向清教教义的陡然转变。如果这种陡转就是全部现代文明的第一成因，人们就有权进一步追究：此种意识形态的变异，乃至整个神学思维的发展变化，其本身有没有一个历史唯物主义的成因？或者说得更明确些，如果一群牧师的布道内容，不仅大大偏离了本门本派的原教旨，还偏巧在急需的时刻正当化和合法化了先此发生的资本主义经济行为，那么，这种适逢其时的宗教改革，其理由就一定是内发的和神秘的吗？就不会受到社会存在的决定性制约吗？就不会是在掩饰和美化榨取"剩余价值"的阶级罪恶吗？

这类批评并不是我本人的发明，所以请允许我在此稍做一点引证："韦伯想当然地认为，这起因必须到神学传统的转化亦即宗教改革中去寻

---

① 刘东：《刘东自选集》，广西师范大学出版社 1997 年版，第 113 页。

找。但除了'历史辩证法'的运用或颇成问题的心理建构之外,他在将资本主义精神追溯到宗教改革,尤其是加尔文教时并不成功。托尼(Tawney)正确地指出,韦伯所研究的资本主义的清教乃是晚期的清教,或者说是已经与'世界'和平相处的清教。这就是说,他研究的清教乃是与已然存在的资本主义世界和平相处的:它不是资本主义世界或资本主义精神的起因。……简而言之,韦伯过高地估计了在神学层面上所发生的革命的重要性,过低地估计了在理性思想的层面上所发生的革命的重要性。人们只要比他更仔细地关注纯粹世俗的发展,就能够恢复被他武断地割裂了的在资本主义精神的出现与经济科学的出现之间的关联。"①

二

坦承自己并非基督徒的罗素,曾在《中国问题》中举了这样一个例子,来凸显"合理性资本主义"的实质不合理——"一位美国青年拼命工作,等到有了几百万时便成了一个胃病患者,只能靠吐司和白开水来维持生命,成了为客人准备的宴席中的旁观者……"②如果参照着儒家文明的现世态度,我可以把上述例子发挥成一种更加明确的表达:尽管韦伯描绘的那种并不准备满足私欲的经济活动,或许在积累财富和加强竞争方面,果然有助于加强整个社会的"情商",也就是说,有助于抑制杀鸡取卵式的花光吃净式的贪婪消费,但如果我们清醒地认识到,生命其实对任何人都只有一次,那么只怕天底下最傻的傻事,就是在以毕生精力挣下整座的金山之后,仍不知稍微和适时地挥霍一下,忘了那财富本是应着人的内在需求创造出来的,而非要拼尽最后一口气,再往那金山上加添一把微不足道的金沙,竟连回眸一望的力气都剩不下。林语堂先生在《吾土吾民》中讲过,中国人在创造财富方面或不如人,却在享用有限资源方面高人一等,恐怕正

① Leo Strauss,1965. *Natural Right and History*,Chicago:The University of Chicago Press,60-61.

② 罗素:《中国问题》,秦悦译,上海学林出版社 1996 年版,第 160 页。

是这种现世人生观的合理推演与外化。

　　上面这番"冒天下之大不韪"的话,搁在"文化热"年代是无人敢讲的,尽管真要是有人斗胆讲出来,也未必很容易就能被驳倒。人们当时完全无心进行这类形上玄谈,哪怕一夜间全都皈依新教也无所谓,只要能尽快步入现代化生活就行;当然,他们更加同样无心去捉摸清楚:就算新教伦理与资本主义精神之间确曾有过韦伯所讲的那种关联,那么根据韦伯本人对于历史机缘的理解,此种关联还有否把握在我们这里重演一次?[①]正如从利玛窦的年代起就想拿各种"奇技淫巧"充当传教的引子一样,[②]现在大家再次基于对富裕社会的渴望,而把灵魂的赌注押下了彼岸世界。在一个现世主义根深蒂固的文化氛围中,大约也只能借助此种世俗的诱惑来宣扬本意是超凡脱俗的神性了,只不过以前是传教士在苦苦劝诱,如今是这边主动要脱胎换骨,而且是在西方哲人惊呼"上帝已死"之后很久。一时间此风之盛,竟使非止一位毫无音乐修养的研究生,在跟我谈起贝多

---

　　[①]　为了说明我所用"就算"二字的实际含义,可以参对下述综述:"关于欧洲资本主义的兴起,韦伯的理论很久以来就受到托尼的挑战,受到 H. M. 罗伯逊等人以及最近库尔特·赛缪尔森的抛弃。正如亚当·斯密和马克思早就观察到的,资本主义诞生在天主教的意大利、西班牙和葡萄牙;它繁荣于天主教的比利时和阿姆斯特丹的天主教企业家之中,然后才在新教英国发展起来。至于新世界,历史证据详尽无遗地表明,本文也更为扼要地表明:欧洲的体制并不是简单地从旧世界移植到新世界的。但是即使没有这种详尽无遗的证据,简单的调查也清楚地表明韦伯的理论并不能说明加勒比殖民地——以及后来的非洲和亚洲殖民地——不发达的原因,这些殖民地也有幸被英国资本主义光顾,在西属加勒比也成为出口种植园以前,它们的不发达要比西属加勒比严重得多。韦伯理论也不能说明英属美洲的北方和南方之间差异的原因。在观察了历史证据以后,布鲁切总结说:'总之,有必要得出结论,从很大程度上说,商业的成功主要并非由于清教主义,而是由于牺牲清教主义而取得的。'加布里埃尔·科尔科认为:'如果清教徒的宗教概念与商人阶级之间的联盟像韦伯所设想的那样真实的话(清教主义与商业之间的),冲突就不会发生得那么快。'赛缪尔森总结说:'因此,我们的结论是,不论我们从清教主义和'资本主义'的教义出发,还是从宗教和经济行动间相互关系的真正概念出发,我们都无法找到对韦伯理论的支持。几乎所有的证据都同这些理论相悖。'"(安德烈·冈德·弗兰克:《依附性积累与不发达》,高銛、高戈译,译林出版社 2000 年版,第 31—32 页)

　　[②]　参阅 Jonathan D. Spence, 1984. *The Memory Palace of Matteo Ricci*, Viking Press.

芬的时候,煞有介事地宣称唯有《庄严弥撒》他还能听得下去,虽则他那耳朵只怕连《英雄》和《田园》的主题都未必分得清。

由马克斯·韦伯这位从未感到自己有过宗教感的思想家,来继承利玛窦当年的传教事业,而且继承得这样成功,这恐怕是我们这个倒错的时代所能开出的最大玩笑之一了。不过,这种新的时尚却也带出了新的难题。尽管那位只还能吃吐司的美国倒霉蛋遭到了罗素的挖苦,但假定他确如韦伯所说,内心还笃信着新教伦理,那么,我们总还可以跟着假定,他总还有维持心理平衡的理由,总还具备获得精神代偿的某种可能。可轮到中国人该怎么办?——要知道就连宣扬西方神学或宗教哲学最有力的中国学者,依我本人的亲身接触,也很难相信他们心中确实存在着"天国"或"统一神"的表象(我在这里只是想分说文化的无意识边界,绝对无意指责任何个人在言不由衷);所以,要是唯一拥有现世的中国人,也被剥夺了享受此岸幸福的权力,那不就赤条条地被剥夺得干净了吗?再者说,顺着这种思路,更教人难堪和难于接受的悖论还在于:一方面,如果中国人扪心自问永远无法归宗此教,岂不是要在文化前途上被判处死刑吗?另一方面,如果他们也把关注的重心转移到另一个世界,则此岸生活能否享受现代福分又有多大干系?

这些"鸡蛋里挑骨头"的辩难一直潜伏我心里,却总是苦于找不到机会说出来,说出来也不会有人听。在当时的精神场域中,儒家这个字眼简直就是一只沙袋,听任人们各种无名的鸟气发泄在上面,即使人们并非没有朦胧意识到自己只是在迁怒于它。所以说,思考虽是个人的事业,言说却是公共的行为,而后者因为其公共性,就总会受制于怀德海意义上的"舆论气候"——这种东西虽不能湮灭思考,却能很大程度上压制言说,包括让你说了也白说。

不过话说回来,虽然听起来既振振又汹汹,这种传统虚无主义却也很容易被驳倒:既然人们实不过是为了现实的经济目的,才希望在古代文化间进行取舍,才去用一种最渎神的姿态来宣扬上帝,那么,一旦经济事实否决了他们原有的判定,加在儒家身上的"原罪"似乎就立时消解了,他们才不在乎究竟哪种教理更能抚慰魂灵呢!——这方面最突出和最反讽的证据是,后来相当不少的人完成了"胜利大逃亡",但除非有谁需要继续混宗教或神学研究这碗饭,就罕见哪位真正钻进教堂里去当善男信女的。正因为看出了这一点,记得当年跟反传统主义者商榷的时候,我就最爱举出东亚四小龙的成功案例,特别是儒家传统保留得相对较多的台湾地区:如果一方面,传统的因素不仅没有阻碍、反而还有助于儒家文化圈外围地带的经济起飞;另一方面,历史上本来分属于不同文化圈的苏联、东欧,乃至越南、古巴,现在反倒跟我们更加同病相怜,那么,我们还有什么理由把罪过统统归咎于本土的文化传统、而不是外来的制度模式呢?

进入 20 世纪 90 年代以来,不知从哪一天开始,也不知应该归功于哪位的雄辩,类似的论点突然变得深入人心了,真令人惊叹中国的学术语境迁移之快!尽管并没有进行公开的理性的清算,大家却不约而同地盯住了东亚的奇迹,而海外华人学者从历史层面(余英时)或现实层面(金耀基)对于儒家与资本主义精神之契合(或部分契合)的论证,乃至罗伯特·贝拉的《德川宗教》一书,一时间也不胫而走。我们知道,这类论证都染有很强的韦伯色彩,甚至难免一些生搬硬套的痕迹。——于是又一件趣事就发生了:尽管摆在鼻尖上的不争事实,推翻了从韦伯主义出发对儒家文化判处的死刑,可做出此种误判的法官却威信不减当年,反以另一种姿态再度"降世"了。这一次韦伯主义是针对东亚区域和华人社会的奇迹,开出了经济社会学的解释框架,以便在考虑经济曲线时纳入文化变量的参数(比如"勤劳"、"节俭"、"忍耐"、"重视教育"、"团队精神"等)。由此一来,他那本名著的标题,似乎也已变换成《儒教伦理与资本主义精神》了。①

如今回想起来,当时的这种思想倾向,多少受到了德国经济学家何梦笔教授(C. Herrmann-Pillath)的无意推动。在他多次来华访问期间,尽

---

① Cf. S. Gordon Redding, 1990. *The Spirit of Chinese Capitalism*, Berlin and New York: Walter de Gruyter,; Robert Cardella, 1992. Squaring Accounts, *Commercial Bookkeeping Methods and Capitalist Rationalism in Late Qing and Republican China*, The Journal of Asian Studies, 51(2):317-339; Robert W. Boulder(eds.), 1998. *Market Cultures: Society and Morality in the New Asian Capitalisms*, Westview Press.

管大家的专业领域彼此相距遥远,但我和国学所的同仁却从几次研讨中,在一个基本取向上跟他达成了共识:如果新古典主义经济学连在被应用于它原本萃取其中的西方经验时,经由纯化处理的经济人的"理性选择"都显得太过"单向度",那么,当转而观察儒家文化圈中的"经济奇迹"时,就更没有理由不对实际在规范着它的"非正规约束"或"非经济因素"给予足够的重视了。这种共通的问题意识后来导致了大家围绕"经济—文化"基轴的进一步讨论:一方面,从人文学家的角度来看,既然经济生活在当代中国的文化现状中占据了日趋重要的位置,就有必要把它纳入自己的关注范围之内,将其视作一种不可忽视的文化现象;另一方面,从经济学家的角度来看,既然文化因素无疑在东亚经济的成长及限制中起着举足轻重的作用,也就应当自觉地把它纳入需要检讨的公式之中,将其视作一种必须引入的修正参数。此后,虽然诸位学友对韦伯的下力有深有浅,得出的结论也不尽相同,却大体上可以认同于下述判断:一方面,一个完整的儒家体系,不仅不会原生地产生"合理性资本主义",还会对这种所谓的"合理性"进行价值挑战;另一方面,一个破碎的儒家社会,特别是其中被外援因子激活的世俗成分,却足以移植和继生这种资本主义。

　　合乎逻辑地,在韦伯的理论形象有所改变的同时,儒家的世俗形象也随之改变了。它不再被看作现代性的死敌,相反,只要甘心领受"冲击—回应"模式(费正清)或者"传统—现代"模式(列文森),那么人们就倾向于承认,在中国本土传统遭到粉碎之余,反而又能以自身的碎片,向经济转轨提供令人瞩目的推力,并由此拉动整个儒家文化圈的雁阵。要不我们对此还可以换一种更唬人的学术表述——作为文化心理的儒家小传统足以向已被视作历史必然的"创造性转化"提供虽有限却必要的"卡理斯玛支持"(普兰尼)。这是在短短十年之内儒家跟韦伯的第二次遭遇,但这一回它却被看成跟后者具有某种亲和性,甚至是经济发展之不可或缺的一环,而不再是必欲剪除而后快的历史阻力了。

## 三

然则儒家的劫数并未就此终结。仔细寻思后不难发现,在当时的思考框架中,中国传统虽已被赦免了死罪,却又被改判了死缓。

表面看来,人们已经对儒家改变了态度,甚至还想暂时借以填补价值真空,但骨子里,他们的评判标准和理论参照却依然故我:儒家传统好也罢坏也罢,需要保留也罢需要毁弃也罢,其根据都并不来自其理念本身,而只看它对现代化目标所构成的派生意义。在人们的头脑中,儒家学说本身还构不成合法性的来源,还没有资格去对作为现代性的“合理性资本主义”嫌长道短。由此,本土传统中原本用来安身立命的价值理性,就被降格以求地当成了文化转型中的工具理性,变作了只要闯过这条河就不妨拆除的临时渡桥。实际上,不管变着法子说多少遍,这正是林毓生教授主要论点的本质。[①] 他剖析五四时期“全盘性反传统”的潜台词,无非是在告诉人们,这种反传统的策略反而会欲速不达,所以只有暂时不去否定传统,才能更彻底地否定它;另外,他对于“创造性转化”的所谓推行策略,不仅像我以前的文章所剖析的,明显违反了经验派社会思想的家数,使得对于传统的激活成为少数精英的理性设计,[②]还更混淆了历史与价值间的基本区别,因为即使历史有可能朝某个方向推演,这种势头也不见得符合我们的价值取舍,更不值得历史主体去曲意逢迎它。

如果 80 年代主要翻译了《新教伦理与资本主义精神》,那么 90 年代初国内学界的一项突出成绩,就是由江苏人民出版社和商务印书馆一前一后推出了《儒教与道教》的两个译本(1993 年、1995 年)。毫无疑问,韦伯切入中国传统的独特视角,迄今还在激发着对于本土进程中种种结构

---

[①] 林毓生:《中国意识的危机:“五四”时期激烈的反传统主义》,穆善培译,贵州人民出版社 1988 年版;林毓生:《中国传统的创造性转化》,生活·读书·新知三联书店 1988 年版。

[②] 刘东:《“创造性转化”的范围与限制》,载《刘东自选集》,广西师范大学出版社 1997 年版,第 236—241 页。

性阻力的检省;但与此同时,人们也毕竟已经开始了解到,这位德国思想家对于中国终不过是位"伟大的外行"。然而,最意味深长的发展却在于,在当时的思想条件下,对于《儒教与道教》之具体结论的否定,不仅未能导致人们跟韦伯决裂,反而还强化了他在《新教伦理与资本主义精神》中凸显的基本思路,尽管学者一般都更习惯于挑剔史料(而非方法)。不管是有心还是无意,人们都以其行为证明,只有保持对韦伯具体结论的持续修正,才能确保一位现代学者成为"后韦伯主义者"。另一方面,《海外中国研究丛书》于同期译介的《摆脱困境:新儒学与中国政治文化的演进》(江苏人民出版社,1995 年),似乎也向国内同行示范了类似的路向——作者墨子刻教授硬从中国传统中勾勒出了某种类乎新教伦理的内在紧张,并以这种对"德之不修,学之不讲"的焦虑来对应能否被上帝选中的焦虑,从而在韦伯的框架之内把中国比附成了准西方或亚西方。

如果儒家对"合理性资本主义"的反应到此为止,那我就要倾向于德里克教授的判定了,他在《边界上的孔夫子:全球资本主义与儒学的重新发现》一文中,戏剧性地对比了儒学半个多世纪以来的厄运,以及从 80 年代开始的重新登场,从而把围绕儒学话题的一时热闹,判定为"全球后殖民话语在东亚的表征"——"它与当代权力结构的关系既直接又明确,因为复兴的是一些社群的意识形态遗产;这些社群近来在全球资本主义的背景下获得优势地位,同时对全球资本主义的形成有所贡献。"①

然而照我看来,这不仅不是事实的全部,甚至也不是它的主要趋势。的确,伴随着东亚地区经济活力的递增,社会对儒学的传习也开敞了相应的空间,就此而论,儒学高涨和资本主义起飞之间确实存在某种表面的共变关系。不过,要是仅仅据此一点,就认定儒家从此可以安稳就范于全球资本主义体系,甚至与之构成了某种共谋关系,那未免就太过小觑了中国传统。我想问题的症结恐怕在于,德里克教授只看到了儒学此前的落寞,却没有更为细致和宽广地看到,恰是于此沉寂之中,回应和对抗着西潮的

---

① 阿里夫·德里克:《后革命氛围》,王宁等译,中国社会科学出版社 1999 年版,第 228 页。

冲击,在本土精神传统的内部绵绵不绝地涌出了以熊十力、梁漱溟、冯友兰、马一浮、方东美、牟宗三、唐君毅、徐复观等人为代表的新儒家,他们在中西对比的框架之中,不断重新界定着本土的价值本位,并以此宣扬着与外缘文明不同的中国本根。若没有这种坚持不懈和富于创意的守先待后,断不会出现此后的儒学高涨。

这一条思想的线索,也应当有助于从更广的范围内来反思新一代汉学家好意追求的"中国中心观"。如果他们不能摆脱韦伯套路的惯性制约,老是把"能否产生合理性资本主义"的虚假问题,当成甄选和梳理中国史料的前定预设,那么,他们所描画的所谓"内倾性发展",就不仅不会对中国事实给予更多的尊重,反而会益发把中国历史描绘成西方历史的倒影,从而不自觉地间接合法化本为他们所不齿的欧洲中心论。缘此,他们有必要转念思索另一个更深的问题:至少从儒家文化的价值理念来看,这场现代化运动从实质上就是不合理的,因而不仅过去不可能从中国社会中滋生出来,便在当代仍要受到中国价值的持续警惕。在这个意义上,儒家,恰是构成了以往中国历史之内在动机的儒家,才是把握全部中国事实之不可或缺的价值支点;基于此种认识,正像我一再向国外同行进言的,不光要"在中国发现历史"(柯文),还要"在中国发现文明"、"在中国发现价值",否则就难以理解一个曾经辉煌存在过的伟大古代社会,就难以从文明基因的多样性中汲取摆脱现有困境的资源。

就此而言,短短二十年不到,韦伯竟然第三次又遭遇到了儒家,而且这一回情势大转,接受精神拷问的不再是儒家,反倒是韦伯本人以及形形色色的韦伯主义者了。适逢此时,福柯和赛义德从学术史方面对西方知识的颠覆也正好刚刚运抵思想码头,所以,大家就正好顺着《东方学》的思路,从西方知识生产的话语体系内部,去重新审视韦伯那些富于启发的社会学灵感,发现它不管何等激越和超迈,仍有其难以自觉和摆脱的局限和偏见。具体而言,这位社会学大师有关中国的个案分析,说到底仍然属于西方人的东方学——尽管不必也不应对此苛求,他其实并不可能为一个异在的生活世界而激动,只是在对于《新教伦理与资本主义精神》求证中才获得了写作《儒教与道教》的内在冲动,所以其答案难免预藏在脑际深处,而别人的案例只是用来演绎这种先入的定论。

正是这种局限和偏见,才使得韦伯及其追随者往往不能自圆,甚至不能把他的精彩洞见贯彻到底。比如前面提到过,韦伯曾把"合理性资本主义"的兴起,归结为结构性支持和规范性支持的偶合,这当然是较为平衡的有关现代历史的二元成因论,肯定要比那种——就算是别人强加给他的——唯文化精神决定论周全得多;而根据这种理论框架,无论只靠哪一种单独的历史因子,都不足以刺激出现代世界的发生。当然,由于历史事实太过犬牙交错,这种偶合现象充其量只能属于"理想型"(ideal type),只能意味着在对积极面和消极面的总体权衡中,事情的主导势头更有利于前者,这一点既不难理解,对于理论模式而言也无可厚非。可问题却在于,韦伯实在太想求证西方何以会有它实际已有的东西、而东方又何以没有它实际缺乏的东西了,以至于在具体运用这种模式时,他总要对具体因子的重要意义进行调整,忽略掉东方社会业已具备的积极因素,或者夸大西方社会业已具备的积极因素,这不是"主题先行"又是什么?

这类批评也不是我本人的发明,所以请允许我再做一次引证:"韦伯之所以要匠心独运地去试图揭示资本主义精神在东方正常发展的失败,目的是要论证,在缺乏一种动机力量的情况下,即便是最有希望的制度性条件也不能被用于理性的经济目的。现代类型的资本主义只有在质料和精神——结构性支持和规范性支持——都已出现时,才能畅通无阻。在韦伯的比较研究中,他强调指出:在像印度和中国这样的地方,质料已经达到了足以给资本主义一线生机的程度……因此,韦伯强调指出,不能认为东、西方在对资本主义的准备上有深刻的差距。它们各自都以其不同的方式拥有充分而强大的制度上和物质上的基础,去最大规模地支持合理的经济行动。因此,新的制度唯独产生于西方这一事实,便只能通过某些仅仅出现于西方的东西的附加影响来解释。而这种独特的东西,正是资本主义的精神。它之所以没有在其他任何地方出现,是因为那些地方没有一套类似于新教伦理的信仰。"①由此也就难怪布罗代尔会做出这样的归纳了——"马克斯·韦伯认为,从字眼的现代意义上来讲,资本主义不多不少就是新教的产物,或者更恰当地说,就是清教主义的产物。"②真不知自信掌握了韦伯"真诠"的学者,会不会又对这种化简的归纳表示义愤?但我们起码可以公允地说,就算那种唯文化精神决定论对于韦伯不无"强加",只怕也未必全是"诬陷"罢?

更其要害的是——这个批评倒是我自家体贴出来的——"如果退一步讲,这位社会学大师有关世界宗教的'类型比较'给了我一个足以还复中华文明原貌的文化相对主义支点的话,那么进一步说,他有关世界宗教的'因果分析'却又暗中给了其他学者一个足以破碎古代生活世界的文化绝对主义支点。后者正是他从现代资本主义社会中剥离出来的所谓'工具合理性',亦即排除任何价值判断的、纯粹以计算和预测经济后果为指归的'目的合理性'。"③在我看来,只要这种基于西方史实的"工具合理性"被当成筛选中国史料的网眼乃至当成判定儒家社会"进步"与否的尺度,中华文明固有的衡量历史进程的标准就会被视而不见了。正因为这样,正如我几年前写到的,就必须从根基处指出韦伯理论框架的基本失衡——"尽管他在世界范围内认可了'价值合理性'的多元化,却并没有顺着思想的内在逻辑去自觉推导出'工具合理性'的不同类型;相反,他居然只是简单给出了一种近代资本主义意义上的'工具合理性',仿佛无论从何种价值关怀出发,各个文明的不同'游戏规则'都会促使人们按照'经济人'的行为模式做出纯粹'单向度'(马尔库塞)的选择。这正是人们把中华文明的复杂历史事实弄得如此简单的关键要害!"④

要想坚持对于韦伯的上述批评,就必须鲜明地挑明儒家的文化立场。

---

①　弗兰克·帕金:《马克斯·韦伯》,刘东等译,四川人民出版社1987年版,第89—92页。

②　费尔南·布罗代尔:《资本主义的动力》,杨起译,牛津大学出版社1993年版,第39页。

③　刘东:《刘东自选集》,广西师范大学出版社1997年版,第114页。

④　刘东:《刘东自选集》,广西师范大学出版社1997年版,第115页。

正像韦伯未曾自觉到其"理解社会学"方法的基本局限一样,他也未曾自觉到其比较宗教学研究的基本局限,具体而言,他是未能意识到自己其实无法移情到儒教、印度教、犹太教等一系列文明的原初氛围中,去体会那不同种类的社会行动对于古人的不同本然意义。这么说并不一定意味着,我已决计在现实生活中无保留地采取儒家的价值立场,而毋宁首先意味着,只要还想对中国事实给予起码的尊重,就必须在还原古代生活世界时采取这种立场。否则,不管是像从前那样生搬马克思来强求"资本主义萌芽",还是像现在这样硬套韦伯来苛责"数目字管理"(黄仁宇),都只能使人误以为,现代性不管有多少不尽人意之处,总归是人类绕不开也躲不过的百川归海的陷阱。这样一来,不光殖民地和半殖民地的灾难现实会被历史的"铁律"无情地价值化,就连西方自身对于现代性的反思也会丧失其逻辑和道义上的支点。

## 四

儒家与韦伯的这一番遭遇,如今还正方兴未艾。似乎有点儿讽刺的是,尽管按照韦伯当年的看法,在这个业经"脱魅"的现代世界上,特别是在其政治支配领域中,由于理性化的要求,信念伦理势必要让位给后果伦理和责任伦理,否则就会流于泛道德主义空谈,可在他逝世近一个世纪之后,其学说不仅未能杜绝各种信念伦理间的"诸神之争",自身反而变成了相争不下的"诸神"之一。

历史跟激烈反传统的念头开了个天大的玩笑。人们曾经误以为,历史就像一根长长的导火索,只需从对新教的信仰那头把它点燃,就会一了百了地解决问题,直至彻底炸开比巴士底狱还要顽固的儒家社会,获得快意的解放与自由。且不说这种念头何等的曲解了韦伯,因为按照他的原意,现代的理性世界一经形成,所有超验的神灵(包括新教本身)就都将离我们远去,——更其重要的是,面对现代性的禁锢和人本性的异化,我们今天居然惊奇地发现,其实恰恰是欧洲中心之外的那些文明的价值内核,包括总是被决定性地打倒又总要决定性地再打击的儒家传统,反而支撑着进行多项选择的剩余空间,并跟全球化的殖民浪潮构成了持续的紧张,从而多少还保障了一点思考的自由,以防被韦伯所说的"铁笼"彻底囚禁。质言之,哪怕历史上的儒家从未赋予过自由,当下的儒家也仍有可能意味着自由的契机。

跟韦伯的理解刚好相反,那自由的契机并非来自别处,恰恰来自各文明间的"诸神之争"。所以达到对于这一点的自觉,正乃我这篇讲演的目的之一。在斗转星移的当代学术语境中,韦伯的思想肖像之所以迅速变形,固然跟他本人学说的多义性甚至歧义性有关,然而此一文化利用典型案例,也很能显出作为中国文化本根的儒家思想,是如何在与舶来学说的并长争高中,逐渐崭露出顽强的学术潜力和生命力的。正因此,我们今番所回溯的就不单是一次文化误读的经历——透过刚刚发生的这一系列精神事件,我们更能看出中国学术生态的整体改进,和学术自信心的逐步增强。以往人们更习惯于研究纯粹的精神史,那当然是非常重要的向度,不过要是弄得不好,正确与悖谬(成功与失误)也很容易只被解释为一念之差,或只被归咎于聪颖或愚钝。因此,倘能辅以环顾到精神发生条件的思想史,并借此敏感到身边的舆论气候和学术生态,及其对于意识活动的无形限制,我们就有可能自觉到心智的边界,以便即使不能完全地冲破它,也至少能明确地意识到它,从而使今后的知识生产变得更警觉更高效。

那么,在这种思想史的演进之中,韦伯学说还会跟儒家第四次相遇吗?——在我看来毫无疑问,而且从根本上说,这也正是我们亟须呼唤"理论创新"的原因。国际学术界从来就是不相信眼泪的话语竞争场,只要我们不能针对中国事实提出更加贴合的模式,就无法只靠怀疑某种理论模式是生搬硬套,便杜绝它跟本土经验的尝试性磨合。因此,我们必须认识到,不仅在许多汉学家那里,甚至在许多本国同行那里,解释中国的韦伯模式都远未彻底失去活力,还会以各种变相的形式或隐或显地表现出来,直到我们终于拿出更具解释有效性的理论来,——比如说,针对他在价值合理性和工具合理性之间的基本失衡,提出真正符合儒家价值标准的古代社会工具合理性,以便还原出未受外来话语干扰的原有文明的自身结构与功能。

即使实现了上述学术抱负,韦伯和儒家也不会就此不相往来。思想的任务不光在于解释过去,还更在于范导现在和开启未来,所以,只要儒家传统在未来命不当绝,就必须涌现出一批深怀紧迫现实感的儒学家,像韦伯当年那样,从自身不可替代的研究视角,对于"自由"在现代社会中的严峻命运投以深切的关注。由此,他们的表达与结论虽未必与韦伯重合,却总要跟韦伯共享相似的问题域。而且,如果在儒家与韦伯的以往遭遇中,国人往往由于社会达尔文主义的重压,而未能心平气和地解读和发挥韦伯,那么,随着为之欢呼的"现代化"逐渐转变成为之踌躇的"现代性",许多困扰韦伯的更为深层和更为繁难的问题,都会慢慢嵌入中国的学术语境甚至日常语境。于是,作为当今世界诸神之一的儒家思想,究竟会对现代社会的诸多难题给出何种回应,就会成为相当迫切的思想任务,从而韦伯与儒家就更会你我互渗。

我甚至还胆敢进一步心生妄念——到了那个时候,人们甚至会意外地发现,尽管有过历史上的那许多纠葛,其实从深层来看,韦伯和儒家的并非没有贴合之处。这种猜想来自我本人的亲身经历,因为我对于社会理论的日趋浓厚的兴趣,恰恰是从阅读、乃至于动手翻译(或组织翻译)韦伯开始的。这位社会学大师深具原创性的不朽著作,以及由此衍生的围绕它们的永恒争论,曾诱使我涉入了一个崭新而独立的智力领域——它不再只是本体论或认识论体系的某种附庸或推绎,而照样可以满足最激越的想象和施展最透辟的思力;另外更重要的是,它不再要求把终极关怀寄托在实际生活之外,却又足以使之结成精神的某种超越存在形式,来同须臾不能稍离的人间问题构成持续的紧张。至少按照我本人的体验,这种取向跟一个深受儒家文化熏陶的心灵的潜在祈求是刚好相通的,所以韦伯主义和孔夫子主义是完全有可能以某种形式相互激发的。

唯一不敢料想的,仍然是我们究竟何时能够找到自信,以为自己彻底理解了韦伯。阅读韦伯本来就教人既满眼灵露又满眼迷雾——这在某种程度上或正是作者本人的愿望,因为他的写作本身就是既洒满露水又洒满雾水——更何况与时俱进的儒家思想,还会不断赋予我们新的观察角度,去洞穿以往未曾看清或者未曾理解的韦伯作品。正因为这种来自作者和读者的双向原因,韦伯的幽灵在他死后从来都没有消停过,今后恐怕也还会不断地"降世"。这恐怕正乃思想家所追求的"不死"之道,当然要做出这种赞誉的评价,又得基于儒家的标准,而不是新教的标准。

# "国学"与"汉学"

## ——在"二十世纪国际汉学研讨会"上的发言提纲

语词是"约定俗成"的符号。唯其被"约定",这种符号才获得了公共性;唯其是"俗成",这种符号又带有随机性。后一层意思表明,语词这种交流工具恰是在交流过程本身之中,"自然"化生和"偶然"漂浮的,不可能先由专家去"人为"斟定,然后再将其颁告天下统一口径。上述特征无疑赋予了语词以灵活性与丰富性,但也往往使其意蕴含混不清,无法借此充分表达与交流心念,遂使人油然生出"书同文"的愿望,期待着就此重订"社会契约",否则便会名不正、言不顺、事不成。

"国学"与"汉学",正是这类有待澄清的符号。即使考释出其字义的化生与漂浮过程,描述出原与"宋学"相对的"汉学"何以在日常语境中突变成跟"国学"相对的"汉学",谅必也是满纸糊涂账。而若想在字面上拆解出其确凿含义,更会是猜字先生的障眼法:尽管"国"者中国也、"汉"者亦中国也,但在"俗成"之"约定"中,"国学"与"汉学"的内涵却绝难相互兼容;同理,倘把"汉学"二字的外延径照字面拓展,广义地指称"一切有关中国的学问",则吾侪亦将被唤作"汉学家"矣!无论如何应当弄清,即使要重新约定语词在俗常生活中的意义,也只应为了增进(而非减弱)其界定思想对象的功能。因之,"国学"与"汉学"在现代汉语中的界限不应被任意跨越:前者乃是国人对其祖国的研究,后者乃是外人对其"外邦"的研究。

把握了上述区别,便可透视出"汉学"的主要特征:它在知识类型上无疑属于外国(目前尤属西方)学术界之"区域研究"的一个分支,是应着其他文明从自身需要出发来认识中国(或者转而去加深其自我认识)的问题意识才确立的。由此也就不必讳言:它无疑是外国(特别是西方)知识生产过程中的精神产品,并且无疑要随其本土知识生产方式的转变而步步演进。是故,"汉学"一词在现代亦必衍生出宽窄两义。广义上,它可以指称"一切非本土的研究中国的学问"。狭义上,"汉学"(Sinology)一词则与以现代方法来研究现代中国的"中国研究"(Chinese Studies)相对,仅仅指以传统方法来考释中国古代文化特别是经典文献的学问。如此便有必要声明:本文今番只使用"汉学"一词的广义,——正如笔者憧憬的"国学",也理应包括取法和创造着现代研究范式的新派"国学"。

于是便有了两种对中国的研究,其一为"内省"的,其二为"旁观"的,可说是天然形成的学术派别。而今,设若这两种话语系统希望合并成一整个互动互补的知识共同体,则需要首先在思想上认清对话的必要性。应当看到,中国人虽久有自家的以"经史子集"分类的学问,但倘非在近代发觉别家也有自成谱系的学问,"国学"二字便绝无提出的必要。在此意义上,"国学"从一开始便是作为"不完备"的对待物问世的,意味着国人已意识到从未将天下学识"尽入彀中"。如此,"国学"在本质上不仅不排斥属于外缘知识系统的"汉学",还坚信凡"旁观"者必有其"清"的一面。正像偏巧是生产着"西方学"的严复、而非"久在其中难闻其臭"的史华兹(Benjamin Schwartz)本人,才在别家的"个人主义"信条背后,看出其潜在的"集体能力"导致了国家富强一样,国人也完全有可能取镜于史华兹产出的"东方学",来重新省视"古代中国的思想世界"(The World of Thought in Ancient China)。

因而,值米歇尔·福柯(Michel Foucault)的"话语—霸权说"风靡之际,特别在爱德华·萨伊德(Edward Said)的《东方学》(Orientalism)面世之后,对于国人而言,最忌讳的就是假"洋排外主义"之虎威,以为既已看穿"汉学"乃其"东方学"之一支,势必要潜藏外族的文化偏见,便可以不负责任地盲目拒斥别人的成果。若看得深些,"拿来主义"一向都是基于民族本位的:唯其自家想拥有得更多,才会动念去"拿";又唯其那是别家真正的特产,"拿"得才有意义。此外,也恰因为"汉学"在知识谱系上属于

"东方学",能够"全息"地舶来外缘文化观念,才反而更值得好好研读,以便既取其具体结论又取其基本方法为己所用。缘此,不光应当感激国外同行的学术"洞见",促进了国人的多元自我意识,使大家广角地环顾着中国,甚至还应感激他们的文化"偏见",诱使国人去努力理解别人的立场,进而渐次管窥到了西方。

上述念头,正是长期支撑《海外中国研究丛书》的主要心力。但译介工作毕竟只使与"汉学"的对话有了可能,果欲将此种可能化为现实,则须进一步确立"国学"的立场。以中华文明的疆域之广和传统之深,决不可径与文化人类学以往考察的原始部落简单类比,她势必拥有大批的本土学者,在保守原有的价值理念及历史经验,并准此来评论"汉学"成果的得失;而且这种持续的回应和反复的回馈,又并非如德里克在《边界上的孔夫子》一文中所云,仅仅属于资本主义现代世界体系之边缘地带的"同化"现象,而是贯穿于文明碰撞始终的固有价值"冲突"。正是在这个意义上,"国学"找到了自己的理念根据,因为说"研究只能来自外部",显然跟说"研究只能来自内部"同样荒谬。真正可取的态度,是让"国学"与"汉学"双向靠拢,在日益共通的话语域中并长争高,以期早日在"内外之合"的基础上,建立起虽有差异却无国界的"中国学"。

"国学"和"汉学"的并存,使人同时看到了两幅中国图景。第一幅由于有切身经验和母语环境的支持,而更像是印象派的点彩画,其优点是总体架构依稀可辨,其缺点是具体轮廓太过模糊。第二幅则由于有分析方法和论证步骤的支持,而更像是教堂里的镶嵌画,其优点是细部界面清晰利落,其缺点是整体布局太过变形。而"国学"与"汉学"进行对话的目的,正在于让这两幅图景相互重叠彼此矫正,以便最终得到符合透视原理的写真画卷。缘此,就既不能闭目塞听地蔑视理论思维,又不能削足适履地歪曲经验事实,而只能为了向华夏父老负责,去悉心探求更适于解释本土现象的研究范式,从而既消除困扰已久的文化误读,又完成心仪已久的理论创新。

1996 年 12 月 31 日

# 十年甘苦寸心知

——写给"《海外中国研究丛书》十年回顾研讨会"

时光真是过得飞快——这套丛书不觉已编辑了十年,似乎我们又积攒了一点儿传统,有资格坐下来小事庆贺了。不过,这个会议首先触动我的,却既非喜悦也非自豪,而是深深的人生慨叹。人生能有几多"十年"?何况还是一个人的"黄金岁月"?何况许多当年的同道如今都已各奔东西不相往来?此情此景,怎不令人黯然神伤?

但也正因此,也就更加责无旁贷地需要稍事总结。就算不能证明别的什么,也应寻找一点自我安慰——十年来的许多辛苦或许并未完全虚掷。也许有人觉得这话说得太悲观了太矫情了:不是有一大摞现成在手的译作搁在这里吗?它们的质量和数量不是已经受到学界公认了吗?难道 20 世纪 90 年代以来在中国还有比这项工程进展更大的吗?——然而不然。尽管我过去和现在都热衷于学术翻译,且还经常端坐在那间斗室里,充满感佩地回想着以往充满献身精神的佛教译场,但扪心自问却毕竟不是以此作为学术志业的,而不过把它看成治学和求索过程中的一项"副业"。由此就不禁联想到:如果仅只是一项"副业",就耗去了你十年最好的时光,而且很可能再消耗另外十年,又怎能不由衷地感到惧怕?

可我也不能强编理由欺骗自己。即使经过认真的反思后发现,这项工作出现了很大的偏差,甚至根本就不值得做,我也决不想有半点儿文过饰非,否则这辈子怕更要一事无成。出于同样的理由,尽管身为这套丛书的主编,我似应先来逐一回顾已经推出的种种译作,再于此基础上试图概括出它们的总体布局,甚至接着借机对海外同行的贡献与缺失评头论足一番,但我现在却毋宁作出另一种选择——只把自己十年来劳作过程中的心路历程,诚惶诚恐地向在座的诸位和盘托出。与会的方家都是学有专攻的,对汉学的细部知识谅必比我更加详尽,所以本来就无须我来班门弄斧。再说这些书籍一经印行,也就不能由任何个人垄断其解释权,而只能由诸位在充满主动精神的研读中,在中西学术界已经展开的往返对话中,不断被重新定位和赋予新意。

即使对我本人而言,这些书籍的意义也并非一成不变的。回想起来,诱使我主动承担这项工程的动机,不觉间已然经历了三次递进。起初的想法相对较为天真单纯,可以一言蔽之曰——"求真意识"。在博士论文的准备阅读中,我最早接触到了一些优秀的汉学著作,且从它们提供的长长的"参考书目"中,发现了一块别有洞天的学术领域。当时又恰值"文化热"的高潮时期,所以我很自然地就会想到,最好能把它们有选择地移译进来,以便把别人的眼光当成可供借鉴的镜子,来更仔细更真确地打量中国自身。我不知道眼下进行回顾的时候,会不会有人假"洋排外主义"之名,批评当时的这种冲动实乃为虎作伥地帮助"文化侵略"?但只要不是太过曲解的话,就不大可能产生如此的误解,因为这种"拿来主义"其实倒要基于很高的爱国热忱,——倘非想让自己的祖国拥有得更多,根本就不可能动念向别国去"拿"。

不过却也应当承认,在刚刚开启国门的西学热浪中,我当初又确实难保不对别家的"优势文明"心存敬畏。正因为这样,我才会在丛书总序中战栗地写道:"这套书可能会加深我们百年来怀有的危机感和失落感,它的学术水准也再次提醒:我们在现时代所面对的,决不再是过去那些粗蛮古朴、很快就被中华文明所同化的、马背上的战胜者,而是高度发达的、必将对我们的根本价值取向大大触动的文明。"应当坦率地供认,逐字逐句地译介别人的"中学",要比心悦诚服地译介他们的"西学",更容易使人悲从中来,觉得简直无颜去见列祖列宗。不妨试问:曾使我们绞尽脑汁的国内的西学研究,又能有多少成果受到人家同等的器重?——所以这套丛书的质量越是受到关注和认可,我的内心反而越忧患苍凉。

但当时的念头毕竟还相当朴素。把汉学家的某些成果译成中文,不过是因为他们帮我们提出来和搞清了许多问题，而这些问题只要能假以时日和条件，我们自己也照样会提出和分梳清楚，但现在既已有了现成的答案，就没有必要再做重复性的无用之功了，只需尽快向国际学术水平线看齐即可，否则便不算"掠美"也算"无知"，——这无疑堪称奋起直追的一条捷径！当时我最服膺的一句名言，是所谓"学术乃天下公器"，而隐藏在这个"公器"之下的前理解，自然也就是"学者均心同此理"了。尽管随着个人研究兴趣的转移，我也会重新排定翻译任务的轻重缓急，但深处内心却有着固定不变的甄选标准——"要么正确、要么错误"，或者更谦逊点儿说，是我个人自以为某项成果能否持之有故言之成理。按我当时的幼稚想法，正像只要假以时日和条件，我们就会得出同样的正确结论来一样，如果他们也糊里糊涂地犯下了错误，那也只是出于非关学理的原因，迟早会被大家共同遵守的治学准则所矫正。

但我却慢慢发现，这类指望有点儿靠不大住。在一再感到莫名其妙匪夷所思之余，我开始从一位本土知识分子的直觉出发，尝试着捉摸海外汉学家的知识界限，而不再倾向于天真烂漫地相信，某些古里古怪的洋腔洋调只是偶然形成的。尽管我当时就此发表的看法引起过不少争议，但我那时候实在是想要设身处地地体谅——既然我们无法对人家的文明做到体察入微，那我们就同样没有权利去奢望和苛求，别人能对一个外在的生活世界具有完备充分的实感，能向当代中国如此复杂多变的问题意识自觉负责；恰恰相反，作为西方"区域研究"的一个分支，他们的学术活动只能从外在文明的自身需要出发，只能向自己所属的知识生产体系负责，所以根本无法强求别人感受着我们自家的切肤之痛，去延续和发展他们本身的学术传统。

应当承认，上述判定难免会引起对于某些"研究框架"的疑虑，比如我本人就曾这样写道——"某些名噪一时的汉学新作确实在我们这里引起过相等复杂的阅读感受：一方面，我们确乎应该承认，正是这些作品提示了我们去关注那些最新的研究方法，并且进一步去试探它们对于中国问题的适用程度和学术潜力；可另一方面，我们又无法不痛感到，似乎人们所想要采纳的理论框架越是新颖独特，就越难以把它们原样照搬到中国的经验材料当中,否则便会有跟中国的原有事实越隔越远的危险。"直到现在,我们也至少不应否认下述窘境的存在:受现存国际学术霸权梯次的制约,似乎只要法国巴黎打个喷嚏,美国加州那边马上就会伤风咳嗽,而中国研究也就跟着高烧不止,仿佛那个世界时尚中心推出了多少套学术时装,换上它们的中国研究就得当多少回"变形金刚"。

但同时也不得不留神:在这个经常藐视方法论自觉的守旧语境中,一旦将此种疑虑夸大成对于理论本身的厌恶,就势必将要绕进更加可怕的学术死胡同。所以又须大张旗鼓地重申——理论思维只能是"有好有坏",而绝不是"可有可无";哪怕对于再不合用的理论酸果,也必须下大力气来消化扬弃它,而不是因噎废食地嘲弄轻慢它。正是基于这种认识,逐渐形成了此项翻译工程的另一种动机。我意外惊奇地在回顾中发现:其实大大出乎自己当初的逆料,如果这套丛书还算有点儿小小贡献的话,那么更多地并不在于它孤零零地引进了多少正确的断论,而在于它不很自觉地以相对完备的覆盖面,引进了一个活生生的自我更生着的学术传统和治学过程。由此,在当今中国的知识视野中,就势必出现"双峰对峙"两派"中学"——其一是自家内省的"国学",其二是别人旁观的"汉学"。由此可知,这套丛书之所以风行,乃因为它适巧构成了我们精神视野的另一个独立参照系。

顺从着上述见解,这套丛书的选题标准也自然就发生了微妙的变化,它不再斤斤地从个人的管见和直觉出发,去简单判定某本著作究竟"是对是错",而更希望其从原有的学术语境出发,考量它能否代表那个知识领域的最新或主导倾向,——尽管这边的移译注定只能挂一漏万,既未打算也不可能全盘"拷贝"。这样,即使对那些一时难以接受、甚至乍看几同儿戏的论点,它也开始变得越来越宽容和谅解了,正如我在《国学与汉学》一文中所写到的——"恰因为'汉学'在知识谱系上属于'东方学',能够'全息'地舶来外缘文化观念,才反而更值得好好研读,以便既取其具体结论又取其基本方法为己所用。缘此,不光应当感激国外同行的学术'洞见',促进了国人的多元自我意识,使大家广角地环顾着中国,甚至还应感激他们的文化'偏见',诱使国人去努力理解别人的立场,进而渐次管窥到了西方。"

　　毫无疑问,承认在当今世界上有两派"中学"在并长争高,这种观念本身就开放地意味着,我们已经意识到了彼此均有局限,谁也不可能一下子穷尽所有真理。不过,为了防止现有知识被彻底相对化,使人只要一涉足中国研究的领域,就马上抱定"此亦一是非,彼亦一是非"的态度,却又有必要强调问题的另一方面——引入外来文化刺激来促进今后的知识革命,借助多元研究范式来颠覆旧有的心理定式,都只是一种必要的手段而绝不是终极的目标。因此,即使认识到大家迄今仍是"公说公有理,婆说婆有理",也绝不意味着我们可以满足于这种状态,而理应从心智上企盼着"公"与"婆"能够尝试建立起码的共识,以便着手创立真正超越国界和捐弃偏狭的"中国学",——不是"万国之上犹有人类在"么?

　　当然,这种目前尚在憧憬中的学术"大一统",决非要以消磨彼此的治学特性为代价。恰恰相反,即使在"中国学"这个有限的经验领域,也应当主动鼓励、而不是消极泯灭精神样态的无限多样性。如果有人至今仍坚持认为,汉学家只是在帮助我们提出和解决问题,那就幼稚得有几分可笑了。在文化交流和传播正步步深入、各文明间的关系正日趋密切的现代世界,从根本上说来,中国已构成了其他文明的生活背景之一,故此也已不再仅仅属于我们自己。因此之故,在海外汉学家提出问题的独特视角、解决问题的独特方法,以及潜藏其后的独特话语体系中,肯定会屡屡出现属于他们自己的、并不为我们所熟知的"中国形象"。而对于这种总在颠覆着我们现有自我意识的学术成果,我们其实并没有特权去嫌好道歹地判定——别人的种种结论反映了其优点抑或缺点,而只有理由虚怀若谷地承认——人家表达的种种看法反映了他们自己的治学特点。只有从这种思想认识出发,我们才有可能把未来超越国界的"中国学",真正设想为生动活泼的、兼听则明的研讨班,并期望在互相倾听和理解、彼此进言和促动的基础上,日渐透彻地界定我们的思想对象——中国。

　　进一步说,如果这项最终使命的推进力量是内外互动,那么它的外在表现形式又必须是"理论创新"。前一个阶段,国内学术界曾开展过关于社会科学"本土化"的讨论。但我个人从心情上有点儿抵触所谓"本土化"提法,因为它使我朦胧想起一种熟悉的语式——"某某普遍真理跟某某具体实践相结合"。为了破除这种欧洲中心主义的陈词滥调,我更倾向于把今后的学术使命归结为"理论创新"。照我看来,我们的学术灵魂到底能否得救,很大程度上就取决于能否完成此种创新。这是因为:首先,它更能提醒在理论思维和经验事实上的某种小心翼翼的平衡,而不是仅仅修补舶来研究范式的千疮百孔的篱笆;其次,它更能突出本国传统资源的能动作用,而不是片面强调外缘文化模式的解释功能;再说,尤为重要的是,它可以扩散这种研究在世界范围的辐射效应,而不是白白把它的贡献和意义局限于中国一隅。

正是在此种"理论创新"的激励下,这套丛书又获得了新的编辑动机。曾几何时,由于"东西""南北"间的种种落差,"改革开放"居然仅仅意味着——要么就由海外学者走进来,到中国采集粗糙原始的素材数据,要么由海内学者走出去,到国外提供有待加工的文化土产,似乎学术实验的重心只能在人家那里,而真正称得上"研究"的工作也只能在人家那里。为了改变这种令人痛心的被动局面,就需要努力去开展平等和双向的交流,既认真倾听和理解别人的声音,又严肃表达和坚持自己的意见。从这一点出发,如果这套丛书尚能不辱它所负的使命,就理应不断向国人提供新的汉学代表作品,使大家从中发现值得认真对付的交谈对手,并在借此扩展自身精神视界的基础上,也逐渐学会向国外学术界进行良性回馈,以期同样帮助他们克服自身的研究局限。总而言之,如果下述判定并非妄言——"国学"与"汉学"之间的这种对话性,不仅可以促使我们更加真确地认清中国,从而切实承担起我们对父母之邦的道义责任,还可以帮助我们把自己的研究话语纳入国际学术语境,俾使中国的学术文化逐渐获得世界性的意义,那么,在这个既脚踏中国实地又努力走向世界的双向开放中,在这种古老中华文明再次崛起于世界文化之林的艰难上升中,只要这套小小的翻译丛书,尚能充当一块小小的铺路石,则我本人亦聊可念诵"不知老之将至"了!

最后,由于欠情过多,请允许我表达一连串的谢意。首先,我要感谢江苏人民出版社的领导和全体同仁——尤其是跟合作达十年之久的周文彬先生——对于学术事业的无私襄助。如果不是他们承担了大量繁杂的事务性工作,这套丛书就不会在种种难以想象的压力下集腋成裘。我这篇讲稿的题目虽然是"十年甘苦寸心知",但窃意除了区区寸心之外,大概就数周文彬先生了解最多了,长期的合作已使我们如此默契,以至任何一个小小的印刷差错,都会使我们两人的血压在南京和北京两地同时升高。其次,我还要感谢所有曾经参加过这套丛书选题、翻译和校对的朋友,特别是曾在前期工作中相当投入的姚大力先生,以及近些年来一直给予我不懈支持的雷颐先生。如果说翻译本来就不易,那么把西文翻成中文就很难,而西方学术的翻译则更难,若碰上对于海外汉学的翻译更可谓难上加难。一方面,这种翻译的基本原则不是"等值"而是"增值",也即根据自己的专业学识来增益原文中并未反映的原汁原味。另一方面,相比起其他类型的翻译来,无论是原作者还是广大读者,也都最容易从中挑剔出此间的错误。所以,如果不是仰仗上述友人的学识,那么真不知道这项工程还会闹出多少闪失!再次,我也要感谢写出这些著作的国外同行,正是他们笔下的高度学术质量,才使我们有可能源源不断地译介这套丛书。大家只需这样来设想——究竟我们自己要奋斗到何年何月,才能让法国人想到要来移译中文世界的法国研究,让美国人想到要来借鉴中国人对于美国历史细节的考证,就足以体会到他们的劳作何等辛勤和富有成效了!最后,我还要感谢所有关心、爱护、阅读和评论这套丛书的人们,特别是今天在百忙之余出席会议的前辈与同辈。这套丛书过去曾经得到过你们的支持,今后还希望得到你们一如既往的支持。

1998 年 5 月 2 日

# 汉学：入乎其内出乎其外

## ——答《北京大学研究生学刊》编者问

**编者：**众所周知，您是影响很大的《海外中国研究丛书》的主编。该丛书是在国内最早致力于关注海外中国研究成果并进行系统引进的项目之一。在此，希望您能对海外中国研究的大致进展和国内目前的引进情况向我们作一简要介绍。

**刘东：**对此我真有点回答腻味了，走到哪里都听到类似的问题。其实《海外中国研究丛书》，不管别人是否看重它，却只是我无意间的"私生子"，虽说养活它几乎要拼尽全力。你要知道，最早动议创办它的时候，学术界的生存环境是完全不同的。首先，从外在的条件来看，当时我们有林林总总的翻译丛书，特别是大家下力最多的《文化：中国与世界》，它们加在一起构成了广谱的覆盖面，至少在人文研究领域是如此。在那种情况下来介绍汉学，根本就没想到它会"一枝独秀"，充其量也只是必要的补充。可惜自20世纪90年代以来，多数译丛要么就销声匿迹，要么就苟延残喘，反使汉学一时成了"显学"，甚至使我这个总其事者，也需要"合法化"自己的工作了，这本身就反衬出了学界的某种缺憾。其次，从内在的条件来看，当时我们也拥有更多的道友，我还是被他们驾上虎背的，大家曾经希望精诚合作，共同把一件公益事业做好。可惜生存环境骤然恶变，多数同行出国的出国，下海的下海，给我使了个"上楼抽梯"之计，弄得它越来越需要个人苦撑，不仅耗力之大出乎逆料，还使我显得简直就以此为业，这是很狼狈很可笑的事。

　　我告诉你这些背景情况,并不是为了替自己摆功,而是想推卸一点责任,仿佛作为这套书的主编,就非得亦步亦趋该领域的发展不可。其他西方小国的汉学领域,或许还比较容易历数,但是以美国的综合国力之强,它在中国研究领域的从业者之多,又把学术分野逼得这样细这样广,不光外人经不起这样的求全责备,就连他们自己恐怕也不敢妄言。去年我在亚里桑那州立大学讲演,有名的《历史学家》杂志的主编就告诉我,魏斐德教授曾向他抱怨过,以前自己还能把握住本学科的进展,现在却只有"望洋兴叹"的份儿了。考虑到魏斐德那种执牛耳的地位,以及他本人敬业用功的程度,你就完全可以体谅,我会何等愧对你所提出的问题了。尽管我的确使了大劲去挑书,但我从来未敢生出野心,要像纪晓岚主持《四库总目》时那样,把人家的既有成果通读一遍。那样的话,不像是我要把别人尽入彀中,倒显得别人在请我入瓮了。

　　干脆我再给你念一段话,加深你在这方面的印象。近来我为了其他公干,想了解一下咱们留学生的修业情况,他们可以算作汉学家的后备队罢? 有封回信是这样讲的:"我只知道部分学历史的人,他们的研究领域大致是:近代华北农村、近代四川社会、民国民族私有经济、民国教育科研、中国近代史学、明清江南小城镇、民国后期中美经济关系、朝鲜战争时中美关系、越战时中美苏关系、共产党中国与非洲关系、民国时期中美科技合作、近代留学生、清代西南地区政策、延安时期共产党外交路线、近代上海民间社会、唐代城市经济文化、宋代妇女、近代妇女,等等。"你想想看,这还只是"部分学历史的人",还不是全体选修历史的留学生,更不是历史系的全部学生,也不包括他们各自的导师,尤其不包括其他种种系科的大量师生……所以认真计较起来,不管是我这套翻译系列,还是其他零星出版的译著,都只能尽量选择阅读面广、引用率高的代表作品,来扩充汉语世界的视野,让国人略窥这个知识领域,了解到还有这样的交流对手。而真正比较正常的状态,倒需要列位撇开翻译的拐杖,从各自的学术专攻出发,去直接阅读汉学的第一手著作。事实上,大量的细部专题研究,是不可能也不需要翻译的。所以汉学这个知识领域的存在,毋宁说是提醒了这样的治学准备:即使只打算研究母国文化,也必须占有大量的外文资料,否则视界和心胸就难免偏狭,就无法站到前沿寻求真正的创新。

**编者**:随着西学引入的不断深化,海外有关中国文化研究的方法、成果对国内的研究产生了相当的影响。在中青年学者中,这种影响似乎已超出了"它山之石"的作用。这背后是否有一个话语霸权的问题呢? 如果存在这样一种西方研究的强势背景,我们应当如何正确对待它呢?

**刘东**:你说的负面效应的确存在。引进汉学成果的原初目的,理应是松动大家的死板脑筋,我早在《不通家法》中就提示过这一点。但由于独立思考尚未蔚成风气,所以某些头脑又被新的教条束缚住了,以为学不像别人就算不得真学问,没来由地反而磨损了自家的优势,真是"尽信书不如无书"! 不过,你这个问题似乎又给我设了个陷阱——我也是"始作俑者其无后乎",无意间参赞了别人的文化渗透,对此就有必要略加分梳。

必须清醒地意识到,别人的话语霸权并不是什么新东西,而是久已存在的客观事实,即使忽略那些书呆子不计,情况也不会有根本的改观。摆在手边的例证是:前辈学者曾不遗余力地寻找过"资本主义萌芽",尽管对中国文化稍有了解的人都明白,这种"萌芽"在古代社会其实永远都长不大,因为它在原有语境中的含义迥然不同;新锐学者则又受"内部方法论"的影响,强做解人地要"在中国发现历史",特别是发现古代中国的现代化指向,——这不过是所谓旧瓶装新酒罢了! 能说这些笨伯只会拾人牙慧么? 恐怕没那么简单。如果看得深入一些,在这种"邯郸学步"的背后,隐藏着种种难以释解的焦虑:究竟该从普遍主义还是特殊主义来理解世界文明的运势? 当今天下强势文明和弱势文明的分化又是怎样形成的?

另外,我说别人的话语霸权乃是久已存在的事实,还包括这样一层意思:在当今世界的知识生产中,不管是"一声炮响"送来的,还是借"改革开放"引进的,大多真正具有创新意义的方法论革命,往往舶来于强势文明,这种积重难返的被动局面,便想改变也绝非一朝一夕之功。我在其他地方说过:仅仅适用于一种现象的理论,就根本不能被称作"理论";就此意义而言,任何理论创新都有天然的辐射性,也就是说,在此后的知识增长过程中,它总会被合法地试用于其他经验。由此你就足以领会到,只有重视理论创新富于思考活力的文明,才可能对别人显出话语的霸权。那么再让我们反躬自问,长期以来国人果真表现出过太多的理论创新的勇气和才能吗?这样一来,我们就开敞了中国知识界的一个紧迫问题:这个问题不解决,我们就只能自怨自艾,而这个问题解决了,别人的霸权也就迎刃而解了。

正因为这样,奉劝大家千万不要因为理论的误用,就马上跳到另一极,轻视甚至厌恶理论思维本身。当然既要替自己的母国负责,一看别人竟这般“主题先行”地误解中国,总会多少感到抵触和愤慨。比如我前年在美国访问时,就跟汉学家邓尔麟教授过了一招,话已经讲得相当不客气了:“即使某些韦伯主义者表面上声称过,要‘在中国发现历史’,但支持他们筛选和组织史料的基本框架,仍属于构成当今西方社会的主要前提和要素,所以这类在其他社会中勉强勾勒‘现代化倾向’的知识生产活动,本质上仍跳不开‘东方主义’的话语体系。更糟的是,由于这些作者把韦伯理解得跟自己一样简单,或者跟帕森斯(Parsons)一样简单,所以一当他们在其他社会里,居然也照样‘发现’了不可逆的合理化进程,就有意无意地合法化了自己所属的社会。这种在其他文明的水面上阅读自己倒影的纳西赛斯(Narcissus)情结,既使中国历史失去了本有的丰富性,也使西方自身短缺了多元文化因素的刺激。”可话说回来,现在针对你发问时的潜意识,却必须强调事情的另一面:对所谓“话语—权力”这套理论,也要提防“尽信书不如无书”,以免在一种“洋排外主义”的心态下,拒斥多元文化的精神营养,那其实正是中国文化“其命唯新”的契机。

**编者:**数年前,您和旅美学者甘阳、崔之元等人有过一场在学界颇有影响的争论。在那场争论中,您的立论或者说强调的重点在于中国历史的语境中,而非简单地以西学的范式和叙述对中国问题作“隔岸观火”式的研究。当然,这种要求与您对海外中国研究的重视及大规模引进并不一定构成矛盾。在某种意义上反而可以相互取益,相资为用。但在实际的研究和思考过程中,如何才能得其“中道”,既充分地消化吸收海外的研究成果,又能对中国社会与文化的诸问题有深刻的体知,而不流于"洋泾浜",请您谈一谈您的想法。

刘东:首先得澄清一下:那篇文章的题目是"警惕人为的洋泾浜学风",而不是"拒斥天然的洋泾浜现象"。在文明激烈冲突的紧要关口,洋泾浜语言既是不可避免的,又是富有功效的,它反映了跨文明的初步传播,也标示着进一步理解的诚意。但反过来说,如果某些文化产品的主要局限,并不是由于缺乏对于母文化的天然直觉,而竟是为了向外在的理论语境负责,在咨意曲解作者本不可能短少的基本经验,那就是我所讲的"人为的洋泾浜学风"了。令人遗憾的是,由于《二十一世纪》杂志的发行局限,也由于它在编排上的可怕缺失,我的上述区分并未受到应有的关注,反使别人对我的主张产生了误解。所以我现在不得不打开电脑重念一段:"面对着这股偏离了'援西入中'之正途且又败坏了其声誉的有害逆流,我们就不得不正襟危坐地清理一番,看看哪些作品只是流露出了无意间的误解,属于不期然而然的'洋泾浜现象',而哪些作品却竟反映出了成心的作伪,表现出了人为的'洋泾浜学风',——或者换个更形象点儿的说法,看看哪些作者只是苦于讲不好中文才带上了外国口音,本身并无表演的成分,而哪些作者却实不过是拿着洋腔洋调来说自己的母语,故意去追求剧场效果?"

当然,学理的争论只要不弄成意气之争,到头来总会有助于彼此的接近,也就有助于逼近你所讲的那个"中道"。正是为了这个目标,我既希望那些朋友不要在意我那些稍嫌激烈的诛心之论,更是从未记恨过他们更加尖刻的反唇相讥。有人曾经说过,所谓"良性互动"的提法其实是"同义语反复",因为只要能够构成互动,那么最终结果从来都是良性的,对此我很愿意引为知言。自打我那篇文章发表之后,我连续三次造访过美国,接触了跟我发生过争论的朋友,其间既有互不相让的交锋,又有低首下心的恳谈,有的还"不打不成相识"地成了知交。当然,我本人的基本立场没有变化,但毕竟对不同的问题意识有了更同情的了解,正像我也没有奢望一席话说服别人,但毕竟也向他们敲了一阵难忘的警钟。国内学术界有一种不太好的习惯,那就是不能正确地看待"打笔仗",既太过计较它的短期对垒,又太过忽略它的长远融合,把任何正常的争辩都弄成了"风过耳"的传闻,而不是补偏救弊的必要猛剂。实际上,你只要愿意"细读"或"深层阅读"我那篇文章,那就不难发现,其中所表达的真正焦虑是:如何弥补那些朋友在治学可能性和现实性之间的落差,因为他们的学术准备原本相当好,不仅对中国经验的直觉远非汉学家可比,就连对西方理论的把握也已有过之而无不及,所以,他们本来是可能大大促进汉语学术世界的。

说到这一点,我又得澄清你的一个说法——"隔岸观火"。我不赞成用这种模糊不清的修辞,来笼统概括"援西入中"的治学过程。这里牵涉到所谓"内外方法论之争"的问题,而我本人一向认为,无论说研究只能来自某生活共同体的"内部"还是"外部",都是明显荒谬的粗陋之见。正因为这样,最近我在《十年甘苦寸心知》中,才写下了这样一段话:"即使在'中国学'这个有限的经验领域,也应当主动鼓励、而不是消极泯灭精神样态的无限多样性。如果有人至今仍坚持认为,汉学家只是在帮助我们提出和解决问题,那就幼稚得有几分可笑了。在文化交流和传播正步步深入、各文明间的关系正日趋密切的现代世界,从根本上说来,中国已构成了其他文明的生活背景之一,故此也已不再仅仅属于我们自己。因此之故,在海外汉学家提出问题的独特视角、解决问题的独特方法,以及潜藏其后的独特话语体系中,肯定会屡屡出现属于他们自己的、并不为我们所熟知的'中国形象'。而对于这种总在颠覆着我们现有自我意识的学术成果,我们其实并没有特权去嫌好道歹地判定——别人的种种结论反映了其优点抑或缺点,而只有理由虚怀若谷地承认——人家表达的种种看法反映了他们自己的治学特点。只有从这种思想认识出发,我们才有可能把未来超越国界的'中国学',真正设想为生动活泼的、兼听则明的研讨班,并期望在互相倾听和理解、彼此进言和促动的基础上,日渐透彻地界定我们的思想对象——中国。"上述说法无疑也适用于咱们自己的留学生。

**编者:**目前国内对海外中国研究的不断重视与吸收,反映了海外中国研究学者对本土学者的影响日增。那么在海外,中国本土学者的研究其影响又如何呢？我以为，在整个"文化中国"的范围之内，本土与海外学者应当形成良性互动的关系，而不是过于单向度的谁影响谁的格局，只有这样对中国问题的研究这一海内外学者的共同论域，才能不断拓展和深化。比如说，以中国哲学尤其是儒学研究而言，现代新儒学的研究与努力，如今便对北美传统的儒学研究产生了相当的影响。但是，在整个中国问题的研究这一广阔领域之内，中国本土学者的研究对海外学者的影响状况如何，还希望您能给我们作些介绍。另外，在"文化中国"的范围内海内外学者之间形成一种健康良好的互动格局，需具备哪些条件，我们也想请刘老师谈谈自己的看法。

**刘东：**我举双手赞成你的良好期望，其实我刚才也表达了类似的意思。不过我可要提醒你：所谓"理所当然"跟"势在必然"，乃是完全不同的两码事。而说到当今知识生产的天下大势，恐怕有点让你沮丧的是，一个强势文明里的汉学家，对于中国生活世界的统觉把握，还不如一个弱势文明里的老百姓，对于西方生活世界的总括了解！对此我亲身经历过的笑料就多了，也不值得在这里细细道来。真正需要克服的障碍在于：我们究竟要付出什么样的努力，以及采取什么样的策略，来使别人心悦诚服地认识到，在中国照样有强大严谨的治学传统，照样有不可忽视的专门研究，而不至于只到这里来搜罗资料数据？举个例子，中文学刊无论在我们看来品位高低，在美国那边全都不能获得"打分"，弄得多数留学生根本不敢用汉语写作，生怕耽误了艰难的谋生活动，这当然大大抑制了他们的学术产能，也使我这位中国学者深感不平。我曾经这样逼问过美国同行：如果换一个搞法国研究的学者，能用法语撰文在法国的学刊上发表，甚至就在布劳代尔的《年鉴》上发表，你们英语世界也照样不予承认吗？恐怕你们连喝彩崇拜都来不及罢？那么既然汉语有更悠久的历史，有更丰富的典籍，有更广泛的读者，也同样是联合国安理会的工作语言，为什么就偏偏遭到一概漠视呢？……

这恐怕会马上警醒你的民族情结。甚至我还要借机再澄清一个误解：即使你所钟爱的新儒学研究，其遭遇也并不像你描述的那样乐观，相反由杜维明教授所代表的倾向,在北美的学术圈中倒常常显得孤立。陈来教授也私下里跟我议论过,迄今为止都没有一位儒学学者,能在西方占据铃木大拙享有的地位。可无论如何,仅仅愤愤不平是于事无补的。一方面,必须旗帜鲜明地反对被忽略蔑视,要求在学术对话中成为对等成员;另一方面,又必须老老实实地坦白承认,由于长期干扰所造成的学术失范,并不能只靠"政治正确"来捍卫自己的尊严。国际学术界向来是个激烈的"话语竞争场",关键还在我们的论说有无竞争力,而如果仅仅要求大熊猫式的保护,那就不啻孔老夫子最不孝的子孙,因为文化原创力缘此就散失殆尽了。所以,你要问如何造成"互动格局"的条件,我正好借机请你带话给北京大学的后起之秀:这条件首先取决于我们自己的努力,而且是几代学者持续不懈的努力!

当然,光发愤忘食悬梁刺股还不行,还要有切实的策略和有效的途径。随便打个比方,作为《中国研究书评》的国内通讯编委,我这次就借途经夏威夷大学讲学之机,向其主编安乐哲教授建议:这本杂志的英文名称本叫"China Review International",却完全没有介绍中国本土的研究,恐有名不副实之嫌,所以应当扩大杂志的涵盖面,按期向英语世界推展中国同行的成就。我这个想法也跟加州大学的胡志德、王国斌等教授商量过,他们不仅乐观其成,还欣然同意帮我组织同人,根据我每次提出的具体选题,来对口寻找适合撰文的专家,因为他们也已痛感到了这样的危机——经由我们这些年的玩命译介,国内学界对汉学动向的把握,远比他们对国学的了解为多!这当然算是个好兆头,但愿学术译介从此不再是一厢情愿的"半导体"。但即使如此也还要看到,这根管道毕竟还相当狭小,而且就算能跟汉学家构成互动,也绝对不值得志得意满,因为中国研究在这边堪称学术主流,在那边毕竟只属于学术边缘。

**编者:**我知道刘老师最近刚刚访美回来,在美期间多有游历,我们很想请您给我们介绍一下北美中国研究的最新动态。与之相应,您在继续引进海外中国研究的成果时,可有何新的举措和方向,我们也想借这个机会先"闻"为快,并介绍给北京大学的研究生朋友。

**刘东**:刚才已经说过,想用三言两语介绍别人的苦心孤诣,只怕多半是以偏概全放言空论,我还是专讲自己如何补偏救弊为妙。《海外中国研究丛书》的选题,现在已达到整整六十种,也就是说还有近二十种新书,正处在翻译、校对、编辑和印刷的过程中,对此我看就不必多谈了,反正大家迟早都会在坊间找见。下一步急需改进的地方,首先在于它虽则名冠"海外",却大多属于美国的汉学作品,未能跟欧洲和日本汉学构成平衡,向大家提供更丰足的阅读参照系。因此,我目前正努力扩充视野与交游,希望它真正成为"多声部"的大合唱。另一个有待匡正的闪失,则在这套书仅以译介成本的专著为主,而国外学术进展特别是最新成果,却往往反映在专业杂志的重头论文中,有的教授甚至未曾出版过像样的专书,却仍在学术界极富原创性和影响力。这种偏差其实是我久有的心病,记得十年前就曾跟韦思谛教授商量过,后来又跟周锡瑞等教授多次制订过计划,但终因各种阴差阳错而未能偿愿。我最近又跟刘禾教授再次约定,希望就一些学界普遍关注的焦点问题,尽快分门别类地合编几本文集,以便更及时更全面地反映外间的原貌,但愿这项计划此番不致再落空。当然话说回来,我浑身是铁又能打多少钉? 以上种种尚未实施的设想,主要还得靠你们充当生力军。

最后我还想借机强调:在不可小觑海外汉学的同时,也不要无端地夸大它。这样讲有一退一进两层意思。从消极的一面来看,如果由于汉学所研究论述的特定内容,使它能在大洋此岸一时成为显学,那么鉴于它在原有知识生产体系中的特定位置,却在大洋彼岸的语境中向非主流。尽管乍一改变大家的阅读习惯,会使人误以为它的方法颇为新颖,而且我在甄选译题时的求新标准,也会无意间加重大家的此类印象,但至少根据我个人有限的游历,大多数汉学家其实是安于一隅的,充其量也只在用主流话语中的既定框架,部分成功地寻找着跟中国材料的接榫点。我们当然不应否定这类思想游戏的实验意义,但同时也要清醒地看破,只靠这种小打小闹的范式更迭,不仅无益于凸显中国经验的世界性意义,还有可能把对它的诠释永远弄成西方研究的副产品。这样一来,我们自己的学术出息大小倒在其次,关键是怎样认清父母之邦从而负起道义责任呢?

　　由此就升发出更为积极的意念来：即使进入世界学术主流无法一蹴而就，我们也应当从现在起就"取法乎上"，敏锐地追随它的每一轮辩难演进，以便对国际学术格局建起准确如实的印象。我前年在费正清中心的讲演中，就曾痛心疾首地反省过，在引进海外"中学"成为热点的同时，译介海外"西学"的主要工作，却在20世纪90年代拉下了新的亏空，特别是未能尽快全面把握以往了解较少的西方文化理论、社会思想和政治科学。打那以后，这方面的情况似乎略有改观，但总体的被动则依然故我。这方面最鲜明的例证是，尽管暴富般地扩大了书店铺面，简直比哈佛书店的营业面积还大，但只要定睛一瞧就会找出破绽：人家的书架上每样只有一本，所以可以连续几天泡进去"发现新大陆"，而我们却靠大量重本强撑门面，简直用不了多久就一览无余了。由此想起了陈来教授的一句感慨，当年我们在麦金泰尔书店淘旧书时，他突然发出这样的议论：如果允许他掌管社会科学基金，他就全部把它用在赞助翻译工程上！我这位专治中国哲学的好友，竟会对西学翻译如此重视，乍听起来似乎令人惊讶，细思之下却又在情理之中——如果世界学术不能尽快地走向中国，那么中国学术也就根本无缘走向世界。基于这种认识，我近年来效力于公益事业的重心，也早从钻研和译介汉学，转到了另一套《文化与社会译丛》。那一大堆更加原汁原味的西学名著，毕竟是更能接引我们向上的阶梯，使我们得以直面主流学术的领军人物，在体贴切磋中强化自身的思维训练。只要大家能积极主动地消化它们，反复思索其中的利弊得失，使之构成内心深处的持久冲动，那么五千年文明的宏富经验实体，就有可能支撑将来的理论创新，使我们的研究也逐步具有辐射性，做到既脚踏中国实地又不失世界意义。

1999 年 2 月 12 日

# 北大课堂上的魏斐德

## ——在伯克利加州大学的讲演

　　既高兴又荣幸能有机会站在这个讲台,向伟大的历史学家魏斐德教授致敬。但我充分地意识到,这并不仅仅是我个人的荣耀,更是魏斐德教授给予他的全体中国同行的荣耀。正因为这样,我今天的讲演便选择了这样的主题——《北大课堂上的魏斐德》。

　　这些年来,我们逐渐准备好了条件在北京大学的课堂上,开设起"国际汉学"特别是"美国的中国研究"的课程。我们不仅打算摸索到美国汉学的脉络,也打算在了解的基础上开展对话,甚至希望基于中国人的独有视角,看出一些可以向国外汉学家奉献的观点。

　　学术研究就是这样步步深入和彼此渗透。想当年,费正清能把中国研究变成哈佛的博士研究方向,就已经算是一大历史性突破了。那时候还难以想象,很多年以后,中国又反过来把你们对它的研究本身,当作北大的博士研究方向。基于你们的"中国学"之上,我们又叠加了"中国学学"。

　　这当然也就意味着,今天我们这个集会的主人公——魏斐德教授,这位注定要进入中国研究名人堂的大师,也已经成为北大博士论文的候选题目之一。

　　不仅如此,根据我本人的教学经验,每次向北大同学讲授美国汉学界的"清史三杰"时,同学们反映最强烈的都会是这位魏斐德。他们在研讨班上,提到魏斐德的频率总是最高。

互联网上的反映也大体相仿。比如有一个帖子就进行了这样的对比："我个人对'三杰'的总体印象，大致是：史景迁以叙事和文笔见长，孔飞力以方法和视角见长，而魏斐德以选题和史料见长；相对说来，我更认同魏斐德。从专业角度看，史景迁花拳绣腿，孔飞力偏锋取胜，而魏斐德更接近名门正派，看似平淡，胜在平实。"（顾思齐：《本土视野的美国"汉学三杰"》）

既然魏斐德本人已经进入了研究的视野，我们在北大课堂上自然就经常琢磨：反映在他身上的汉学话语是怎样演变过来的？这不仅意味着，我们想要弄清在他之前和在他之后的学术师承关系，还更意味着，我们想要追踪他本人的心路历程，看看他的研究动机是怎样逐渐发展起来的。

这正是我上次写信询问他夫人梁禾的动机。我在那封信中说："Fred的著作很多，我想也许可以分为清史阶段（《大门口的陌生人》、《洪业》）、上海史阶段（《警视上海》、《上海恶乡》），甚至现在的密探阶段（《戴笠》、《潘汉年》）。但是在所有这些研究之中，有一本很特殊，那就是《历史与意志》。我一方面为 Fred 在这本书中所显出的哲学功力而惊讶，这对于一位纯正的历史学家来说，简直是罕见的；另一方面，我也仍然对他的写作动机和过程，有点好奇。不知你们是否能跟我讲一讲书里书外的故事？"

对于《历史与意志》的源起，我到现在都还充满好奇。不过除此之外，至少我们还自信看出了一点门道。——就像一位创作赋格的作曲家一样，从清史到上海史再到密探史，魏斐德总是从上次结清的主题中，又发展出一个有前途的动机。而且，这中间显然还存在着某种连续性，因为他总是聚焦于一个社会的控制与失控，以及由此而展开的历史的治乱循环。

这使我不禁想起 1998 年他在哈佛的那次讲演，讲题乃是《中国腐败》。当时费正清中心的讲演厅里站满了听众，来晚了根本就挤不进去，而且离得太远也很难听清。不过，遥望着端坐在轮椅上的那一尊大神，我却觉得自己或许可以凭本能猜到：他肯定是在警示中国的失控及其历史后果，因为我费过很大力气编辑他那本《洪业：清朝开国史》。

那是我第一次见到魏斐德。当然我还不敢逆料，后来居然有幸成了他的忘年之交，乃至于今天又有幸来到这个历史性的场合，带来中国同行对他的普遍赞赏与景仰。

在这个历史性的场合,最容易从头想起人的一生,所以我此刻想到的,乃是魏斐德教授的辉煌起点——那本成名作《大门口的陌生人》,以及印在那上面的不到三十岁的英俊肖像。苏东坡那首《赤壁怀古》是怎么写的来着?——"遥想公瑾当年,小乔初嫁了,雄姿英发,羽扇纶巾,谈笑间,樯橹灰飞烟灭。"那个时候的魏斐德,大概像周瑜一样春风得意风华正茂吧?

更令人称奇的是,尽管那是一本少作,却已经发展出了此前模式的一种转化和深化形式。在他笔下,那些站在大门口的陌生人,就像是插在人体穴道上的针,不断地刺激着中国社会的内部,使得整个的肌体逐渐发热,直到循着自身的生理规律而发生了变异。乍一看,这种叩问中国的方式仍然属于费正清的"冲击—回应"模式,但作者的处理却更加富于弹性,既照顾到了中国特有的内部因素,却又不必有意回避外来的影响,真可以说是化腐朽为神奇了!

我常常有点抱憾地想,要是在这本书发表之后,人们在研究中国时就保持着这种必要的弹性,保持着一脑袋的露水,保持着对于历史材料的新鲜感,甚至连孔飞力四年后那本又帮着造成了新的写作模式的著作《中华帝国晚期的叛乱及其敌人》都没有出现过,那该多好!

不管是怎样的理论,反正只要总是想着"以论代史",到头来总会是一种桎梏。我十几年前就批评过这一点:"若就认识中国历史的现代进程而言,由于人们刻意要去反拨老一代汉学家的'冲击—回应'模式,牵强附会地企图在中华文明内部勾勒出一种'现代化指向',反而矫枉过正地过低估价了最近一百多年以来西方文化对中国历史的影响力度。"(刘东:《刘东自选集》,桂林:广西师范大学出版社,1996年)

而且,尽管打着"中国中心观"的旗号,它仍以新的套语妨碍了人们的学术想象力。"不待言,这种研究纲领的本意,是希望深入中国文化传统和本土社会,挖掘它曾被忽视的历史主动性和内倾延续性。但是,由于它所勾勒的脉络仍然受制于这样的价值预设,即历史中的潜在活力是否有助于打破已经被近代西方证伪的中国传统社会的内在结构,所以,这种研究活动说到底有可能只是在重组以往的经验材料,从而不自觉地反倒更加合法化和普世化了西方近代历史中发生的一切。"(刘东:《刘东自选集》,桂林:广西师范大学出版社,1996 年)

那么,"到底为什么越是想要进入中国内部,越是主张到中国去发现历史,越是强调所谓中国中心观,就反而越是跟中国事实隔膜,越会在中国水面上看到自己的倒影,越是脱不开骨子里的欧洲中心论呢?——说到底,恐怕还是需要去检讨理论活动本身。一方面,人们越想钻进中国进行更加深入精细的研究,就越是要借助于专业化的理论知识;然而另一方面,鉴于当今世界知识生产和理论创新的实际情势,人们越是想要仰重这些理论知识,就越是脱离不开当初产生这些理论的西方语境,于是这些理论框架的自身局限就越会显现出来,它限制得这些研究者更加难于真正进入中国的语境"。(刘东:《中国研究领域的测不准原理》)

话说到这里,正好借机稍微申说一下我在《舞蛇者说》中评价魏斐德的一段话,当时我是这么说的:"当我在前边写下'纯正历史学家'字样时,我心里是转着这样一个念头:所谓历史学家,正是我们中间最讲究怎样'讲故事'的人。换句话说,在我看来,历史学家们最根本的过人之处,就在于擅长把支离零散、断裂残破、枯燥乏味的现存史料,点化成为让人兴味盎然的完整叙述,以期人们对往事的来龙去脉有更多的了解。从这个意义上讲,魏斐德教授奉献给我们的,实属于最传统最老派的史学工作成果。"(刘东:《舞蛇者说——魏斐德〈间谍王〉中文版代序》)

在我本人的字典中,的确再没有比"传统的"或"老派的"更加美好的形容词了。根据我的理解,历史学这门行当从一开始就要求魏斐德,必须让处理手法去贴合千变万化的经验材料,而不是让经验去服从整齐划一的理论模式。假如他掌握的材料,还不足以让他讲出一个理想的故事,那他宁可不做,也不会用理论的推导去演绎一个虚构的框架。

然而,正是这一点才让我们恋恋不舍!我们简直难以想象,像这样一个一直充满活力的学者竟然也已到了宣布离开他的教职的时候。究竟到哪里我们才能再找到如此正宗、老派的历史学家?再想听个有关我们自己的真实故事的时候,我们还能有指望吗?——吊诡的是,当拥有这种老派历史学家的时候,文明本身是充满生机的;而一旦失去他们,文明本身倒显得衰老了。

所幸的是,这位教授的名字告诉我们,他是会永远醒着的,因而肯定是会"退而不休"的。正因为这样,我才在这里着重回顾了他的第一本书。也许,从清史到上海史再到密探史,只是他可能走出的成功之路之一,此后他再次回到这个出发点,也许会走出完全不同的路来。由此,今天只是他另一次青春的开始——他很可能会回到写作自己第一本书的那种新鲜感,让一切灰色的理论模式都见鬼去,而只保留青春时代的灵感,只保留对于各种历史例外的好奇心!

最后我要说,魏斐德教授从教的这几十年,既表现为这位史学大师跟中国人的某种缘分,也通过我们跟他的交往,表现为中国人跟整个世界的某种缘分。他曾经在《远航》一文中,主张过一种"地方性的世界主义"这种想法深深地吸引了我。为了向他学习,也许以后我会设法把他请到我们学校去,继续发展这个"北大课堂上的魏斐德教授"的题目。到那个时候,我们整个北大的校园都会充满他那爽朗的笑声。

正如他的老师列文森在其未完成的遗著中指出过的,中国文明并非仅有民族主义的一面,也同样拥有世界主义的一面。正是这种不可或缺的两面性,给了我们以加入"多元一体"的世界大家庭的热诚和动力。中华民族不仅在坚持着内倾性发展,也同样在憧憬着外向型发展,不仅在立足于本土来发展,也同样在以跨国为战略而发展。在这种发展中,我们将逐渐学会把心胸拓展得像魏斐德教授一样宽阔,并且以这种宽大的胸怀,帮助增进中美两个大国的相互理解。

谢谢魏斐德教授!

谢谢主持人!

谢谢大家!

2006 年 5 月 5 日

# 辑四
## 当代/文化

# 造型与造价

（以下的文字根据最近的一次发言要点整理和铺陈而成。为了传达某种现场感，我将尽可能保留当时漫谈的语气、顺序和例证。）

拉李陀来参加这场"房地产研讨会"，真好像是推错了哪扇门，这里除了几位记者，多是些搞房地产的实业家，而我们俩却只是迂阔的文人，只会发一些不切实际的议论。

不过要按古代文明的老规矩，文人也不见得就不讲究营造。《苏轼文集》中就有不少例证，比如他被贬到黄州以后，就在那里修造起了"雪堂"，还写了文章来记述自己动手的快感："苏子得废圃于东坡之胁，筑而垣之，作堂焉，号其正曰雪堂。堂以大雪中为之，因绘雪于四壁之间，无容隙也。起居偃仰，环顾睥睨，无非雪者。苏子居之，真得其所居者也。"雪堂当然没有保留下来（但愿当地的旅游部门还没有据此鼓捣出个煞风景的假古董来），可这篇《雪堂记》所讲的"东坡之胁"，至今仍是妇孺皆知的美谈，那正是苏轼从此自号"东坡"的起因——这两个汉字从此便有了丰富的内涵，几乎凝聚了"中华文化"所有的审美意蕴。

正由于苏轼一次次地营造过居所，元人陈世隆的《北轩笔记》，在记述了雪堂、思无邪斋、白鹤山新居等之后，才不由发出感叹："坡公涉世多难如此，徐、杭、汝、颍，牧守之乐；中书、翰林，侍从之荣；定州，方面之贵。所得几何？而四十五年间，南奔北走，风波瘴疠之乡，饥饿劳苦，曾不得名一廛，托环堵为终老地。"然而我们却又知道，林语堂那本《苏东坡传》，其英

文题目偏偏叫作 The Gay Genius,直译过来正是"快乐的才子"。那么是
林语堂搞错了吗? 恐怕没那么简单。以苏轼那种随遇而安的性格,无论
生活中有多少磨难,仍能保持生命状态的自在充满,他总会护持住自己的
心境,总能坚持对生活的肯定,总要做自己命运的主人,还不致像现代知
识分子这样被逼到墙根,大抵要以对日常生活的总体批判为业。我近来
正做苏轼和歌德的比较研究,觉得其中最大的奥妙就在于:歌德一生多处
于顺境,可内心却总是充满冲突震荡,而苏轼一生多处于逆境,可内心却
一片和悦洒脱。

　　这个话头会触及两大文明的底蕴,大大超出我们今天要讨论的范围。
但我们至少应当想到,无论是哪种文明的蕴涵,都必然焕发出相应的审美
格调,而且这种格调一定会点染到房屋造型上,潜在地规定着设计师的想
象界限,这就切入我们今天的正题了。建筑于东坡之上的雪堂,既没有当
年皇宫王府的气派,更没有如今花园别墅的富丽,却更富于韵致更令人神
往,正所谓"君子居之何陋之有"? 我们不妨再推想一下,甚至宏大豪奢如
滕王阁,也要靠王勃的大手笔,才能为后人所知晓所称道,正说明历史自
有它的风雅标准,那首先要基于精神的内涵——房子里面一定要充盈人
气,要贯注了文化意蕴方能生气勃勃。

　　可惜,经历了十多年前的那次陡转,中国已不暇犹疑地进入了消费社
会,盛行着畸形的消费心理,这就使对于往日生活世界的任何怀想,都几
乎像是一场白日梦了。房屋对于开发商而言,不再意味着诗意栖居的场
所,也不再是精神外化的产物,因为它首先属于某种不动产,不光造它的
人是为了赚钱,就连买它的人也至少想着要来存钱。既然如此,就难怪大
家这么循着市场逻辑来考虑问题了——刚刚听了大家的发言,似乎所有
的病痛都源于市场发育不全,也只能靠它的进一步健全来逐步解决。可
我却要争辩一句,其实市场逻辑这种简单和短浅的交换原则,本身就是有
重大缺陷的和不健全的,即使在市场发育最充分的国家,也会造成洛杉矶
那样的失败案例;而且哈佛的汉学家柯伟林(William Kirby)在跟我谈及
北京市政时,其最大的忧虑也恰在于它的"洛杉矶化"! 因此,大家果欲把
房子盖好,就应当倾听一下来自人文的声音,它可以在市场逻辑的限度之

外，帮助提出一个更高的标准，那或许正是把"房子"提升为"建筑"的要义。

　　先从当下盛行的消费心理谈起。我刚才说它是"畸形"的，暗中自然就有个参照系，它甚至意味着，就连那个本已相当畸形的、要被严厉逼问"多少才算够"的美国，相形之下都还稍稍"正常"一些。杜克大学的社会学家艾尔德（G. Elder）写过一本《大萧条的孩子们》，发现正由于早年经历过相对匮乏，那一代人反而对物质生活更加计较。这使我们不免联想起周围的情况来：如今还爱吃几口肥肉的，当年恐怕都紧巴巴地领过每月几两肉票罢？有位美国教授来我家做客，直夸我的电视机真不赖，其实若依中国的标准，那玩意儿早就寒碜得该卖破烂了，因为它不过是个 21 英寸的。这并不是一个特例，中国家庭的电视机普遍都比美国的好，而细想之下，这又并不是因为美国人买不起，相反倒是因为中国人买得起，而且是刚刚买得起！出于享受物质生活的渴望，如今既已能跟上这个潮流，那就不惜节衣缩食地跟，而且要跟别家紧张攀比着跟，今天换个带色的，明天换个直角的，后天换个纯平的，直到终于大彻大悟——这不过是一轮轮地上厂家的当罢了！

　　那么真的幡然醒悟了么？才不会呢。只要畸形的心理定式还在作祟，人们就很难挣脱那根牛鼻绳，顶多只会换一个新的攀比目标，而且一定又是他们刚能够得上的目标。由此才造成了当今中国的一大奇观：家家户户都在闹装修，就跟"文革"当年家家户户都闹战斗队似的！一个人发作精神病的时候，他自己是全然不知的，而等全社会都发作精神病的时候，那就没人再能意识到了，正如只有在经济生活分量日重的今天，而不是政治热情不断高涨的岁月，大家才会觉得当年如此投入地打派仗有点匪夷所思。然而冷眼望去，发现人们现在几乎耗尽了财力和心力（颇有一些为此背上贷款和大病一场的），想把这个小家装出几分富贵气来，到头来却把室内弄得更加污浊、室外又都堆满了建筑垃圾，你敢打赌过些年这还能被视作正常么？更加可笑又可悲的是：在每家每户的"标准间"里，除了必备的卧室，还要专辟一间"书房"，似乎人们除了睡觉之外，全副精力都用来读书了。其实哪有影的事儿——他们家里根本就没有几本书，今后也不打算买什么书！由此书店才倒了一家又一家，建材城却开了一片又一片，把整个京师弄成了单向度的城市。

因此毫不夸张地说，当代中国正发作着一股"装修热"，而且再没有别的什么，能比这种狂热更暴露出我们社会的神经官能症了！如果进一步做病理分析的话，尽管李陀不一定完全同意我的观点，但我还是要说，这疯狂并不能完全归咎于舶来的恶习，还跟我们的可怕接受机制有关，不然就无法解释，它何以在大洋那边并未发展得如此恶性、如此不可收拾。正像在发现新大陆以后，有些传染病对于白人入侵者原非绝症，却无意中要了印第安人的命一样，在我们的文化基因里，原本就缺少针对这种疯狂追求现世享乐的抗体；再加上晚近参与意识的惨痛挫折，人们就更要龟缩回小天地里，再不管公共空间是好是歹，一门心思地营造自家的蜗居。所以，整个城市空间的不断恶化，以及对于这种恶化的惊人麻木，跟各个居室空间的刻意装修和装修效果透出的恶俗气息，恰巧一体两面地叠映在一起，微妙地对应着当下的社会病态心理，简直比任何作家的剖析都更贴切更直露！

跟上述疯狂互为因果，房地产商在利益的驱动下，也把推土机轰隆隆开了过来，东一块西一块地，把整座城市剃得像斑秃一样！按说，既在营造上市出售的商品，总该讨讨顾客的好、把房子盖得好看点罢？可我们的开发商却不，他们只知往上堆积豪华材料，以为造价越高就越漂亮，不弄成浓妆艳抹的俗物就不肯罢手！为了诅咒长安街头的难看建筑，我曾经替《艺术世界》这样写道："就像沿街拉客的低等妓女总也离不开亮闪闪的水钻一样，贝聿铭的那些也配称作'建筑师'的同胞，也在这块价格不断腾贵的亦官亦商的地皮上，东一处西一处地显摆着对于镜面玻璃的低等迷恋。他们竟然打算用令人厌恶的光污染，向眼花缭乱的行人大送媚眼，打算以额外糟蹋的昂贵造价，来证明自己早先穷得受不起教育。镜面玻璃到了他们手中，就这样取代了卫生间瓷砖的效能，贴到了那些想要夸富的建筑物的脸皮上。"可惜编辑先生大概以为不雅，发表时把开头的比喻删掉了。其实他只要读过或听过《茶花女》，就知道我那些话并没讲错——就连上点儿档次的卖笑女，都要属于稍高一层的品第。

还有一条教人受不了的,就是眼下建筑物的取名。想当年东坡先生多会点铁成金,信手从身边抓几个字来,就又朴素又传神又别致:下雪天盖的房子吗? 那就称作"雪堂"罢,索性再在四壁画满大雪,俨如介身于敞亮的大自然;登临远眺的亭子吗? 那就冠以"快哉"罢,好来此享受彻骨的风凉,身心振作地发出思古之幽情⋯⋯当然开发商并非大文豪,没有那么精妙的语感,不必对此抱太大的期望,这也是不在话下的;但那就非得这般文理不通,围个小院就敢称"广场",铺块草皮就敢叫"花园",憋着劲非把汉语弄贬值不可? 别看就这么区区几个汉字儿,它们的容积也着实不小呢——那种堆金砌玉般地想靠"金""鑫""帝""御""嘉""苑"之类拼凑出的矫饰豪华,不仅教你念着佶屈聱牙、读着不知所云,还能在街头无休止地弥漫出腐恶的铜臭来!

于是,让像我这样的人文学者为难的是,尽管各种华屋广告铺天盖地,但无论你买得起还是买不起,却统统不合乎你的要求,因为他们都无法像雪堂那般激发灵感。究其缘由,主要是当前的房地产界,老在用千人一面的模子去预想买主——他大概就是商界的所谓"成功人士",比如有幸在外企当个领班什么的! 错位由此就产生了:试想哪怕白白送给人家,哈佛的教授能开着豪奔去上课么? 那会叫同学们看着四不像,也会叫他自己浑身不自在的。所以不客气地说,目前能提供的商品房,含金量虽有大有小,文化含量却都处于同一水平。也许,这可以升发出一种相当实用的建筑标准:什么时候你们能造出更适于精神创造的居所,让我们北大教书的同事一看就喜欢,恨不得终生卜居于此,哪怕为此拉上分期付款的亏空,那件作品就有个八九不离十了!

当然眼下这还只是虚幻的梦境。而在残酷的现实中,你还得艰难地找个立锥之地,所以我和李陀都跑到密云水库边买了房子。那边的生态还未遭破坏,房子本身却没什么好,只不过还未及用装饰材料堆砌出丑陋罢了——用他夫人刘禾的话来说,只要没贴上厕所瓷砖就行! 但只怕,就这点儿要求也未必能满足多久:那边的老乡没钱则已,有了钱照样会贴瓷砖,说不定还会再给窗户装上蓝玻璃,活像目露凶光的可怕怪物。这当然不能怪乡下人,只能怪城里人的暗示。说到这里,我就想起刚看过的福塞尔的那本《恶俗》来了。此书远不及他的《格调》有意思,不过一开头的"恶俗"定义却大体不错:"糟糕(bad)和恶俗(BAD)之间有什么区别呢?糟糕就像人行道上的一摊狗屎,一次留级,或一例猩红热病,总而言之,某种没有人会说好的东西。恶俗可就不一样了。恶俗是指某种虚假、粗陋、毫无智慧、没有才气、空洞而令人厌恶的东西,但是不少美国人竟会相信它们是纯正、高雅、明智而迷人的东西。"当然,考虑到我们特有的国情,你还能再为它补充点几句:什么叫"恶俗"呢?恰恰是赤贫者一时还现不起的眼,因为他们还没有闲钱去露这个马脚,显出自己当初受不起文化教养,比如他们不会煞有介事地坐进音乐厅,专拣每一乐章的间歇处大鼓其掌,弄得演奏家面红耳赤不知自己出了什么错。

而说到文化,有一点又必须马上申明:万不可对它作僵化理解,好像一说文化就非得指传统不可,一说传统就非搞大屋顶琉璃瓦不可。北京街头被扣上了这么多顶"绿帽子",难道还不够人受的吗?——文化原本是主动创造的产物,是在适应乃至改造环境之余,应着人类心理层面的更高企求,逐渐升发和积淀出来的意蕴和味道。所以,古代建筑所独具的"民族形式",首先是以适应已往环境为基准的,否则早就被历史磨洗掉了。这话听起来似乎无甚高论,却属于建筑学的第一要义,它先验地规定了整场营造运动的成与败。由此我们就不难想到,既已剧烈地时过境迁,仅以中国的人口与资源之比便足以判定,照搬任何既有的建筑类型,不管是本土的还是西洋的,都只会画虎不成死路一条。布朗(Michael Brown)曾经尖锐地写道:"跟未经检验的污染一样,未经检验的人口增长确在威胁着毁掉生活的质量。"我们也许不必赞成这种"人口污染"(people pollution)的提法,因为它确实有损于人类的尊严,但大家在进行建筑创造时,仍要对巨大的人口压力念兹在兹,以此作为构思的底线,不然骨子里就只能仿造赝品,比如那种比一般楼距更加逼仄的所谓"别墅"。建筑毕竟只是一门半艺术,不能完全脱开功利的考虑。所以你要是以倾国之力做一个作品,当然可以无限度地调动资源,但如果你想要解决十二亿人的民居,而且让他们安居,就绝不能在结构和功能上撒谎。

这意味着我们只能戴着镣铐跳舞——但我们毕竟还能跳舞!在我们

这块土地上,人口和资源之比从来就不理想,但它并未妨碍过我们祖先的创造活动。费正清和赖肖尔在《中国:传统与转变》一书中,抹出过这样一副惨淡的色调:"现在几乎是美国人口四倍的众多中国人口必须要在只及美国耕地一半大小的耕地上获得食物供应。80%的人种地以农业为生,生产的多余食物勉强能养活另外 20%的人。除了吃腐食的猪和鸡以外,他们没有饲料养别的家畜⋯⋯"或许由此我们才可以醒悟到,为什么中国的饮食文化堪称"猪肉文化",尽管早在半坡就六畜俱在。然而,这种局限妨碍过我们祖先的创造么? 妨碍过中餐发展成为举世无双的美味么? 安德森在另一本《中国的食物》(*The Food of China*)中说过,中国人从未放弃过尝试新食物的努力,而这对西方人来说简直需要巨大的勇气。所以打个比方:我们的建筑师真要有出息,也得同样"置之死地而后生",去拿西方人不解其味的猪肚子反复实验,终于做出色香味俱佳的"麻辣肚丝"来。这意味着一场彻底推倒重来的、自内向外的视觉革命,否则少数豪宅就势必要以大片的贫民窟为代价,而基于这样的极限对比,整座城市的最终表象鲜有不沦为一片废墟的。

　　要进行这种创造,就必须鲜明地反对"经济阶段决定论",这种腔调在今天的会议上很有市场,总以为形式感是一种奢侈品,而眼下我们还只能先造实用的房子。慢说启蒙时代的线性进步观念早已广受质疑,就算这种观念尚无法证伪尚可以挽救,我们也没有理由判定——在艺术史中也同样存在不可逆转的上升,否则所有的文物都不必再保护,天下的古董商也早该下岗了。尽管造价无疑更高,但从视觉艺术的角度看,前三门的塔楼顶得上老北京的四合院吗? 顶得上安徽乡村的民居吗? 甚至顶得上印第安人的茅屋吗? 所以你们看,在造型和造价之间并不存在机械的对应关系:较低的造价并不注定造型的粗陋,经济发展也并不自动保证形式感的顿悟。正因为这样,建筑业就更应提倡"立地成佛",绝不要把责任统统推给未来,你一旦把钢筋水泥堆起来,无论好赖总要立在那里上百年,整个城市的视图也早被定型了,根本就没有重新做过的余地了。所以你每接一次设计,不管造价几何,都必须当成真正的艺术创造,都必须想到后人的挑剔眼光,否则照这般盖了拆拆了盖,甚至在设计和建造之初就想到这是迟早要拆的"过渡房",中国那点儿贫瘠的资源就更不够糟蹋的了。

　　上面这席话,也许照你们听来只是发发牢骚,是现代文人由于无力再像苏东坡那样亲手营造而逼出来的牢骚。那也没什么要紧,反正最近的沙尘暴早已警示过,所以此中的是非曲直,也许要留待将来的考古学家,到大漠底下来挖掘了,就像我们今天研究楼兰古国那样。

2000 年 5 月 24 日

# 无地自容

　　我的方位感一向很差，地理学知识更是几近乎零。唐晓峰先生如此盛情，硬拉我来参加这个讨论会，实在让我无地自容。

　　但转念想想，"无地自容"这件事本身，亦差可算个"倚空卖空"的题目罢？因为当代人地理学知识的贫乏，乃至于他们跟大地亲和性的丧失，原都是应当好好检讨一番的。于是，我就不揣浅陋，重演"野人献曝"的故事了。

　　先从我跟某位师长的"论辩"谈起，过去我们时常进行这类"智力游戏"，只觉得其间充满了会心的欢悦，并不太计较礼数虚文。记得有一回，他居然铁嘴钢牙地一口咬定，"线性进步"的概念，完全可以被在历史中演明，逗得我也随即鼓起不烂之舌雄辩道，我们对于"进步与否"，根本就一无所知。接下去，我们如天马行空一般，从古今生活世界的不同，扯到了韦伯和马克思的区别，却怎么也争不出个输赢来。情急之下，他又随手举了个"行路"的例子来反驳我，说无论我怎样地信而好古，怎样地钟爱宋学，反正当初苏东坡被贬到岭南时，终须在路上奔几个月的命，而今他却得享现代化的便利，几个小时就可以飞去飞回，此中岂不是"难易立见"么！

　　但虽说"难易立见"，却未见得"高下立见"。所以我马上又反唇应对：即以"行路"为例，也并不像他领会的那么简单，因为根据不同的文化参照系，会对此得出各自不同的、甚至截然相反的结论。当年苏大学士虽是晓行夜宿，难免鞍马劳顿，但依他那随遇而安的性格，能够借机畅游沿途的景致，乐亦在其中矣！再说，他一路脱口吟出的那些诗句，不仅曾传诵一时,点染了同代人的生活,还得以授受至今,"人化"了外在的陌生自然。反问行色匆匆的今人,尽管个个都像神行太保,飞去飞回地奔自己的营生,又有几人获得了这般的审美愉悦,有几人达到了如许的文化成就呢?也无非就是在飞机的轰鸣和起降中,落得头昏脑涨罢了……

若照诸位方家听来,我们当时过的这几招,当然是插科打诨的小把戏了。但我却觉得,如果结合今天的论题去回味,在那荒诞不经的话头后面,亦不乏某些严肃的内容和成分,尽管我们当年受"唇齿之戏"的支配,只顾着去各走偏锋。因此,首先需要澄清的是,如果不是为了巧舌如簧,我其实也并非真心认定,像当年那般地一贬再贬,直被贬到天涯海角,乃是什么惬意的经历,相反我倒是相信,恰恰是其中的日晒雨淋风餐露宿,才成就了那位"一蓑烟雨任平生"的大文豪。此话怎讲呢?依愚之见,当古人把"读万卷书"和"行万里路"并列一起时,后者的含义决不致像今番这般简易,仅仅意味着去购买一张"来回机票";毋宁说,作为人生的两大必修课之一,它要求人们为之付出与"读万卷书"大致相等的艰苦努力,而且恰又因为这种"苦其心志,劳其筋骨"的修养功夫,适足以砥砺磨炼人们的性情,所谓"动心忍性,曾益其所不能"也,"行路"才会和"读书"两相补充印证,在中国古代的生活世界里,同被看作培育人格的必备手段。

于是,且容我大胆放论一句:假如在古代的知识谱系中,确曾创化过所谓"地理学"这样一门学问,那么它也决不像今天这样,只被分类给了自然科学,而更其隶属于人文学科,具有浓重深密的伦理学色彩。人类跟自己脚下的大地,曾有过着难以割舍的亲和性,所以他们当初的"地理学"观念,就并非被压扁和钉死在墙上的抽象平面,而是永远蕴涵着新奇体验的切身观览。正因乎此,"地理学"才会成为发自古人内心的学问,素为例如顾炎武这类的通儒大贤所重。在古代的修身次第中,人们必须脚踏实地地"走"向自身人格的成熟,或者说得再具体些,他们只能在"行万里路"的开放探求过程中,借着对于山川河岳的游历来拓宽心胸,借着对于先烈遗踪的寻访来汲取传统,借着对于人情物理的体察来增益阅历。总之,大地确曾表现为化育人性的生命之根,也确曾启迪过人们再转而自觉参赞大化的运行。

　　然而再环顾一番眼下的生活世界罢！在高楼大厦拔地而起的都市，在专业分工壁垒森严的学院，到底有多少人还依稀记得人类与大地的这种亲和性，还念念不忘以往知识谱系的这种包容性呢？他们还能理解当苏轼自号"东坡"（不过是谪居黄州时躬耕的一片田亩罢了）时的文化意蕴么？还能领会当康德讲授"地理学"课程（尽管他何尝有缘稍离哥尼斯堡寸步）时的心理冲动么？受现代性大潮的裹挟，眼下"知"与"行"之间早已脱尽了干系，"读万卷书"已变得太艰难，即便还有人勉力去做，也多会受其职业所蔽，只读与自己的谋生手段相关的书，而"行万里路"则又变得太简易，竟是毫无新奇感可言，无非是循着早已辟好的旅游专线，赶到人人皆知的"罐装"景点，摆好姿势留几张影而已……这就是我们获得的廉价"进步"吗？只怕虽属"天翻地覆慨而慷"，却未必"虎踞龙盘今胜昔"罢？

　　由是，就请恕我的不恭和真率：跟过去那些顶天立地的"大丈夫"比起来，我们恐怕只能算是足不出户的"小男人"了！因为在当下的生存环境中，那些像搭积木一样拼装起来的"火柴盒"，已经把我们托举到了半空，而远离了厚重的沃土。在消费主义的影响下，我们已经更习惯于在跑步机上"行走"，或者到大商场里"散步"。当然，我们也时常出门旅行，而且比古人走得更远，从北京跳到深圳，甚至再从东京跳到纽约，但我们却早已丧失了敏感的诗心，丧失了探险的本能，充其量也只像人世间匆匆的过客，从班机的航线上记取几个站名而已。另外，我们也时常留神脚下，而且比古人更会装点，从地革铺到地砖，甚至从地毯铺到地板，但除却斗室内的逼仄空间之外，我们竟对外在环境的恶化如此麻木不仁，听凭各种水泥怪物像毒菌一样疯长，任它们来嘲弄和欺凌"人性的尺度"……所以，毫不夸张地讲，对于我们这些随身背着硬壳的蜗牛来说，对于我们这些根本"不接地气"的豆芽菜来说，除了强记住几天以应付升学考试以外，"地理学"（即使是纯属自然科学的地理学）已算不上什么必备的常识了，除非我们胆敢把地铁沿线有几个出口，或者小区附近有几家超市，也煞有介事地吹嘘为一门学问！

　　再退一万步说，就算人们愿意把前述的种种虚空和畸形，看成"人文地理学"的最新研究内容，以为这刚好反映了由现代性导致的地貌变化，以及由这种新的"生存场域"所造成的心灵感应，也仍有必要补充一点：既然名曰"人文地理学"，就无论如何都不可忘记了自身的"人文品格"，不仅要纪录人文景观的变异，而且要参与人文景观的建构。也就是说，"人文地理学家们"责无旁贷地应当向世人提出警示：真正符合人性要求的地理知识，早已和现代人讳莫如深了，所以当人们夸口地球"越变越小"的时候，地表其实正离他们"日益远去"，并使他们越发"无地自容"。——如此强调地理学的"危机意识"和"批判精神"，实在是因为现代大都会的胃口好得太可怕了，竟至于连早先本雅明笔下的"巴黎世界博览会"，或者艾略特笔下的"荒原"，都已被吞并和消化成了时髦的文化消费品；所以要是弄得不好，就连我这句"无地自容"的惊呼，也可能只变成了一个新的由头，让暴发户们去加倍霸占和精心侍弄门前屋后的绿地。君不见，眼下某些号称"旅行家"的人，不正是在传媒的炒作之下，强充"现代徐霞客"，去满足某种粗俗的猎奇愿望么？只可惜，他们足下虽行了"万里路"，胸中却并无"万卷书"垫底，所以走得离人群越远，反倒离商业社会越近。

　　至于无知且门外者如我，自不敢有这等的高远抱负了，顶多也只能去做做大头梦，盼着能早点儿躲开都市的尘嚣，让双脚亲近一下久违的土地，踩一踩尚未被别人踏平的泥路，那样的话，我至少还可以不再感到"踏空"或"失重"的眩晕，睡得更香甜些，直到彻底回归大化的那一天。

1996 年 12 月 13 日

# 可怕的《泰坦尼克号》

一

进口大片惹起的种种话题,有时候还真叫人难以启齿。

并不是有谁自命清高,而实在是因为"一说就俗",——话音儿简直还未敢掉到地上,你就已经开始疑心,怕又中了人家的"奸计"!这类商业算盘的精明与可恶之处,在于早已把所有的嫌好道歹,甚至把所有的批评痛斥,都预计成了可供笑纳的广告效应,反正它既未奢望"流芳百世",也绝对不会"遗臭万年",而只要能凑出足够的热闹,暂时盘踞在公众的焦点,赶在同行推展新货之前,实现尽量多的票房价值,就足可算得上"功德圆满"了。由此一来,这种"笑骂由你笑骂、好钱我自赚之"的软性暴力,就往往比直接喝令"闭嘴"的硬性管制更难对付,它根本不必威逼你装聋作哑,就迫使你不得不自甘失语了,何况后者总还能给你几分悲壮,而前者却只能教你自惭可笑。

正是受上述尴尬的捉弄,我才很对不住电视台的朋友。尽管人家老早打电话过来,挑明了要给我这份"言论自由",专去对电影《泰坦尼克号》"说不",老同学汪晖还从旁晓以大义,力劝我"该出手时就出手",我终于还是敬谢不敏了。当然你得承认,身为影视界的从业者,而能主动想到去替好莱坞"败败火",其文化品位确乎不俗。可摊到这种要命的话题,却也不得不防,等你的发言被掐头去尾地播出之后,仍有可能属于某种特殊的

"叫卖声",不光直接地在为"收视率"出力,还间接地在替"上座率"效命。

幸而,不管多么如鲠在喉地憋着,也不管流行的文化暴力多么软硬兼施,都未曾碍及内心的自主思考。所以每逢看到追星族的狂热之举,我至少还能在书房里默默念叨几声:像这般举国上下地顶礼膜拜一条倒霉的沉船,决非什么吉利祯祥之兆……而现在,趁着对《泰坦尼克号》的热度似已稍退,不再有枉替人家"造势"之嫌,我总算是等到了发笔的时机,可以跟总还愿读点什么的朋友一道,来平心讨论这部典型的好莱坞文本了。当然等读罢以后,大家也许会发现,讲几句诸如此类的不同意见,原是既无须多少眼光、也不要多大勇气的。所以老实说,要不是那帮靠"说不"发迹的炒家,此番竟如此耐得住寂寞,我还真不想多这个嘴!

二

只要能稍稍沉静下来,潜心到历史的情境中,本不难寻思那次海难的真实意义。

在我们生活的年代,仗着对大自然的持续开发,出外旅行已变得安全多了,似乎车船之祸只是偶发的例外。可另一方面,社会心理的吊诡之处却在于,也正由于充满奇遇的探险,早已让位给了平淡的定点航运,交通事故反成了最惯常的经验。只要还没有轮到自己头上,人们就会以平静而麻木的心态,甚至以精确而冷酷的概率,把不绝于耳的空难海难,统统视作享受交通便利的必付代价。现代人的这种反讽状态,可以从下述言行差距中略见一斑——尽管在跟汤因比的《对话》中,池田大作曾把汽车说成"奔跑的棺材",但这却从未妨碍他驾着这种"凶器"四处奔走,更未阻止其同胞弄得"有路就有丰田车"。

那么试问:既然共处在这种无奈的语境下,为什么唯有泰坦尼克号事件,偏能在历经近百年的磨洗之后,仍然活跃于普遍的记忆之中,不断刺激着人们的神经呢?难道仅仅因为那次灾难后果特别严重(或者受难者特别显赫)么?难道挑战者号没有刚刚当着全世界的面惨烈陨落么?难道美国财长没有乘着总统座机撞山身亡么?

由此就不难联想到：人们所以总在为泰坦尼克号嘘唏不已，也许是因为唯有这一回，他们的心灵无法受到统计概率的抚慰。——这艘由许多密封舱来重重保险的巨轮，几乎从其设计的一开始，就被彻底排除到了海难的可能性之外；而这样一来，整整一船对于"技术进步"的自吹自擂，便跟它刚一起锚便葬身海底的凄惨下场，构成了最富于戏剧效果最令人难忘的落差！人们不能不恨恨地一再嗟叹：造船者实在是太狂傲自负了，不仅敢公开宣传这艘船"永不沉没"，还敢私下里当真不带够救生设施；驾船者也实在太有恃无恐了，不管其他船只如何从旁示警，仍敢无所顾忌地全速驶向险境；乘船者更是太偏信盲从了，一旦把命运信托给了某种许诺，就只愿一晌贪欢地陶醉其中，再不管舱外的环境是否已危如累卵……

毫无疑问，在我们身后的真实历史文本中，真正构成泰坦尼克号悲剧之核心冲突的，只能是这种曾经不可一世的"技术神话"，以及这群曾经贸然以身相许的脆弱生灵。从而，这出悲剧之最具启示性的要点，也正在于它以惨痛的音调警醒着后人：在这个一味声称"知识就是力量"的技术社会中，现代人恐怕是太迷信自身的创化魔力、太把主体当成万物主宰了！讽刺的是，"泰坦尼克号"（Titanic）这个名称，其希腊词根正是所谓"提坦"（Titan），亦即人类根据自身形象幻想出来的巨人；由此就不难想象，不管有没有自觉意识到，当人们以此来命名自己的技术杰作时，其志得意满之情都曾那样地溢于言表，——这群"半人半神"的"万物灵长"，竟把自己吹胀得那样高大，简直已从"被造"变成了"造物"！

也只有作如是解，这出历史悲剧才有可能显出其本真的含义，才有可能从无可挽回的生命财产损失，转变成为不可多得的精神财富。作为一块血字的路碑，它理应向行人昭示这样的警语：永远不要失去对自然造化和未知领域的敬畏之心，永远不要把科学的知性思维吹嘘成现代迷信，永远不要放纵人本主义所包蕴的浅陋乐观与佞妄；恰恰相反，时刻要以保留的态度来审视技术社会的成就，时刻要以理智的眼光来省察现有认识的局限，时刻要以审慎的疑虑来节制自己驾驭世界的雄心。——如若不然，还像过去那般一味地让头脑发热，只顾自我感动地"喝令三山五岳开道"，泰坦尼克号上的冤魂就白替后人牺牲了，就会从幽暗的海底朝我们日夜号哭！

三

　　只要能遵循正常的良知，上述解答便注定是情理中事。然而，一旦进入好莱坞的商业逻辑，就不得不沿另一条思路来考虑问题了。即使没有《记住当晚》或《冰海沉船》等作品问世在前，迫使《泰坦尼克号》非要另辟蹊径不可，投资者也必得请编导者先算计清楚：会不会有空前众多的观众愿来重温这出悲剧，从而有把握收回空前数额的制作赌注？恐怕正是出于这种非关艺术的忧虑，他们才会在原本是"灾难片"的题材上，强行嫁接出"爱情片"的情节来，以便冲淡或转移那挥之不去的悲情。非但如此，摸透了市场行情的制片人还得进一步要求，必须对故事枝蔓再作"合情却不合理"的修剪，——由于软心的好莱坞观众永远都在祈求"大团圆"，所以即使这次为了起码的可信度，不得不让男主角杰克破例死去，也必得让他先淡出得如诗如画，再让他闪回得如幻如梦，俨如一次万众欢腾的英雄凯旋，以便投合观众们顽冥不化的心理定式……

　　我完全能够体会到编剧者的这番苦心，甚至还愿意公平地承认，除了露丝上来就要跳船的突兀念头之外，这故事总还算编得相当工整。不过，如果广告词愣要吹嘘说，它竟能跟《罗密欧和朱丽叶》同日而语，我仍觉得那是天大的亵渎！人家莎翁的剧情设计何等的出人意表、何等的具有艺术穿透力？即使在一出喜剧作品中，他也要安排两位家有世仇的青年，以一见钟情的方式来不期然地酿就大祸，准此以绝对"超出常情"的极限对比，来凸显纯挚爱情之"超功利"的底蕴，且在无与伦比地展示了此中的美好之后，又不惜以男女主角的最终双双蒙难，来赎取人类普遍情感的"理性"和解。而相形之下，尽管在刻意模仿莎翁的笔法，甚至还同样抄来了"超功利"的恋爱背景，《泰坦尼克号》的剧情仍编得那般机械和拙劣。在捞取票房价值的沉重压力下，它居然不去担忧作者太无想象力，反显得似乎生怕观众稍有想象力——为了让杰克和露丝爱得"合情合理"，它不光干干净净地剥夺了霍利的所有内在优点，还实实在在地最终剥夺了他的财产和生命，以免人们对原先的"门当户对"生出任何惋惜，感到有理由不赞成"第三者"的闯入！

只是在如此周密的编织之后，制片人才觉得可以放手运作市场，让观众来惊喜地"邂逅"这对"金童玉女"了。这也许不能算是成心的愚弄：既然大多数人花钱坐到银幕前，绝不是想要来感受心灵的震撼，更不是想来洞悉自身的局限，而只想从中获得最明确的暗示，好顾影自怜地"自我热爱"一番，那么好莱坞这家著名的造梦工厂，就必须满足这种浅陋的消费需求，向他们演示唯独伟大人类才配享有的千篇一律的爱情。反观托尔斯泰那个著名的句式：恰所谓"不幸的情爱各有各的不幸，而幸福的爱情全都相似"，以至于不落俗套就不足以确保甜腻。在这个意义上，作为影院主顾的"追星族"们，实不过是像水仙花一样追求着自己的投影，而那帮享受着狂热崇拜的"明星"偶像，亦无非是人们经过化妆整容的自画像而已。再借一个目前最令国有企业谈虎色变的术语：电影业一向是最可怜巴巴的和最赤裸裸的"买方市场"，而且越是高成本故而要求高回报的所谓"巨片"，就越会在激烈的市场竞争中毫无顾忌地牺牲艺术，——如此而已，岂有它哉？

然而从美学原则本身出发，如此媚俗惑众地胡编乱造，毕竟是要付出代价的。依我看来，这部如此不惜重金想要"还原"泰坦尼克号的影片，在艺术水准上遭到的沉重报复依次在于：首先，一旦对该事件的原有主题进行了悄悄的偷换，整艘豪华巨轮也就随之仅仅成为某次"正确"爱情的发生舞台，甚至就连它的急剧下沉也只意味着对于热恋过程的无意催化；其次，由于男女主角站在前台抢走了全部的重头戏，芸芸众生的性命与下落就显得无关紧要了，而顶多也只是他们增进情感的铺垫，不管最终能否获得命运的拯救，都只被用来陪衬主角间的相互牺牲；再次，既然全部悬念都被误导于那对"金玉良缘"，曾经如此"慈悲"和"不忍"的观众也就不觉失去了恻隐之心，只要杰克尚留在船头展示他的痴情，他们就毫不在意其他蝼蚁从甲板上纷纷滑落，只要露丝尚能被她的英雄最终救赎，他们就忽略不计到底在海面漂着多少浮尸；复次，到头来事与愿违的是，这部据说在细节上精确得一丝不苟的影片，至多也只拍摄到了泰坦尼克号的"形似"，而不单未曾触及那次海难的真实意义，还使这个历史文本的自身结构也横遭破坏,大大消解了这出悲剧对于人类心灵的应有冲击……

此刻再来回想曾在终场化狭小"私情"为宽广"泛爱"的莎翁剧作,其间的差距岂可以道里计之?

四

然而问题还远没有结束,毋宁说,真正严重的问题才刚刚开始。

实际上,上述作为常见俗套的小小噱头,尽管也许可以蒙骗少男少女于一时,却绝难逃过大多数成年观众的法眼。而《泰坦尼克号》在几乎囊括所有次要奖项的同时,却唯独得不到奥斯卡最佳编剧奖和最佳男女主角奖,也足以说明这类罐装的爱情片在好莱坞那里的真正地位。既然如此,我们就必须跟着再追问一声:这部影片到底何以造成了如此广泛的轰动效应?要不就再换个问法:在那些并非经常光顾影院的更具人生阅历的观众那里,真正导致《泰坦尼克号》如此热销的主要"卖点"究竟何在?

——既令人难堪又令人担忧的答案竟是,居然还在于对"技术神话"的一如既往的崇拜!不惜挥金如土来精心设计的特技效果,使人们欢欣鼓舞地发现:如果我们过去只有能力在造船厂里打造一条真船,那么我们现在就已"进步"到了这种程度,完全可以摄影棚里原样复制一条假船。于是,《泰坦尼克号》的真正观赏价值就在于:作为一项辉煌的技术成就,它具有足以使人闻之动容的视听效果,而如此逼真完美奢侈地复制了一次人类的毁灭。这才是一种在观众那里屡试不爽的"好莱坞传统":制作的成本越高,就越容易引起好奇;技术的含量越高,就容易取悦感官;拍摄的难度越高,就越容易营造画面;甚至毁灭的场景越大,就越容易收到喝彩。正因为这样,那些大片才总要在上市伊始,先来夸耀一番自己的销金纪录,动辄就糟蹋过天文数字的巨额财富。毫无疑问,在这种病态的供求关系中,《泰坦尼克号》确有骄人的业绩,也确有资格再次打破票房纪录,难怪不光杰克要在影片中忘情地呼喊,导演还要在获奖现场得意地重复——"我是世界之王"!

然而,冷眼旁观这种拜金主义的"艺术规则",却又使人不能不慨然兴叹,影片《泰坦尼克号》的拍摄和放映,本质说来实不过是生活中的这样一个事件:如此众多的世人又往海底抛洒了整整一座金矿,竟只为我们换取了一个令人瞠目的教训——他们根本就未从那次海难中汲取任何教训!说到这里,大家必须从思想上分辨清楚:冷静地意识到自身局限的"科学精神",跟狂热偏执地以全知全能自诩的"科学主义",是具有判然天壤之别的两码事;因此,人们越是如此不假思索地迷信着"技术进步",就越是充分暴露出,他们的思想境界几曾有过寸进? 正是在这种语境和意义上,《泰坦尼克号》的银幕才真正象征了我们的荒诞生活背景——我们正盲从着被我们自己创化出来的异在力量,在满布冰山与暗礁的洋面上不知漂向何方;我们正目眩神迷地被技术社会的魅力所感召,在技术官僚的允诺下把现代性的浅滩视作可以放心停靠的彼岸。恍然间不禁要问:我们确实介身于另一艘摇摇欲坠的泰坦尼克号上吗? 我们确实在愚昧无知地复制着另一次人类毁灭吗? 我们的惨痛教训非得留待再次猜想"史前核战争"的未来物种才能得到认真总结吗? ……

这才是《泰坦尼克号》最可怕的一面,它把为数甚众的人群拉回了冰海上的残破甲板。

## 五

也正是上述惊诧,才使我不得不正襟危坐起来,以较为严肃的思想态度,来对付这部本不那么严肃的影片。

也许有人对此不以为然,觉得电影的历程比较短浅,不值得比照着戏剧经典来进行评判,否则任何影片都将承受不起。然则即使后退一步,不再那么"言必称莎翁",而仅从电影较为浮薄的传统出发,我们仍不难弄清和确信——跟追求短期效应的市场法则完全不同,艺术作品之内在和永恒的美学价值,都从未仅仅取决于投资数量的多寡。尽管相比起其他任何艺术门类来,电影生产都更像是"资本流动"的某种特殊形式,但只需回顾一下多年前公映过的《卡桑德拉大桥》,人们仍不难恍然大悟,其实根本用不着如此恶性地耗费资源,就足以借蒙太奇的手段来展开真正的艺术追求。不过由此一来,就出现了更令人匪夷所思的困扰:如果人们还能记住那部法、意合拍的优秀影片,还能回想起张伯伦大夫在剧中的那番荒诞经历,他们怎么还能欣赏好莱坞那种永远得胜的星际大战,怎么还能忍受好莱坞那种卡通片式的俗套乐观?

也许有人觉得无关宏旨,认为大家在忙碌一天过后,总要消费个把故事放松神经,犯不上跟这类解闷的玩意较真。然则即使再退一步,不光把精神头儿对准严肃的艺术探索,也在倦怠无聊时借"大人童话"寻点儿开心,我们也理应保持足够的警惕——作为消费时代娱乐行业的典型代表,好莱坞的模式仅仅原产于地球村的某个角落,充其量只算是人类多元文化的某一种样态,而绝非艺术发展的唯一方向和普遍潮流;就连美国的知识界也在为它的锋头太劲而忧心忡忡,生怕人类的精神世界就此被彻底"麦当劳化",而丧失了相互解毒的制衡因素和超越条件。因此,既然《泰坦尼克号》拜各类促销之赐,已把我们弄得举国上下神魂颠倒,就必须明确无误地泼出一瓢凉水:这部影片与其说是艺术作品,倒不如说是商业产品,而且是从大家身上大赚了一票的商业产品;所以,与其从片中领悟莫须有的"思想性",倒不如从中寻找交易场上精明的生意经!

也许有人只感到无可奈何,发现消费文化已呈席卷全球之势,以至于就连在《卡桑德拉大桥》的故乡,大多数观众也只是受《泰坦尼克号》海报的蛊惑才回到影院。然则即使再退一万步,承认美国的电影业的冲击一时难以抵挡,已成为仅次于其航空业的主要"国家竞争优势",我们仍应看清事情的另一侧面——欧洲的知识界从未对此袖手坐视,他们面对这种艺术品位的普遍下降,至少还能发出持续的惊呼和进行不懈的搏斗,以至于能否对好莱坞俗套保持足够的心理距离,仍在那里成了"是否具有起码文化教养"的基本标志。所以,相形之下最为耻辱的是,尽管中国受消费文化的冲击目下已较欧洲更甚,可我们的知识界却远未相应的危机感,以至于除了媒体上纷至沓来愚不可及的免费广告之外,真正由进口大片引起的种种紧迫话题,竟迄未进入严肃学者的所谓"正业"。正是出于这种雪耻的心理,深望本文对《泰坦尼克号》的案例分析,能稍稍有助于思考盲点的破除和问题意识的更新,——无论如何,如果大家辛辛苦苦获得的学识,总是这样于当代日常生活丝毫无补,那么我们就休要奢谈别的了,连自身的思想尊严怕也维护不住!

# 足球与族群意识

## 一

　　记得某次大赛期间,外文所理论室的几位同行正聚在一起,津津乐道着近来的球讯,包括场外的小道消息(其实也就是被记者称作"花絮"的那些东西),不料一位刚从英伦三岛留洋归国、平时最有谈兴最爱争辩的先生,翩然推门走了进来,兜头泼了大家一瓢凉水——我们好意拉他加入这场神聊,没承想他竟支支吾吾地来了这么一句:

　　"我承认……我有时候、也看点儿足球……"

　　多败兴!"看点儿足球"又怎么了?招谁惹谁了?竟至于用这种负疚的口气来招供?所以我先是心头一沉,脸上有点儿挂不住,然后才恍然体贴到人家的剑桥出身——原来依照英国的绅士风度,非但不屑于跟"足球流氓"为伍,就连沾这点儿边,都觉得难以启齿!

　　于是我又窃自好笑,发现这位仁兄只顾照搬文明的做派,却忽略了行为背后的文化差异。他哪里晓得,就咱们的具体国情而言,眼下再没有别的什么话题,能比"足球"更属于公共空间、更显得百无禁忌了!跳上出租车,随意问句"昨儿晚上看了吗",你也许就能跟司机攀谈一路,缓解不少赶路的辛苦。打开电视机,信手调个体育频道,你没准就能看到球迷正"畅所欲言",吐露心头的种种不满。(除此之外咱们还有什么"现场直播"的发泄管道吗?)正因此,中国本土的知识分子,就决不会以谈论足球为俗为耻，相反倒经常借这个由头，拨弄点儿弦外之音，为的是更易引起关注，也更能受到容忍。

千万不要以为，我是道破了不可告人的天机。说穿了其实是路人皆知：至少在现代社会，竞技体育正支撑着多种多样的文化功能，片刻也未曾专骛过身体的锻炼，因而任何人只要一涉及体育，就难免"意在沛公"，虽然各自的动机不尽相同。否则我们就无法解释，为什么有越来越多的人去观赏、评论、经营体育，而只剩下越来越少的人在从事运动，更何况我们还经常被告知，那些职业运动员的身体，拼到后来竟个个是病夫，决赶不上普通人！所以从根子上说，如果允许我下个半庄半谐的断语，那么表演性很强的竞技体育，实不过是个"经营快感"的特殊产业，它以提供足以引起联想的介质为谋利手段，让观众根据各自的经验去自由填充，以便暗中宣泄潜在的情结，并在想象的空间中体验到释放的满足。

不过，"经营快感"四字，也不宜作狭义理解。人类的情感世界是色彩斑驳的，其满足手段也是奇正相通的，这才使对之的发掘总也探不到底。比如就拿看足球来说，尽管都是在寻求快感和刺激，但2013年的亚洲区预选赛，和2014年的世界杯大赛，起码对中国观众来说，就会有相反的滋味：此前的那份紧张和失望，简直是活受洋罪；而此后，既已无须再去牵挂子弟兵，反落得轻松潇洒，少几分对球运的操心，多几分对球技的欣赏。这一切当然都不在话下，然而我由此却有一问：不知谁曾琢磨过，如果人类的天性总是趋利避害，而看球的动机也只是开心找乐，那么球迷们干吗偏要自讨苦吃、去做可怜的中国足球的啦啦队？

——是因为热爱这种运动本身吗？那么试问：在数以亿计的球迷中，究竟又有多少人，这辈子哪怕曾经用脚亲近过一次皮球？——是因为足球自身的观赏价值吗？那么试问：如今连最精彩的体育节目都已无暇顾及，何以还有这么多观众，去为几场并不好看的比赛彻夜不眠？——是希望借机获得精神满足吗？那么试问：大家为何不像乒乓球或女排的盛期那样，先等咱们练得有点儿苗头，再去煽旺对这项运动的热情？——而如果样样都不是，那么试问：世上怎么会有这样一个民族，偏跟一项他们既不喜爱又不擅长的运动，结下了恼人的不解之缘，不惜再三再四地跟它忍受煎熬？

## 二

听起来难免小题大做,但我只能给出这样的解释:在这种对足球的难以理解的狂热背后,其实恰恰隐藏着我们的族群意识。在落后挨打了一个多世纪以后,人们碰巧以这种虽婉曲却明确的方式,表达了整个民族苍凉沉郁的梦境和唯恐沉沦落败的忧心。因此,既荒唐又确凿的事实是:其实只有在看足球的时候,人们才能最明确地意识到自己的民族认同,甚至连公开声言不再爱国的家伙,也会发现他骨子里还是个中国人,他从情感深处接受不了那支倒霉球队替他自己造成的失败,他恨不能做点儿什么来改变这个现实。

而细思起来,足球所以最易引起此类联想,又正由于它在中国的转动轨迹,比任何其他体育项目,都更贴近我们国运的起伏:

——与那些愣拿现代足球跟古代蹴鞠勾连起来的精神胜利法相反,这种竞技运动之所以能在中国成为长久的热点,恰恰不是因为"我们先前"有过它,而是因为"我们先前"根本没有它。换句话说,足球风靡中国的必要条件之一是,它必须首先是舶来品,是根据别家规则来玩的游戏。否则,就没有奋起直追的必要,也就勾引不出人们的求胜之心了。我们实在是在别人划定的圈子里面转悠得太久了,竟致形成了这样一种心理定式,以为非要"师夷之长技",且当了"出蓝弟子",方可班师还朝。在这个意义上,"费厄泼赖"一说,拿到国际体坛上,其实全属子虚,因为即使规则本身是公平的,选手们适应这种规则的基点也并不相同。同样的道理,还可以帮我们理解:为什么同属格斗,多数中国人却只去关心别家"金腰带"的归属,而不来瞩目自家武术的新科状元?为什么同属博弈,却唯有"出口转内销"的围棋独领风骚,而最有群众基础的象棋反倒冷冷清清?

——跟要求它尽快"冲出亚洲、走向世界"的急切呼声相反,足球之所以总是让球迷们牵肠挂肚,其实恰恰是因为它迟迟未能腾飞,从而使人们的渴求总是未能满足。换句话说,足球风靡中国的必要条件之二是,它必须表现为我们的体质和体能难以逾越的障碍,成为一桩老也治不好的心病。否则，一旦痛捣黄龙大胜而归，它反倒不足以构成持久的悬念了。从这个意义上讲，中国人对足球其实并无浅近的功利要求，虽明知它对摘金夺银的"奥运战略"难有补益，仍在斤斤计较其微不足道的输赢。而鲜明的对比是，尽管乒乓球和女排同样属于舶来品，但由于中国已在这两个项目上称霸天下，或至少曾经雄霸一时，大家反而不太在乎其一城一池了。竞技体育能够满足人们的，毕竟只是苦熬之余的象征性胜利，所以如果成天价高奏凯旋，其间的紧张度就嫌太低，反叫人难以全身心投入，去体验"国运上升"的快意过程。

——最后也是最重要的一点是，在当今世界的差序格局中，足球所以能引起国人持久的激动，又在于它作为参与面最广的运动，既是发达国家最愿意保持优势的项目，又是发展中国家最巴望后来居上的项目。换句话说，正因为"足球强国"最肯"较劲"，而"足球弱国"又最想"叫板"，仿佛彼此都想以倾国之力一拼高下，这球才踢得更来情绪，一旦输了才更肉疼，万一赢了才更过瘾。无论如何，这才是足球最无可取代、最惹人着魔的特点：它太贴近我们的族群记忆，太类似当今的天下大势了！明眼人一望便知，这种群雄逐鹿的场面，其实恰正是欲借体育来支撑"强国之梦"的典型历史背景。从这个意义上讲，尽管国人在此处绕进了一个可怕的怪圈，越是屡战屡败，就越是渴望翻身，而越是求胜心切，就越难心想事成……但他们毕竟没有服输，相反倒是憋足劲认准了，偏要在这个泥坑里爬起来。就算此种心态多少有点儿迂执，其发泄方式也多少有点儿虚妄，仍不失为一股令人敬畏的心劲儿罢？

## 三

也只有冲这股心劲儿，我们才能理解，在国内甲A甚至甲B联赛期间，居然会有那么多人，不惜去看本无看头的球赛，不惜去捧本无资格的"球星"，凑出了火爆一时的球市。

平心而论，不再乞灵于语录的魔力（比如"下定决心……"云云的真言），也不再编造自欺的神话（比如《京城球侠》之类的笑柄），转而求助于市场规则，竟说明国人已很愿意"观念更新"了。而且，虽明知难免有点儿"赶鸭子上架"，但也许再没有别的事情，能像营造球市这样，令国人如此真诚地同心协力。于是乎，上自官府的改革、传媒的炒作，下至商家的经营、民众的呼应，大家确实是心照不宣，非把足球踢上去不可。——瞧这意思，要是真有上帝，就真能感动上帝！

只可惜大家忘了，这球市偏偏是拔苗助长的，而不是水到渠成的，所以在重赏之下，并不一定能产生勇夫。那些人为造成的"球星"，也许的确算得上"成功者"，但那成功只在市场上，而非球场上。甚至，种种不配获得的待遇和不配享有的名声，对最终的战绩是半点儿好处也没有，只能让他们的脚脖子更发软。一方面，他们就这么眼睁睁地给娇纵坏了，再也不可能在正常的攒劲过程中，像其他项目的运动员那样，先去"劳其筋骨苦其心志"，承受必要的身体和心理磨炼。另一方面，偏又是这群少爷兵，在领导勉励、传媒鼓吹、球迷喝彩之下，要去背负比谁都沉的东西，并自觉到既已领受了这么多"刺激"，再踢输了更无颜见江东父老。——这球岂不踢得更加沉重？

由此我想到那位施拉普纳：虽说输了球就马上撤换教头，乃属各国之通例，但当年大家迁怒于这位洋教头的，实多为"有中国特色"的本土问题。事到如今，大家普遍为此找出的"教训"是，悔不该聘一位"二三流"的德国教练。可说句公道话，即使这位"二三流"的德国教练，当年只能把我们的国家队调教成二三流的德国球队，那么，就算这支队伍还不能在世界杯预选赛上所向披靡，总不会像实战那般不堪一击罢？所以，真正的症结在于：尽管一谈执掌国家足球队的帅印，总难免涉及"爱国主义"，但人家当初毕竟只是来接受一份普通的工作，而绝难想象出，这工作竟在这里被赋予了那么多足球以外的"伟大"意义！于是，一切的倒错就随之而来了：一方面，你把这位寸功未立的"施大爷"，弄成了家喻户晓的公众新宠，不仅出镜率远远高过本国"国球"的领军，而且据说还在下面可以享受到"副总理级待遇"；另一方面，你又把这位并无通天本领的教练，看作"要有光、就有了光"的救主，不管他手下球员的素质如何、手中的实际权限如何，非让大家一吐鸟气不可。——这才真让人"受宠若惊"，以至连他久经沙场的老伴儿,都难以承受心理"失重"的落差,简直要带着嗅盐来听战报……所以,我们实在是胜心太切了,这股狂热压得足球都变形了!

当然,这次至少在一件事上,大家比过去清醒多了:以前每逢兵败,不论舆论界多么痛心疾首,传媒自身总是批评的死角;而此番输球之后,却听到了一种虽微弱却积极的声音,对媒体炒作的恶果提出了警惕,似乎代表了新闻界的自我反省。这是非常值得关注的苗头,特别在我们这个刚体会到现代性负面效应的国度。不过话说回来,光警惕传媒还远远不够,还应进一步警惕它背后的市场,因为作为一种企业行为,传媒的运作并非如批评的那样不负责任,而是只能向它一心投合的市场负责。大家理应借机明确:即使在正常情况下,市场也绝不是万能的,遑论一个人为营造的扭曲市场。所以,如果用迷信语录的心理,去迷信这种社会交换规则,那么它将给我们造成的麻烦,就一点儿也不会比个人崇拜更小。对这一点,只需回想当初马家军获得市场效应之前之后的表现,就足以洞若观火了,更何况,眼下的足球队已被弄得加倍错位,它的水平还远处于练兵的初级阶段,却已需要克服名利双收后的难题!

## 四

这球踢到这会儿,可真踢出点味儿来了,我真想再问一遍:再在"球运和国运"之间强画等号,究竟还有多大意思? 如今,就连最不希望中国强大的对手,也会老老实实地承认,正是在市场力量的推动下,中国的国势已越来越不可小觑,可偏偏这个不争气的足球,虽被同样祭起了市场的法宝,却越来越扶不起来了,就连在亚洲区预选赛中,也只能敬陪末座甘居下游。所以说白了,过去是"国运"不佳,想沾点儿"球运"的光,如今倒是"球运"太差,反栽了"国运"的面。

于是就有人发话,要求大家对足球重新"定位",弄清中国队在亚洲十强中的名次。笼统听上去,这种说法无疑有浅显的正确性,但认真寻思起来,却发现问题绝没那么简单:为什么整整十二亿人口,又花了整整几十年时间,还认不清如此一目了然的"梁山泊座次"? 所以,症结实不在于大家的头脑,而在于大家的心灵:既然在族群意识的深处,已如此看重足球这种虚拟的"战争形式",那么一个泱泱大国的民众,就绝难接受它迟迟"冲不出亚洲"的事实。——这是一场贯穿中华民族崛起之始终的大梦,尽管它会与现实构成长久的冲突。

而不无反讽的是,正如我们刚刚分析过的,目前正是这种太过强烈的梦想,反而干扰了足球水平的提高。只要看看其他运动项目,包括"球场得意、市场失意"的女足,我们就不难领悟到,哪一天国人淡化了"足球情结",不再在乎某种具体运动所带来的象征性输赢,那么在各类项目总会"东方不亮西方亮"的情况下,说不定足球就还真有出头之日。这绝不是主张消极地"听天由命",而是出于下述的考量:如果不考虑其中的种种弊端,而只关心少数中国选手的世界名次,那么一手包办封闭式训练的老办法,在我们这个缺乏运动基础的国家,倒是进行强化急行军的最有效手段。

不过,本文的主旨只是要描述某种文化心态,并不打算献什么"平戎策"。而且我们不难想象,如今即使有人愿意支这一招儿,后悔药也早已吃不得了,因为足球一经商业化,必会造成许多新的"既得利益",它会推动人们把球市继续造下去,把球迷加倍煽起来。另外,再说得透彻点儿,既然我们已经发现,隐藏在足球迷狂背后的,实乃朦胧却又坚韧的族群意识,那么这球本身是输是赢,就实在无伤大雅了。就算真把足球踢上去了,人们也会找到别的出气孔,来宣泄内心的喜怒哀乐,寄托自己的"强国之梦"。就此而论,一个民族的共同梦想,决不会因为有谁说破了它,便有丝毫消解,它要是真被泯灭了,整个的民族认同也就不复存在了!

而这也就意味着,足球在国人脚下,恐怕还会一如既往的沉重,盖因国人对民族命运的关切忧虑,总是这般沉重压抑。正像人们常说的那样,心病还得心药医:只有等有朝一日,我们的社会发展到了这种程度,其价值观念和制度结构本身,就足以带来内部的认同,人们才无须以假想敌作引子,来刺激狭隘的族群意识,也才能醒悟这种"足球情结"的荒诞之处,使之真正如冰释然。那才是一种心灵深处的强盛,它更大度、更平和、更从容,不再以锱铢必报的复仇心态,来加剧记忆中的苦痛(即使有人曾对不住我们），也不再以其他民族的失败（哪怕只是虚拟的失败），来支撑本民族的自信。

也只有到那时候，足球在中国才踢得轻松愉快，而且更重要的是，不管国家队的表现如何，人们都不会再盲目迷恋它，以及其他任何并未亲身尝试、并不真正懂行的运动项目，而投入各自擅长的健身活动之中，把体育当成名副其实的体育！

# 应对网络社会的挑战<sup>*</sup>

    对于大多数中国人来说,国际互联网络迄今尚未构成现实的生活场景,所以提出"网络社会"这个说法或嫌过早。可尽管如此,我们却并不需要耗费多少想象力就能预见到,人们用不了很久就被迫要对之摆出两种势同冰炭的态度:要么把它说成是又一趟新的"特快直通车",即认定其中蕴涵了敞开向后发现代化社会的又一次难得机遇;要么就反过来把它视作一个新的"潘多拉盒子",即判断其中行将飞出简直想把全人类"一网打尽"的可怕妖孽。

    作出上述逆料和断言,其根据在于,足以造成上述悖论的种种肇因早已确凿无疑地存在着。一方面,我们从西方社会的最新经验中,可以部分得悉现代性在此后给中国人带来的影响;另一方面,我们又可基于东西文化的鸿沟和南北世界的差距去设想,国际互联网络究竟会给地球上的所有非西方居民带来怎样的后果。不过话说回来,能在某种程度上预想未来生活的一些变数,并不意味着比尔·盖茨所谓的《未来之路》(我怀疑这本书从一开始就被译错了题目,因为原先的"The Road Ahead"在语义上包含了更多的非确定因素,直译成《前面的路》反而更妥帖些)已被铺筑完毕,相反其蓝图上倒是密布着教人踌躇迟疑的岔道;也就是说,它几乎在所有主要的方面都显示了其自身无法克服的矛盾,难免令人持狐疑和两难的态度。

---

   *  此文为作者于 1996 年 4 月 20 日在"信息技术与网络文化"研讨会上的发言。

　　让我们就此稍稍放纵一下自己的想象力：

　　——在互联网络的时代，任何一国的统治集团也许都有理由相信，社会控制会变得更加松弛，因为从理论上讲，转瞬间便可完成的传播已经打破了一切国界，使得防范所有具有颠覆性的信息的做法变得愈加困难；但反过来，任何一国的社会成员也许都同样有理由相信，部分地正是因为这种情况会刺激得当局大生戒心，社会控制反而会变得更加严密，因为政府显然有更大的资源调配能力去利用网络，以便无形地散播（或者过滤）对于正统意识形态有益（或者无益）的信息，从而使人们更容易无意间受到官方话语的疏导和包围。

　　——在互联网络的时代，知识阶层也许有理由欢呼，此乃培根所谓"知识就是力量"的最新明证，因为不光这架亘古最大的机器本身就是知识的结晶和骄傲，而且它还会向空前广泛的社会成员传播空前丰富的知识；但反过来，一般大众也许同样有理由弹冠相庆，因为在这样一种"信息集市"上，占压倒地位的并不是知识的质量而只是其数量，亦即最具密集度的或被叫卖得最响的俗见陋识，故而互联网络有可能真正解构掉原有的基本社会科层，使得精英集团被彻底边缘化。

　　——在互联网络的时代，科技专家也许有理由自慰，他们辛勤劳动的成果，已经有可能使人们的生活变得更加富足，因为便捷的信息传递不仅有助于物质文明的进步，而且有助于把人们从重复性劳动中解放出来，使之到其他层面去发挥自己的潜能；但反过来，人文学者也许同样有理由担忧，那些被网络紧紧吸引的"终端人"，恐怕会成为更加"单向度的人"，因为他们一旦被淹没在信息的洪流中，就更容易被消费主义的诱惑所俘虏，更容易陷入麻木疏懒空洞贫乏的心理状态，非但无暇加深文化修养，甚至连从事精神创造的潜在动机都被毁弃干净了。

　　——在互联网络的时代，任何用户也许都有理由夸口，花钱上网会使自己的精神视野变得更加开阔，因为他可以敏锐而迅捷地了解天下大事，如同运筹帷幄的将军一样，随时得以用放大镜去打量沙盘上的每一处地形；但反过来，那些"网络发烧友"（北京人称之为"网虫儿"），到头来也许同样有理由抱怨，整天盯着显示器反倒令自己更加无法直面现实，因为其统觉背景越来越依赖于间接的和抽象的符号系统,从而使之越来越生活在一个象征的乃至虚拟的世界中,感受不到跟环境进行及时调适的紧迫压力,恰像自幼熟读兵法的书呆子一样只会"纸上谈兵"。

——在互联网络的时代,任何一个个人也许都有理由认为,他具备了更大的自由和主动去探寻人生的意义,因为他的屏幕上几乎有无穷多的选项,只需让手中的"滑鼠"上蹿下跳一番,就足以立刻进入某种特定的"生活世界";但反过来,任何一个个人也许又同样有理由感到,自己在更宽广公共空间上的"所得",远不及在最基本私人空间上的"所失",因为任何素不相识的陌生人都可以突然闯入你的视觉,随时打断你的思考,况且你存储在电脑上的所有隐私,也都由于联网的缘故,而有被他人窃取或被病毒破坏的风险。

——在互联网络的时代,整个人类也许全都有理由坚信,人际的距离会空前缩短,因为他们势必展开跨度更大和频率更高的对话,故而有更多的机会的交流意见和情感;但反过来,整个人类也许又全都同样有理由疑虑,真正的沟通很可能比过去更加困难,因为以前习惯于聚居生活的人们,现在反倒会显得有恃无恐,更放心大胆地去离群索居,根本不在乎是否有缘当面恳谈,而他们表面上赖以交往的网络渠道,实不过是把人际对话中的"我—你关系",偷换成了人机对话中的"我—他关系"而已。

——在互联网络的时代,一部分学者也许有理由高兴地展望,各国之间的贫富差距可以逐渐拉平,因为空前便捷的信息共享,会使穷国无偿地提取和利用富国耗费巨资才获得的研究成果,从而加速本国的经济发展;但反过来,另一部分学者也许同样有理由沮丧地预料,国际社会很可能会变得富者愈富贫者愈贫,因为从网络上获得的,有可能总是不再需要加密的过时信息,若受其误导而亦步亦趋,只会让发展中国家永远处于"发展中",何况富国还会利用其科技上的优势,展开更加赤裸裸的"信息战",以虚假的或破坏性的信息来使对手陷于错觉或瘫痪。

——在互联网络的时代,一部分学者也许有理由乐观地期盼,各个文化共同体会变得更易于相互理解和和平共处,因为由人类历史的"轴心期"所奠定的各个文化圈势必要日渐兼容或重合,而一种具有普世范围的新型文明也必然会呼之欲出;但反过来,另一部分学者也许同样有理由悲观地指出,在各文明边界处碰撞出来的只会是加倍的敌意,因为躲藏在网络结构背后的现代性,不仅会跟所有主要的世界性宗教构成更加激烈的对抗,还会把各文明内核中无法通约的价值观念戏剧性地并列到一起……

　　如果愿意的话,我们当然还可以由着性子,把上述困境无休止地罗列下去。不过,在演示了以上的基本要点之后,更关键的就不是设法再去重复它们,而是思考应对它们的方略了。

　　应当追问一句:一项技术发明——哪怕它再新颖再重大——究竟为什么会把人们逼上如此之多的十字路口呢?这恐怕要首先归结到技术过程本身对于人类的双重含义。尽管从根基上讲,贴近着实际效用的技术发明,甚至比基础科学的研究更难脱离以"人的目的"为基本预设的价值出发点,但无论如何,技术上的突破却只意味着人与自然的关系发生了质的转换,其本身并不会自动带来人与人之关系的相应同步调整,相反倒可能使与原有技术水准相匹配的既定社会规范发生紊乱与脱节。所以,技术这种由自然科学家发出的人为力量,若照社会科学家看来却正是某种异在的外力,而它在当代越来越快速迅猛的变化,更刚好对人类社会赖以生存的基本规范提出了越来越严峻深刻的挑战。换句话说,至少从社会科学的角度来看,再没有哪个历史时期,我们曾经面对过下述不无反讽意味的危险:不单是这个星球上的其他居民,就连人类这个物种本身,也很可能会被自己创化焕发出来的力量所无情摧毁。正因为这样,当大多数社会成员都在为科学的神话所陶醉的时候,侧耳听一下社会科学家们的意见,了解到技术在创造惊人奇迹的同时,也在打破社会的常规惯例,在展示其诱人魅力的同时,也在颠覆人生的信条准则,总是有助于把事情认识得更全面些。

　　具有典型意义的是,自严复译出了《天演论》以来,除了战争年代以外,大概再没有哪一段历史岁月,会像今天的信息时代这样,使中国人从日常生活中切身感受到社会达尔文主义的逼迫。以小型家用电脑的更新为例:从一开始的 PC 机,转眼之间就换代到了 286、386、486、586……遂使人们刚刚添置的时新机器,用不了多久就已变成淘汰机型。而现在,国际互联网络又再次奏响了《命运交响乐》中的"三联音",要把这些小型机连接成亘古最庞大的一架机器,甚至要把"信息高速公路"变成对一个民族最性攸关的"生命线"。在这种简直比战争更紧张的情势下,所谓"全球化"的说法,就油然成了一个极其吊诡的模糊概念。一方面,它看来不大可能真正实现,因为它势必要以牺牲相当一部分人类为惨重代价,将其抛到文化的"化外",使目前占人类总数四分之一的"文盲"队伍不断扩大,添加上所谓"外文盲"、"机盲"、"网盲"等新的落伍者,从而反使全球更趋于分裂。另一方面,即使它真能实现,人们需要为之付出的代价恐怕会更加惨痛,因为那无非在本质上意味着,一种相当可疑的生活方式,已把各个其他文明的活力吞并殆尽,迫使全体人类都不得不承担现代性的可怕后果。

鉴于上述情况,我们必须清醒地意识到:照搬黑格尔所谓"历史与伦理二律背反"的命题,亦即把"获得"当成"失去"的理由(或者把"失去"当成"获得"的前提),不仅在理论上是毫无根基的,而且在实践上是极其有害的。在"线性进步"概念早已广遭质疑的今天,严肃的思想家们根本就不具备那种为历史主义所必备的理性主义预设,完全不能指望冥冥之中还有一位上帝来担保人类洪福齐天;另外,在技术变化已对人类的基本生存状态构成了巨大变因的危急关头,把一切责任都推诿给历史的软弱无力的宿命论,也会使人忘记自己应当承担的义务和应当采取的姿态。无论在过去、现在还是未来,人类的文明进程都绝非由命中注定,它总是取决于许多偶发的诱因,其中也当然包含我们自己的努力或不努力。前举的种种有关网络社会的截然相反的可能性,正说明"前头的路"是或然的和开放的。因此,只有像普罗米修斯那样去应对挑战,人类到头来才仍然有可能再次发现:其实技术本身的意义只是中性的或延宕的,它被赋予的价值必须视历史主体的选择而定。

这从逻辑上意味着,鉴于高科技的爆炸性发展已使人类历史的节奏越变越快,如果不打算让自己所属的共同体也跟着一起爆炸,就必须拿出足以与发展"第一生产力"的干劲成正比的热情和诚意,使中国的社会也同样在社会科学的指导下,获得相应的调适性发展。由此衍生出来的问题无疑不胜枚举,但总括起来,它们却大抵不外乎以下两种类型:

一类是无论"东西、南北"都必须努力应对的普遍问题。比如道德理想和法律秩序的重建即属此列,这涉及人际关系的调整。我们可以看到一种有趣的现象:几乎从历史上刚开始出现思想家算起,就总是有人持续不断地发出"人心不古"的惊呼,如果把这类无休止的嗟叹积分起来,人类的道德水平真不知道会低落到何等地步,就算其"人种"尚不致发生根本的变异,只怕他们也早已无法相安共处了。但实际上,恰正因为有了这种对于人类道德水平的恒久担忧,才会有无数思想家挺身出来"为生民立命",使原有的思想规范和行为准则随着环境变迁,而获得了相应的调适,从而重新对人性进行了有效的张扬与约束。准此就不难想象,等中国步入网络社会以后,同样的问题几乎肯定要发生,未及约束的"不古人心"必然会像野草一样滋蔓疯长;设若社会的发展不能适时地同步进行,则大家势必要再次面对"礼崩乐坏"的乱局,而真正堪称创造的人性发挥也无法得到应有的保护。

另一类则是所有的非英语世界,特别是发展中国家必须努力应对的特殊问题。比如保护本土文化资源的要求即属此列,这涉及文化间关系的调整。一个不可回避的现状是:鉴于目前能用计算机调出的中文信息少得可怜,遂使用户上网的主要目的多为加强与国外的联络,以图更多更快地获取外文(主要是英文)资料。这种因落后而造成的被动局面,也许在相当长的时期内都是无法根本改变的,但由此而导致的严重后果,大家却必须从眼下就提高警觉。试想:假如大部分人类都不得不借助于非母语去思考问题,或者至少是借此发表自己思考的结论,在人类的行程将要损失多少先辈留下的丰富遗产、磨灭多少后代足资利用的可能选项?在这个意义上,国际互联网络这只巨大的蜘蛛,已在逼迫所有非英语世界的人们都去重温都德的《最后一课》了,或者把全球都变成英语国家的"主场"了。正是鉴于这种挑战,作为辉煌古代文明的现代后裔,人们必须从现在起就着手努力,在信息通道上面争取汉语的发言权力,在信息存储方面扩大本土文化的生存空间。这绝不是在提倡狭隘的民族主义,相反倒是希望把"地球村"改造成真正平心对等的研讨班,俾使全体人类都能无拘无束地相互倾听和倾吐,以期在自由交往、交流和交融的基础上,去创造一种更为正确的生活方式、一种更合理性的"世界文明"。

# 上网与催眠

　　中文系同学蔡可先生写来电邮，嘱我就"网络与人文"的话题写篇千字文。我对此当然没什么特别研究，只是凭本能地觉得，这或许对现实感和思考力不无考验，就试着往下乱想一气了。

　　其实人文学者也没有闲着，他们经常公开或私下地议论这个话题，因为网络这种新的信息生成、传递和获得方式，确实在触动既定社会的人文基础，也开敞了一些新的人文问题。不过总起来说，此类讨论大都循某种定势率性而发，往往只是原有思维模式的延伸。所以在这方面，话说得越笃定就越流于浮泛的表态。

　　无论怎么看，网络的意义都是晦暗不明的，不能信手抓个方便的公式随意代入。我们先来向后看：传统社会的许多前定预设，都未必已被人们清醒地认识到，因为它们是长期试错中的下意识磨合；往往只有当其消失使人感受到现实威胁以后，才会被恍然大悟地认定为不可或缺的要件。正如要不是那个看不见摸不着的臭氧层被捅了个大窟窿，人们就压根儿想不到要去补天。在这个意义上，尽管有点儿消极和被迫，我们眼下倒是赶上了一个机会，来重省以往社会的潜在人文基础，从而开放和加深原有的历史知识。

　　我们再来朝前看：网络往往被当成日渐趋同的契机，只不过有人将之视作天下大同的基石，有人视作全球化和平均化的肇因。然则，这都忽略了信息传递时的复杂性，忽略了各文明对信息的主动解释功能，忽略了信息嵌入各社会文本时所经历的过滤、游走和重组。先来试问一句，网络对我们每个人的意义完全一样么？如果不是,那又怎能相信,网络的本质会对各个共同体(它由我们每个人组成)固定不变呢？

"上网一族"的出现意味着,人类被新的交往方式再次分割开了。然则这种新的群体并非组建在真空中;人们不仅要在网上通信,还要在网下生存。由此便生出了不少新的问题,比如"上网一族"的内部交往规则如何？外部交往习性又如何？这些问题并无标准和固定答案,而要随机地取决于网络技术的现有特点,以及具体社会的既定特征。换言之,虚拟空间和现实空间的关系,是非常具体的和变动不居的。

网络本来就是商业,而且是被炒得火热的商业。若像我们现在这样,上网要自掏腰包,网上网下的自由度又差距悬殊,则"快感"就势必是推销网站的生命线。上网就是来找乐的。即使撇开色情和游戏,只谈旨在求知的网上阅读,它也必须既迅捷便当,又充满发现之乐。易言之,在金钱哗哗流失的"读秒"声中,网虫们之所以甘付代价,是因为能跟信息短暂偷情。

对快意的此种追求,预设了某种现实的危险。信息必须处理得"头重脚轻":既把标题做得很足,又把内容做得很轻,反正只要骗到了点击率就行,反正你瞥一眼就会溜之大吉。由此,互联网就常要扮演超级长舌妇,那上面的知识更像一些"风过耳"的传闻,而且是由无穷链接胡乱串在一起的传闻,你也只能非常轻率地随着它们的窜动而阅读。这样,阅读就经常失去原有的初衷,成为相当猴急的、不由自主的飘游。谁也不敢保证能在网上"从一而终"？再说"从一而终"又有何用？那简直用不了几分钟,屏幕上就根本不足观了。

网上阅读由此被溢美为"冲浪"。如果仅就摇摇晃晃晕乎乎的感觉而言,这个比喻确实恰当。我在夏威夷试过冲浪板,确实在上岸前只能随波逐流。但假如以为上网阅读跟海边冲浪一样潇洒,就谬以千里了。对于那些像吸毒一样上瘾的"终端人"来说,上网过长有可能造成的问题,在于泛读和精读的过度失调,以致他们一旦从网上下来,面对空空如也的屏幕,脑子也同样会空空如也。

到现在我们才回过味来:不光课业负担过重会压得不暇旁顾,造成信息的"旱灾",要是课外知识大肆泛滥恨不得把人淹死,也能造成信息的"涝灾"。这当然都不利于素质教育和人格培养,因为求知毕竟不是机械拷贝,不是开杂货铺。任何有效的学习,都必须基于头脑中的动态知识结构,并始于这种结构的主动汲取与内在冲力,否则就只能狗熊掰棒子边看边忘。人们寻常只知"由博返约"的道理,却未省得"由约入博"更有一番道理。

阅读快感的太过放纵,不仅会造成信息的驳杂,使头脑在"蒙太奇"跳跃中抓不住兴奋点,还很可能亵渎掉一切所执,使行动失去足资凭靠的心念。互联网确乎使发言更平等了,但对编辑权威和权力的彻底剥夺,也随即带来了负面效应:信息不再能指望任何鉴定和加工,遂使网页上充斥了无名招贴式的垃圾,这转而损害了互联网的声誉。由此我们方可醒悟以往社会之"精英构成"的作用,发现"素王"对聚敛历史动力竟是不可或缺。其实回想一下德拉克洛瓦的《自由女神领导人民前进》,并不难琢磨出下述思辨的关系——如果真想要"在真理面前人人平等",就更不能弄得"真理在人人面前平等"。

交互式的传递手段,还开拓了更大的参与空间,使你随时可以把读后感跟帖上去,从这个意义上说,网络似乎是天然民主的。但我们又不能不警惕:在这种信息的化装舞会上,由于虚拟的调情者不必为行为负责,就可能毫无顾忌地一意孤行,包括不再顾忌自己心中残存的良知。那些不同的声音,有些当然是"为理性而反对",但更多的呢? 如果某某人近来太火了,那么单为了这一个理由,也一定要把他先灭了再说——别管他火得有没有道理! 更有甚者,如果某种意见看起来很有道理,那么至少它可以是"妈妈的假正经",哪怕什么歪理儿都编不出来,也得跟帖一个"哈哈哈……",来表示自己不甘寂寞和并不服气。

如果从弗洛伊德的角度看,这种恶本性的发作,这种力必多的宣泄,或者说得更裸露点儿,这种精神手淫,没准儿是有利于心理健康的。不过若从马克思的角度看,这类顽童放学后耍弄的小把戏,就充其量只能带来虚假的解放感了。网上网下由此被分割成了两个迥然有别的世界,一个是虚拟的精神放风空间,另一个则是现实的严峻压抑空间。这样一来,跟表面的颠覆性正好相反,网上的这种精神假释,不仅不会触动社会现实,反而还有助于巩固这种现实。人们自觉到网上自我催眠一番,把内在的紧张发泄一空,再自觉地切断电路自我唤醒,反而更加清醒地回到现实之中,准备接受这里的另一套规则。所以,不要为网上和网下的言路差距而吃惊,至少从结构功能主义的角度看,这两者在现阶段毋宁是互补的,否则前者也不会受到如此之宽容。

　　写到这里,这篇千字文恐怕早已冒出一倍以上了。所以在收笔之前,只还来得及再嘲笑一下自己:生平头一遭,在写作之初便知它要被在网上阅读,而此文偏又是检讨网络的,这似乎形成了某种悖论——如果网上阅读总是轻浮的,则这篇文章就只能白写;如果它还能被一部分人听进去,则网上阅读就还有此文未曾涉及的另一面。

2000 年 6 月 4 日于京郊溪翁庄

# 仍是"最危险的时候"

## ——关于"小山智丽现象"的对话

一

**刘东：** 昨天晚上，凡是盯住电视机看球的中国球迷，感情上都受到了很大的冲击。居然有一位过去被他们引为自豪的同胞，改名换姓叫什么"小山智丽"，代表日本国家队来打中国队，并且每赢一球必用日语哇啦哇啦大叫一通，很有点"武士道"的劲头，最后拼死拼活地愣是替外国夺走了一块金牌。我已经听到不少议论，说这类的"海外兵团"越来越像不折不扣的"汉奸"。当然我觉得不必对他们使用如此政治化的定语，因为体育毕竟只是体育。不过我同样能够体会到，尽管已经知道何智丽加入了日本国籍，但对于她竟然如此之快而且如此死心塌地地归化了"小日本"，恐怕大多数中国观众从感情上还是难以接受。说得严重点儿，如果我是何智丽的亲属，那我一定会向当地的公安局请求保护……

**郑也夫：** 你说这话真使我震惊，因为我的想法正好相反。从本届亚运会一开始，我就在下面跟别人说，我对几个运动项目特别关心，其中之一就是——特别希望何智丽能够闯入决赛，跟邓亚萍交一交手。我这种期待首先可以说是一位"一流球迷"的期待。我知道何智丽的实力，她是在1987年拿的世界锦标赛的冠军，然后在1988年她的水平直线上升，按水平是可以拿世界冠军的，只是因为这位运动员很有个性，不愿意听从安排而赢球,后来奥运会就没有让人家去。所以,作为一个球迷,我有理由这样想:如果一个前一代的世界冠军,她的球技根本没有衰落,还能够把自己的潜能发挥出来,那么她为什么就不能跟当今乒坛最顶尖的高手邓亚萍打一场世界级的遭遇战呢?作为一个球迷,我对这种精彩的场面很兴奋。另外,我还有一种心理:这位运动员过去的确受到过不公正的待遇,只因为没有遵守一次团队的纪律去让球,就在人家的乒乓球生涯最辉煌的年代而不让她打了,所以我想她的内心一定很痛苦,她希望伸张,希望把自己的潜能发挥出来,我对她的这种心境非常同情。因此,我在看球的时候根本没有想到你所说的那种爱国主义的问题,我忠实的是体育的逻辑,尊重的是公平竞争,优胜劣汰。

**刘东**:你说的是球理,是球内的道理。我想,任何一位看球的观众,都或多或少地懂得这种费尔泼赖的道理。昨天我还就此和一个更会看门道的运动健将交换过意见,她认为何智丽本来就该赢,因为她的身体条件更好,球感也更好。当然我还和她有点儿不同的看法,因为我觉得邓亚萍也并不见得在实力上弱何智丽多少,只是昨天在体力上消耗过大,而且战术上也有问题,反手只有招架之功,正手进攻的失误率又太高,而一旦能够调整好这些,那么下一次再打这种遭遇战,也不见得就一定会落败。不过,如果只是你来我往地进行这些球理之内的竞争,那么问题就简单了,我们也就没有必要对此发什么议论了。但关键在于,你想过没有,如果仅仅只有球内的道理,竞技性体育就根本不会膨胀到今天这种让广大观众如痴如醉的地步了,甚至日本人也绝不会白白供养着何智丽来发挥自己的球技了。事实上,除此之外,还另有一个更大的球外的道理,这个道理就是:无论如何,在目前的这种已经为全人类所接受的现代文明的规则之内,竞技性体育是人们最容易移情投入的一种活动,是最容易叫整个社会共同体的成员找到认同感的一种活动,所以,特别是在亚运会这样的正式大赛中,人们几乎是必然要产生这种幻觉——邓亚萍背后站着的是12亿人,何智丽面前站着的也是这12亿人,这两位世界级的运动员本人也绝不会不知道这一点。其实,我们在这方面根本不必去套什么爱国主义的大道理,这只是标示着一个人类共同体的起码向心力。我只要讲一讲当代德国人的情况你就能看清这一点:由于二战以后被英美所灌输的普世教育,德国人目前已经很少有人再狂热地信奉爱国主义了,要说还有几个爱国主义者也只是那些光头党;但即使这样,德国朋友还是告诉我,只有一件事可以叫他们都想起德国,那就是看球,这时候他们还是希望本国的球队能赢,觉得那能使全体社会成员分享到一份光荣。正是在这个意义上,何智丽才真的是犯了大忌,惹了众怒。不难想象,这一场大赛使她在国人心目中的地位大大改变了,也就是说,如果说过去她的遭遇更多地引起了国内观众同情的话,那么从此之后她恐怕更多地就要遭到大家的唾弃。

**郑也夫:**体育不应该和政治有这么紧密的联系吧?

**刘东:**没错。但"应该不应该"是一回事,"事实怎么样"却又是另一回事。要真是来谈"应该不应该",而不是在西方传入的游戏规则中来谈体育,那么我们完全有理由对目前盛行的这种竞技体育提出根本的怀疑。我写过一篇《中国古代体育文化》,在文章中提出,其实倒是中国古代那种非竞技式的体育活动更符合体育的真精神。相形之下,西方式的体育其实是一种在万众欢呼声中迫使运动员把自己的身体拼坏的运动;而反过来,中国古代那种不能用量化指标来机械裁判的养生功夫才是人人得以施行的营卫身心之道。打个比方,如果哪个人不巧得了癌症,那么他绝对不会想到再去踢足球,或者坐在电视机前去看足球而等死,而只会想到去练气功,即使他过去曾经是个竞技体育的高手也罢! 不过,我们还是别把话题扯得太远。眼下的要点在于,亚运会实际上是在西方式的竞技体育的规则下进行的,而在这种规则之下,运动员的的确确是代表着他们本身所属的那个社会共同体的。因此,摆在何智丽和全体中国观众面前的是同一个尴尬问题:她明知道她打的是自己的同胞,她还是要全力以赴地打,而中国人明知道那位"小山智丽"是自己的同胞,还要在感情上受她的蹂躏。

郑也夫：我们倒不用说那个原本意义上的体育运动，就讨论这种竞技体育吧。即使如此，我觉得你还是把问题说得太大了。何智丽尽管是一位优秀的乒乓球运动员，但如果从整个社会的宏观角度来看，她却只不过是一个普通的人，甚至可以说只不过是一个小人物，而在小人物身上并不背负这么多沉重的东西。移情那只是别人的事情，但对于这样一位一辈子只知道打球也只会打球的人来说，对于她本人的个人命运而言，你说她还有什么别的选择？作为一个运动员，打球对她来说是具有某种神圣性的东西，是她生命的价值所在，可是她的运动生涯却在不该结束的时候横遭结束了，使得她在中国已不再具备发展的余地了，这时候她该怎么办？难道她不该到国外去寻求发展么？这不是什么不可理解的事情。其实，国外的运动员出国去淘金的情况多得很。比如日本足球队中场的核心队员拉莫斯，就来自盛产球员的巴西，也照样代表日本国家队踢球。当然了，拉莫斯在巴西并不算什么重要的人物……

刘东：你这话就说到点子上了，我们要说就得说国手，就得说那种其一身足以系一国荣辱的重要球员，比如马拉多纳之流。正像你所说的，马拉多纳当然会到意大利或者西班牙去淘金，而且我想，如果他愿意的话，那些国家也会毫不犹豫地给他国籍。但你能不能这样想象：马拉多纳会代表意大利或者西班牙的国家队反戈一击，倒过来在世界杯大赛上千方百计地踢败阿根廷队，根本不怕羞辱他的同胞？特别是，他可不可能代表英国队这么做，哪怕马岛战争还在两国人民心目中记忆犹新、阴霾未散？

郑也夫：我承认，像马拉多纳这样级别的球星，的确是没有替别国的国家队打本国的。但是问题的关键在于，人家是决不肯把这样的一个风华正茂的运动员白白放跑的，而我们居然在一个运动员二十几岁的时候，就强行要断送人家的运动生涯，这就需要在我们自己的体育机制上找原因了。所以我说，小人物不需要负这么大的责任。再有一点，很多的足球运动员，他们可以在非大赛期间，到国外的俱乐部去淘金，然后等到足球大赛时再回来，因为足球跟商业的联系比较密切；可是，乒乓球运动的选择范围小,没有那么多的买主,没有那么高的票房价值,所以像何智丽这样的运动员,既然到日本去以打球为生,如果不代表人家的国家队去打球,还就真的没有那么多的需求者,就淘不了这个金,你说她该怎么办?所以她要么就去投靠人家的国家队打球,要么就彻底断送自己的前程,她只不过是艰难地选择了前者。其实,我想她打赢了中国队之后,对她自己的感情所造成的伤害,恐怕并不下于她对中国人的感情所造成的伤害。

刘东:你说的这种情况的确是事实,摆在何智丽面前的处境的确是两难。要么她就接受原先的这架体育机器的安排,从此断送她自己的前程,要么她就不服这口气,再去接受另一架体育机器的安排,努力发挥自己的运动潜能,而在国人心目中也同样断送了自己。我看到她在获得胜利的时候,并不是特别的兴高采烈,而是蹲在地上默默地哭,我能够体会她当时百感交集的矛盾心情,因为她得到的这份荣誉,同时又正是耻辱。而我当时看到这种场面时,心情也是两难的。我也觉得,这件事的确不能完全归罪于她,因为她是在一种畸形的教育中成长起来的,除了打球就一无所长,就不能实现自己的人生价值,她的路从一开始就被弄得非常狭窄和短暂,就显得具有某种悲剧性。从这个意义上说,真要说到责任的话,那首先是我们体育界的责任,它成批地培养出这种只能在人生的长途中获得稍纵即逝的片刻辉煌的明星,真可以说是教育的耻辱和失败。但从另一方面来说,就她对中国人的感情所造成的伤害而言,何智丽又的确有不可推卸的责任,即使所有的外在条件都成为既定的了,人这种存在毕竟还是有选择的自由;何况,我还不太同意你的看法,好像乒乓球运动员不代表人家的国家队就无路可走,实际上在欧洲还是有许多的乒乓球俱乐部,我们有大批的"海外兵团"在那里淘金。所以,关键并不在于她还能不能打乒乓球,而在于她可不可以在这样的大赛上代表别的国家来打本国。

郑也夫:乒乓球俱乐部在西方的确有,可那更多的是需要男选手,因为他们打起球来更激烈更好看,而何智丽的选择就要小得多。不过,说到"海外兵团",就使我想起来,其实他们人数很多,代表别国打球的也很多,只不过何智丽是冒出尖儿来了,在 30 岁的年纪时还把邓亚萍打败了,而如果别的选手也有何智丽这样的成绩,恐怕对国人的感情冲击也是同样严重。看来也正因为这样,"小山智丽现象"才具有典型的代表性,值得我们去好好反思,并且由此得出对于"海外兵团"的公正看法。关于这一点,刚才你也说过了,大多数人的确对"海外兵团"抱有反感。但我们都是做学问的人,都是在思想上有关切的人,我们究竟在这些问题上怎么看? 当面临和何智丽类似的选择的时候,那些"海外兵团"的成员是否应该断然放弃自己的运动生涯? 从良心上说,从权利上说,他们可不可以做出其他的选择?

**刘东:**这一下问题就扯得比较大比较远了。你提到"做学问",如果是从事这种所谓"天下公器"的事业,问题就并不会这样复杂,无论你在中国还是在美国、在英国还是在日本,只要是进行严肃的科学研究,全人类就都会受惠于你,就都会为你的成就而感到光荣,所以中国人从来就不会反感他们在学术上的"海外兵团"。但是,一说到竞技体育运动,目前既定的游戏规则就明摆在大家面前,它的确会牵涉到一个特定的、具体的社会共同体的荣誉,而各国政府在大力扶持它的时候所想要利用的也正是这一点,以便借此加强本来已经非常薄弱的民族凝聚力。不仅仅中国人是这样,南美人更是离不开所谓"足球鸦片",正像马拉多纳哭着说的那样,阿根廷人是靠足球活着的。当然,在这方面,我完全同意你的看法——体育原本不应该和政治连在一起,更不应该被利用成为爱国主义或者民族主义的强心针,它的原有精神已经被政治家和资本家联手糟蹋了。另外,在这个意义上,我还同意你的另一个说法——如果和整个的文明规则和社会结构相比较,无论多么伟大的运动员,也只不过是一个"小人物"。而我想要补充说明的是:无论是像马拉多纳那样去用体育为爱国主义煽情,还是像何智丽那样用体育去背叛爱国主义的狂热,在这个大棋盘上都逃不脱成为一个微不足道的小卒子的命运。所以,如果不是作为球迷而是作为学者来谈论这件事,那么我们还是应该进一步地去反思更广泛的背景条件。

# 二

**郑也夫：**这么一来，一个令人头疼的问题就引出来了：中国所生产的乒乓球运动员是很多的，但是能够代表我们的国家队出场的也就是那么四五个人，而实际上属于第六、第七、第八的也还是中国人，甚至像何智丽这样的敢说自己就是冠军的料儿，你都要把正是风华正茂的他们断送了，这对于很多个性来说，的确是极为残忍的事。

**刘东：**不错。不过，现在一般的看法都会把这种残忍全都归咎到国家队教练身上，我倒觉得还是得替这些教练说几句话。由于我们现在发展乒乓球运动并不是依靠的俱乐部制，所以对于教练来说，命运是同样残忍的，他们的压力更大，而且更加难以转嫁。当然现在看来，安排让球这件事是很荒诞的。可是，我不相信，那些教练在当初安排谁让谁的时候，只是出于个人的恩怨。他们恐怕更多的还是从他们所带的这支国家队的集体命运考虑：到底过去谁不仅在国内而且在国外成绩更好？到底谁能更有把握把下一个外国对手打败？他们在夜里准会为了这些问题睡不着觉，因为万一打输了他们回来最没有办法交代。我们如果换一种俱乐部制，就可以利用制度本身来推卸或者减轻压在这些教练身上的重担。因为你可以让我们的运动员先在俱乐部之间进行选拔赛，谁打赢了谁才有资格代表国家去打国际比赛，而如果是这样的话，即使他们将来被打败了，别人也没有什么话好说了，谁叫你在国内打不过这些球员的呢？不管是赢是输，他们总归是代表我们的国家最高水平。

**郑也夫：**好，我赞同你的看法，中国国家队的主教练在安排让球的时候，其动机的确是想把事情办好的，而且他们过去为团队所制定的那种让球的集体原则，其目的也的确是为了让咱们的国家拿金牌，因为他们要考虑到底谁对付哪类外国选手更有办法。但是，问题并没有因此而结束。如果说在世界体坛上要普遍奉行公平竞争的原则，特别是在单打项目上，本来谁打得好谁就应该赢,那么,到底可不可以在一个团队里就不奉行这种原则,专门拧成一种力量来对付外国,让全世界的观众都来看假球,从而牺牲掉体育运动的公平性?我个人认为这样做是不对的。公平竞争的体育通则不仅要落实到国际,也同样要落实到国内,否则,就极大地败坏了整个体育的风气。所以,何智丽现在反过来这样来打你这支国家队,也可以说是"一报还一报"。

**刘东:**说到规则,其实也没有那么简单,人们完全可以要么信这一种,要么信另一种。对此我们可以举另一个新闻来证明。最近,李富荣终于证实了我国球迷几十年来的一直半信半疑的传闻:最起码在第27、28两届世界锦标赛上,他是服从了国家的安排而让球给庄则栋的;不过他又谦虚地说,如果单纯论实力的话,即使不安排让球,很可能也是庄则栋赢。当然,事到如今,最关键的已经不在于去猜测,如果李富荣也像何智丽那样不听话,后两次到底谁应该是冠军得主,而在于去做这样一种对比:在当时的那样一种教育背景之下,尽管李富荣也让了球,甚至也并不一定完全是心甘情愿地做出了牺牲,但总起来说,他还是带着一种崇高感去这样做的。他心里想到的并不是你所说的那种公平竞争的原则,而是个人必须为了国家的大局服从集体的原则。可是轮到何智丽,情况就不一样了,她不再信奉过去的规则,而更信奉你刚刚说过的那种规则。本来按说她也是我们这架巨大的体育机器中生产出来的一个螺丝钉,不过这个螺丝钉却不再那么安分,比如首先想到我的一切包括球技都是国家培养出来的,所以应当服从和报效国家,相反,她不再甘心去当一个配件了,特别是不再甘心去当一个备用的配件了,她作为个人开始有了自我意识了,有了不愿意被剥夺的自我实现的要求了。所以你看,李富荣并没有感到被安排让球是自己的悲剧,只有何智丽才觉得这是悲剧,而且从两个人的命运来看,也确实只有何智丽才真的上演了悲剧,这完全是在从一种体制向另一种体制过渡的时候产生的。

**郑也夫:**顺着你的话接着说,这个悲剧是社会变迁所造成的,而这种变迁本身如果从大势上看，又代表着发展的方向。我们如今的这个时代，更加开放了，也能够更尊重个性了，更能够给每个人更多的机会了。不仅我们的球员可以到国外去打球，而且我们也可以引进国外的球员来到中国踢球了。当然，机会多了，也会使一些球员做出不那么令人满意的选择。但即使这样，我还是认为，在这些出去打球的女孩子身上，不该背负这么多沉重的东西。

**刘东**：也就是说，无论从资源的角度讲，还是从个人的价值讲，现行体制都会造成很大的浪费。

**郑也夫**：对。我们花了这么多钱，培养了这么多乒乓球运动员，其目的在于得到足够的人才来保住这个"国球"的金牌，这想法看起来似乎无可非议。但即使从这种动机出发，这样做也是非常失策的，因为现在是一个开放的时代，你如果把人才造就多了，他们就必然会出去。所以，摆在政策制定者面前也有一个两难：你把人才培养少了，我们的国家队就有可能被比如韩国这样的国家打败；而要是把人才培养多了，就有可能被我们自己的"海外兵团"打败。其实，竞技体育总有被打败的可能，所以我觉得与其被我们自己培养的球员打败，倒不如把思想放得开一些，不怕偶尔败给韩国几次，干脆少培养一点儿，这样的话，也就不会在内部产生那么多的悲剧。

**刘东**：其实，最关键的还不在于到底球员培养得多还是少的问题，而在于更深层的问题。的确，乒乓球曾经是我们的"国球"，但是这种"国球"从一开始就并不是从民间社会中自然而然地生长出来的，而是由国家来拔苗助长的。我们对此再来做一番比较。比如美国的篮球运动，也可以说是"国球"，他们也拥有众多的世界级明星，恐怕组织十支世界冠军队都不成问题。但是，由于他们首先是有那么多的观众，然后才产生了那么多的职业球员的，然后又产生了 NBA 的职业俱乐部制的，所以他们的篮球运动可以自足到了这种程度——跟其他国家甚至世界大赛打还是不打都无所谓,都可以在国内的赛场上消化掉。如果中国的乒乓球运动也同样是在这样的基础上发展起来的,那么,就不管我们培养出了多少优秀的球员,都不会出现运动员流失的现象,相反没准儿那些人走出国门之后倒还没有施展的空间。但可惜的是,中国,以前还有其他的社会主义国家,都是调动强大的国家机器来培养运动员的,而不是等待民间社会的自发产生的,这样才会出现生产过剩的问题。

郑也夫:这就牵涉到一个更要紧和更尖锐的问题了。我们国家的体育官员,他们肯定是抱着良好的动机,想给国家多拿金牌,所以才投入那么大的力量。可是,他们想过没有:"球运"跟"国运"到底有多大关系?我本人从来不认为这两者之间有什么密切的关系。当然我也不否认,不管发达国家还是欠发达国家,也不管是资本主义国家还是社会主义国家,有哪个国家在体育方面是可以完全不要面子的。但这里毕竟有一个分寸,你不可以把太多的资源全都投入进来。现在的亚运会,中国在金牌榜上遥遥领先那么多,等于在打牌的时候把好牌全都拿到自己手里,其实叫观众觉得已经没多大意思了。

刘东:这里的逻辑应该这样来推:首先,竞技体育的确是一个社会共同体的全体成员最容易移情进去找到认同感的运动,然后,一些比较容易集中调动资源的国家官员正是看到了这一点,才不惜血本地造成了以"球运"象征"国运"的集体幻象。尽管像苏联、东德这样的国家,转眼之间就不复存在了,但它们也曾经以其"球运"的昌盛让人们误以为其"国运"的昌盛。从这一点我们可以看到,国家对于体育的大量投资,尽管照体育的逻辑来看是不经济的,可是从意识形态的角度来看却又是行之有效的。其实,由于竞技体育是可以拔苗助长的,又是专门把人的身体拼坏的,所以"球运"有的时候不仅跟"国运"没有什么成正比例的关系,甚至跟国民的健康水平也没有这样的关系,在这方面我们倒还不如去看更简明的一些统计数字,比如医生在人口中的比例,或者平均寿命。说得更尖锐一些,"球运"和"国运"不仅没有这种正比例关系,而且在一种特定环境下还会成反比例关系：因为体育是和国际接轨的一项事业，它和其他行业相比，毕竟还是比较容易实现公平竞争的原则，所以如果有哪个国家，在其他领域里更难体现公平，从而迫使人们更倾向于选择体育为职业，正所谓"良禽择木而栖"，使得这个国家的体育专业比起其他专业来说大大地超前发达，那么，这种在体育上的畸形繁荣就正可以说是一种症状，如果不赶紧治疗就会早夭。

郑也夫：说到这一点，还有一件事：国家向体育界投入巨资，本来是想增加社会的凝聚力的，可一些运动员却纷纷出走。所以，尽管我非常喜欢看球，也希望我们国家能够兴旺发达，也就是说，希望我们能既有"球运"又有"国运"，但即使这样，我仍然要提醒大家，这两者之间并不存在什么必然的联系。有很多发达国家，体育却并不这样发达，但人们仍然输得起，他们有这样的心理：我们这个国家如此强大，谁敢说我们的"球运"如果不行，"国运"就一定不行？

刘东：从这个意义上说，"球运"和"国运"还有另一种倒过来的关系：正像俗话说的，缺什么吆喝什么，中国人老是想要用体育发达来象征国势兴盛，实际反映出他们有一种忧虑，怕别人说自己是落后民族，怕别人说自己是东亚病夫，这和中华民族一百多年来备受欺凌是分不开的，也是完全可以理解的。但是，越是这么忧虑，就越说明我们的"国运"还是一个严重的问题。其实，说到根子上，就算你把奥运会上所有的金牌都拿到了，你还是在西方传来的游戏规则之下的，而且如果借用福柯所谓"语言和权力"的理论，你还是在西方文明的权力支配之下的。正因为这样，越是想用"球运"来象征"国运"，就说明"国运"还远不昌盛。

郑也夫：其实，国运真要是很昌盛，我们的国家就自然而然地会有很强的凝聚力了，也就不必再借用体育来人为地加强它了，而且体育人才和其他人才也就不会出现外流了。

刘东：没错！现在不光是体育人才外流，不少行业人才也外流。而且，如果说过去胡适、鲁迅出洋前首先想——我学什么东西对我的祖国更有用的话，那么现在的孩子们还在高中念书时就首先想——我考大学时选哪个专业更容易出国？而我们还在不自觉地促成他们的这种动机，先把人才培养成一个"金字塔"，然后再等着西方把这个金字塔的塔尖无偿地搬走，甚至有时候是由我们自己把他们逼走。这种情况太令人忧虑了。

# 辑五
## 知识/生产

# 社科院的自我理由<sup>*</sup>

一

这个话题是上个春天在美国东部想起来的。

正在马萨诸塞州的一家袖珍大学闲居神聊，有位新近结识的中国留学生，突然以不容商量的口吻对我宣称——"你们那个社科院早该解散！"

凭良心说，这话并不算多么出语惊人。我在北京也常发类似的牢骚，觉得这个或许是全世界最大的学术衙门，简直就没有多少存在的必要，还不如把十室九空的办公大楼租出去算了。可无论如何，一旦这种咒语从别人口中吐出，把自己数落得几成"丧家之犬"，仍觉得既不对味也不甘心。我遂正襟危坐地认起真来，向他仔细讨教何出此言。

———————————

* 这篇旧文构思于 1997 年，起草于 1998 年上半年，当时我还住在石景山那边的社科院宿舍，呼吸着污染的空气，却为了中国的知识生产体系而煞费苦心，觉得它实乃中国文化的命门。文章写成以后，也曾请担任中层领导的几位先生过了目，当时我们的私交还允许彼此攀几句话。但可惜的是，他们对文章的评价虽不一致，态度却是相同的消极和麻木。此种反应使我顿起调离之心，并在出国讲学以后立即付诸实施。然而有意思的是，偏生在调出社科院以后，回头重读这篇旨在帮它寻找"生存理念"的旧作，却觉得那里面虽不免有些牢骚，倒显出我曾是真心偏爱过原单位的，否则就不会为它的改革大计而不惜犯颜得罪了。正因为这样，眼下虽已属隔岸观火多管闲事，我仍愿把这份多余的操心奉献出来，哪怕根据后来的观察，我当初为它寻找的"自我理由"已日渐沦为空想，甚至只成了我个人书呆气的笑柄。——作者 2000 年初夏补记于北京大学

　　本来，这位朋友为人为学均相当谨慎，非精思熟虑决不轻易发话，往往能把我憋得难受，所以我刚开始并未打算挑起争辩，满以为他既能对此斩钉截铁，就准有一肚子充足理由垫底，也教我能借机多明白点儿事理。可没承想，他接下来支支吾吾了一番，竟不仅未能使我信服，反使我暗自生出疑窦，检省起自己原先的怪话来了。

　　从此之后，我就悄悄地开始留意：大凡负笈或曾经负笈大洋彼岸的学人，几乎都会不假思索地脱口而道——"社科院早该解散"，可一旦深究他内心所执的依据，又都同样有点儿讲不出口，说穿了无非是那句——"连美国都没有"！

　　但这却使我口既不服心更不服。假如你只想历数社科院的弊端，那么我完全可以跟你站到一起，哪怕把它列举得"罄竹难书"。而你若想在更深的层次上剥夺它的生存权，那么就算我没准儿也会投票赞同，但你却得给我个像样点儿的说法，至少得比"连美国都没有"更像个理由。

　　美国的国力岂是随随便便比得了的？它那绵绵不绝的知识原创力，主要来自众多明星大学间的激烈竞争，而这些早已扎根于市民社会中的大学，又享受着广谱分布的各类基金会的多方支持。记得去年到芝加哥参加"亚洲研究协会"年会，那盛况真有点像我们万头攒动的庙会，光登记注册就得耐住性子排个把小时长队，而老友晤谈也只敢偷得一杯咖啡的空闲，遂令人不由赞叹其学术储备之雄厚，仿佛一人随便写出一篇就够你读上半年！由此，我们哪怕再无头脑也应该省得：美国的富家模式是无法原样照搬的，否则就只有抄起手来"俟河之清"——先等大量剩余资金从市场的浑水中沉淀出来再作道理。然而可惜的是，且不说离开知识更新的有力配合之后，中国社会还能否良性循环地发育到那一步，就算它只靠"单向度"的推动也能苦熬到那一天，我们怕也早已萎缩成了脑容量极小的"猿人一族"。

　　再说，尽管美国的知识生产体系财大气粗，谁又道它全无问题？如果不是盲目崇信的话，那么撇开自然科学和狭义社会科学不谈，至少就我本人的专业视野而言，任何人文学者在哈佛周围的书店里逛久了，都难保不会暗呼蹊跷——何以美国拥有那么多功力深厚的同行，但将其全部知识原创性迭加在一起,却远远及不上一个小小的巴黎? 我迄今没能想清其中的原委,弄不懂这究竟是由"缺乏历史传统"所致,还是由"职业化过度"所致,抑或由"太过贴近市民社会"所致? 然则成因虽属待考,收效却是明摆在那里的——他们漂在钱海里的人文学科,尽管成绩无疑卓著斐然,尽管一流学者多如恒河沙数,却鲜能涌现世界水平的"超一流"学者,而往往要甘当欧洲学术成果的"二级市场"(尽管当得很有效验),故其"投入产出比"难说已臻最佳,其"学术生产力"仍然有待提高。

　　顺着上述雾里看花的猜想,我甚至还有些不成熟的臆度:一个较为平衡的知识生产体系,似应在空间上表现为层层扩大的同心圆,先由内涵较深的"学术界"居于核心位置,再依次扩展为外延较广的"知识界"及"文化界",而此三者须靠持续反馈来不断寻求呼应和同构;所以,人文学术界并不生存和活跃于真空之中,它既要把自己的影响逐层向外扩散,也应从总体文化语境中汲取刺激或冲力,以期形成研究和实践间的良性互动。以这种理想尺度来衡量,似乎美国的人文学在发达完备之余,又稍嫌太过独立自主了一点儿,未能跟外缘层次形成充分的呼应。而在这种自律封闭的游戏规则中,再受到"终身教席制"的沉重就业压力,学术新锐们最念兹在兹的问题意识,虽说看似样样都跟人类的困境有关,实则多要由学术话语本身来遗传,久而久之难免落得创意不足。由此一来,尽管美国的学府多无森严的围墙,但其间繁多的专题细部报告,还是把周围的社区文化映衬得冷清稀落,使人感到无形的隔膜和淡漠。另外更其吊诡的是,一旦短少了我们靠阅读了解到的巴黎咖啡馆里那种共同参与的随兴所致的高谈阔论,那么尽管纯之又纯自说自话的学术生涯似乎更加高居于象牙塔的顶端,却竟无益于保持作为知识贵族的心气,反使这项事业更向世俗职业趋同,有时简直类乎"知识店铺"里的谋生手段……

　　不过,还是让思绪赶紧收缰回来,少去念叨别家的"百尺竿头",先来操心自家的断壁残垣罢。说真的,如从考入社科院研究生院博士生班那天算起,我也已跟这个机构厮混了好几十年;此间不管想得清楚没有,总还算接触到过不少思想的难题,偏偏未曾反省过这个栖身已久的所在。于是,社科院过去和现在的文化功能究竟如何? 它今后还能否再找到生存与发展的理由？……这类疑虑便渐次积成了欲罢不能的论题。当然我还得解一句嘲：并非有谁要大唱"位卑未敢忘忧院"，而实因每每被逼出忧患意识，所以即便行将为之殉葬，也总想当个"明白鬼"。

二

先来清算当初那笔糊涂账：人们何以想要创建社科院？

饶有兴味的是，我们其实很容易就此推度：受以往那种不言自明的文化心态驱动，老一代人大约也同样无须思索，就觉得非要建立这类机构不可，因为在他们耳濡目染的游戏规则中，只要国家还像个国家的样子，就非得有个国家级的最高学府。

同样意味深长的是，我们又很容易顺势推想，恰恰由于上述样板的并存，最初仅为中科院之"学部"的社科院，受多样化制度来源的牵制，其实际功能从一开始就并不十分单纯，而既有"养士"的一面，也有"对策"的一面。前者似乎是从翰林院间接秉承下来的，它旨在向有资格享受礼遇的人士，主要是成名已久的资深学者，间或也包括退出宦途的高级干部，提供某种荣誉性的优渥闲差，并不硬性要求研究结论作为回报；后者则大约是比照着苏联的样板，直接在中研院的旧部上形成的，它打算集中知识分子的智能和热情，要么为尚未作出的决策出谋献计，要么为业已形成的政令提供论证，总之是扮演"智囊团"的幕僚角色，自觉服务于国家的利益或意志。

上述区分也许只属于韦伯意义上的"理想类型"，而在实际操作中却并非总是泾渭分明，且在不同时期里亦咸有彼此消长。另一方面，跟此种复杂定位不无关联，这个机构的下属研究分支，好像也并非仅仅因循一定之规而设。如果单从"养士"的初衷出发，那就得尊重承袭下来的人才和学科分布，实事求是地"因神设庙"，所以正像中研院原以史语所为最强一样，社科院最开始也势必要向基础文科倾斜，甚至一次就重叠设立了三家历史所；但设若要从"对策"的动机出发，却应着眼于实际的咨询需求，去招兵买马另起炉灶，所以越是晚近创立的研究所，往往就会显出越强的应用取向,否则就难觅立锥之地。也许,不从这种特殊逻辑出发,就无法理解许多不合常理的怪事。比如,何以那些公认的传统研究强项,反倒并不急于组建后续梯队,竟被听任走向触目惊心的衰微?何以那些学术传统较弱的机构,反倒并不急于加深基础理论,只图展开短线实效的经验研究?何以各种机构会遭到条块分割,既有依学科纵向设立的研究部门,也有按区域横向划分的咨询部门?……

还得清算一笔与此相关的糊涂账——它那显然不够贴切的含混名称。为什么一个当初主要以人文研究见长的学术机构,竟会名不副实地仅仅自命为"社会科学院"?这种困窘显然派生于已往的意识形态,因为此种学说一向宣示下述简单分类:总共只存在着生产斗争和阶级斗争两类实践,由此又总共只产生出自然科学和社会科学两种知识。当然应该公正地承认,把人文学术荫佑为仿佛具有客观性质和实用功效的"科学",这在当年那种恶劣的语境中,无疑具有相应的保护色彩;但同时也应敏锐地察觉,一旦把人文学科统称在社会科学的名下,这种笼统混淆的定位方式,本身又蕴涵了深刻的认识危机。受人文研究自身品格的注定,这种学术活动不仅不能服务于任何外在的和浅近的功利目的,还必须跟此类目的自觉地拉开距离乃至唱出反调;所以,倘不能看到此类学科唯以提升文化自身品格为己任,且本身就构成了最高层次的公民文化,而误把它视作理应听从将令的同心同德的"智囊团",那就很难真心宽容——更谈不上谦逊地听取和受益于——它必须表达的不同意见,也就极易从根本上忽略这种学科的存在价值。

## 三

平心而论,尽管存在着上述潜在矛盾,尽管经受了各种外压内耗,社科院仍然享有过相对辉煌的岁月,也曾做出过不可替代的文化贡献。

即使是作为翰林院孑遗的"养士"传统,也并不像初看那样纯属社会的"盲肠",而无意间起到了一所国家级研究学府本应具有的"无用之用"。它不经意地部分维护了老一代研究家的学术权威(尽管这种权威曾被冠以"反动"的定语），从而部分维护了他们默默守护的治学传统（尽管这种传统已无法得到及时的损益），甚至部分维护了他们作为知识贵族的做派（尽管这种做派已难被平民化的后学所效仿）。由此一来，即使在外在"大气候"已容不下一张书桌的时候，它的内部"小气候"仍要比别处更宜于从事精神活动。虽说当时的语境已很难鼓励自出机杼的大胆运思，但老一代学人仍然凭靠本身的功力和造诣，在文学、史学、哲学、考古、语言诸门人文学科中，不露圭角地护持守卫着学术的自我尊严，以至于我们简直无法想象——设若当年竟连这个知识集群也已被夷平遣散，曾如此命若游丝的斯文更将如何维持自身于不坠？

　　缘此，重要的就并不在于列举它往日有目共睹的学术成果，以及曾在这些成果背后明确显示出来的相对知识优势，而在于指出这个曾经云集了诸多学术重镇的最高研究学府，由于汇聚了一个贫弱大国的智慧资源，比较而言就更易于养育"读书种子"，暗自为学术的复萌守先待后。果然，一俟焕发生命力的机运来临，它立刻就迎来了自己的"黄金年代"，而以"独执中国学术牛耳"的高蹈姿态，通过种种当时无疑最具权威性和号召力的院刊、所刊，充分展示了这个"人文思想库"丰富矿藏。——彼时适逢我辈坐在外省大学的课堂上，为了求知的心结而倍受僵化教条的蹂躏，所以至少就我个人的记忆而言，当年能从教案讲义中的直接所得，实不及借社科院期刊的间接所悟。

　　毫无疑问，正是由此而生的精神感召力，才使我和同侪后来放弃了至少在物质上更有诱惑的其他选择，不顾一切地报考投身于社科院，以期获得更优越的治学条件、更活跃的研讨氛围、更高明的良师益友。尽管"远看全是学术成果，近看净是学院政治"，似已成为一条概莫能外的铁律，所以一旦有缘登堂入室，就往往难再保有以往的神秘感，然则只要平心静气地观察思量，还是无法不惊叹社科院当年享有的相对势能。仅以我曾经读书其中的哲学研究所为例，它的图书资料收藏的专业质量，它的中年研究骨干的领先地位，它的青年学术团队的发展势头，乃至于它在整个知识界的声名影响，当时都肯定在全国范围内无出其右。另一方面弥足珍贵的是，由于外在规训已减弱得经常可以"忽略不计"，自主时间又充裕得几乎可以"为所欲为",所以无论就人格成长还是就智力发展而言,我都曾深蒙那一方宝地的恩泽,至今未敢稍忘其间的热烈与欢畅!

再把回溯的眼界扩展开来:当年盛极一时的社科院研究生院,尽管从教学的经验和手段来看不无缺憾,且迟迟未能成为官方教育体制的"嫡系",但在它被戏称为"黄埔前几期"的那几个年级中,其网罗和输送文科人才的密集程度,即使保守一点儿估计,也至少不会逊色于同期的北大研究生院。另外更值得瞩目的是,从它当时的发展势头来看,这种强大的研究后援支持,不仅足以保证本院中坚力量的长兴不衰,还可能在原有的呆板体制之外,为我国的文科教育平添另一所最高学府,从而有可能与北大之间迸发出竞争的活力,以图避免各自的"近亲繁殖"和故步自封。——中国学界的这种良性造血机制,至今仍潜藏在大家的深深企望中,惜乎仅靠现行教育体制的内部改造谈何容易!

所以,容我在此忍痛讲一句实该掌嘴的俏皮话:且不谈它那时已明确显出的成长潜力,只说它那时已然现成在手的学术实力,谁若想在短期内就将之糟蹋殆尽,恐怕也还要很花费一番心机呢!

然而谁能逆料,它居然这么快就"柳老不吹绵"了,这么快就被人斥为"早该作鸟兽散"了。实际上,又岂止少数不谙国情的留美学生,如今只怕上上下下都把它看成了财政的包袱,悔不该建立这个有违市场规律的"食利"机构,只不过为了"安定团结"而暂时未便明说罢了。准此,在新一轮同样不言而喻的社会心态之中,在美国模式又悄然渗入了文化前理解以后,如果人们说自己对社科院的现状全无危机感,那么不是自欺欺人也是故作镇定。当然话说回来,无论是渴望振作以使它获得中兴,还是唯欲袖手旁观它油尽灯枯,大家的想法究竟有无充足的理据,仍然值得重重地打个问号!

## 四

有位教书先生曾对我调侃道:你们社科院纯粹是"自作自受",——从顾准到孙冶方直到吴敬琏,从来都是你们的人在极力鼓吹市场,终于把自家逼上了受它淘汰的绝路！

此类幸灾乐祸虽然不甚中听，可抽象讲起来似又不无道理，因为单向度的"改革开放"确把市场弄成了荡平一切的推土机，以至于大凡以往"吃皇粮"的文化机构，都或多或少地受到了体制性困扰，就连大力推动过此项进程的社科院都未能幸免。然而，深究起来却又不难发现，社科院近年来实际遭遇的麻烦，实比经费来源问题更为复杂和棘手。否则我就可以简捷地反诘这位仁兄了：难道你们大学文科就不是"吃皇粮"的么？你们真能靠并不直接创收的艰涩学识养活自己？试问天下的人文学者谁又能"只靠歌唱而生活"？

前文已经述及，社科院在培养文科中坚方面，曾经绝不亚于国内的任何一所大学。所以，如果仅凭"投入—产出"的模拟经济形式，就能使它至少把一只脚立稳在"教育市场"上，那么或许只需进行并不伤筋动骨的调整，就能使它至少并不比大学文科更加举步维艰了。不过，一旦追问围绕着此类"人才产品"的真实供求关系，情况就不像乍看上去那么容易对付了。按理说，除了自我更新和自我增殖的附带任务以外，大学文科培育高等专才的主要目的，是去满足社会上虚位以待的知识需求。然而深具讽刺意味的是，如果作为总体人文环境恶化的突出表征，就连社科院这样的研究学府都已萎靡至此，那么莘莘学子在历经数十载寒窗学成之后，还能在社会上找到多少用武之地呢？总不见得让他们全都留校任教罢？所以，只要社会风习一仍这般崇尚实用，那就休要谈社科院的自行培养了，现有那么多综合大学的那么多人文系科，本已虚掷了大量的人力财力，而往往要先教人以"屠龙之技"，再徒唤奈何地任其学非所用荒废学业。从这个意义上讲，目前的大学文科充其量也只有某种虚假的交换价值，实则仅在拨款方式上跟社科院略有区别而已，不光无法成为真靠束修来自我维持的"学店"，反倒有可能造成更严重的隐性浪费！

尽管如此，社科院的同仁仍有相当的理由去羡慕大学的同行，因为在当今实用主义的主流语境中，再受到重视子女教育的家庭伦理制约，仅凭那种模拟的市场供需关系，就足以使人们不假思索地认可后者的工作。即使他们传授的知识不足以直接创收致富，也总能颁发一纸有助于求职或出洋的毕业文凭罢？而相形之下，这个主要以知识创新为己任的社科院，特别是其传统的优势研究领域，就很难显出如此不证自明的生存理由了。慢说当年有资格享受礼遇者如今多已谢世，就算其中尚有几个硕果仅存的寿星，在如此急切讲求功利的社会心态中，也只剩下独对落寞晚景的份儿，焉能有当今某些教授大老的赫赫声威？

此外远为要紧的是，尽管学院政治的负面效应业已普遍存在，尽管学术失范的各种恶果正在四处彰显，然而一种准市场竞争的务实操作环境，仍使各大学为了保持足够的吸引力，相对而言更具奖勤罚懒和保护人才的紧迫感，至少在有人"墙内开花墙外红"了以后，总还会乐观其成和引为荣耀；而不致总是让人际关系凌驾在学术成绩之上，把单位看法和社会公断弄得南辕北辙，总是听任"从未热心的外行"来颐指气使，以非关学理的宣传口径来取代学术的恒久追求，总是视而不见当今知识形态的分化重组，把陈旧的学科架构因循成为吞并一切的讯息黑洞，总是摆出一副官僚机构的冰冷面孔，让难谙此道的书生避之犹恐不及，甚至由于缺乏检验实际"政绩"的硬性指标，比一般官场有过之无不及地空耗资源和滋生腐败……

由此不免联想到，那些认定社科院已无前途可言的说法，虽则难免以偏概全之嫌，却也并非空穴来风之论？

## 五

当然扪心反省之下，大家也不无值得自警之处。

长期以来，"养士"传统的宠惯再加上"对策"传统的诱导，曾在这里熏习出了"国宝"和"国师"的心态，而此类既高傲又攀附的自我期许，实则意味着把自己小觑成了"准国家干部"，而不是具有独立品格与追求的知识人；再加上受到科举取士传统的惯性制约，某些人暗抱的治学动机与奋斗目标，不妨说便只是所谓"一本书主义"，也即把十年寒窗的阶段性成果视同于晋身之阶，来换取老先生曾经享有的"国士"待遇，以期要么有资格从此一言九鼎，要么有资格就此安享疏懒，无论"用行舍藏"皆可进退优如。

　　此类自我设计亦可谓工于心计矣。惜乎主导的社会坐标一经更换，任何"自以为精明"都有可能变味成辛辣的自嘲！且不说当年堪称相当优厚的薪俸，相对于人们必须先期付出的沉重教育成本而言，如今已不啻勉强度命的"失业保险金"，几乎要陷大家于"绝对的贫困"之中，更加有害和致命的是，一旦治国的专家们无暇也无意附庸风雅，懵然不解学术与政治间的固有调情关系，就颇有些人士顿感心寒意冷，失落之余竟连治学的基本动力都寂灭了，率尔放弃了原本以此"名家"的学业！社科院曾被公认为最易滋养"名士派头"的所在，岂料有可能泄露天机的最新发展却是：唯有在闪光灯和聚光灯全部熄灭以后，才足以透过闲适懒散乃至放浪形骸的"魏晋风度"，看穿一个人是否真在内心深处追求着自由！

　　当然话也得说回来：如果有谁确实想追求自由，那么或许有点儿出乎意外，偏又是这个已渐受冷落的机构，反比当初众目睽睽下的"学术国家队"更能给人以自由，包括不再为"智慧之果"寝食难安的自由、当个通俗作家摆弄无聊文字的自由、以矫饰的创意蒙骗大众传媒的自由、暗地里处于"半下海"创收状态的自由……凡此种种均出于同一个原因：院方用来维持向心力的资源原本无多，况又受到了管理部门的耗散分流，故而仅靠区区几文"失业保险金"，已不可能再把人心牢牢拴住。据说某研究所曾决意整顿出勤纪律——凡未按时签到者例扣当次的奖金，可是大家细算之下竟好笑地发现，原来每回缺勤只会被扣除津贴三元，而每趟往返却至少要花费车资四元，于是这种规定毋宁是在提示——不来上班其实更划算！

　　此外远为重要的是：就冲它眼下如此拥挤的办公条件，真来坐班还真得不怕人浮于事，故此无论打算"闲死"还是"忙死"，都只在避开单位才有选择的自由，更何况如果有人不愿滥用这种自由，而死不改悔地一心认准了，还是研讨学理最叫自己兴奋和充实，那么也恰是这种"半失业"的悠闲状态，反而意味着自由运思的大好机缘！据说美国那边的"无家可归者"，就是为了做个"时间的富豪"，才不惜忍受物质的赤贫，何况院方总还能分给你斗室和口粮，又何必虚掷可供自由支配的大量时间？所以，只要能在这方面想开点儿，只把自己看成尚能享受少量补贴的"专业作家"，大家就不致太过怨天尤人了,哪怕仅凭刻板晦涩的学术产品,肯定要比文学类的写家活得更为困窘。——需要声明的是,上述说法决不需要"正言反听",因为不管人们意识到了没有,社科院当前的一大功业都刚好在于:它在整个人文环境空前恶化的艰难关口,为该领域的许多从业者保障了基本生计,使之至少具备了自主治学的起码条件,尽管许多人只有逃离它以后才觉自由,而在官气十足的院部总是呼吸不畅!

再进一步说,也正由于上述离散状态,又给了它的部分"散兵游勇"另一种自由——没必要太过拘守旧有分科的机械限定,而宁可顺应着自己内心的求知欲望,直面着当代文化的急切要求,去发现和承担民间社会的知识生产使命,开拓和培育更受读者欢迎的学术讲坛和市场。由此,尽管过去曾经代表国家水准的那些院刊、所刊,其声誉和影响如今多已降低了许多,但人们在体制外创办或主持的种种出版物和研讨班,却不觉间起到了相应的代偿功能,支撑着和活跃着民间的学术活动,甚至不期然地延续了北京作为"文化中心"和"交流窗口"的独特地位和热闹景象。由此便发生了一番很有意思的轮回:如果"翰林院"昔日曾比"京师大学堂"更具官方色彩的话,那么在经此"河东河西"之变以后,如今的社科院反不像北大那样富于皇家气派了;不管是出于主动选择还是情势所迫,相当一批知识分子都率先在这里"自由漂浮"起来,他们正利用自己相对充裕的时间优势,在各个向度上探索着今后的学术进境,并尝试着把个人的学术志趣跟社会的多元取向更紧密地结合起来……

当然,它这种经过悄悄转型的对于全社会的"无用之用",决非无缘深知中国的外人所能体察,这才有了"社科院早该解散"的说法。

# 六

不过又应看到,上述积极变化顶多也只是"无心插柳"而已。如果社科院本身也有"自由意志"的话,那它非但不会鼓励此类"计划外学术"或"院外集团",反会对这种苗头忧心忡忡防范有加。长期以来无休无止的左右折腾,已使这个半官半学的机构只得蛰伏于"但求无过"的状态,宁肯产出无数四平八稳而无声无臭的专著,也不愿看到一篇锋芒毕露却招人注目的文章。在这种如履如临的压抑语境中,倘再要当家人倾全力去保护和调动原有的学术资源,甚至做出牺牲和积累功德去为本院铺垫和争取未来,难免会显得有些不近人情。

但无论有多少"未足与外人道"的理由,天下的道理总还是有"小大之辩"的罢?故而任何私下里念叨的"小道理",到头来总要服从摆得上桌面的"大道理"——如果我们还能清醒地意识到,一旦丧失了人文学的深度反思能力,那么不光目下被当成"朝阳工业"来发展的社会科学,会就此停留在"医头医脚"的经验形态,甚至整个文明都将因化解了原创的后劲,而不再拥有未来维度中的可能世界,那么大家就理应充满忧患地警告自己,必须殚精竭虑地做出某种积极努力,以使中国的学术文化与国力增长相匹配,而切不可坐视它日成反比地萎缩成"文化小国"!正是在这个意义上,尽管就全社会的总体范围而言,也许并不一定非要保留某个具体的学术机构,才能营造出更为健全的人文环境,但对一个在这方面本有传统优势的研究机构来说,究竟是在具有明确目标的自我沿革中,演变成为我国知识生产体系之不可或缺的组成部分,还是继续作为总体文化失范的突出表征,无所作为地逐步走向消亡或名存实亡,就势必凸显为一种无可逃避的道义责任!

由此,问题的要害就并不在于社科院能否找到自我理由,而在于它是否寻找过这种理念,因为这种求索本身就已构成了某种持续的内在紧张,构成了中国的人文研究重新自我奠基的艰难历程。恰是基于此种考虑,尽管本文绝非献计献策的条陈,仍愿尝试就此讨论两种基本的平衡关系:

第一种平衡关系体现于保持流动和保守传统之间。在当前讲求绩效的务实语境中,恐怕社科院最容易招致批评的弊端,莫过于缺乏基本的人员流动性了——毕业生一经分配上岗,不管他此后能否显示出研究的才能,甚至不管他此后是否保有了敬业的热情,都意味着毫无例外地拿到了终身职务(tenure);而且除非他本人找到了理由主动离职,就总有可能仅靠"熬年头"而要求均分的一切。这种人人都饿不死也吃不饱的"大锅饭",势必造成积重难返的低效状态,也确乎对勤勉为学者有失公平。正因此，在"下岗"一词已成最时髦用语的今天，人们几乎不必发挥多少想象力，就足以设想出某些补偏救弊的竞争性机制，比如即使在"聘任制"已被证明是形同虚设以后，也要么新设一些投标性的流动性岗位，广召天下贤士限期完成某些研究难题，要么实行"下不为例"式的"一院两制"，以"老人老办法、新人新规矩"的过渡策略，平稳地转向鼓励多出成果的运作方式。

凡此种种均属顺理成章之事，只有想象不到才显得奇怪。因此，本文就毋宁从特有的国情和院情出发，来强调事情的另一重要侧面——对于人文研究又不宜太过急功近利，不宜动辄便乞灵于效益立见的模拟市场，否则就会变本加厉地催生出学界的浮躁之气，揠苗助长出未经沉思的短线产品。应当从根本上认识到：即使在市场经济高度发达的国家，学术研究的内在操作规范也绝不是顺应市场，相反倒是沉稳地矫正和对抗此种经常短视的交换原则，否则就不会从资本流动中沉淀出各类基金会来了。而相形之下，既然在这个市场发育的初级阶段，我们的人文学科尚且缺乏来自民间的多元支持，那就尤其不能再由国家出面去"杀鸡取卵"，使大家再也不暇顾及一时难见效应的、更需长期投入的基础性课题，否则从长远的发展态势看，就更难以护持这个人文知识共同体的自身张力，从而也就更难以保守社科院的传统优势项目了。

强调问题的此一侧面，在几被市场大潮彻底荡平的当代中国，具有特别紧迫的重要意义。无论从什么层面看，这个社会都正处于重建学术规范和知识权威的转捩点。缘此，就学术界内部的实际失范现状而言，尤其在"无权却有威"的老学长多已撒手之后，由于足堪验证研究成果的基本标准尚待逐步确立，一旦过于注重"立竿见影"的学术效应，那也许会在某种程度上避免"奖懒罚勤"的固有弊端，却很可能又会带来浅尝辄止和劣胜优汰的时新恶果。另一方面，再就学术界外部的文化失序现象而言，一旦连社科院都被传染得如此小家子气，变成了现做现卖的"学术作坊"，那它就更加无从保留作为"知识贵族"的社会范导功能，更加无力延续对于知识界和文化界的残存辐射作用，遂使整个社会更加缺乏必要的科层分化。由此可见，只有在积极大胆构想激励机制的同时，又小心翼翼地保留它那种超凡脱俗、淡泊功利的传统心气,才会有助于维护本已小得可怜的自主治学空间,才能真正发挥一所最高研究学府对于全社会至可宝贵的"无用之用"!

第二种平衡关系体现于知识传授与知识创新之间。在模拟市场带来了教育行业的相对景气之后,大概社科院最容易找到的改革方向,莫过于转而打算"教书育人"了——除了基于错觉的社会认可和缘自竞争的务实压力之外,我们还应进一步承认,这种意念又的确具备更为内在的理由:从个人的治学心态讲,由于学术研究一向奠基于"对话性"之上,所以一旦失去了教学相长的机缘,无法乞助于授课对象的最初激发与验证,就很难仅凭书斋里的凄清反刍,而把随机闪现的灵感火花,梳理和升华成环环相扣的精神攀援;再从总体的治学氛围讲,由于学术研究表现为递相授受的赓续话语,所以一旦中断了这种薪火相传的过程,那就休要奢谈重建当代中国的人文学派了,便连原有的学术资源也会流失殆尽,而传统的学术脉络也将无疾而终。正因为这样,针对严重积压人才的不争现状,只要人们不愿再去抱残守缺,那么无论是想改进原有的研究生院,还是想跟某些高校"优势互补",抑或索性独创"社科大学",都肯定会有补于人尽其才。

凡此种种同样是题中应有之义,否则近来就不会纷纷风传了。然则恰恰鉴于出现了这类传闻,本文就更须从现有的国情和院情出发,来提示另一种有可能出现的偏颇——在把教育当作一种变革手段引进来的同时,又切不可忽略在"知识传授"和"知识创新"之间,既可能存在不同的比例,也必须拉开合理的梯次,否则就会抹杀精神生产的个性特点,使之沿着同一种知识谱系无谓地疯长。仍应从根本上认识到:只要社科院还具备它本身的自我理由,开门办学就永远都不会是其主要目标;相反它只能为了借力于教学和研究间的良性互动,而在促进研究事业的前提下着手兴办教育。唯其如此,一种为了知识创新而进行的知识传授,才会由于有别于一般意义的教学活动,从而有助于扭转当前积重难返的"高分低能"现象——它更乐于把自身塑造成思想的实验室,更希望把学生训练成分享困惑和愉快的研究助手,而不主张纯粹宣喻已被确信无疑的公式定理,哪怕这种讲解采用了启发式的开导方法;它更倾向于演示方生方成的探究过程,更注重于培养人们挑剔现有知识的能力,并只愿把够格的同行预设为读者和听众,反对大段地铺陈早已嵌入研究背景的常识……

　　强调社科院的上述特色,对于急需抢救精神存在样态和开拓社会自主空间的当代中国来说,同样具有特别紧迫的现实意义。事到如今大家都已无可讳言:一旦对于学问的虔敬之心荡然无存,那么仅靠必须呈交论文来晋升职称的机械规定,根本就不可能保障现有知识体系的自我更新,因为在遍及各地的按期发表的汗牛充栋的所谓论文中,真能称得上研究的内容委实寥寥无几,大多只是在勉为其难地重复着讲义的老套。由此一来,为了根本摆脱这种由平均化所导致的恶紫夺朱,不再使无心和有心从事研究的人们同时蒙羞,就必须以知识传授和创新的不同比例为基准,在各种知识群落中逐步拉开合理的梯次。比如:对于普通教师的要求更为宽容,与其强令他们在课余时间著书立说,倒不如考核他们能否在课堂上追踪复述前沿课题的进展;对于高等师资的约束更加严明,与其逼迫他们草率地下笔万言空无一物,倒不如引导他们首先明了撰写论文的创造要求;而对于学科带头人又真正学会呵护,与其在人大、政协中向其颁授徒然耽误学业的名誉官衔,倒不如在重要学府中为之专设更能催化和焕发原创的“讲座教授”……毫无疑问,只有在这种既各司其职又各安其位的有序梯队中,就像北大有可能比任何一般院校都更加类乎“研究大学”一样,社科院也才有望真正奠立它在整个社会中的应有地位,成为中华文明精神造血机制之不可替代的有机器官,——尽管我还得再讲一句泄气的话:这种可能性当然不会只因为哪个人的一番畅想就化为现实!

# 中国学术出版的现状

——1997 年 7 月 22 日在哈佛大学费正清中心的演讲

柯文教授邀请我到费正清中心来,介绍一下中国学术出版的现状。虽然我自度并非出版界的从业者,却还是很高兴地领了此命。改革开放所造成的社会结构的急剧变迁,需要知识人重新调整自己的角色,以完成急需的代偿文化功能,由此在中国特定的知识生产领域中,就出现了种种"职业泛化"的交叉倾向。许多依美国之风习似应致力于纯学术的学者,虽未放弃自己钟爱的研究工作——甚至恰恰是为了更好地进行这种研究——却多少参与了丛书或杂志的创办、选题、编辑、印刷甚至推销。在学术会议上碰面时,顺便交换一下有关图书印数、版式、装帧甚至纸张方面的意见或信息,已成了彼此间最惯常的话题之一。这就使处于此种特殊氛围中的学者,有可能从回顾学术出版现状这个角度,来勾勒近年来中国学术界的某些主要倾向,并借机总结国内知识生产体系的某些基本特征。不难想象,学术出版事业作为一种文化现象,乃是受各种相关因素制约的,其中既包括政治形势、经济条件等硬件,也包括社会心理、文化风气等软件,因此这个题目也可能容许我跟大家一道,管窥一下中国近年来的总体文化氛围。

不过一说到"现状",总要先对"现在"这个时间状语给出限定。我猜想,柯文教授给我出的这个题目,大概主要限定在 20 世纪 90 年代以来的最新发展。这当然是成立的。尽管在绝大多数情况下,用西元的整数单位来断代中国的发展,都显得比较勉强,但这一回却绝对例外,因为刚好从 80 年代末起,中国各方面的发展都有所顿挫,学术出版事业自然也不能例外,而此后再图恢复,且又遭反复,一波而三折,可以说具有天然的故事结构。

可是既说到了 90 年代的"顿挫",就不能不先回顾一下此前的背景。事实上,把 80 年代学术出版相对繁荣的主要特点清理一番,大大有助于我们把握它此后迅速下滑的基本原因。由此,我们就涉及了 80 年代的"文化热"或"学术热",据说它在这里正成为某种学术性的话题。只是,对于这种思想解放运动中的特有现象,我现在还很难逆料,外人或后人将会怎样如柯文教授在其近著中所云,对之进行不断地"神话",所以我只能根据切身经验,针对今天所要处理的课题,来提示两个亟待澄清的相关要点:

首先,就"学术热"的思想内容来说,与其说它是新一轮的"西学东渐",毋宁更准确地说,它主要体现为学术传统上的"隔代遗传"。在当时的条件下,刚刚出洋的留学生还没有来得及向故国回馈,而国际的学术交流也还远未成为气候。所以,真正有助于打破原有樊笼的学术资源,毋宁更多的是在一些硕果仅存的老师宿儒手里。这些人尽管本身的创造盛年已过,但历经"文革"的磨难与彻悟后,已不再安于仅仅宣讲禁锢思想的教条,而或多或少地试图恢复着往日的学统,并无意中将其学术生命"轮回"到了得意门生身上。大家千万不要忽视这种文化上的"守先待后"之功,其实要没有老先生晚年的余热,中国学术的命脉,就会过早地落入当时刚刚步入中年、而今已经居于前台的一代人手里,那后果就更加不堪设想了。

精神上的这种"隔代遗传",在相当程度上决定了当时中国学术界的知识构成,以及推动"学术热"的基本队伍。由于大家彼此认同的标准,并不在于思考的具体结论,而只在于能否真正展现思考的过程,并对原有的教条有所警惕和突破,这才有可能打破学科的门户之见,在社会上凝成一股较大的力量,甚至不分"中学"和"西学"的营垒,都能纳入共通的话语系统。说到底,大家都是老先生的门生,只不过偶然间各自投师不同而已,所以老先生本人比较开阔的眼界,也使大家较易尊重其他知识领域的价值,而不致像通常的入门者那样,一开始学的是什么,就总是倾向于准备一辈子只信什么。当然,出于同一个原因,老先生本身精神视野的局限,也给了"学术热"以很明显的限制。比如在过去几十年间,相对于人文学科而言,严格意义上的社会科学受到了更大的摧残,甚至连社会学、人类学、政治学的系科本身,都被连根拔除了,正因为这样,在"学术著作热"的高潮中,除了紧密服务于对策的经济学堪称例外,其他的社会科学门类,既然并未从老先生那里传授过来,就往往被置于关注焦点之外,或者至少是相对地难成正比。

另一个值得注意的特点是,真正在支撑 80 年代"学术著作热"的操作因素,既不完全是几十年一贯制的旧出版体制,也不可能是迄今还在形成中的新出版体制,而是两种体制间的临时替代物。大家都知道,在中国出版社这样一个行当,属于矛盾重重的国有企业。一方面,唯其是"国有",就免不了官办的色彩,否则对上就交代不过去,但另一方面,毕竟又是"企业",总还得顾及经营效果,否则对下也交代不过去。如果说,在经济体制改革之前,上述矛盾还暴露得不很充分,那么在进入 80 年代以后,冲突就变得相当尖锐了。最冠冕堂皇的说法是,出版部门要同时追求"社会效益"和"市场效益",但实际上,前者要靠上级机关审核,后者要靠广大读者判定,这两者往往很难吻合。当然,真正堪称"双效益"的出版物,也不是完全没有,比如一些列为"干部必读"的宣传材料,可读性虽然较差,各单位却必须集体购买分发,保证人手一册,因而印数大得惊人,再比如工具书和教科书,智慧含量虽不很高,每年却总有那么多新生入学,所以拜人口基数巨大之赐,简直堪称挖掘不尽的金矿。不过,在旧有的体制下,印行那些图书却是需要"专营许可证"的,前者的专卖权集中在各级人民出版社,后者的专卖权集中在商务印书馆和各级教育出版社。由此,旧体制就留给了人们一个小小的空子,或者一片灰色地带。任何拟议中的选题,只要既不受官方明令禁止,又受到民间广泛欢迎,总是出版社求之不得的。而在当时思想解放的浪潮中,学术著作正巧具有上述两种品格,却又比露骨地翻印港台武侠小说来创收,更能提高出版者的声望,增加出版社的无形资产,由此才有了出版界的"学术热"。

其实从上述分析中,大家不难感受到某种潜在的危机。即使不考虑政府忍耐力的变化,单说想靠出版学术书籍赚钱这一条,恐怕也很难靠得住。所以说句玩笑话,要想让出版界的"学术热"长久地维持下去,那就得有两个基本条件:一是政府保持持续的冷静,时刻把全民利益置于自身利益之上;二是读者保持持续的"高烧",总是准备购买根本读不懂的书籍。但无论如何,中国尚没有相对独立的社会中间阶层,干文化事业指望不上私人基金会的赞助,因此还真得感谢广大读者的慷慨解囊,至少在起步阶段推动了学术出版工作,帮助我们在"文革"后猛补了一堂文化课。当然,相对于出版业陡增的胃口,学术界的准备是非常不足的,免不了有些粗制滥造。不过就总体而言,80 年代的"学术热"仍有突出的成绩,基本上支撑了当时步步深究东西文明、进而为现代中国定位的精神需求。大家只要看两件事,就可以对当时的成绩获得基本的印象。其一,时至今日,一般国内知识分子的书架上,大概总有一半以上的学术书籍,是属于那个时期的产物。其二,大陆"学术热"的成果,没几年工夫就波及台湾地区,且大有后来居上之势,"招惹"得那边的盗版图书层出不穷。

　　与上述话题相连,一个易被局外人忽略的操作因素是,80 年代的"学术出版热"更在具体规则方面,突破了原有的条条框框,为此后的工作留下了某种制度遗产。我在这里指的是,一种由学者和出版社通力合作的新型生产方式。过去,中国的知识生产和知识传播,是有严格界线的,写书的只顾写书,编书的只管出书,井水不犯河水。而这种僵化的劳动分工,到了 80 年代以后,就很难匹配精神产品市场陡涨的景气局面了。一方面,处于学科前沿的学者,如果想尽快推展自己的成果,就不可能不顾及出版问题,可他们又不愿调到出版社去,承担不了那里繁杂的行政工作。另一方面,在激烈的市场竞争面前,出版社如果想快出好书,也正待加强自身的编辑力量,但又苦于人员编制问题,不可能灵活调进足够的干才。在这种情况下,到了 80 年代中期,以《走向未来》丛书的问世为标志,一种由编委会和出版社联手的灵活模式,就势必应运而生。学者们通过组成编委会这种松散的团体,加强了自己的知识优势,从而获得了影响出版社的能力,基本上掌握了实际的选题权和审稿权,更容易在图书出版中贯彻自己的理念。出版社也通过跟编委会签约,不仅一次性地确保了许多优秀选题,降低了外部的交易成本,而且实际上拥有了一个阵容强大的"编外编辑室",降低了内部的管理成本。说到底,这种合作形式反映了在两种体制间的特殊生存技巧,因为学者们属于计划经济的"事业单位",而出版社却是市场经济的"企业单位",算是"铁饭碗"和"泥饭碗"的互补。而《走向未来》丛书一旦大获成功,各种编委会便随即跟进,各类丛书也纷至沓来,共同造成了"学术热"中的奇异景观,也正说明这种模式恰好适合当时新旧交替的国情。

然而,又正由于一时间丛书满天飞,把图书市场一再瓜分豆剖,潜在的危机很快就表面化了。一方面,年轻学者干得越来越起劲,比如后来堪称执牛耳的《文化:中国与世界》丛书,已经发展出了四个系列,其拟订的书目之庞大,已被老先生誉为"五四以来中国知识分子的最大功碑"。而另一方面,多数读者的新奇感却在日趋减弱,他们已很难再带着抢购禁书的心情,来收藏远远超出自己求知欲的爆炸性增长的图书。所以到了80年代末期,各套丛书的印数都在直线下滑。我本人在《走向未来》丛书中的先后三本书,就是一个很好的例证:《西方的丑学》属于1986年的第三批,两次共印行了10万册;《马克斯·韦伯》属于1987年的第四批,一次就印行了15万册;而《维特根斯坦哲学导论》属于1988年的第五批,却总共只印行了3万册。所以根据我们当时的料想,如果这套丛书还能按计划推出1989年的第六批,其平均印数也只会在3万册以下,甚至只有1万册左右。这对曾经名重一时的《走向未来》丛书来讲,无疑已是微不足道了!

当然话说回来,既然是在出版严肃的学术著作,哪怕印1万册也绝不算少,所以如果不是受外力阻断,中国的学术出版业也许只不过面临部分调整,而不至于像遭逢毁灭性地震一样,眼看着多年的营造转瞬间被夷为平地。

这还只是外在因素。更加严重的是,学者们的内心世界,也同样出现了精神危机,遂使学术出版业遭到了"釜底抽薪"的打击。尽管自经济体制改革以来,所谓"脑体倒挂"的问题就日渐突出,但其实只是到了90年代,这一批知识精英才真正体会到了市场经济的无情,感受到了什么叫

"边缘化"。所以如果说,新旧两种体制曾经不自觉地"合作",共同促成了"学术热",那么如今的萧条局面,也照样来自它们不自觉的"同谋"。现行政策唯独对下海的"弄潮儿"网开一面,而急剧市场化又带来了社会心理的恶性世俗化,这两种压力叠加在一起,就既剥夺了知识阶层的"物质性报酬",又剥夺了其"象征性报酬"。因此,面对"做学问"这样一种天职,他们过去那种具有悲剧色彩的慷慨自许,也随之转变成具有喜剧风格的自怨自艾。久而久之,不仅原有的学者队伍缩小了,而且后备力量也日趋单薄,和80年代的兴旺景象恰成反衬。

并不是从此就无人写书。恰恰相反,如果仅从写出来的字数而论,那么许多人在20世纪90年代的写作积极性甚至更高,何况他们还恰逢此时掌握了电脑这种太容易抄写和改编的新工具!只不过,由于支撑这种活动的动机,多已龟缩回了狭小的自我,所以往往是"书成每为职称谋"。有此"一念之差",再加上现行职称评定体制的误导,那些"为写而写"的"码字"活动,就不仅谈不上为民族的前途操心,甚至也谈不上为本学科的发展负责。许多人的写作活动简直是"不假思索",或者"不抄别人专抄自己",而且就他们的本意而言,"言之无物"也许就更好,干脆免得去承担思考的责任,反正只要拿出了像模像样的"本本",职称评定委员会就得认账。有这种心理作祟,他们就免不了在笔端大量灌水,使得如今书店的书架上,到处充斥着这种"水货",迫使有的学术机构不得不反过来规定,每一千字学术专著的价值,只被视同于等量学术论文的一半。大家买书或订书的时候,千万要提防这类学术赝品。——当然从这个意义上讲,此等徒然败坏读者胃口的印刷垃圾,也反过来进一步抑制了图书市场。

与此同时,真正符合学术要求的东西,却放慢了问世的步伐,而其中退步最大的,则要数国内的西学研究,使你很难想象这本来竟是势头最猛的一支。回顾起来令人痛心的是,如果在这方面,80年代曾经还过前几十年的欠账,那么90年代却又拉下了不少新的亏空,特别是未能尽快全面把握过去了解较少的西方社会科学(尽管跟经济体制改革关系密切的经济学及法学在一定程度上堪称例外)。形成此种被动的原因,其实并不仅仅限于政治压力,因为国内虽无绝对的自由,却仍有相对的空间,许多情况下尚属事在人为,而关键还是要有人实干。所以,使西学研究顿失后劲的主要原因,恐怕还是国内的学术队伍既大量离散,又心灰意懒,而部分留学生也未能如期归国,充当这方面的生力军,反倒在国外改行从事了"中国研究"。由此说到根子上,这种不如人意的局面,恐怕还是国际学术规范的无形压力所致,因为受种种先天条件的限制,中国人对于一个外缘文明的研究,至少在这一代人那里,不可能达到国际水准,很难帮助人们实现自己的学术抱负。这的确是不可否认的残酷事实。不过转念想一想,中华民族作为一个整体,其实也有她自己的学术抱负,而不可能甘心沦为"文化小国",——从这种更宽阔的胸怀出发,同等学术量的西学信息,在亟欲了解外部世界的中文阅读空间中,就有理由获得更高的评价和发挥更大的作用,所以这方面的从业者们,原本无须这般自我菲薄。

附带说明一句,具有讽刺意味的是,尽管也许并非出自其本意,但美国政府为保护知识产权所施加的压力,直接有效地帮助促成了西学图书市场的萎缩。80年代的"学术出版热",曾得益于一个很有利的"后发性优势",即中国作为一个发展中国家,当时尚未加入"国际版权公约",在译介西学时不必向原出版社联系购买翻译版权。但90年代以来,恰恰是那个被中国政府批判为从事"文化渗透"的西方,由于不了解中国的国情,为了经济上的蝇头小利,反而主动出手帮助抑制了中国民间的翻译工程。中国的西学研究,即使在邓小平南方谈话后的普遍复苏气氛中,也未能遏止下滑的势头,很大的原因要归咎于此。大家千万不要误信西方传媒的煽动,以为中国的版权保护工作毫无进展。实际上,较难控制的是那些非法拷贝活动,比如地下经济中的盗版光盘,而对于公开销售的图书,却只需下发一纸禁令,就可以杜绝其侵害版权的行为,所以在压制中国的学术译著方面,美国政府贸易代表的谈判工作倒是异常成功。就目前图书市场发育和联系购买版权的情况而言,其实最让人头痛之处,还不在于增加了那一丁点儿出版成本,而在于西方的版权持有者们,也许还嫌政府替它们争得的收益太小,干脆就懒得回信洽谈这笔生意,遂使许多好不容易说服出版社接受下来的选题,终于只能胎死腹中。在当今的中国,好多西学原著都是"千呼万唤不出来",只能靠二手引述来略知大概,这也无形中助长了浮躁的学风,比如"后现代主义",就在那里被糟蹋成了彻底的无稽之谈,而读者们既无原书可读,一时也就难辨真伪。

只是跟低落的西学研究相比,国学研究才显得士气较为高昂。目前国内比较引人关注的学术出版物,也大抵来自这个领域。毫无疑问,在思想解放的氛围化为乌有之后,又恰值政府希望转移自身合法性之时,这种研究具有较高的安全系数,这确是国学更容易恢复元气的外在条件之一。不过,如果有人抓住这一点而臆度说,出于对政治高压的逢迎和契合,正到处盛行着"保守主义话语",那就跟真相风马牛不相及了。我在前面曾经提到,在思想解放的高潮中,其实根本没有仅仅根据所学专业,来划定思想派别的;而时至今日,十几亿的人口,几千年的文明,就这么几位屈指可数的专家在清点家藏,也绝没有再嫌他们多余的道理!介身局外的人,总喜欢耸人听闻地生造出各家各派,但说句甘苦之言,相对于促进学术出版繁荣的使命,真要划分派别的话,也只能分为"动手派"和"袖手派"。在这个意义上,尽管国学研究的现状同样不能令人满意,但该领域的从业者们,总算表现出了较强的敬业精神,也付出了较多的个人努力。至于他们何以在 20 世纪 90 年代比西学研究者的风头更健,则除了上述缘由之外,更得益以国内在国学研究领域的较强学术传统,正是由于这种传统,这支学术新军在 80 年代必须度过较长的潜伏期,也正是由于这种传统,他们到 90 年代才显出了后劲和优势。

值得一提的是,有一种介于中学和西学之间的学问,也就是诸位所从事的汉学,通过它们的中文译本,突然变得广为人知起来;有相当一批汉学文献,在最近几年间涌进了参考视野,并且拥有着相当高的引用率,差可算是近期以来唯一有长足进展的翻译工程。形成这种局面的原因,当然是多种多样的,包括在该领域间国际学术交流的深入、汉学家对翻译自己作品的重视,以及国学研究本身对外部激发的渴求等。不过除此之外,其实还有一个相当偶然的原因,那就是我们在这个领域,还碰巧保留了一个小小的丛书编委会,来维持于 80 年代末跟出版社达成的合作协议。正因为这样,作为这项翻译工程的主要主持者,我才切实体会到了,尽管时冷时热的图书市场不无影响,但在 90 年代的中国,仍有很大的未定因素,要取决于我们的努力或者不努力。当然说到这里,更应当首先感谢在座的同行,尤其是像史华兹教授这样卓有成就的前辈学者。不管你们的具体论点能否被最终接受,你们都以无可辩驳的学术量,帮我们维护着学术研究的尊严,并以此吸引回来了一部分读者。

顺着这个话题,最后我要说的是,当今中国的学术出版事业,除了遵循学术的内在理路,去追求知识的自身增长之外,其实还同时具备某种外在的文化含义,即在维护知识生产严肃性的前提下,恢复理性思考在社会心理和社会生活中的威信,从而在生活共同体中重新探寻和确立知识分子的地位和使命。换一个角度来看,这个曲径通幽的求索过程,其实也刚好同步于化育中间阶层的漫长过程,或者中国社会走向多元科层的渐进过程。正因为这样,面对几千年来"学在官府"的积习,和几十年来计划经济的惯性,要想真正创化出一种迥然不同的文化生产模式,主要由民间社会来承担创造及传授知识的使命,就绝不会像 80 年代那样逞快意于一时,而必须细心解决一系列繁难的技术问题,包括恢复学术自信、重振治学队伍、验证学识价值、建立学术规范、拓展资金来源、优化学科布局、确立研究机制、创办发表园地、理顺图书市场、团聚读者群体等等。从这个意义上讲,尽管当今的中国民间学术出版业,正遭逢着巨大的困窘,却仍然做出了许多有益的尝试。在南方谈话后相对宽松的舆论环境中,许多酝酿已久的图书工程开始了实际运作,相当一批自负盈亏的学术刊物也接踵面世,某些专营学术著作的民营书店更日渐壮大,共同构成了一个民间学术界的雏形。这样一个公共领域,其声势虽不像 80 年代那样具有新闻效果,但其存在却不容任何人忽视,而且其存在方式还更加踏实沉稳,因为它如今享有的,已不再是别人偶然闪出的夹缝,而是自家开拓出来的领地。当然从短期效应来看,一个尚在形成中的民间社会,还往往难以抵挡政策摇摆和市场沉浮的双重压力,所以总难免遭受小小的磨难,今天有这样一个选题搁浅,明天有那样一家杂志停摆,但就可以预见的将来而言,它却至少展示出了一种意味深长的苗头,说明中国的知识阶层为了发出自己的独特声音,正探求着自己的特定社会位置,摆正着自己的独特社会姿态。

　　毫无疑问，和其他国度相比，中国的学术出版业，存在着许多人为的劣势，不过与此同时，它也有一个几乎无人可比的天然优势，即拥有为数甚众的汉语读者。90 年代以来，由于已不存在对每一印张之定价的上限规定，而允许它随着市场需求自然波动，学术书籍的价格遂在短期内扶摇直上，可以说是通胀率最高的商品之一。在这种情况下，读者们当然更不可能像在 80 年代那样盲目"发烧"了，他们总是在书店里迟疑翻拣再三，努力在抑制内心的求知渴望。但即使如此，最近一段时间以来，这个巨大的中文图书市场，仍然显出了惊人的潜力，推动着学术书刊的印量逐年递增。可想而知，这样一个沉稳而广泛的读者群，恰乃中国学术出版业的生命线。而更加重要的是，在作者、编者和读者间初步形成的这种"良性循环"景象，作为整个社会多元分化进程的缩影，偏巧正跟我们的国运连在一起，如果我们至少眼下尚无理由否认，今后中国历史的主要变因之一，仍然在于国内知识阶层的一念之中，那么我们就总还有权想象，在孔老夫子的故乡，中华民族其实就靠这么写着读着，而默默修持着自己的心念，而默默挑战着自身的极限！

# 中文能否成为国际学术的工作语言？

## ——就《中国学术》杂志答记者问

**问**：作为访问学者，你曾数次到美国的哈佛燕京学社和其他学府做过研究；我们注意到，中国学术是由哈佛燕京学社资助的。而在这之前，你又有在国内几所著名学府和研究机构的工作经历，有机会对中国学术研究的现状及其在世界上的地位进行观察和思考。你能否谈谈这方面的情况？这是否也构成了你策划创办《中国学术》的一个重要原因？

**答**：你的问题非常之沉重，不知你自己意识到了没有？出国总会有"文化震动"的，而作为一个学者，我内心受到的最大震撼是，尽管中国有过辉煌的历史传统，尽管它的经济实力正在攀升，但就其学术竞争力而言，它现在无疑已沦为"文化小国"。也许，如果只去访问哈佛、耶鲁之类的常春藤名校，早在国内就久闻大名，对我的震动还不会这么大，但再到其他学府走走，比如去看看加州大学那一大串分校，对彼此的差距就更难否认了，几乎随便哪个叫不上名字的学校，都能让我们瞠乎其后。再说我不讲你也知道，有关国家科研竞争力和高等学府的世界排名还告诉我们，真正对我们迫在眉睫的挑战，还不是如何向哈佛、耶鲁叫板的问题，而是如何尽快追上尼赫鲁大学和开罗大学，起码别让人家越甩越远！

因此，如果不甘心这么上对不起列祖列宗、下对不起子孙后代，就得豁出命去干，《中国学术》无论成功与否，总是标示着这样一种努力。其实我也不是不知道，在验收学术成果的现行规则之下，太过放纵作为"大我"的想象，对于"小我"是有百害而无一利的。可从我的良知出发，我怎么也忍受不了那种杨朱式的想象——中国文化可以随便怎么破败，只要我对它的研究还堪称一流还受到承认！正是这种心念，升华出了《中国学术》的基本纲领："提升我国人文及社科的研究水准，推展汉语世界的学术成就；增强文化中国的内聚力，促进中外学术的深度交流；力争中文成为国际学术的工作语言，参赞中国文化现代形态在全球范围内的重建。"如果拂去"爱国主义"一词所沾染的盲目与浮躁，我愿意把这种纲领形容为一种"学术爱国主义"，它一方面希望"力争中文成为国际学术的工作语言"，反对不分青红皂白统统不给汉语学术成果打分的做法；另一方面又呼求"提升我国人文及社科的研究水准"，反对把自己的被动局面统统归咎于别人的偏见和歧视。

至于哈佛燕京学社的资金支持，那很大程度上则是杜维明教授的功德，否则你不免要问，人家美国的基金会干吗要支持咱们中国的"学术爱国主义"？杜教授本人有很深的中国情结，盼望着"文化中国"之核心地带的崛起。我也曾把上述纲领逐字逐句念给他听，发现我们在这方面完全是道友。出于类似的原因，我们的学术委员会还聘请了许多汉学名家，特别是大洋彼岸的汉学名家，请他们襄助我们的事业，这既是尽快进入国际学术界的一种策略，也是基于对"文化中国"的广义理解：凡是受到中国文化教化的，不管其国别肤色母语如何，都属于我们的资源和善缘，所以为了中国的学术事业，能调动的力量都必须调动。

**问**：《中国学术》创刊后受到海内外学人的好评。你在中国学术讲坛开讲的致辞中说你已把学术当成了"遁入空门"，请问《中国学术》是否就以纯粹的学术建设为宗旨？

**答**：我确实说过"忍辱负重"之类的话，但我绝对无意就此"不食人间烟火"。在那天的致辞中，我的原话其实是——"立下这种不断往上加码、不断跟自己过不去的标尺，并不意味着，我已经彻底变换了心气，把治学当成了'遁入空门'的充足理由。"另外，在为《人文与社会译丛》所写的总序中，我也刚刚说过类似的话："尽管此类翻译向称严肃的学业，无论编者、译者还是读者,都会因其理论色彩和语言风格而备尝艰涩,但该工程却决非寻常意义上的'纯学术'。此中辩谈的话题和学理,将会贴近我们的伦常日用,渗入我们的表象世界,改铸我们的公民文化,根本不容任何学院人垄断。"

其实"纯学术"这种说法,本身就很值得推敲。所谓"纯"是什么意思?是在标示一项精神事业的"严肃性"吗?如果是这样,那不过是同义语反复,因为根本无法想象世上还有"不严肃"的学术事业。是在宣扬一项精神事业的"与世隔绝"吗?如果是这样,那么纯学术恰恰是无聊垂死衰朽的代名词,因为离开了与社会的良性回馈,一种自闭式的智力游戏势必像盲肠一样蜕化。因此无论从什么角度看,我们都不可能为"纯学术"找到理性的根据。当然我不是说,在现实生活中就没有人把学术当成空门,说白了他们是在自暴自弃,把治学当成了可有可无的杂耍,把学者当成了开心取乐的弄臣。为此最好重温一下尼采为《悲剧的诞生》所写的前言:"但愿他们在认真阅读这部著作时惊讶地发现,我们是在讨论多么严肃的德国问题,我们恰好合理地把这种问题看作德国希望的中心,看作漩涡和转折点。然而,在他们看来,这样严肃地看待一个美学问题,也许是根本不成体统的,因为他们认为,艺术不过是一种娱乐的闲事,一种系于'生命之严肃'的可有可无的闹铃。"

真正为《中国学术》所提倡的,毋宁说是一种基本的"论证量"。也就是说,它虽然要求你言之有物,却不会停留在这一点上,还要考究你的论证方式和技巧,能否支持和匹配你提出的论点,有没有足够的绵密和紧张程度,有没有相应的逻辑力量和验证可能,由此要么就说服与你兴趣趋同的学者,而切实推进了知识的增长,至少也留下辩难的空间,让别人即使不敢苟同,也知道如何下手去驳斥和修正它。毫无疑问,这类方生方成的知识创新报告,无论其作者还是其读者,都不会是一个很大的圈子,而且即使是行家里手,也必须正襟危坐着苦思冥想着研读,难免给外间造成"象牙之塔"的误会。但你想想爱因斯坦的相对论,在发表之初才有几个人懂,但那是一种"纯学术"么?难道还有比这对当代生活影响更大的东西么?所以在这里应当重申一遍,作为学界共享成果的一块精神园地,

《中国学术》的要求毋宁是最基本的，正如我们早已公开宣布的评审标准："在翔实的基础上有所创新，显出作者既涵泳其间有年，又追思此类问题已久，以期在学风浮躁的关头，重新凸显'撰写论文'的本意。"换句话说，只要你自问还算在"写论文"，就理应达到这个基本的标准。

问：《中国学术》提倡人文与社科两翼互动，即人文研究指向社会问题，社科研究显示人文视野，力争以"人文与社会"为轴心；但我们注意到，《中国学术》的第一辑在整体上看，似乎关注社会或折射出社会的论题还不多，这种情况怎么解释？

答：从《中国学术》的综合性质出发，也从科际整合的心智要求出发，我们提出了这样的希望。但那毕竟只是一种理想境界，到底在多大程度上能够落实，既不取决于哪个个人的意志，也不会是一朝一夕之功，而要靠逐渐蔚成一种风气。从这个意义上说，提倡人文与社科的互渗与互动，其实正可以算是某种矫正的企图，因为从我们收到的稿件来看，至少就够水平的那部分而言，似乎国内学人更关心中国的过去，而国外学人更专心中国的现在与未来，已成了不言自明的国际分工。这种奇异的现状也许不难理解，但细想之下却决非福音，毕竟是我们自己生活在这个国度，怎么反而像是外来的观光客，只对着历史遗迹"发思古之幽情"呢？

可话说回来，我多次向编务组申明，其实对于《中国学术》而言，它的生命线并不在于最高的标准，反而在于最低的标准。最高水准的文章是什么样子的？恐怕永远只是我们的祈求，因为连这个标准本身，也会不断受到突破和重塑。但最低水准的文章，却是我们必须坚守的日常防线，否则就保证不了基本的品味。所以，不管多么由衷地好高骛远，《中国学术》的总体风貌，却只能取决于汉语世界知识生产的现状。打个比方，你不能因为是中国人写的论文，就对西学文章降格以求，因为"论文"就是"论文"，它必须敏锐地关切现有知识的界面，从中发现有待完善之处，尝试着给予松动和突破，再把这种尝试以可传达的公共语言演示给同行，以期促动整个学术共同体的寸进。从这个意义上讲，天下的学术只有一个标准，没有"地方粮票"和"全国粮票"之分,也没有"人民币"和"硬通货"之别。由此你也就不难理解,为什么在《中国学术》上,往往会人文比社科多、中学比西学多、绝学比理论多,恐怕在相当长的时间内,这种局面都难以根本改观。

当然,这种局限也可能跟编务组的构成、特别是我本人的交游有关。所以我要赶紧借机呼吁:相比起人文、中学和绝学来,《中国学术》甚至更欢迎社科、西学和理论,恳请方家从各方面帮我们补偏救弊!

**问**:《中国学术》的栏目设置不以学科或选题划分,只以文章形式如论文、评论、书评来区分。尤其是书评,短小、新颖、信息量大,这方面你是怎么考虑的?

**答**:我们的栏目既是在借鉴国际通则,也是想吸取以往的教训。过去创办一份杂志,往往八字还没一撇,就先想到了栏目设计,把它当成了某种先决条件。比如《东方》杂志草创之初,就有朋友打电话托我勾画栏目,实际我当时连主编先生还没见过,也不了解人家要办成什么风格!这种做法当然也有它的优点,比如具体栏目一旦确定,大体框架和格式也就八九不离十了,编辑部也就容易形成内部分工,印出来的目录也较能吸引读者,甚至将来进行总结也较易归纳。但经过长期实践,这种做法也暴露了一些弊端,尤其对学术期刊不太适合,——打个不太确切的比方,它好比是画地为牢的"计划经济",不管写家们眼下正生产什么,将来还会有何种心气变化,它都首先给人家定下了条条框框,要是哪路文章塞不进去,居然宁可割爱也不破例。这种做法如果推到极端,就有可能发展为隐性的"知识暴力",既有大堆的稿件压着不发,又拼命催别人为某一专栏赶写,落得个"有名家而无名作",徒然糟蹋了那些人的名声。

讲到这里就顺便说一下,尽管相对于第一辑来说,第二辑的目录稍显集中,但《中国学术》永远都不追求论题和风格的划一,以至于太过突出编者的主观色彩。不妨老老实实地承认,它总有可能显得"东一榔头西一棒槌",上一篇还在讨论明清之际的节育技术,下一篇就要讨论欧洲中古的拉丁典籍,因为我们不可能对作品进行搭配,为了推展好文章而配发较差的文章。无论如何，真正堪称研究的文字，毕竟不允许外行随便客串，即使是相当优秀的作者，也只能各有各的定位，只能来贡献自己的看家本领。你或许可以对篇目稍作调整，让目录和内容显得连贯一些，但你绝不要去命题作文，除非那正是别人最拿手的强项。

至于书评一栏，你使用的后两个定语，所谓"新颖、信息量大"，也许我们还担当得起，这主要得益于海外的通讯编辑，以及国内几所主力大学的"读书种子"。其实书评这东西并不容易弄，对作者来说，需要花大量时间细读原书，却又不能有多大产出，对编者来说，也需要费好大力气约稿和整理，才能收获到一篇短文。然而，真正具有专业水准的书评，对于整个学界又是至关重要的：当前的出版物既繁多又细密，如果不多多建造信息共享园地，提供出总体的知识背景和阅读索引，那么在谁也无法遍读好书的情况下，大家的心智就越来越难以交叉，也就势必要越来越自说自话、心胸偏狭。不过，你所使用的另一个定语——"短小"，其实正是我们不太成功的地方，这使作者们往往未能尽兴，读者们也很难感到够味。我们正准备从第四辑起，对书评的篇幅进行增容，哪怕为此牺牲一篇论文的篇幅。当然话说回来，无论怎么扩大书评篇幅，真能帮助增益文章含量的，仍然首先取决于能否把书"读薄"。

**问**：我们注意到，为保证学术质量，《中国学术》采取匿名评审制度，早几年已经有学者大声疾呼、倡导建立这一制度。《中国学术》也是较早实行匿名评审制度的，请问编务组如何保证执行这一制度并坚持下去？

**答**：要是只为了"保证学术质量"，倒不一定非搞匿名评审不可。几位具有相当眼光、人脉和热情的学者，共同出手办一份同仁刊物，照样可以办出很高的质量，而且交易成本反而更低。所以我们在稿约中讲过，严格采取匿名评审制度，只是为了"追求公正与严肃"，也就是说，无论久负盛名的长者还是初出茅庐的后生，都同样要面对不徇私情的考察，由此相对而言，编者就不必太过顾忌情面，新秀也较易脱颖而出。我们设想，也许这样一种制度，会有补于《中国学术》的代表性和涵盖面，尽管为此要额外耗费许多精力和财力。

还有一个相当关键的理由：你真心要"推展汉语世界的学术成就"和"力争中文成为国际学术的工作语言"，就必须循国际惯例来规范你的操作，把你所采用的评判尺度向外界公开。尽管严格计较起来，就像直接民主制也会误杀苏格拉底一样，匿名评审制也并非样样如意，它有时反而会把较好的稿件淘汰掉，倒把较差的稿件保留下来，但无论如何，假如你不执行这种概莫能外的制度，外人就总有可能猜疑你，是不是太讲人情面子呢？甚至是不是受制于意识形态呢？另外，就某种理想状态而言，这种评审还可能在知识创新的萌芽之初，就造成中外学者的深层互动，因为我们最终是要做到相互评审的，也即由国内学者来评审汉学家、由汉学家来评审国内学者。已有些青年学者给我来信，承认从别人的英文评审意见中获益良多，尽管他们的论文并未得到发表。

至于"如何保证执行和坚持"，的确是个棘手的问题。麻烦事举不胜举，归结起来最要害的不外两点：第一，你敢不敢把最中意的稿子统统糊名送审，哪怕它们最终因遭到否决而外流？第二，你敢不敢在"不评审刊物"的包围中一意孤行，哪怕一时得不到国内同行的谅解？以前国内的刊物也实行过这种制度，刚上来我也是兴冲冲的，但一连否定十余篇后才恍然大悟，原来凡是寄到评委手里的稿件，都是明显不中用的，不过要借你的意见退稿罢了。正因为这样，为了不耽误评委的宝贵时间，不对他们付出的心血形成戏弄，我们一开始就反其道而行之，规定了"编辑初审"、"评委评审"和"主编终审"的三级审稿制度，也就是说，我们只把看着有希望的文章糊名送审，以便借助于各界专家的专业知识，试试编务组的年轻人有没有看走眼。最耐人寻味的是，这套制度实行下来，国外的学者无论来头多大，都欣然接受这种例行的安排，最多公开要求哪位论敌回避，因为这种安排在他们那边是家常便饭；而在国内则不到"图穷匕见"，你简直都难以向哪位名家启齿——大作正被"不讲情面"地糊名送审。中国人确实比较讲究面子，所以我们在严格执法的同时，又不得不稍稍通融一下国情，也许非得到哪天人人都觉得，不在"评审刊物"上发表就没有面子，这套制度才真正是瓜熟蒂落。

# 学校与社会

——1996 年 12 月 6 日对协和医科大学博士生班的讲演

## 一、问题的提出

我关注"学校与社会"这个题目,起因可以说非常偶然。几个月前的一个下午,北京人民广播电台突然跟我联系,希望当晚对我进行一次为时 40 分钟的电话直播采访,话题是《步入社会仍须"磨合"》,主旨在于就青年学生在步入社会时普遍产生的心理障碍问题,直接倾听一下人文学者和社会科学家的意见。时间既如此紧迫,我当时也就只有在自由讨论的气氛中,即兴地讲一点儿初步的粗浅看法。不料,有家报社的编辑朋友碰巧也收听了这次广播,感到这正是广大青年关注的焦点问题之一,所以他随后又约我把自己的想法整理成文字,以便能借报纸的渠道把它传播给更多的读者,这便有了今年 9 月 17 日发表在《中国青年报》上的那一整版文章——《校园与社会》。

不过,无论在那篇文章发表之前之后,我在这方面都还继续地有所思考。一方面,"学校与社会"这个问题深深地触动了我,使我回想起许多亲身的经历,包括对自己年轻时所受的那种时断时续的教育的回顾,也包括对自己教书时所发觉的某些严重教育弊端的反思,还包括对自己在国内外学府讲学时所获得的不同经验的对比。另一方面,我又感到"学校与社会"这个题目,正像一个关键的纽节,追问它既能暴露出整个现行体制的突出弊端,又能帮助许多年轻朋友们清醒地认识到造成某些自身个性缺陷的原因,并且顺藤摸瓜地对此进行辨证施治。若从这个意义上讲,我不断地思考它就不再仅仅是偶然的了。

现在我要当着同学们的面,再重新整理一下自己在这方面的思路。希望大家不光要记住我们今天达到了哪些具体结论,还更要用心地体会我们发现问题、界定问题、处理问题和解决问题的方法。只要真正掌握了这种步步逼近的运思过程,任何既定的思考结果就总是有待于重新检省的。

那么,"学校与社会"这个问题究竟为什么会被尖锐地提出来,并形成一个突出的社会热点呢? 主要是因为有不少刚刚走出校园的大学生,通过各种渠道向传媒反映,他们在步入社会之后,觉得很难适应新的环境,心灵上受到了很大的冲击和压抑,而一旦这类消息反馈回来,就使得有些行将走出校门的幼稚青年倍生恐惧,有些学生甚至极端地说,校园里充满了理想的浪漫情调,读的是圣贤书,可社会上却充满了激烈的竞争气氛,今后怕是若不改读《厚黑学》,就只有死路一条了。另外,我还在与青年朋友的讨论中得知,居然真有极个别的青年学生,而且是被公认为"品学兼优"的学生,在步入社会以后,由于无法适应社会的阴暗面,竟致产生了轻生的念头,足见这个问题的严重性和紧迫性。

不瞒大家说,乍一听到这类现象,我心里还觉得有点儿诧异,因为无论根据我个人的经历,还是按照通常的理论原则,在"学校与社会"之间都并不存在这样大的差距。我个人的智力发育历程比较特殊:还没等念完初中,就被分配进工厂干学徒工了,很多功课都全凭自己在工余时间补习,所以当时的社会生活对我来讲仍算是学习生涯的继续;而等"文革"结束恢复高考时,我又马上回到学校深造了,并于此后一直从事研究工作,因而现在的书斋生活已经成了我主要的社会活动。由此就不难理解,我本人相对来说较少感受过类似的"学校和社会"之间的鸿沟。从这种心态出发,我在一开始就请青年朋友们注意,是否有这样一种"人之常情"在他们心目中作祟——对于业已的熟悉环境,往往感到难以割舍,而对于未来的陌生环境,又往往生出忐忑不安。而如果情况确实是这样,那么他们就应当注意,千万不要让这种主观感受遮掩了客观真实。从我本人的"第一感"出发,我认为问题至少应当是比较复杂的:一方面,要是社会生活中全然缺乏理想的维度,人类历史就会失去一个基本的动因,恐怕连延续到今天都不可能了;另一方面,校园里的竞争气氛也并不比社会中的紧张程度淡薄到哪里去,我有时甚至觉得那里的空气才是最令人窒息的,有些人只要在考场上有一念之差,终生都会为之后悔莫及……

　　然而,通过跟青年朋友交换意见,我却逐渐发现了问题的更严重症结。眼下无可回避的现实情况是,在"学校与社会"之间确实突出地横隔着一道深深的鸿沟,而且大多数青年学生也确实并未做好跨越这道深沟的心理准备。这种现象是相当反常的!按照常理,所谓"学校"无非是"社会"的一个单元而已,它理应排列在"家庭"之后,成为人这种社会动物在出生后必须依次进入的第二个子系统,所以,要是这个作为大系统的生活共同体,弄得自己的某个子系统跟其他子系统存在着天壤之别,使其间的差异性居然超过了一致性,那我们的社会就整个地乱了阵脚!由此可知,一旦我们费尽千辛万苦教育出来的毕业生发现,自己在学校里学得的东西不仅无助于他们走上社会,反而还造成了某种额外的负担或障碍,这种征候就说明现存的社会规则准是在什么地方出了问题。或者换句话说,"学校与社会"之间的脱节现象,必然深刻地反映了我们整个社会生活的某种失序状态。

　　进一步从深层次讲,我们又可以把教育的失范,归结为整个文化系统紊乱失范的一部分。也就是说,受中国目前许多现实因素的制约,部分社会因子的急剧变迁,导致了它们与其他社会因子(包括文化与教育因子)的脱节,甚至导致了全社会范围内的骨质疏松;而我们的教育体制之所以显得不很适应社会,则正是因为"改革"这个系统工程,从一开始就未能得到通盘考虑和协调发展。同学们想必都学过一点儿马克思主义原理,所以大家不妨权且根据他最基本的主张来略作分析。一方面,当然不可否认,在我们目前所处的社会转型期中,最积极最活跃的变因像通常一样是来自于经济基础;但另一方面,却也不可忘记,即使是根据这种最激烈的批判理论和最单面的唯生产力论,仍然存在这样的问题——如果经济领域内的活动不能得到上层建筑的有效保护,不能得到意识形态的"合法化"或"正当化"(justification)，就终究无法正常有序地展开。有必要说明的是，在众多的社会学家中间，马克思乃是"冲突学派"的代表人物，也就是说，他是最不强调社会结构的和谐功能的。所以，假如即使根据他的理论，同学们都能透视出我们社会在骨骼深处的要害问题，那么大家就不难想见，其实并非只需简单地注意"两手都要硬"，就足以包治全社会的百病。真正的要点在于，大家必须跟着再追问一句，我们抓的"物质文明"到底是什么性质的，而我们抓的"精神文明"又是什么性质的？

　　文化失范问题已经是学术界的老话题了。它不光表现在"学校与社会"之间的脱节上，其他社会因素之间的分崩离析现象也同样随处可见。不过限于今天的主题，我们还是只能围绕着"教育"这根主轴，来探讨与"学校"相关的社会问题。同学们毕竟不是专攻人文学科或社会科学的，所以有些问题似乎不必在这里展开详谈。不过至少有一条最基本的道理，大家还是应当弄明白，那就是教育的本质究竟何在？大家从人生的一开始，一直到听我讲课的此刻，都还处在受教育的阶段，所以"教育"几乎构成了你们迄今为止的最大人生主题。但即使如此，我仍然希望追问一句：不知道大家有没有静下来认真反思一下，你们究竟为什么要受教育？最好去受什么样的教育？而怎样才能算是成功的教育？坦率地说，如果你们并没有弄清这类问题，只是在受某种外力的驱动来盲目地接受教育，而且把别人拿着教鞭强加给你们的游戏规则当成一成不变的"天经地义"，那么你们迄今为止的人生道路就是非常不自觉的。这样的话，退一步说，你们就很难清醒地确认，你们各自在面对社会时的心理障碍，究竟是怎样逐渐形成的，从而也就很难根据各自的实际情况，来对症下药地主动去克服已经形成的个性弱点；再进一步说，你们在今后的工作中就更不可能自觉地去改进我们的社会，而只会不由自主地把当前教育传染给你们的毛病，原封不动地再传染给下一代人，形成某种积重难返的恶性循环。

## 二、从经济学的观点看

要想哪怕非常粗浅地认识教育的实质,也必须首先明了许多与此相关的基本学理,其中包括经济学的、社会学的和哲学的,等等。我们应当先从最简易的道理即教育经济学的观点入手,来循序渐进地梳理这一团乱麻。

从职业经济学家的角度来看,教育的本质无疑在于,它是一项必不可少的再生产劳动力的长期投资。也许大家会为这种说法而哄笑,觉得它似乎有损受教育者的人格。但实际上,这种说法并非没有它本身的一番道理。我们知道,即使在前现代社会,教育的经济功能也是不可忽视的,尽管当时的核算单位也许更多地限制在家庭内部,甚至个人本身;而到了经济生活在整个社会生活中的地位日趋重要、科技发展又已为经济成长之主要动力的现代社会,在教育方面的投资更是早已变成了各国的主要竞争手段。既然如此,从教育经济学的角度来看,教育这项特殊的投资,也就必然会面对一个效益最大化的问题。也就是说,人们完全有理由像在任何其他产业一样,从个人、家庭乃至全社会的角度,来追问在教育方面的投资回报率究竟如何。

非常令人遗憾的是,如果我们根据教育经济学的这个基本原则,来审查刚刚叙述过的现象,发现如今有许多大学毕业生在步入社会之后,居然发现自己所学的知识根本不敷其用,或者完全不会活用,那我们就不得不得出结论说,当前教育体制的效率肯定是大可怀疑的。

造成目前这种低效率教育体制的原因是由来已久的和多种多样的,我们不妨步步紧逼地进行分析。首先我要说,从现行的教育体制看,其实还在同学们尚未进入高等学府之前,真正的人才浪费就已经开始出现了,而且潜在的心理危机也已经在许多人的精神深处悄悄形成了。有人曾把我国的"应试教育"的畸形体制,形象地比喻为"千军万马过独木桥"的滑稽场面,也就是说,不管现有的高校能够容纳多少学生,我们的中等甚至初等教育的目标,都仅仅在于向它提供考生的"生源"。由此,这种"金字塔"形的教育体制就必然会造成双重的人才资源浪费。一方面,从"重点小学"、"重点中学"到"重点大学",再到研究生、甚至留学生的这种等级结构,很容易把在我们国家占用教育投资最多的"英才"逼到海外去,从而让发达国家轻而易举地把这个人才"金字塔"的塔尖儿削走,所以所谓的"托福考试"实则是美国这个移民国家在托我们的福。另一方面,那些挤不过去"独木桥"的为数更多的青少年,又不得不忍受巨大的心理摧残,从年幼的时候起就已经怀疑自己"不够材料",索性自暴自弃起来,让家长和老师的心血从一开始就白费了。

针对上述社会症状,我觉得很有必要旗帜鲜明地强调,每一个教育阶段均具有其相对的自足性,因为只有这样,全社会才能真心诚意地去办好我们的中小学。我在此提示一下,其实许多过来人都有一种朦胧的回忆,当年的初中生就觉得是喝过点儿墨水了,而现在即使是一位高中生,学识也并没有很渊博。也许还有人会为此沾沾自喜,以为这种情况反映了知识爆炸和教育普及,其实那恐怕只是一种误解,——哪有"知识越爆炸"、"教育越普及",反而越弄得高中生连封信都写不通顺的? 所以照我看来,这只能被归咎为是当前这种"应试教育"体制所造成的恶果。相对而言,过去的中学教育要更受人尊重得多,那里的老师并不把自己的工作看成仅仅是在制造"半成品",那里的学生也并不把自己一生的命运全都赌给"升学率",由此当时的中学教育质量才会稳定得多,而当时的中学毕业生也才会感到自己对社会适应得多。正是基于这种判断,我在回给某位高考落榜生的一封公开信中,曾经非常动感情地写道:"学生们在中学毕业的时候,为什么不应该首先庆祝自己已经(千辛万苦地)完成了一个阶段的学业呢? 为什么非要把'能否升入高校'当作判定自己是否成功地接受了中等教育的唯一标准呢? 按照常情,这本应是一番不言而喻的道理。但可惜的是,在现有的教育体制以及由此而导致的普遍社会心理之下,我们的中等教育就不可能具备其相对自足的存在理由,它所培育的幼苗,不过是一茬茬有待高校招生组来收割采摘的庄稼而已;由此,只要一个孩子没能考入大学,便意味着就连他(她)所受到的中等教育也是失败的。从这个意义上讲,现行教育体制就只不过是一种必然要制造和牺牲许多'废品’的‘机器人工厂’。它不仅是低效率的,也是不符合人性的,因为一种真正‘以人为目的’的教育体制,决不允许把任何一位受教育者简单地‘淘汰’掉,决不应该把孩子们到这里受教育的基本权利,糟蹋成使他们有可能仅仅在此受到嘲弄的可怕义务!”

　　相形之下,在更重视中等教育的完整性方面,有些国家就比我们做得好得多,尽管中学生在那里无疑有更多的机会升入高校。比如德国那种必须开设希腊语和拉丁语课程的“高等文科中学”(Gymnasium),就堪称这方面的典范,很值得我们多多借鉴。学生们在这种学校里,会接受到非常丰厚的传统滋养和人文教育,因而他们在人格发育方面相对就充分得多,甚至已经开始了对于人生问题的初步自觉思考。在这方面,我可以为你们念念阿尔森·古留加在《黑格尔小传》一书中的有关记述:“公元1785年,一个少年进了斯图加特市立文科中学;他叫威廉。……威廉读书读得很多,把零用钱都买了书。他常到公爵图书馆里去看书,认为这是一桩很大的乐趣。……他喜欢读严肃的书;读这些书的时候,还养成了一个独特的习惯。那就是,把读过的东西详细地摘录在一张张活页上,然后按照语言学、美学、面相学、算学、几何学、心理学、史学、神学和哲学等项目加以分类。……在文科中学的最后一年,黑格尔有一篇作文《论古诗人的若干特征》,得到了这样一个评语:‘大有后望’。尽管黑格尔对近代文学很不熟悉,他却以通晓古典文学而见长。……因此,写一篇赞美古代诗人的文章,对他来说并非难事。一年前,他已在《论希腊人和罗马人的宗教》一文中表达了他对于古代理性主义的观点。他认为,希腊人的迷信是由于缺乏启蒙知识。在那篇文章的结尾,还附带地批评到现代。而在这篇论古代诗人的文章中,黑格尔进一步发展了这个论题,对时新的文学作了批判。据他看来,近代诗人再也起不到古代诗人那样大的作用了。古代作家的优秀品质和无可争辩的长处就在于纯朴。他们的思想不是取自书本,而是直接源于生活和自然。他们所关心的,是为真理服务,而不是取悦于读者。”读到这里,也许有的同学会这样猜度:既然黑格尔是“哲学王”,所以他必然打小时起就不同凡响。但我要告诉大家,其实黑格尔当年在文科中学的成绩并不突出,大体上只被认定为一个庸才,以至于在他后来成了哲学王以后,当年教过他的老师还不免有些惊异。所以,如果一位文科中学的中等水平的学生尚能有如此的表现,那么同学们就不难理解,这类学校就必然会是大师的温床了。谁最终能成为大师,这或许还有点儿偶然,但这里的学校气氛一定要熏陶出大师,那却是确凿无疑的!

同学们又不难想见,一旦受过了这样的教育,尽管那里的毕业生也同样要面临着困难的升学和择业的问题,但和我们目前教育出来的中学生比起来,他们的精神视野和人格高度,都毕竟使之具备了相应的能力。这方面最明显的例证,我们可以举马克思在文科中学毕业时所撰写的德语作文——除此之外他还要写拉丁语作文和宗教作文呢——《青年选择职业的考虑》。请听,只是在一篇"中学毕业论文"中,马克思就表达了下述思想:"和完全依靠自然生活条件的动物不同,人总是力图借助于自由活动来驾驭这些条件的。自由特别表现在职业的选择上。不过,这种选择又不是完全自由的;它不仅仅依赖于我们的希望和志愿,而且也预先决定于各种社会关系。……在选择职业时,不应当为虚荣心和一时的爱好所左右,而是必须考虑自己的能力,并首先考虑所选择的职业能给人以怎样的为人类幸福服务的机会。具有决定意义的正是后面的一点,它必然会使我们不去选择那些使人们脱离实际活动的职业,而且……要想做一些有益的事情,就不能把理想和现实、思想和行动割裂开来……"好了,引这么多也就够了,因为我在这里并不是想要证明,马克思早在中学时代就已经具有了多么惊世骇俗的深刻想法,而只是希望借此来反证一下,由于现行教育体制的无情限制,在我们的中学生这里,已经绝不可能再展现马克思当年所享有的那种自由发展的智力空间。由"应试教育"所必然派生的过早的"文理分班制",使得孩子们根本就无缘去思考马克思当年处理的问题。且不说孩子们究竟应该"学理"还是应该"学文",在大多数场合下都是由老师和家长越俎代庖地强行规定的,即便这种抉择是由孩子自己作出的,那么在他们根本还不具备择业的知识水准、思考能力和人生阅历的情况下,谁又能保证这种选择不是盲目的呢?这才真正是一种巨大而无形的人才资源浪费!说穿了,它实际上是迫使孩子们在既对社会没有多少接触、又对高校没有多少了解的情况下,就让他们对所学专业进行了选择，而且往往是孤注一掷便定下了终身的学业，从而硬性地压抑和闭锁了受教育者的原有精神潜能。

这样一来，就必然会"一步跟不上，步步跟不上"，把被动局面再带到大学阶段来，从而又进一步地造成了教育投资的浪费。我想，大家读书读到这个份儿上，总是不难了解，其实只要在学习劲头上有一念之差，就足以导致天壤之别。——如果你对所学的专业本身有足够的兴趣，能够从中体会"发现的愉快"，那么，即使它从一开始就显出很难对你的极度投入提供相应的回报，你也仍然会终生乐此不疲，因为创造性的研究过程本身毕竟是无比快乐的，或者用马克思的话来说，这种劳动是未经"异化"的；但如果你对所学的专业并没有足够的兴趣，那么，即使它将来可以保证向你提供优厚的待遇，你充其量也只能为了某种劳动过程之外的东西去操劳伤神，而这个专业本身对你来说仍然意味着"终身苦役"。正因为这样，对于后一种学生，大家也就很难指望，他们还会有特别牢固的专业思想，还会对此产生什么远大的抱负，以至于渴望着要走上"社会"去一试身手和一展宏图。由此，"学校与社会"之间的距离，就又被不正常地拉大了。和国外的大学生比起来，中国的大学生恐怕是最难调换专业的，由此就不难理解，只有我们的同学中间才最容易流行出"60分万岁！"的时尚。另外，到了大学毕业以后，则又势必造成普遍存在的"乱跳槽"的中国特色。有个笑话是这样讲的："一个美国人，一生会在不同的公司做同一种工作；一个日本人，一生会在同一个公司干不同的工作；而一个中国人，一生会在不同的公司干不同的工作。"选择专业方面的盲目与僵死，所造成的巨大恶果是，我们的毕业生最不惜放弃自己所学的专长。这种情况非常突出地证明，我们在教育投资方面的比较效益相对而言是何等低下！

同学们也许会问，专业兴趣不是可以在大学阶段逐步培养出来的吗？的确如此！我个人在这方面就有亲身的经验。我本意是更希望当一名声乐家，只是阴差阳错地才成为了一头"学术动物"。不过，即使高校招生组跟我开过一个天大的玩笑，把我收到了哲学系来念书，但要不是我本人在大学阶段体会到了那么多永远敞着结论的问题，要不是这些问题弄得我此后再也无法获得心灵的安宁，同时也把挑战这些问题当成了此生最大的快乐,我本来也很容易刚毕业就改行的(其实我的大部分同学都这样做了,尽管他们在校读书时的考分基本上都比我高)。由此,我个人就一向认为,高等教育的首要任务,与其说是向学生们传授知识,倒不如说是培养他们吸纳知识和创新知识的兴趣,因为要是只满足于帮助学生形成某种静态的知识结构,他们学到的那点儿东西就迟早要被淘汰,而只有帮助他们形成动态的求知心态,他们才会发自内心地要求自己永远站在学科发展的前沿。但无论如何,我以上的这种"现身说法",不仅不能拿来替现行的教育体制辩护,还只能反过来证明它的缺失,因为我个人的经历非常特殊,不仅可以借口"到文工团去排练",逃掉很多枯燥乏味的听课任务,甚至还可以说,即使我勉强到教室里去听讲,在那里所获得的主要冲动,也只不过是赶紧猫到图书馆里去,多看几本更有意思的书,以便获得充足的理由,来驳斥那些被别的同学强记下来的课堂笔记! 当然,像我这样胆大妄为的学生毕竟不多,所以我那些硬把老师"按记录速度念两遍"的东西死命背下来的同窗,就反而很少有人能对本专业产生足够的兴趣。

　　若按一般常理,在整个社会系统中,教育部门特别是大学,本来应该是最靠前最激进的。全社会都应该有意地培养和宽容大学的创造精神,否则这个有机体本身就会失去发展和创化的后劲。可令人遗憾的是,至少就我个人的遭遇而言,我们的教育体制,无论在招生规则方面、专业设置方面,还是在授课内容方面、师资培训方面,都远远滞后于整个社会的发展,从而不仅未能显示出对于学术脉搏的敏锐把握,反而往往陈旧落伍到了这种程度,以至于将来学生们走上社会从事专业工作时,真正需要的并不是怎样来记住老师的教导,而是怎样去忘掉这些荒唐说法! 理想状态和现实状况的这种强烈反差,无疑加剧了"学校与社会"之间的脱节。尽管人们经常从追究教育投资的实际效果出发,尖锐地批评说,国内的教育方法太过注重用标准试题筛选出来的考分,而太过忽略实际的兴趣培养的能力锻炼,但依我看,这类弊端长期以来不仅未能改观,反有愈演愈烈之势。大家想想看,用这种办法培养出来的学生,怎么能做好充分准备,去闯出校园走上社会?

# 三、从社会学的观点看

尽管从经济学的效益最大化标准,我们已经找出了中国教育体制的一些弊端,但那只还属于表潜的症状。如果我们现在换一个角度,再从教育社会学的观点,来省察出现于"学校与社会"之间的那些病灶,就会发现一些更为深刻的东西,看出它们的病理学成因。

由于社会学家的学科视野更为宏观,他们对教育的看法就比经济学家更为开阔,他们不会仅仅盯住教育的纯粹经济功能,而会倾向于把教育看成社会有机体进行自我复制和自我更新的一种手段。因此合乎逻辑的是,一当我们从这种立场进行推演,就必然得出下述结论:如果我们的教育机构还没有退化成可有可无的"盲肠",它就必须向着社会化(socialization)的标准日益靠拢,也就是说,它不应该让自己游离于社会之外,弄得受教育者反而越来越跟社会格格不入,而应该把自己造就得更像是某种雏形的社会,以便向未来的社会成员提供"操演今后生活"的场所和机会。

然而非常不幸的是,如果从这种立场来审查刚刚叙述过的存在于"学校与社会"之间的深沟,大家又会进一步发现,我们的学校之所以太过注重"应试教育",并且由此使毕业生在社会面前产生如此多的心理障碍,其主要的病根又在于,它眼下实在是太过偏重于"专才教育"了。

我们先从刚才涉及的选拔学生的等级制度谈起。即使不算学龄前的教育,也不算升入研究生院以后的教育,一个学生从小学到中学再到大学,也需要经过十几年一贯制的层层选拔。那么,教育部门进行这种选拔的依据是什么呢?尽管人们在形式上好像也在提倡所谓"德、智、体、美、劳"的全面发展,但实际的做法却非常滑稽,甚至就连个别学生在道德品质上的突出表现,或者在艺术教养上的突出才能,也都被量化进了最终的升学考分之中,比如"连年三好"可以加多少分,"钢琴六级"又可以加多少分,等等。大家试想一下,在如此单一的竞争规则逼迫下,再加上受到如此程式化的教育内容的灌输,孩子们连在课间喘息的功夫都难得,哪里还有什么余地去自由发展个人的天分、自主发育个人的人格？人们往往有一种误解，觉得读书总会使人"越读越呆、越读越傻"，其实情况并非注定如此，关键还在于你读的究竟是什么书，以及你究竟怎样来读书。要不是我们目前的教育体制无意之间在鼓励造就"书呆子"，哪里会有把书读得越多，精神视野反而越逼仄促狭的呢？在这个意义上，既然只有"两耳不闻天下事，一心只读教科书"的学生，才更容易走过这座"独木桥"，既然只有对于任何宇宙、人生、社会问题都背熟了"标准答案"的学生，才更容易在考场上获得"成功"，那么，等这些学生真正走上社会时，他们又很可能会反过来发现自己的"失败"之处，就不足为奇了。慢说这些"标准答案"本身就很有可疑之处，退一万步说，就算它们全都是正确的，我们传授它们的方法也绝对是失败的，因为这种方法并没有鼓励学生去形成独立思考的习惯，从而干扰和影响了一个健康"自我"的发育过程，没有在个性与社会之间造成一种建设性的良性互动关系。

我们稍稍追究一下，就不难发现，造成上述恶果的原因是，相对于过去的"通才教育"而言，目前的教育体制是太偏向于"专才教育"了。大家应当认识到，真正堪称健全的教育体制，理应从两个不可偏废的方面入手来培养学生，其一是所谓"做人的道理"，也就是普泛的人文传统的教养和社会准则的省察；其二则是所谓"做事的道理"，也就是具体的专业分工训练。当我们刚才利用经济学原则进行分析时，主要地是指出了现行教育体制在后一方面的失误，这种分析当然是绝对必要的，因为在目前这种高度分工的现代化社会，专业技能的训练必然要构成教育的一个不可或缺的方面。但与此同时，我们又必须进一步指出，即使把从经济学的观点所发现的缺陷全都给克服了，情况也不见得就会变得尽如人意，因为经济学的标准本身就有其局限性，只把教育简单地看成了再生产劳动力的过程，而忽视了它的其他重要功能，例如把教育看成是社会不断复制其新成员的必要过程。由此，我们现在就必须再从传授"做人的道理"这个方面，来检省现行教育体制的得失。同学们必须认识到，如果学校真正想要成为操演未来生活的场所，它就不能只满足于那句非常有害的俗语——"学会数理化，走遍天下都不怕"，而必须努力使同学们逐渐接触和把握社会的必要规则,以及隐藏在这类规则之后的一整套价值标准。说到"社会规则和价值标准",大家千万不要仅仅对此作太过狭隘的理解,以为那无非是一些官方规定的教条和戒律,由此对之产生强烈的抵触情绪。实际上,作为文化共同体的主要发展标尺,不断更迭的社会规则和价值标准,其真正的内涵要比这宽泛丰富得多,乃是个性在人与人之间逐步走向成熟的必要条件。正是这些东西,足以范导同学们逐渐以同情的心态去了解自己所处的文明共同体的命运,并且在此基础上对于自身人格逐步地进行创造性转化,使视野狭隘的"小我"跃升为襟抱坦荡的"大我",从而以宽广的胸怀去拥抱养育了自己的父母之邦,油然焕发出对整个生活共同体的责任感,甚至是对整个人类生存环境的关切心。大家可以想象,一旦学生们真正明白了这些"做人的道理",从而具备了一种开放的心态,那么,他们就既不可能人云亦云地盲目首肯和服从全部的现行社会规则,也不可能仅仅因为从中发现了某些尚待改进之处,就一叶障目地采取避世弃世的消极姿态,相反倒是宁愿把改造社会看成自己必须完成的使命,甚至看成实现自己人生价值的契机。比如,由于鲁迅或者陈寅恪当年受到的是"通才教育",并且由此产生了对于中华民族的强烈认同感,所以即使当他们留学异国他乡时,最念念不忘的仍然是"究竟学什么东西更能报效祖国";而由于现在的孩子们主要是在受"专才教育",所以尽管他们还刚刚开始填写入学志愿,就已经在惦记"究竟选什么科目更容易移居海外"了!所以,如果不是讳疾忌医的话,我们就必须承认,由于根本未能对学生进行有效的社会化,未能在他们心目中树立起真正令人信服的价值准则,未能使他们的知识水平和人格高度获得同步增长,我们学校的教育就远远没有跟上我们社会的要求,它充其量也只能造就一批学有专攻的"专家"(specialists),而不可能造就一代具有社会关怀的"知识分子"(intellectuals)。

当然,"专才教育"这种现象,在现代化的职业分工已成为世界通病的今天,绝不会只为中国所独有。比如,艾伦·布鲁姆就在《走向封闭的美国精神》一书中,同样激烈地批评了美国现行的教育体制:"我们面临的真正问题在于,这些学生上大学就是一心要找到自己需要什么样的职业,或者仅仅依靠他们自己进行冒险尝试。在大学中有许多事情要学生们去处理——各种课程和众多的专业学科足够他们花费全副精力去应付。每一个学科以及学院的各部门都在竭力推销自己,它们之中的每一个都可以提供一系列的课程使得学生成为一个门外汉、初学者。然而,学生怎样在各类课程之间进行挑选?学科相互之间有什么样的联系?事实上这些课程从来是互不沟通的。它们相互竞争,彼此矛盾,却从来没有关注相互沟通。各个专业的存在和发展,已经亟待人们从综合的宏观整体的角度去把握问题,然而这一要求从未被系统地阐发过。学生们看大学事务一览表的反应往往是迷惑不解,更多的是士气低落。因而,大学生活对于学生来说完全是一个机遇,看他是否能遇到一两位教授,他们能传授给学生去把握和洞见有关教育的种种精深理论中的一个,这些理论的发展是每一个文明发达民族的显著标志。当然,大部分教授是专门学科的专家,他们只关注自己的领域,有兴趣按照自己的论点在这些领域中探索发展,他们希望在这样的环境中发展自己的事业,所有的奖励和赞誉都给了专业成就。这些专门学者已经完全不受大学传统教育结构的约束,传统规范至少还能指出他们的不全面之处,指出他们的知识只是那个难以洞见和不可知的思智整体的一部分。于是,校园中的学生,就好像一位游客不得不在一大群马戏团商店的招徕者中间穿行,每个人都力图诱使他瞧一瞧自己独特的杂要。这位犹疑不定的学生使得多数大学十分为难,他似乎想说:'我是一个完整的人。请帮助让我自己来塑造我的整体,让我自己去发展和实现自己真正的潜能',对于这样的学生,那些大学真是无言以对。"

　　大家听听罢,这些话简直就是专门对你们讲的,或者说得更尖锐一点,这些让人觉得可怜的话,竟还是专门对上亿年轻人中间的"幸运儿"讲的。由此,如果连美国教授尚且在惊呼,当代青年的精神在"走向封闭",那我究竟应当选择怎样的措辞,来判定国内现行的教育体制到底有啥问题呢?记得鲁迅当年曾经把"为民请命"的古代知识分子,说成是"我们民族的脊梁",而借助于这个比喻,我们现在也完全有理由说,目前这种囿于一偏的"专才教育",由于它根本不再鼓励同学们去获得古代士大夫的那种天下意识,使得年轻后学不可能再以开放的心态去关切国事民瘼,去为整个社会的未来命运操心忧患,所以它无疑是在釜底抽薪地使中华民族害着"软骨病"。我们所处的这个有机体,或许会因为受各种专业知识的刺激,而像患了"巨人症"一样地疯长,但与此同时,由于内部细胞的关系越来越像"一盘散沙",所以它经常引以为自豪的"迅速崛起",其实也很有危险逐渐演变成迅速的爆炸和塌缩,如同天体中那种内部不稳定的"超新星"一样。

## 四、从哲学的观点看

我们通过运用社会化的标准,已经暴露了现行教育体制的一些弊端,它们都在影响着大学毕业生跟社会的沟通结合。但仅有这些还是远远不够的,因为社会学的标准,特别是其中的功能主义学派的标准,本身也还有相当的局限性,还需要基于哲学的立场来进行再反思。

为什么这么说呢?因为若照职业哲学家的角度看,教育的本质既不在于经济学的效益最大化,也不在于社会学的社会化,它的起点和终点都只在于百年树人,即尽可能广泛地发展每一种符合人性的天赋潜能,从而尽可能圆满地培育每一个自由人格。对此,哲学家雅斯贝尔斯在《什么是教育》一书中说得非常透彻:"所谓教育,不过是人对人的主体间灵肉交流活动(尤其是老一代对年轻一代),包括知识内容的传授、生命内涵的领悟、意志行为的规范、并通过文化传递功能,将文化遗产教给年轻一代,使他们自由地生成,并启迪其自由天性。因此教育的原则,是通过现存世界的全部文化导向人的灵魂之本源和根基,而不是导向由原初派生出来的东西和平庸的知识。……教育活动关注的是,人的潜力如何最大限度地调动起来并加以实现,以及人的内部灵性与可能性如何充分生成,质言之,教育是人的灵魂的教育,而非理智知识和认识的堆集。通过教育使具有天资的人,自己选择决定成为什么样的人以及自己把握安身立命之根。"

哲学的智慧往往更能深入人生的本质,所以其表达形式也就往往比较抽象。但反过来说,恰又正因为它能探到人生的本质,所以在其玄奥话语的背后,哲学反而往往比其他任何学科都更贴近实际生活。只要同学们善于理解它和发挥它,它就足以赋予大家一个更加高屋建瓴的精神支点,来思考其他学科的思考本身。比如雅斯贝尔斯的上述说法,便足以使大家获得一个更高的标准,来反思我们刚刚发挥过的社会化标准。发人深省的是,正如丹尼斯·朗(Dennis H. Wrong)曾经指出的那样,跟社会化这个概念相对的是,还有一个 oversocialization 的概念,即所谓"过度社会化"。也就是说,单纯从功能主义社会学的角度出发,人们很可能会把社会化的要求太过理想化,认为社会成员为了适应社会秩序的需要,总是在进行着一种本质上是和谐的社会化,而看不到由于社会要求从来就不可能被完全"内化",社会成员的基本个性特征就不可能被完全泯灭,他们仍然具有进行选择的自由意志,故而社会化的过程就并非注定能避免冲突。由此大家就不难理解,正因为哲学紧紧抓住了教育的第一要义,即"实现人的最大可能性",我们才真正具备了一个超越的思想起点,去克服由于把社会化的标准强调过头所带来的危害。若跟人类的这种至上祈求相比,同学们想必不难理解,任何既定的社会规则,都只有相对的意义,都带有某种过程性和时间性,都还在人类的文明史中有待改进。那么让我们再试问一句:进行这种不断修正的基本标准又是什么呢?——无疑只能看它们在多大程度上贴近人性的要求。大家幸勿把上述说法看成空虚的玄谈,其实把这个原则贯彻到我们今天所处的失序的社会中去,具有非常迫切的现实意义,否则的话,社会化这样一种大有局限性的标准,就很有可能被曲解成为仅仅意味着跟社会(包括黑社会)和光同尘,从而造成大批的"社会油子"。

而从这样一种标准出发,来省察今天讨论的"学校与社会"问题,我们又理应对大学教育提出更高的要求:恰恰是为了保持社会发展的后劲,我们的学校又必须在积极关切社会的前提下,再跟社会拉开一定的距离!既然我们已经知道,社会的发展永远是一个绵延的过程,而真正足以支撑和推动这个历史行程的,又恰恰是理念和经验之间的持续张力,那么,我们就必须清醒地认识到,社会投资兴办教育的目的,也正是在为自身的更迭革新积攒潜力。由此,除了培养大学生适应这个社会的本领之外,高等学校还必须以深刻的人文教养,培养他们批判和改造这个社会的能力。

只有当我们的学校具有这样独立的自我主张时，只有当我们的学校足以源源不断地向社会输送如此丰满的人格时，我们的教育才堪称是成功的，才真正足以教导出整整一个文明！

需要解释的是，上述说法决不意味着，在"学校与社会"之间，我们刚刚努力填平了一道深沟，却又悄悄挖开了另一道深沟。正相反，肯定高等学府不可取代的批判功能，恰恰是在更高的意义上肯定了"学校与社会"之间的联系。既然同学们已经从思想上认识到了，教育的真正本质是在于人格修养，那就理应意识到，它乃是贯穿人生始终的永恒难题，必须以"朝闻道夕死可矣"的精神来应对。由此，"走出校门"就决不意味着教育的终结，"步入社会"则更意味着新一轮教育的开始。如果同学们能禀有这种持之以恒的"学习心理"，就会终身受益匪浅，因为无论现行教育体制在大家心智深处留下怎样的消极影响，大家都完全可以到今后的社会生活中去进行针对性的克服，而一切所有过去未曾修习到的东西，特别是"通才教育"所传授的人文教养，也都完全可以到今后的社会生活中去主动获取。当然，说当今的大学毕业生特别需要加深人文教养和人格修持，并不意味着判定他们连最起码的"做人的道理"都没有学到，也并不意味着判定他们连最起码的纯真和善良都没有保留，——要是真的那样，他们当初就不会向我提出"学校与社会"这样紧迫的现实问题了。不过，恰又因为他们正现实地遭遇着这个问题，就毕竟也从另一方面证明，他们所曾领悟到的那一点儿"做人的道理"还远远不够，或者换言之，仅仅具备"天真的童心"和"神圣的单纯"，尚不足以帮助他们应对复杂深刻的社会问题。许多青年人在步入与他们格格不入的"社会"以后，在碰了几次壁之后，便马上自以为被逼得要么去彻底"愤世嫉俗"，要么去完全"同流合污"。但实际上，如果他们能够领悟更多的"做人的道理"，理解到社会发展的过程性，也具备了对于这种发展的责任感，他们就会更为全面地看到，其实在"反抗社会"和"归化社会"这两种极端立场之间，还大有非常广阔的选择空间。正因为这样，对于教育问题的哲学式理解，就要求同学们在步入"社会"之后，必须首先展开新一轮的学习，想一想究竟是自己原先的心态不对，还是现行的社会规则不对，或者干脆是这两者都有问题。这样一来,他们就势必要跟社会进行良性的互动,同步地展开"社会化"和"化社会"的双向过程,从而既可以加强每一个社会细胞的自我完善,又可以使整个社会有机体日趋完善。

最后我想提醒的是,"社会机理"是极端复杂的,也许比同学们每天钻研的人体规律还要复杂百倍,而且恰恰因为这一点,它才有资格最浓缩地反映出人类文明递进的高度成就,正像越复杂的生命现象就反映了越久远深刻的进化过程一样。所以,如果大家真正有意做一个自觉的社会动物,那就必须为此做好充分的精神准备。这种准备包含着两层含义。先从反面来讲,正因为社会是复杂的,经常由于"牵一发而动全身",需要"既泻又补",所以,真正具有社会关切的有志青年,心中就不能只装着"信念伦理",而应具备马克斯·韦伯所说的"责任伦理",或者说得更通俗点儿,他们就不能一厢情愿地只宣布自己想要"做什么",还更要预料着实际的效果,来思索自己究竟该"怎么做"。大家必须清醒地意识到,真正敢去替社会"主刀"的医生,自己首先就应当显出"大将风度",具有更强韧的心理承受力,有耐心把热烈的追求纳入冷静的操作中去,使之制度化为文化递进的现实成果。再从正面来讲,也正因为社会是复杂的,那中间蕴涵着无数的未知因素等待着大家去认识,那中间包藏着无数的难题等待着大家去解答,所以,大家在从学校走上社会之后,虽不可轻率地采取目空一切的姿态,更不要轻易地把自己的锐气和棱角磨平。同学们必须清醒地意识到,正因为社会如此复杂,才使得你们自己,以及你们的父老乡亲,都感受着由此产生的矛盾,所以,如果大家不能诚惶诚恐地自觉到所肩负的使命,不仅努力加深自己的人格修养,还努力向全社会播撒人文精神的种子,以期在水滴石穿式的耳濡目染中,为中国文化的现代形态酝酿出必备的思想氛围,为我们社会的逐步革新培养出一代公民,那么,我们在教育体制上的一些失策,终将导致全社会的失败。想必大家对于人体这种存在形式,已经具备了足够的危机意识,而且我本人为了身体的健康,也经常需要听从你们同行的医嘱,但愿我今天的讲演,也同样能唤醒大家对于社会这种存在形式的危机意识,因为竖看世界史,衰败消亡的文明,毕竟比健康存活下来的文明更多!

# 这考题暗示了什么？

正是大学里几近狂热的答辩高峰，或者干脆这么说，正在痛心疾首地目睹着同学们为了不读书或者少读书而付出惨重的代价，《中华读书报》的编辑却又打电话过来，甚至专门把材料寄到我的电子邮箱来，一定要我针对今年高考的一道作文题写点什么。原来，今年的考生们碰到了这样一道注定让这家报纸感兴趣的题目：

目前读书的中国人越来越少。1999 年为 60％，2001 年只有52％。造成这个原因是多方面的。现在的人为什么不读书？中年人说没时间，青年人说不习惯，还有的人说买不起书。相反，网上阅读的人越来越多，2003 年已有 18.3％。

全面了解材料，选择一个侧面和一个角度，自己确定题目和文体，字数 800 字。

报社主编的最初意图是，让我也像唯命是从的孩子们一样，围绕当代社会普遍阅读不足的现象，撰写出一篇命题作文来。不过，在仔细品味了这个题目之后，我却不愿再被它牵着鼻子走，并非在耍什么教授的派头，而实在是因为这个题目本身，在我看来就很值得商榷。

由于自己也经常要出考题，所以我也琢磨过出题的原则。毫无疑问，一道好的试题一定要有相当的弹性，预留给同学们足够的想象和议论空间。我想，大概也正是出于此种考虑，这个题目才给出了有关"读书"和"网上阅读"的两类数据，向考生们提示了问题的"两个方面"。

不过问题恰好就出在这里！我不明白，出题者为什么要进行这种貌似全面的并列？它的"前一方面"当然不在话下，它涉及了我们社会越陷越深的文化困境。很多人都曾为这种危机大声疾呼过，比如我本人就曾在《中华读书报》上撰文指出："一种无形的阅读传统，一种曾经支撑过整个文明的对于'书香'的普遍陶醉，要远比千百万本摆放在书架上的实物来得重要。这也就意味着，对于精神上的'阅读传统'的损害与葬送，其实要远比物质上的焚书坑儒危害更大，几乎会抽干一个民族的神髓。"

然而它的"后一方面"却相当突兀，竟然转向了所谓的"网络阅读"，以至于只要沿着这种似是而非的"两点论"走下去，就很难不在一种强行黏合起来的叙述结构中，把这方面的"所失"跟那方面的"所得"拼接起来。这样一来，答题者就难免感到尴尬：要么只好在后者的背景下去强调前者，显得像个落伍的复古主义者，要么只好在后者的补偿下去淡化前者，从而把阅读传统的沦丧，悄悄偷换成为阅读手段的更替。

由此照我看，这道要求"全面理解材料"的试题，其本身恰恰缺乏足够的弹性！尽管出题者的本意，也许正是要凸显我们所遭遇的文化危机，然而他们长期习惯的思想逻辑，却支配着他们不自觉地走向了反面，倒又暗示了对于危机的掩盖。

出题者自己也经常上网么？果真如此，那我就很想知道，他们怎么会想到要把仅仅具有表面相似性的这两种行为并列起来的呢？事实上，虽然都离不开文字符号，但开卷和上网根本就不是一回事，正如我们不能把吃饭和吃药混同起来一样，正如我们不能把对于诗歌的阅读和对于产品说明书的阅读混淆起来一样。

真正在网上漫游过的人都知道，虽说这种技术进步为我们带来了便捷的和交互式的信息传递，但如果仅限于在这样的虚拟空间里冲浪，那就只能随着无穷链接起来的零散信息，去进行身不由己的浮在表面上的漂游。而这跟"读书"二字的题中应有之义的求道精神，根本就不是一码事！

出题者干吗不老老实实地说："相反，在互联网上玩游戏和看光碟的人却越来越多了"？只有在这样的对比下，才能真正暴露出这个社会的空前危机，从而发现技术进步并不必然带来文化和思想的上升，相反倒很有可能挤占了原有的必要读书时间，反而使得人们的头脑变得更加平均、更加浮躁，也更加苍白。

　　说得不客气些，就算一天到晚都泡在互联网上，只要研究生们不去大量地读书，他（她）就设想不出像样的论文题目来，甚至就算讨巧从导师那里得到了它，也领悟和发挥不出其间的创新含义。再说得不客气些，哪怕你贵为一代之宗师，甚至尊为一届政府之首脑，要是总也没有精力、兴趣或习惯读书，也照样会寡淡得像是白开水，以至于无论重要还是不重要的讲话，老是那几句毫无智慧含量的儿歌似的老调。

　　长期以来，一直在灌输着某种历史诡辩法，用以装点和文饰原本充满偶然性、对抗和堕落可能的人类历程。这样一来，也就长期盛行着盲目的乐观论，以为既然体现出必然律的历史足以做出自动的补偿，那么，就满可以把"失去"当作"获得"的前提（或者把"获得"当作"失去"的理由），于是，对于历史主体的责任追究，也就乐得这般"宜粗不宜细"了。

　　正因为这样，我又很想知道，当我们的考生面对这样的试题时，会不会有人流露出哪怕一丝或片刻的合理疑虑？说真的，要是下一代人仍然对那题目中的潜在逻辑安之若素乃至得心应手，那就更可怕了！——须知，在对于"线性进步观念"的独断信仰业已破产之后，就算我们身后的历史还并不必然堕落下去，那也只是因为挣扎于其中的历史主体，对此还具备了足够的危机意识。

2006 年 6 月 11 日上午

# 博士生培养三题

## ——道义前提·创新标准·为师之道

一

在我看来，研究生的培养，特别是博士研究生的培养，最需要因人制宜因材施教，切不可制订刻板划一的方案。跟本科教育的基本不同点在于：这个阶段所施行的教育，不再是以现存知识的成果去复制和启蒙心智，而是进一步以知识创化的冲力来激活和开发心智。缘此，就必须更多地利用和尊重个性条件。

但灵活中仍有不变的东西。比如，无论哪一位研究生入学，我都会在初次见面的谈话中，不厌其烦地重申中国古代的"三不朽"原则。我会开宗明义地告诉同学们：一方面，"立德"、"立功"、"立言"这三者，每一样都是不可偏废的；另一方面，古代先哲为这三者排定的前后次序，又是不可颠倒的。

这也就意味着，尽管在种种的重压下，肯定要把限时写完博士论文，当成学业成败的最终尺度，然而相对而言，至少在我看来，确立这种学术活动的道义前提，以便扩充内心深处研讨学理的自觉动力，使同学们把校园里传习的道术跟整个天下联系起来，更属于"先立其大"的要义。

否则，我们就很可能只是培养出了学术匠人，甚至是学术小人！——难道我们还没有被一些貌似学术的伪劣文章包围吗？难道我们还要进一步加重这类危机吗？

当然，这种"立德、立功、立言"的立人次序，并不是要把整个的研究生培养阶段，分解成支离破碎的几个小块，就像以往进行军训时那样，先喝令刚进校门的同学吃几记杀威棒变得乖巧听话再说。那种兵营式的训导方法,无疑是在培养驯服的习性,而不是疏导自由的天性。

由此就应当明确,无论立德、立功还是立言,都同属于一个"立"字,同属于一个完整的人格"确立"过程。换句话说,所谓先立德、再立功、再立言的前后次序,不过是体现于思想逻辑中的次序,而非体现于物理时间中的次序,完全有可能在同一进程中相互促动着完成。

正因为这样,这种"先立其大"的立德教育,不应被讽刺为"不务正业"或者"陈义过高",倒应被认定是紧扣住正业不放。它不再把做学问糟蹋成可有可无的社会盲肠和谋取私利的利己营生。唯其如此,学生才可能学会自发抵抗当下传染性很强的精神贫血症,而把提出和解答学术难题当作终生之志业,即使到了不再需要拿学术成果来当敲门砖的时候。

更重要的是,基于这种多层次的立人过程,作为"立言"行为的治学,便有可能不再仅仅停留于纸面功夫,倒有可能既去满足经由"立德"教育而获得的道义冲动,又去表现为为了所属共同体效命的"立功"手段。只有这样,治学生涯才有可能在"三不朽"的境界中获得超拔和整合。

二

由此又不免想到,对于那个困扰了学术界很久的 liberal education 的译名,与其添油加醋地把它发挥成"普通教育"、"通识教育"、"通才教育"、"博雅教育"、"人文教育"、"文科教育"……倒不如严格遵从字面的本义,把它翻译成"自由教育",或者干脆是"解放教育"! 因为,实在说来,只有这种广谱的人文教育,才会豁然开朗地解放心智,使孩子们逐渐获得和习惯于自由。

在这方面,有一个最明显和最抱愧的例子:既然跟国外特别是美国的中等教育相比,这边的中学毕业生普遍水准更高,何以那些也许是世上准备得最充分的考生,一旦步入我们的校园,经过松松垮垮的四年本科教育,其思力就已然赶不上国外著名学府的同届学生?

由此我认为,对一个国家的学术竞争力而言,在其高等教育阶段所施行的自由教育(liberal education),正可以说是其真正的奥秘所在。 在这个意义上，完全有理由把哈佛开设的"核心课程"（core courses），看作哈佛之所以为哈佛的核心机密。只可惜，尽管成天价嚷嚷着超英赶美，就是没有人拿这种硬性指标来跟自己过不去。

表面上看来，"知识创新"已被提得很高了，甚至高得大大出格了，——就连在读期间需要发表多少篇论文，都被硬性规定好了。然而，恰恰是在这种不切实际的硬性规定中，"知识创新"才被嘲弄成了彻底的儿戏，因为这种规定从来就不去在乎论文的质量，也从来没有顾及"撰写论文"这种知识创新行为所本应具有的含义。

甚至可以说，这种规定也嘲弄了博士生培养与考核这个过程本身。试想：如果学生们早在尚未通过博士论文答辩之前，就统统已有资格发表独立完成的学术研究报告，那还需要教育机构做什么无用功？如果随便哪家杂志的编辑都可以轻易认定学生们的研究能力，那还需要导师们在答辩时费什么唇舌？

另一方面，正是鉴于目前普遍的浮躁风气，有人又反过来提出，即使对于博士论文，也大可不必苛求"知识创新"。我能够体会这种说法的用心，但我仍然坚持认为，正如对于论文不宜划分什么"全国粮票""地方粮票"一样，对于博士论文也不宜划分什么国际标准和国内标准。

也就是说，论文就是论文——只要你想撰写学术论文，你就必须表现出最起码的知识创新；博士论文就是博士论文——只要你想撰写博士论文，你就必须向更高的创新标准看齐。

那么，什么才是更高的创新标准呢？且容我试着对博士论文进行界定——既然所有论文都必须创新，那么，博士论文的真正内涵，就并非仅限于提出知识创新，而在于作为一位刚刚入门者，其作者在文章中的创新论证，首次达到了这样的学术量，以致所提出的对于现有知识的修正，可以被学术界信服地接受，而作者本人作为合格知识创新者的资格，也可以被学术界郑重地认可。

循着这种界定，还可以发挥着两个辩证的要点。一方面，对于博士研究生而言，由此理应醒悟到，博士论文固不应是你写得"最坏的一篇"文章，但它同样也不应是你写得"最好的一篇"，否则围绕它的全部培养和认可,就统统失去了本初的意义。另一方面,对于博士生导师而言,由此也理应醒悟到,真正值得追求的目标,并不是压着学生在自己门下写出这辈子"最好的一篇"文章,而是导引他们虽属空前却非绝后地写出其"最初的一篇",否则,不管导师下过多少工夫,仍不能算是完成了任务。

# 三

话题油然就转向了教师。尽管博士生理应是最自觉的学生,其导师仍在整个培养过程中居于主导。那么,在博士生培养的特定阶段,对于教师有什么特殊要求呢?

还是针对着当前普遍的浮躁,又有人针锋相对地提出,教师的天职本应以教学为主,而并非以"爬格子"为主。我也能体会这种说法的用心,而且在前文中,我也同样没有把"立言"活动看得唯此为大。不过,在另一个层面上,我又坚持认为,身体力行地演示出创造性研究的生动过程,却又正是对于研究生的最好教学手段,尤其在博士研究生阶段。

这就对教师本人的"研究人格"提出了要求。梅贻琦说过一句广被引证的名言:"所谓大学者,非谓有大楼之谓也,有大师之谓也。"此语本也讲得不错,只可惜引来引去变了味,使得凡是有资格被奉为"大师"的人,居然全都属于垂垂老者,以至于"大师"一词在我们这个社会,几乎可以当作"创意已衰"的代名词了。难道不是这样吗?

正因为这样,倒不如壮着胆子改它一句:所谓大学者,既非有大楼之谓也,亦非有大师之谓也,仅仅只是因为有了我辈之谓也!——"我辈"者何? 正是这些虽不受重视却还年富力强的、仍有能力和精力去追踪现有知识界面的、足以演示出各种学说之方生方成的、足以激发后来者研究兴趣的第一线学人!

由此就想起这么个故事:据说艾森豪威尔在就任哥伦比亚大学校长的典礼上,曾对会见哥伦比亚大学的全体"雇员"谨表荣幸,不料物理学教授拉比却应声起身,不失风度又不失自尊地反驳道——"先生,教授们并不是哥伦比亚大学的'雇员'。教授们就是哥伦比亚大学!"

　　这才是真正的"师道尊严"！长期以来,受文化激进主义的贻误,人们只要提起"师道尊严"四字,便误以为它是专门板起来对付学生的冷面孔。然则,它的本意却首先是对教师自身的严峻要求。比如《元史》上讲刘因——"家虽甚贫,非其义,一介不取。家居教授,师道尊严。弟子造其门者,随材器教之,皆有成就";《古穰杂录摘抄》中讲吴梦——"能自重,不妄交人,师道尊严。好书,字奇古,自成一家。不立文字,暇则咏物适兴,胸襟高迈",都是这个意思。

　　也就是说,只有在敬德修业方面,乃至于一举手一投足,都能符合为人师表的标准了,堪为晚辈后生师法效从了,一个人才算是符合了"为师之道",也才算凭靠着后天的修养,获得了"为师之尊"。由此可见,这里所讲的"师道",原本是在规范教师的人格,这里所讲的"尊严",原本是在宣示道义的自信。

　　我愿意坦率地承认,正是在这种"为师之道"的激励下,我才感受到了平生最大的走向成熟的压力。这远比什么"教授""博导"之类的无聊头衔,都更加使自己警觉和自觉。因此,"为师之道"作为伦理的动力,在推动着自己在人生的此一阶段,经由"师—生"之伦的丰富化,而大大扩充了原有的人格内涵。

　　这才是至深意义上的"教学相长"！真诚地投身于"师与生"的特定社群中,教书生涯对我们就不再意味着牺牲,反而会倒意味着收获。正因为这样,我最后想说的是,千万不要再信口否定相对密切的传统师生关系了,那毕竟是孟子在其中找到过至乐境界的人伦关系,毕竟是曾经让朱熹和王阳明从其中脱颖而出的人伦关系。否则,我们改革来改革去,充其量也只能沦落为"哈佛财团"或"斯坦福财团"的打工奴隶。

2005 年 1 月 18 日于京北弘庐

# 关于电视辩论的辩论

**郑也夫**：电视上的大学生辩论赛搞了好几年了，我一直是其中的策划者，当然也是该项活动的辩护者了。听说你对这种方式一直持批判态度，很想听听你的意见，或者说，我们好好理论理论。

**刘东**：瞧，这回你改说"理论理论"，而不说"辩论辩论"了。为什么呢？因为在日常用法中间，"辩论"这个词带有更大的火气，更关注讨论过程的外在效果，即究竟谁抢白过了谁，而不是讨论过程的内在效果，即到底有没有增进对于事情的认识。所以，一旦你今天希望跟我认真讨论问题，马上就转而不再采用电视辩论上的那种架势了。其实，仅靠对这个词中文用法的分析，就足以表明我对电视辩论的态度了。我确实认为电视辩论之风是不可长的。

**郑也夫**：我是尊重一切形式的辩论的，不管是每个人站在自己真实立场上的辩论，还是抽签决定了的游戏角色间的辩论。我想今天当然是我们之间真实立场间的讨论，或者说辩论。但是我不觉得游戏角色间的辩论，或者说电视辩论赛，有什么不好。希望能将你的反对意见中的主要观点开门见山。

**刘东**：我的立场跟你有很大分歧，决不会无保留地"尊重一切形式的辩论"。但有意思的是，既然你已谈到了辩论的种种形式，我们不妨就从这里入手,来层层递进地进行剥离。首先,我认为必须区分两种形式的辩论,一种是为了探求道理而"发自内心的辩论",另一种则只是非关学理的"人为作伪的辩论"。对于前一种,我不仅不反对,而且还曾经从中受益良多,因为它的确可以活跃思想松动头脑。但对于后一种,我却坚持认定它弊大于利,因为它抽取掉了前者中必不可少的那种对于真理的执着,非常容易滑向诡辩。其实,只要我们对西方古代思想的发展稍事回顾,就很容易看出上述两种辩论的鲜明分水岭,比如,有名的苏格拉底对话录,正是一种发自内心的辩论,他把这种方法称为真理的"助产术",而诡辩论派所教导的强词夺理的功夫,便是一种人为作伪的辩论,那只能导致思想的腐败和文明的堕落。

**郑也夫:**真实的、"发自内心"的争论,在社会生活中并不缺少,在法庭上,在西方的议会中,在中国的人大、政协。当然我们还应为这类争论提供更大的公共空间。问题是"游戏"式的争论有无必要,有无意义,是否"败坏、堕落"?游戏式争论与真实的争论的一个根本差别是前者没有站在自己的真实立场上,甚至正相反,这似乎滑稽。但是在思想过程中这是正常的,频繁发生,甚至必然发生的。比如你的立场是人性本善,你为了使之完善、颠扑不破,就要不断用人性本恶的种种论据苛刻地审视、反省、批判自己性善的立场。任何一个有深度的争论,都是双方各有道理。一个智者一方面要有自己的价值观,但另一方面,他能够成为一个智者,在于他反复考虑过两方面的意见。以"游戏"的方式迫使一个人暂时站在与自己原初态度不同的立场上去争论,去加深认识,没有害处,甚至有帮助,会促进一个人摆脱片面。

**刘东:**在探求学理的过程中,我们当然需要有良好的"听德",对于不同意见进行同情式的了解,进行设身处地的体察,而如果有了这种虚怀若谷的态度,那么在彼此都亮明了自己的观点之后,即使一上来唇枪舌剑地显得各不相让,辩论双方最终还是有可能会心一笑,感受到高度的心智愉悦,因为大家都已在这种相互辩难中有所收获,把自己的立场奠定在更宽广更稳固的基础之上。但尽管如此,我仍然不赞成你所说的那种"游戏"式的辩论。这种规则先入为主地决定了,辩论者的主要目的是来参与一场"游戏",是用玩世不恭的态度取代了对于真理的虔敬之心,他们参加这种"游戏"的基本目的并不在于战胜自己思想的片面性,而仅仅在于从气势和辞藻上压倒对手。这样一来,他们就只能"为辩论而辩论",恰恰难以像你刚才所讲的那样,去"反复考虑两方面的意见",因为他们的主观立场是被先行给定的,而且按照规则是根本不能改变的,由此他们的思想角度就不得不十分拘执,反而很难达到通过辩论松动头脑的目的。

郑也夫:我承认辩论赛目前质量不高,赛制上需要完善。但我们还是先理论清一个问题:辩论中角色调换一下,即参与者并非遵循自己的真正立场,是否尚有积极意义。我认为仍有积极意义。因为我认为论证过程比结论更重要。这是一个思想方法问题。重视论证过程才更有望提高思想水平,进而有望得到真理。很多人认为,一个人可以为一切观点辩护必然沦为诡辩。我愿为诡辩正名。诡辩在思想进展中有重大贡献。你说到苏格拉底,他当时的哲学家很喜欢作一种智力游戏,让对话者任选一种立场,然后他将你驳倒(这很像江湖棋摊),苏氏就驳斥了"说谎话不好"这样似乎不成问题的命题。古希腊人真的以为"飞矢不动"吗?公孙龙真的以为"白马非马"吗?那未必是他们的真实立场,而是他们为人们的正常立场设置的"障碍"——驳不倒它就别说飞矢在动、白马是马。电视辩论最遭非议的是参与者的立场是假的,是抽签决定的。但我们强调:论证过程比结论更重要。诡辩并不像人们通常以为的那样败坏、消极。一个不能驳倒诡辩的真理还是真理吗?它只是最苍白的教条。相反倒是很多钻牛角尖的诡辩式发难促进了思考的深入。我承认辩论赛还有值得商榷处,但你是否同意,不按真实立场争论也有积极功能?我们最好先了结这个要紧的问题。

刘东:我前面已谈及苏格拉底跟诡辩学派的本质区别。但针对你刚才的议论,我首先需要再澄清一个哲学史的事实:在柏拉图对话中,苏格拉底并未笼统地驳斥过"说谎不好"的命题，而只是在探求人生真谛的特定语境中，通过反例来证明，"诚实"这种公认的美德，其实并不能普遍应用，所以还不就是终极的"善的理念"。所以你看，诡辩学派跟苏格拉底也许只有一念之差，而这"一念"不是别的，正是真诚地抛弃一己的偏私，而竭力去界定思想的对象，如同苏格拉底所说，"真理的风往哪里吹，思想的船就往哪里开"。人的认识当然是包含着谬误的，我们跟自己跟别人进行思想搏斗的主要目的，也正在于克服种种的偏见，或者至少去发现某些难以克服的偏见，确证既定思想观念的相对性。不过必须注意的是，承认知识的相对性是一码事，由此而倒向彻底的怀疑论则是完全不同的另一码事，只有在后一种情况下，人们才会索性在讨论中采取诡辩的姿态，不再认为自己的知识还会有任何进境，甚至不再相信自己进行的讨论本身还有什么意义。所以请你原谅我的坦率，如果接受你的说法，提倡人们可以任意采取任何立场进行胡乱争执，那根本就不再是"人在说话"，只不过是"话在说人"。而这又正是诡辩论的主要特征，它的最大本事就是把明明没有道理的话头，说得振振有词，让听众终于发现世界上什么都是似是而非，根本没有真理可言，所以也不值得拿它当什么真。

**郑也夫**：sophist 一词有时被中译者译为"诡辩者"，有时译为"智者"。从该词内涵及译法上均可看出今人对之评价并不一致。sophist 产生于古希腊哲学初期。我觉得这种怀疑、挑剔的思想方法对整个希腊哲学影响很深。而最终怀疑论成了近代科学的最重要的思想基础之一，绝不是偶然的。一个人能坚信一些东西是难得的，电视辩论绝不是要参与者扔掉初衷。对观众它提供的是两种意见的争论，以论证水平高低裁决胜负，我觉得没有坏处；对参与者，他即使暂时放弃了原初立场，对其整个思想成长还是利大于弊的。国外学校的课堂上，讨论盛行。有时会发生这样的事情：大家最初按照自己的立场争论，争论到一定程度教师要求每个学生下课后按照对方的观点去做准备，下次上课用与自己立场相反的立场重新辩论。这样翻来覆去、互换立场的争论，其实是费尽心机，希望学生们思考问题的方方面面。我真的不觉得"非真实"没有意义。

**刘东**：再提示你一句，正因为"智者学派"专攻诡辩术，才逼得严肃的思想家自觉地跟他们划清界限，不夸口自己是"智者"，只说自己是"爱智者"，而该字眼儿在希腊语中正好就是"哲学家"的意思，由此可见真正的哲思跟诡辩术是泾渭分明的。但无论如何，我们现在不要再无穷后退地"言必称古希腊"了，还是接着你的话题谈谈电视辩论的弊病。在这方面，我的观点非常鲜明：如果"人为作伪的辩论"或者"为辩论而辩论"是有害的，那么，一旦把这种东西当成商品引入大众传媒，就愈发加重了它的危害性。因为，一方面，为了投合观众的口味而争夺"收视率"，它会被包装得更加媚俗和哗众取宠，使本需认真研讨的人生问题和社会问题，变成了轻松可笑的娱乐节目；另一方面，电视这种空前广泛的传播渠道，又会把这种"唇齿游戏"酿成普遍的社会风气，让观众误以为这种预先安排好的闹剧，就是大学校园的实际生活场景，不了解真正对这些问题苦思冥想并且良有心得的学者，决不会像这样"说得比想得还多"。

**郑也夫**：现在的时代就是媒体的时代，特别是电子媒体的时代，辩论赛完全处在电视之外是不可能的。但是我确实以为辩论赛的沃土是大学校园，辩论赛应成为校园文化中的一支，为校园文化作出贡献。也就是不管有无电视转播，大学内、大学间的辩论赛应当成为传统项目，年复一年地搞下去。但搞电视的人不管这些，只关心电视辩论。脱离了校园的电视辩论，一是观众中大学生太少，二是比赛场次太少，长期下去是有问题的。同时电视台作为最大的媒体领衔做事，是有其霸道的一面的。比如在选题上是要由电视台决定的。而电视台人员的文化素质未必能胜任这一工作。而选题一糟糕，辩论就毫无生气。

我觉得目前电视辩论的最大问题是辩手重辞轻理，长于背书而弱于争论。但我觉得这些都是目前学风中的弊端的表露。当然辩论的规则的改善，评判中对道理的重视，对辞藻的轻视，都该加强，以利于克服辩论中的不足。一句话，辩论中的问题不可以都加在辩论赛头上，不可以都加在电视辩论赛头上。我国的学校教育长期以来轻视学生口头表达能力的训练，造成学生口才弱，这种弱点必然反映在电视辩论中。

刘东：说到校园辩论和电视辩论的话题，还有一种非常鲜明的对比：过去在"新三届"的大学生中间，其实辩论的空气是最浓的，不过当时大家并没有"为辩论而辩论"，只是如孟子说的那样，是"余岂好辩哉，余不得已耳"，为了探求学理而各抒己见；与此相反的是，在当今的大学生中间，其实辩论的空气是最淡的，虽然电视辩论堪称例外，但那毕竟是人为炒作出来的，而且大家已经把功夫做在"诗外"了。由此我们就不妨说，除了被强化训练出来的个别"辩论机器"在信口雌黄之外，更多的大学生并没有获得应有的紧迫"问题意识"，所以也就表现不出为之献身的热情。那么，此中的原因何在？是因为当代的大学生觉得自己早已"真理在握"了吗？绝没有那么回事！真实的原因是，有许多人正像在电视辩论中表现得那样，不再相信知识的任何确定性，觉得事事都是"此亦一是非，彼亦一是非"，根本不愿再为真理这种莫须有的东西劳神。这种心态，是绝没有资格跟苏格拉底对人类知识可靠性的怀疑相提并论的。正如艾伦·布鲁姆在《走向封闭的美国精神》中所嘲讽的，"苏格拉底只有经过毕生的不懈努力之后，才懂得他是无知的，现在每一个高中学生都懂得这个道理"。所以，这种怀疑的态度并不是一种有深度的检省，而只是一种"开放式的封闭"。它以知识的相对性为借口，而从心灵深处毁弃了求索真知的动机。它太过轻易地抛弃了一切信条，而并未真正体会到，即使是那些对于某些信条的深刻否定，也要基于非常坚定的追求信念。

郑也夫：我自己不在大学中，对今天的大学生与我们在校时究竟如何之不同，不敢妄加判断。但我想，世风、学风、校风之变迁，原因甚多，不是几句话能说清的。我希望有丰富多彩的争论。学生处在最有生命力的年龄，天然好辩。应该有形形色色的辩论方式与之相应：本色的方式，游戏的方式，角色的方式，电视的方式，公开的，私下的，非正式的，在校园中，在寝室里，也包括在电视台的演播室内，各种方式可以共存，谁也不吞噬掉谁。

说到"确定性"问题，或许青年学生中有缺乏信念、价值观和确定性的倾向。但是问题还有另一面。我们的思想遗产毕竟是强调"确定性"，我们的正统观念几乎为一切问题提供了确定的答案。不管哪一种意见，一旦变得不容讨论都将是危险的。辩论，特别是抽签决定的角色的辩论，在向这一"确定性"挑战，它可以为一种霸道的"确定性"解毒。说辩论赛使人们认为世上无真理了，我不相信。电视辩论赛辩论过"烟草业利大于弊"、"我国现阶段应发展私人轿车"，每个人就丧失了对这两个问题的主观认识了吗？不会的。它只会拓宽人们的视野。

　　**刘东**：对此我完全不能苟同！这涉及一个基本的判断：在目前的青年人中间，究竟是确定性的东西太多，还是确定性的东西太少？也许你热衷于前一个答案，但我却倾向于后一种答案。任何有序的文明肌体，总要具有执行"合法化"功能的价值内核，而任何有效的教育机构，也总要在"社会化"的过程中把这种价值观念灌输给学生，由此，任何受过教化的文明人，心目中总要潜藏着某些表现为"前理解"的文化信条，这些东西作为基本的"做人准则"，乃是每个社会成员的安身立命之本，而它们一旦受到瓦解和颠覆，整个社会也就有礼崩乐坏的危险。这其实是不言而喻的浅显道理，所以我完全不能理解，在"文化失范"问题早已成为学术界关注焦点的今天，作为社会学者的你，还会继续鼓励学生们用舌辩游戏把"婴儿和洗澡水"一齐倒掉！老实说，一看到电视辩论的场景，我马上就会回想起"文革"时期的"打派仗"，彼此都声嘶力竭摇唇鼓舌地要把对方的气势压下去，到后来竟连究竟为了什么而争论都忘得干干净净。这绝不是我一个人的感受。杜维明教授在现场观看了电视辩论以后，也曾在私下里发表过同样的感慨，觉得来自南京大学的那四位女生，谈锋真是犀利到了可怕的程度，不管多么难于索解的两难问题，比如你刚才提到究竟左袒"性善论"还是右袒"性恶论"，也不管她们抽签拿到了正题还是反题，都马上可以口若悬河地用词语去淹没对方。另外，我在南大的一位老同学正好是这些女孩子的教练，曾经领着她们从新加坡辩论到北京，而且总能在竞技场上得奖。按说他应该为此自鸣得意了罢？可他的实际看法却跟我一样，在电话里对我坦率地承认，其实孩子们都被这么着给教坏了！

郑也夫：不管一个民族是多么需要一些价值内核、做人准则、"前理解"的文化信条，我想与这些"确定性"对应的"不确定性"必然更多，特别是在一个巨变的时代。而我们的思想方法恰恰是为几乎一切事物，包括那些并非价值内核的工具性选择提供了"不容置疑"的答案。我们应该珍惜一些价值内核，更应该勇于争论很多曾经给出过答案，实则远未解决的问题。即便是那些根本性的并已经被证明为真理的东西，自由主义的鼻祖密尔说，仍应不断重新争论一下，以期使之不成为僵死的教条。因此社会需要讨论和争论。自然主要需要的是你说的那种"发自内心"的争论。但同时人为的、游戏的、电视的辩论赛，在一个迫切需要讨论的社会，均有益无害。不仅在于这样的争论也可能提出新意，同时也在于这形形色色的争论方式共同地拓宽了争论的合法性与讨论的空间。

刘东：你所讲的，跟我前面的话有点儿"针锋不接"，所以我得提醒你一句，但愿这一回你不再是"为辩论而辩论"，以至于不管我讲出了多少道理，你都不愿意顺着这种理路走下去。但无论如何，既然话茬儿接不上，时间也不早了，我就只有再最后表达一悲一喜两层意思。一方面，令人叹息的是：虽然国内的"辩手"在电视辩论中总能出尽风头，但如果把问题看得深一些，就会发现这种情况并不值得庆贺，因为在这样一种看谁更巧舌如簧的比赛中，获得"优胜"非但不能证明科研教育水准有多么高超，反而只能证明文化失范状况有多么严重；也就是说，在这样的竞技场上"夺金"，不仅不应被视作什么荣耀，反而还应被认作莫大的耻辱。另一方面，令人宽慰的是：尽管像你这样热心的"导演"还在为电视辩论正名，以为它有各种各样的积极意义，但恰恰是被你们评选出来的"最佳辩手"，却早已幡然悔悟地扔掉了你们颁发的"金牌"，决不愿意再去强行违心论证像"愚公不该移山"这样的狡辩话题；作为一名南大的老校友，我真心诚意地引此为自己的骄傲，因为它说明在我阔别多年的母校中，毕竟还有这样优秀的学生，不再留恋廉价的无聊掌声，而去追求更有价值的人生真谛。

郑也夫：其实我前面说了那么多，都不过是在为辩论赛的合理性辩护。作为几届电视辩论赛的策划者我比别人更早、更深刻地感到了辩论赛的危机。这位女同学的回马枪进一步使我觉得必须采取行动挽救辩论赛。她有她的道理。但是问题不在于辩论赛本身，而在于其赛制。几届辩论赛中日益严重的危机几乎可以宣告新加坡电视辩论模式的终结。这一辩论模式基本上由三大块组成：正面阐述，自由辩论，总结发言。正面阐述与总结发言部分完全是事先准备好的现场背书，充其量是讲演；自由辩论部分基本上是各说各的，互不交锋。这种辩论的最大缺陷是缺少针对性，而这种欠缺正是辩论的死症。针对赛制上的这一缺陷，在 1995 年为北京电信业企业内部辩论赛作的策划中，我作出了改进。在辩论程序中加进了"轮流问答"：每方向对方问二组问题，对方必须回答。每一组除了第一次发问外，还根据对方的回答及回答中的缺陷"追问"、再"追问"，并要求对方对"追问"、"再追问"作出回答。实践后收到一定效果。但因辩手受新加坡模式影响太深，还不够适应。这一新赛制的潜力还未充分发掘。两个月后，一个美国教授访问中国，他年轻时曾获得美国 60 年代某届全国大学生辩论赛的优胜（当时的辩题是"美国应承认红色中国"），以后专门研究辩论与辩论赛。我们切磋了辩论赛赛制。他对我的一组"轮流问答"中的发问、追问、再追问表示赞赏。今年北京电视台的辩论赛也选择了这一赛制。除此，我觉得评委们也应建立一种共识，打分时鼓励争论，反对背诵，以此促进辩论中的针对性。魔高一尺道高一丈。一切选手都会利用赛制的缺陷，因此赛制必须改进。我并不觉得现在的辩论赛中的缺陷已证明它将寿终正寝，但是确实到了反省它、改进它的时候了。

# 后　记

　　读者们拿到的这本书,跟同时印行的另一本《近思与远虑》一样,都是基于我的某一本旧作修订而成,而这本书的原型还要更靠近些,出自一本在 2001 年出版的同名书。

　　不过相对而言,这本书的变动反而要更大些,其篇幅也增加得更多些,不光是把《比较的风险》、《儒家文化圈中的自然观念》和《倾听德国性灵的震颤》等三篇文章,挪到了其他的文集中去,还更增加了《伯林:跨文化的狐狸》、《中国文化与全球化》、《北大课堂上的魏斐德》等八篇文章;甚至,还收入了像《把东亚还给东亚历史》这样的、尚未及在期刊上发表的文章,因为它在思路上是紧随着《公理与强权》一文的。在这个意义上,更是既可以把它说成"旧作的修订",又可以把它说成"新编的文集"了。

　　读者们肯定还会注意到,和自己惯常的写作积习一样,只要把我的文章按年代来结集,便总要再细分为不同的领域,甚至,就连这些各自不同的领域,由于其论域的发散性,还要在其内部用一个连线来贯串,比如"方法—论争"、"传统—现代"、"比较—汉学"、"当代—文化"、"知识—生产"等,不一而足。

　　这看上去,或会显得有些"零散"。不过,我却要为此辩解几句。实际上,如果转念来看,又正因为你对"国事、家事、天下事",事事都忍不住要关切与操心,你的心智才能稍微表现得完整一些。也正因为这样,孔夫子才会说"君子不器",而马克思才渴望"人所具有的我都具有"。在这个意义上,如果你的关注领域过于偏狭了——更不要敢说"无所不包"了——

那么,你就充其量只是一位被肢解的"学术人",你的心智就已被狭隘的"劳动分工"所框定和异化了,你的精神世界就反而显得更加"零散"了。

当然话说回来:既然它们是产生自同一副头脑,那么,在这思接千载、视通万里的思维活动中,就仍要暗中贯穿起一根主轴来。——而在这本书里,读者们可以明确看到的,则是这样的一根主轴,它正奋力迎接当时最来势汹汹的挑战,那就是既振振有词、又莫衷一是的,一股脑从海外涌将过来的各种时髦理论。

这种曾经鼓噪于一时的、让人一下子摸不着边际的理论,其最为可怕或曰最为可笑的地方,就在于只要任由它去恣意地推导到极端,就足能把一切你以往在本土实践中认定为错误和落后的东西,都在一种既似是而非、又头晕目眩的,简直能让你呕吐出来的模棱语境中,都重新包装成"正确的"和"先进的"。也就是说,它竟然嘲弄和吊诡地对你说,那只是你自己"有眼无珠"或"有眼不识泰山"罢了……

当然唯有一条,却从来都是铁定不移的和绝对不容颠覆的,那就是你至少要相信——而且最好能做到"迷信"——这种理论的话语本身,乃至于前来兜售这种话语的洋泾浜学人,乃至于生产出它的西方学术界,又总是在理论思维的能力上,相对于"欠发达"的国家和文化而言,具有无可争辩、必然如此的"先进性"。

甚至,更加尖锐的挑战则又在于,就算你已看清了这一切,你也决不能简单地绕开这些理论,如若不然,你就会在知识生产的全球背景下,沦为孤陋寡闻的乡愿或白丁。实际上,早前几代的中国人,无论怎么去明里暗里,左支右绌,反复折腾,吃的都是诸如此类的亏。——他们要么就傲慢地反对"经验主义",要么就厌恶地反对"教条主义",却想不到真正在骨子里的被动,还在于只能听命于从"欧洲经验"里总结出来的"欧洲理论"。在这个意义上,其实国人的灵魂是否真能得救,还在于是否在"激活传统"的前提下,真正得以做到"理论创新"。

正因为这样,我在那篇纲领性的《理论与心智》中,早就进行过凄厉而警觉的提示:"其实那帮最跟读与写无缘的懒人,由于缺乏起码的理论检省力,反而更易于陷入思想的牢笼。对于这样的心灵,理论意味着全部的宿命,——偶然间最先遭遇了哪套理论,它就会在心灵深处先入为主,构成其全部文化选择的动机,规定着所有的可能与不可能。所以,我们的心灵从来不是白板,只不过有些尚且渴望重写,有些则顽固地拒绝改动罢了。"

大致也是在同一个时期,还是为了因应这样的挑战,自己便动念要来创办一套《人文与社会译丛》。而令人欣慰的是,经过艰苦而繁难的长期努力,它也和我的《海外中国研究丛书》一样,成长为当今学界数一数二的丛书了。事实上,也只有付出了如此繁重的努力,才有可能实现自己当年在《总序》中提出的目标——"现行通则的加速崩解和相互证伪,使得就算今后仍有普适的基准可言,也要有待于更加透辟的思力,正是在文明的此一根基处,批判的事业又有了用武之地。由此就决定了,尽管同在关注世俗的事务与规则,但跟既定框架内的策论不同,真正体现出人文关怀的社会学说,绝不会是医头医脚式的小修小补,而必须以激进亢奋的姿态,去怀疑、颠覆和重估全部的价值预设。"

正因为这样,需要特别提请注意的是,自己之所以要在这本"旧作"里,收进了一篇近作《伯林:跨文化的狐狸》,也正是由于历经了上述的努力,自己才终于能直接面对西方学术界,而借着对于伯林思想的分析,讲出自家在这方面的更深入思考——"他在自由理念和多元价值之间的那种左右为难、如履如临的平衡,或可以套用一个康德的句式来表达,那就是'自由无文化则空,文化无自由则盲'。也就是说,一旦多元主义所要求的宽容超出了人性底线,他就会希望借用自由理念来对之进行收束,而不是教条主义地去一味苟同文化相对主义;但反过来,一旦人权观念表现为外来的灌输和僵化的教条,特别是表现为单向的话语霸权和干涉特权,他又会希望动用多元价值去牵制这种文化单边主义,而不是非要把某种既定政治哲学体系推向极端和推向荒谬。"这意味着在我看来,即使心怀警惕地去"姑且相信"某些"破碎"的西方理论,也比去笃信乃至迷信某种完整的西方理论要好,它至少向我们敞开了经验的鲜活性、文化的主动性和传统的可塑性,至少可以让我们保有更加清醒、敞亮和灵动的心智。

广义而言,本书收入的所有这些文章,无论它们是在处理哪个细部,都是在从各自不同的侧面或角度，来回答或松或紧地围绕这根主轴的问题。而且，又无论从读者的见解看来，笔者对这些问题探入得是深是浅，他们也总能在这番以"心智"来对抗、汲取和构想"理论"的过程中，看出一种向上攀缘的不屈心向。

还记得，我以前曾经那本同名旧作的《自序》中，这样来表述此种"心向"所希望照顾的侧面："在无情割裂人格的现代分工中，即使'做学问'这种职业仍不失其正当性，那也绝不意味着，仅凭皓首穷经般的苦修本身，就能保证生命获得真正的意义，——正相反，倒是那犹疑不定的试笔过程，反而保存了警觉的起跑状态。如果人生原是一种很易掉入深渊的平衡，那么对于选择以学为业的人来说，那平衡便要体现在博古与通今、外域与本土之间，学问与阅历、专攻与通识之间，要体现在理论与心智、推想与感兴之间，独白与对话、辩难与印证之间，要体现在书面与口语、巨制与短篇之间，沉吟与顿悟、凝重与灵动之间……所以我们万不可借着'敬业'的话头，硬给自己划一小块知识领地，否则这种'志业'就会沦为求学的'业障'。"

又是显得太过"繁难"了么？或许也有那么一点。不过，我还是要就此再来分辩几句：如果说，做一个人原本就不容易，那么，做一个当代人便更是困难，而要做一个当代的中国人，就越发显得难上加难；更不要说，还要做个当代中国的思想者，面对着这么极难索解的问题，那就更会是无出其右的难！可即使这样，我还是要坚守在这片充满裂缝的冰面上，哪怕千辛万苦、东倒西歪、踉踉跄跄，哪怕显得呆板、木讷乃至迂腐。无论如何，我要尽量立稳自己的身形，而决不要做我在《思想的浮冰》中所形容的"为了讨好而不停掉落下去"的海豹，或者我在本书中所形容的"准他说什么就可着劲说什么"的黄狗！

还有必要复述一遍的是，这本经过了修订的《理论与心智》，和将要与它同时推出的《近思与远虑》，以及北京大学出版社已经推出的《道术与天下》、《审问与明辨》，和它将要推出的《跨越与回归》、《自由与传统》，乃至上海世纪出版集团行将推出的《文化与美学》、《反抗与被缚》、《比较与考掘》等，都属于计划中的《执中十书》。而在紧张写作的当下，忍受着如此重大的身体压力，我也唯有乞求天假以年，以完成这个本不算多么"宏大"的计划。

　　写到这里，已经来不及介绍下面的内容了。唯一可以向大家预告的是，在今后那些"晚成"的书中，无非是随着年龄、阅历和智慧的增长，以及随着浏览、研读与治学范围的扩大，而希望能够逐渐思考得更加周全一些，以便能防范到更多的危机、风险与陷阱，从而无愧于供养着这些思想者的可爱的人民。

刘　东

2014 年 4 月 12 日于清华学堂 218 室